本书获得海关总署决策咨询重大课题“全球贸易风险监测预警研究”
国家社会科学基金一般项目“一带一路”沿线国家投资风险的统计研究（19BTJ036）
共同资助

中国—东盟贸易指数报告

刘永辉　周　平　张建新◎主编

THE TRADE INDEX OF CHINA-ASEAN

中国经济出版社
CHINA ECONOMIC PUBLISHING HOUSE
北京

图书在版编目（CIP）数据

中国—东盟贸易指数报告 / 刘永辉，周平，张建新主编 . —北京 ：中国经济出版社，2021. 11 (2023. 8 重印)
ISBN 978-7-5136-6713-5

Ⅰ. ①中… Ⅱ. ①刘… ②周… ③张… Ⅲ. ①对外贸易额指数-研究报告-中国、东南亚国家联盟-2018
Ⅳ. ①F752. 733

中国版本图书馆 CIP 数据核字（2021）第 221313 号

责任编辑　王西琨
责任印制　马小宾
封面设计　久品轩

出版发行　中国经济出版社
印 刷 者　北京建宏印刷有限公司
经 销 者　各地新华书店
开　　本　787mm×1092mm　1/16
印　　张　19. 75
字　　数　395 千字
版　　次　2021 年 11 月第 1 版
印　　次　2023 年 8 月第 2 次
定　　价　98. 00 元
广告经营许可证　京西工商广字第 8179 号

中国经济出版社 网址 www. economyph. com 社址 北京市东城区安定门外大街 58 号 邮编 100011
本版图书如存在印装质量问题，请与本社销售中心联系调换（联系电话：010-57512564）

前　言

2021 年是中国与东盟建立对话关系 30 周年。30 年来，中国—东盟关系不仅有力地推动了中国和东盟自身经济、社会的发展，而且极大地促进了双边贸易关系的发展。随着《中国—东盟自贸协定升级版》的全面实施，原地产规则、贸易通关协定、服务贸易、投资领域等方面的门槛降低，自贸区红利得到进一步释放，中国与东盟国家之间的经济融合提升到更高的水平。中国和东盟的密切合作使中国—东盟贸易在席卷全球的新冠肺炎疫情影响下迎难而上，不仅保持较快的增长速度，而且中国对东盟的出口增长率和自东盟的进口增长率都维持在 6.6%～6.7%；而且贸易结构均衡、亮点鲜明，中国对东盟的出口和自东盟的进口基本持平，机电产品、电子制造和集成电路等产业蓬勃发展。

2020 年第一季度，东盟首次超越欧盟，成为中国最大贸易伙伴，中国与东盟实现互为最大贸易伙伴。但是，东盟成员国经济发展水平的明显差异、经贸结构的雷同化等给中国与东盟经贸的发展和融合带来了一定的阻碍。首先，东盟的 10 个成员国中既有如新加坡这样发达的工业化国家，又有如越南、缅甸、老挝、柬埔寨等不发达的国家，经济发展水平和发展阶段的巨大差异使东盟国家内部经济发展不平衡，这不利于成员国间经济政策的协调；其次，东盟成员国在经济发展比较优势方面的互补性并不明显，成员国经济发展大多以出口为导向，出口产品也多以劳动密集型产品为主，近年来又大都转向下游的电子信息产品。东盟成员国在经济结构上和贸易结构上雷同化的特征都将增加中国—东盟未来经济、贸易发展的不确定性，更直接决定着疫情常态化下中国和东盟互为第一大贸易伙伴的关系能否持续。为此，有必要对中国与东盟及其成员国间的贸易全景进行描述，对贸易结构、贸易优势和互补性进行度量、分析。

上海对外经贸大学“一带一路”经贸指数研究院继《中国—中东欧贸易指数报告》《中国—其他金砖国家贸易指数报告》后，又基于 2000—2018 年中国—东盟贸易数据编制了中国—东盟贸易指数，并形成研究报告。在 2000 年 10 月第四次中国—东盟领导人会议上，中国提出与东盟建立自由贸易区协议；2019 年 8 月，中国—东盟自贸协定的升级版议定书全面生效。这 20 年是中国—东盟进出口贸易在波动和调整中飞速发展的时期。

作为“一带一路”经贸指数研究系列之一，相承于《中国—中东欧贸易指数报告》和《中国—其他金砖国家贸易指数报告》的中国—东盟贸易指数包括贸易竞争力指数、贸易活力指数、贸易效率与贸易潜力指数和贸易信心指数五大部分，并基于这五个综合指数及其构成指数全面展示了中国与东盟国家间的贸易现状、特点以及面临的问题。相较于之前的研究成果，《中国—东盟贸易指数报告》还从以下两个方面进行了扩展研究：

第一，《中国—东盟贸易指数报告》不仅编制了出口贸易指数，还编制了一系列进口贸易指数。

为了回应东盟各国对贸易平衡的期待，使更多东盟国家的商品能够进入中国市场，共享贸易发展红利，实现互利共赢，我国采取了一系列扩大进口的举措，重要举措之一就是从 2018 年起举办中国国际进口博览会，以具体了解中国从东盟各国进口商品的市场占有率及其增长率、进口商品的显示性比较优势、进口商品结构的相似性，这有助于制定扩大进口、促进双边贸易的举措。

第二，《中国—东盟贸易指数报告》更详细、更全面地描绘了中国与东盟各国间的货物贸易。

传统上，中国从东盟国家进口的主要是原材料，出口的主要是机械制品。为了深入反映中国—东盟自由贸易区建成后中国与东盟各国货物进出口贸易总量、贸易结构、贸易优势的发展变化，《中国—东盟贸易指数报告》不仅包括国家间的贸易指数，还包括《商品名称及编码协调制度的国际公约》（简称海关编码 HS）的二十一大类贸易指数，以期能及时、准确、深刻地对中国与东盟国家间的双边贸易状况进行细致刻画，以实现“见微知著，一叶知秋”的目的。

在中国—东盟贸易指数编制和研究报告撰写的工作中，上海对外经贸大学经济统计系和“一带一路”经贸指数研究院的周昀、司继春等老师以及潘文捷、高雅、任一平、赵晓晖等研究生都付出了大量时间和精力，完成了大量的工作，特此表示感谢！

刘永辉　周平　张建新

2021 年 10 月

目　录

第一篇　中国—东盟贸易指数系列

第一章　中国—东盟贸易竞争力指数 ………………………………………… 3
一、中国—东盟贸易竞争力指数框架 ………………………………………… 3
二、中国—东盟出口贸易竞争力指数 ………………………………………… 5
三、中国—东盟进口贸易竞争力指数 ………………………………………… 10
四、小结与建议 ………………………………………………………………… 18

第二章　中国—东盟贸易活力指数 ………………………………………… 19
一、中国—东盟贸易活力指数框架 …………………………………………… 19
二、中国—东盟出口贸易活力指数 …………………………………………… 20
三、中国—东盟进口贸易活力指数 …………………………………………… 23
四、小结与建议 ………………………………………………………………… 24

第三章　中国—东盟贸易效率与贸易潜力指数 …………………………… 26
一、中国—东盟贸易效率与贸易潜力指数框架 ……………………………… 26
二、中国—东盟进口贸易效率与贸易潜力指数 ……………………………… 27
三、小结与建议 ………………………………………………………………… 28

第四章　中国—东盟贸易信心指数 ………………………………………… 29
一、中国—东盟贸易信心指数框架 …………………………………………… 29
二、中国—东盟贸易信心指数分析 …………………………………………… 30
三、中国—东盟贸易影响因素分析 …………………………………………… 32
四、小结与建议 ………………………………………………………………… 34

第二篇　产品画像

第五章　动物产品……37

一、中国—东盟动物产品贸易概况……37

二、中国—东盟动物产品贸易市场占有率分析……40

三、中国—东盟动物产品贸易比较优势分析……42

四、中国—东盟动物产品贸易结构相似度分析……47

五、中国—东盟动物产品贸易技术性壁垒分析……49

六、中国—东盟动物产品贸易发展建议……49

第六章　植物产品……51

一、中国—东盟植物产品贸易概况……51

二、中国—东盟植物产品贸易市场占有率分析……53

三、中国—东盟植物产品贸易比较优势分析……55

四、中国—东盟植物产品贸易结构相似度分析……60

五、中国—东盟植物产品贸易技术性壁垒分析……62

六、中国—东盟植物产品贸易发展建议……63

第七章　油脂产品……64

一、中国—东盟油脂产品贸易概况……64

二、中国—东盟油脂产品贸易市场占有率分析……67

三、中国—东盟油脂产品贸易比较优势分析……69

四、中国—东盟油脂产品贸易结构相似度分析……74

五、中国—东盟油脂产品贸易技术性壁垒分析……75

六、中国—东盟油脂产品贸易发展建议……76

第八章　食品饮料……77

一、中国—东盟食品饮料贸易概况……77

二、中国—东盟食品饮料贸易市场占有率分析……79

三、中国—东盟食品饮料贸易比较优势分析……81

四、中国—东盟食品饮料贸易结构相似度分析……86

五、中国—东盟食品饮料贸易技术性壁垒分析 …… 88
六、中国—东盟食品饮料贸易发展建议 …… 89

第九章 矿产品 …… 90
一、中国—东盟矿产品贸易概况 …… 90
二、中国—东盟矿产品贸易市场占有率分析 …… 92
三、中国—东盟矿产品贸易比较优势分析 …… 94
四、中国—东盟矿产品贸易结构相似度分析 …… 99
五、中国—东盟矿产品贸易技术性壁垒分析 …… 101
六、中国—东盟矿产品贸易发展建议 …… 101

第十章 化工产品 …… 103
一、中国—东盟化工产品贸易概况 …… 103
二、中国—东盟化工产品贸易市场占有率分析 …… 105
三、中国—东盟化工产品贸易比较优势分析 …… 108
四、中国—东盟化工产品贸易结构相似度分析 …… 112
五、中国—东盟化工产品贸易技术性壁垒分析 …… 114
六、中国—东盟化工产品贸易发展建议 …… 114

第十一章 塑胶制品 …… 116
一、中国—东盟塑胶制品贸易概况 …… 116
二、中国—东盟塑胶制品贸易市场占有率分析 …… 118
三、中国—东盟塑胶制品贸易比较优势分析 …… 120
四、中国—东盟塑胶制品贸易结构相似度分析 …… 124
五、中国—东盟塑胶制品贸易技术壁垒分析 …… 125
六、中国—东盟塑胶制品贸易发展建议 …… 127

第十二章 皮革制品 …… 128
一、中国—东盟皮革制品贸易概况 …… 128
二、中国—东盟皮革制品贸易市场占有率分析 …… 130
三、中国—东盟皮革制品贸易比较优势分析 …… 132
四、中国—东盟皮革制品贸易结构相似度分析 …… 136

五、中国—东盟皮革制品贸易技术壁垒分析 …… 137
六、中国—东盟皮革制品贸易发展建议 …… 138

第十三章　木材 …… 139
一、中国—东盟木材贸易概况 …… 139
二、中国—东盟木材贸易市场占有率分析 …… 141
三、中国—东盟木材贸易比较优势分析 …… 144
四、中国—东盟木材贸易结构相似度分析 …… 147
五、中国—东盟木材贸易技术壁垒分析 …… 149
六、中国—东盟木材贸易发展建议 …… 149

第十四章　木制品 …… 151
一、中国—东盟木制品贸易概况 …… 151
二、中国—东盟木制品贸易市场占有率分析 …… 153
三、中国—东盟木制品贸易比较优势分析 …… 155
四、中国—东盟木制品贸易结构相似度分析 …… 160
五、中国—东盟木制品贸易技术壁垒分析 …… 161
六、中国—东盟木制品贸易发展建议 …… 162

第十五章　纺织品 …… 163
一、中国—东盟纺织品贸易概况 …… 163
二、中国—东盟纺织品贸易市场占有率分析 …… 165
三、中国—东盟纺织品贸易比较优势分析 …… 168
四、中国—东盟纺织品贸易结构相似度分析 …… 172
五、中国—东盟纺织品贸易技术壁垒分析 …… 174
六、中国—东盟纺织品贸易发展建议 …… 175

第十六章　鞋帽 …… 176
一、中国—东盟鞋帽贸易概况 …… 176
二、中国—东盟鞋帽贸易市场占有率分析 …… 178
三、中国—东盟鞋帽贸易比较优势分析 …… 180
四、中国—东盟鞋帽贸易结构相似度分析 …… 184

五、中国—东盟鞋帽贸易技术壁垒分析 …………………………… 185
六、中国—东盟鞋帽贸易发展建议 ……………………………… 187

第十七章　石材水泥 ………………………………………… 189
一、中国—东盟石材水泥贸易概况 ……………………………… 189
二、中国—东盟石材水泥贸易市场占有率分析 ………………… 191
三、中国—东盟石材水泥贸易比较优势分析 …………………… 193
四、中国—东盟石材水泥贸易结构相似度分析 ………………… 197
五、中国—东盟石材水泥贸易技术壁垒分析 …………………… 199
六、中国—东盟石材水泥贸易发展建议 ………………………… 199

第十八章　贵金属及其制品 ………………………………… 201
一、中国—东盟贵金属及其制品贸易概况 ……………………… 201
二、中国—东盟贵金属及其制品贸易市场占有率分析 ………… 204
三、中国—东盟贵金属及其制品贸易比较优势分析 …………… 206
四、中国—东盟贵金属及其制品贸易结构相似度分析 ………… 207
五、中国—东盟贵金属及其制品贸易技术性壁垒分析 ………… 209
六、中国—东盟贵金属及其制品贸易发展建议 ………………… 210

第十九章　贱金属及其制品 ………………………………… 211
一、中国—东盟贱金属及其制品贸易概况 ……………………… 211
二、中国—东盟贱金属及其制品贸易市场占有率分析 ………… 213
三、中国—东盟贱金属及其制品贸易比较优势分析 …………… 215
四、中国—东盟贱金属及其制品贸易结构相似度分析 ………… 216
五、中国—东盟贱金属及其制品贸易技术性壁垒分析 ………… 217
六、中国—东盟贱金属及其制品贸易发展建议 ………………… 220

第二十章　机械设备及其附件 ……………………………… 221
一、中国—东盟机械设备及其附件贸易概况 …………………… 221
二、中国—东盟机械设备及其附件贸易市场占有率分析 ……… 224
三、中国—东盟机械设备及其附件贸易比较优势分析 ………… 226
四、中国—东盟机械设备及其附件贸易结构相似度分析 ……… 230

五、中国—东盟机械设备及其附件贸易技术性壁垒分析 …… 232
六、中国—东盟机械设备及其附件贸易发展建议 …… 233

第二十一章　运输设备 …… 234
一、中国—东盟运输设备贸易概况 …… 234
二、中国—东盟运输设备贸易市场占有率分析 …… 236
三、中国—东盟运输设备贸易比较优势分析 …… 238
四、中国—东盟运输设备贸易结构相似度分析 …… 239
五、中国—东盟运输设备贸易技术性壁垒分析 …… 241
六、中国—东盟运输设备贸易发展建议 …… 241

第二十二章　精密仪器及其附件 …… 243
一、中国—东盟精密仪器及其附件贸易概况 …… 243
二、中国—东盟精密仪器及其附件贸易市场占有率分析 …… 245
三、中国—东盟精密仪器及其附件贸易比较优势分析 …… 247
四、中国—东盟精密仪器及其附件贸易结构相似度分析 …… 250
五、中国—东盟精密仪器及其附件贸易技术性壁垒分析 …… 252
六、中国—东盟精密仪器及其附件贸易发展建议 …… 253

第二十三章　杂项制品 …… 254
一、中国—东盟杂项制品贸易概况 …… 254
二、中国—东盟杂项制品贸易市场占有率分析 …… 256
三、中国—东盟杂项制品贸易比较优势分析 …… 257
四、中国—东盟杂项制品贸易结构相似度分析 …… 261
五、中国—东盟杂项制品贸易技术性壁垒分析 …… 262
六、中国—东盟杂项制品贸易发展建议 …… 263

第二十四章　艺术品 …… 264
一、中国—东盟艺术品贸易概况 …… 264
二、中国—东盟艺术品贸易市场占有率分析 …… 266
三、中国—东盟艺术品贸易比较优势分析 …… 268
四、中国—东盟艺术品贸易结构相似度分析 …… 269

五、中国—东盟艺术品贸易发展建议 …… 270

第三篇 贸易网络

第二十五章 中国—东盟贸易的网络分析 …… 273
一、网络构建 …… 273
二、贸易网络及度数中心度 …… 274
三、凝聚子群分析 …… 279
四、发展建议 …… 282

第四篇 服务贸易竞争力

第二十六章 中国—新加坡服务贸易竞争力分析 …… 287
一、中国—新加坡服务贸易规模与发展 …… 289
二、中国—新加坡服务贸易竞争力分析 …… 292

参考文献 …… 301

第一篇
中国—东盟贸易指数系列

全球经济化的快速发展促使区域经济一体化迅猛发展。中国加入世界贸易组织（World Trade Organization,WTO）以后主导建立的第一个自由贸易区（自贸区）中国—东盟自由贸易区（China-ASEAN Free Trade Area，CAFTA）经历了从实施“早期收获”计划到2010年正式建立，再到2015年正式签署自贸区升级版议定书的发展过程。CAFTA作为由发展中国家组建的最大自贸区，走过了不平凡的岁月。它的建立促进了我国与东盟国家之间的经贸合作，使得双边贸易得到了稳定增长。2014年，中国成为东盟最大的贸易伙伴国和东盟第一大出口目的地，东盟则成长为中国的第三大贸易伙伴，区域内各贸易成员国的经贸往来日益密切。

本篇介绍了中国—东盟贸易指数系列的5个核心指数，包括中国—东盟贸易竞争力指数（Trade Competitiveness Index, TCI）、中国—东盟贸易活力指数（Trade Vitality Index, TVI）、中国—东盟贸易效率与贸易潜力指数（Trade Potential Index, TPI）和中国—东盟贸易信心指数。基于指数的计算结果，我们对中国与东盟及各成员国在货物贸易和服务贸易方面的贸易竞争力、贸易活力、贸易潜力、贸易效率和贸易信心进行了深入分析，并提出了进一步深入发展中国—东盟双边贸易的对策与建议。

第一章　中国—东盟贸易竞争力指数

一、中国—东盟贸易竞争力指数框架

中国—东盟贸易竞争力指数（Trade Competitiveness Index，TCI）衡量的是中国与东盟地区或东盟各国贸易持续增长的能力，包括市场占有率、显示性比较优势、贸易相似性以及贸易强度 4 个特征指标（如图 1.1 所示）。4 个特征指标的数据来源见表 1.1，我们在运用主成分分析方法与专家评分法对 4 个特征指标加权平均的基础上，编制了 2010—2017 年中国—东盟贸易竞争力指数。

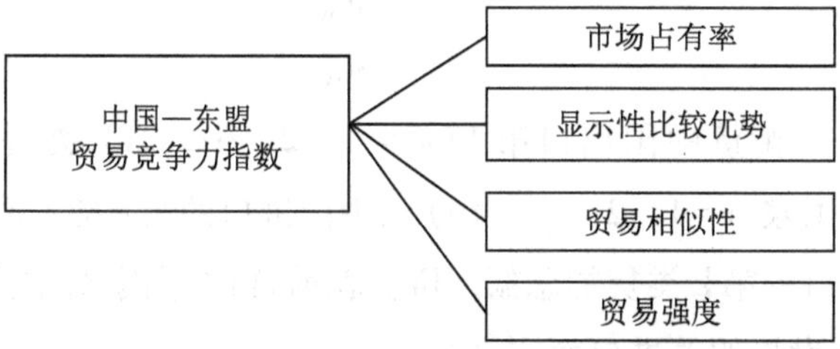

图 1.1　中国—东盟贸易竞争力指数框架

表 1.1　中国—东盟贸易竞争力指数特征指标及数据来源

指数	特征指标	数据来源
中国—东盟贸易竞争力指数	市场占有率	1）联合国商品贸易数据库 2）《全球贸易观察》数据平台 3）相关国家的国家统计局网站
	显示性比较优势	
	贸易相似性	
	贸易强度	

（一）市场占有率

市场占有率测算的是中国出口到东盟各国的货物占进口货物总额的比重：

$$MS_i = \frac{IM_{iC}}{IM_{iW}} \tag{1.1}$$

式中，MS_i 表示第 i 个国家的市场占有率，IM_{iC} 表示第 i 个国家从中国的进口，IM_{iW} 表示第 i 个国家从全世界的进口。

$$MS_i^k = \frac{IM_{iC}^k}{IM_{iW}^k} \tag{1.2}$$

式中，MS_i^k 表示从第 i 个国家进口的第 $k(k = 1, 2, \cdots, 21)$ 类商品的市场占有率，IM_{iC}^k 表示第 i 个国家从中国进口的第 k 类商品额，IM_{iW}^k 表示第 i 个国家从全世界进口的第 k 类商品额。市场占有率的数值越大，从中国进口的商品在东盟地区或各国的市场份额越高，商品的市场竞争力越强；反之则越弱。

（二）显示性比较优势

1. 单类货物显示性比较优势

$$\mathrm{RCA}_i^k = \frac{\frac{\mathrm{IM}_{iC}^k}{\mathrm{IM}_{iC}}}{\frac{\mathrm{IM}_{iW}^k}{\mathrm{IM}_{iW}}} \tag{1.3}$$

式中，RCA_i^k 表示衡量中国出口第 $\mathrm{k}(\mathrm{k} = 1, 2, \cdots, 21)$ 类货物在 i 国的比较优势，IM_{iC}^k 表示第i个国家($i = 1, 2, \cdots, 16$)从中国进口的第k类商品总额，IM_{iW}^k 表示第 i 个国家从全世界进口的第 k 类货物总额，IM_{iC} 表示第 i 个国家对中国的总进口额，IM_{iW} 表示第 i 个国家对全世界的总进口额。

2. 东盟各国显示性比较优势

$$\mathrm{RCA}_i = \sum_{k=1}^{21} \omega_k \mathrm{RCA}_i^k \tag{1.4}$$

$$\omega_k = \frac{\mathrm{IM}_{iC}^k}{\mathrm{IM}_{iC}} \tag{1.5}$$

式中，RCA_i 表示衡量中国出口货物在第 i 国的比较优势，该指标的中性值为 1，取中性值时，表示中国出口至东盟地区及各国的货物既无相对优势，也无相对劣势；而当指标值大于 1 时，表示中国出口至东盟地区及各国的货物具有比较优势，国际竞争力相对较强；当指标值小于 1 时，表示中国出口至东盟地区及各国的货物相较于其他国家出口的货物存在劣势，国际竞争力相对较弱。

（三）贸易相似性

贸易相似性通过测算中国出口至东盟地区及各国的货物结构与东盟地区及各国进

口货物结构的重合度来衡量两国间贸易互补程度：

$$TS_{i,\ t}=\frac{\sum_{k=1}^{21}\min(IM_{k,\ i,\ t},\ EX_{k,\ C,\ t})}{\sum_{k=1}^{21}\max(IM_{k,\ i,\ t},\ EX_{k,\ C,\ t})} \tag{1.6}$$

式中，$TS_{i,\ t}$表示衡量t期i国进口货物结构与中国出口货物结构的贸易相似性指标。$IM_{k,\ i,\ t}$表示t期i国进口的第k类货物总额；$EX_{k,\ C,\ t}$表示t期中国出口的第k类货物总额。

贸易相似性指标值介于0与1之间，指标值越接近1，表示中国与东盟地区及各国的贸易互补程度越强；指标值越接近0，表示中国与东盟地区及各国的贸易互补程度越弱。

（四）贸易强度

贸易强度指数是以全世界贸易往来为基础衡量两国贸易往来相互依存程度的指标，具体计算公式为

$$I_{ijk}=\frac{\dfrac{X_{ijk}}{X_{iwk}}}{\dfrac{M_{jwk}}{(M_{jwk}-M_{iwk})}} \tag{1.7}$$

式中，I_{ijk}表示i国与j国间关于商品k的贸易强度指数，X_{ijk}表示i国对j国出口的商品k的总额，X_{iwk}表示i国对全世界出口的第k类商品的总额，M_{jwk}表示j国从全世界进口的第k类商品的总额，M_{iwk}表示i国从全世界进口的第k类商品的总额。

一般地，当贸易强度指数$I_{ijk}>1$时，i国与j国的贸易联系紧密；而当$I_{ijk}<1$时，i国与j国的贸易联系有待加强。

二、中国—东盟出口贸易竞争力指数

（一）中国—东盟出口贸易竞争力指数综合分析

基于中国—东盟贸易竞争力指数构建框架，我们利用2000—2016年中国与东盟各国的进出口数据，测算得到2010—2016年中国—东盟贸易竞争力指数，包括中国与东盟地区的贸易竞争力指数和中国与东盟各国的贸易竞争力指数。贸易竞争力指数介于［0，100］，指数值越接近100，中国在东盟地区或各国的贸易竞争力越强；指数值越接近0，中国在东盟地区或各国具有的贸易竞争力越弱。

图 1.2 是 2010—2016 年中国与东盟的出口贸易竞争力指数折线图。由图 1.2 可知，2016 年之前中国出口到东盟地区的货物在东盟市场上的竞争力变化幅度不大，贸易竞争力指数整体趋势较为稳定。2016 年，中国与东盟的贸易竞争力指数明显上升，同比提升了近 4 个点。与中国—东盟进口竞争力指数相比可以看出，中国出口商品在东盟市场的竞争力远高于自东盟进口的货物在中国市场的竞争力。

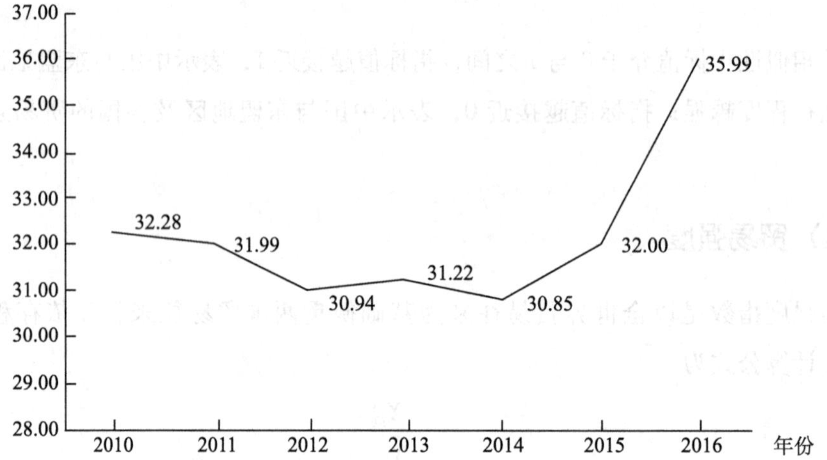

图 1.2　中国—东盟出口贸易竞争力指数折线图（2010—2016 年）

表 1.2 给出了 2010—2016 年中国出口商品在东盟各国的竞争力指数及排名变化情况。鉴于数据的可得性，我们只计算了中国对文莱、柬埔寨、印度尼西亚、马来西亚、菲律宾、新加坡、泰国和越南东盟八国的出口贸易竞争力指数。由计算结果可以看出：中国出口的商品在东盟各国市场上的竞争力排名变化不大，在柬埔寨和越南两国市场上的竞争力指数始终保持第 1 位和第 2 位，在文莱、马来西亚和菲律宾三国市场的竞争力指数始终维持在后 3 位。值得关注的是，中国出口商品在新加坡的竞争力有所下降，竞争力指数由 2010 年的 33.29 下降至 2016 年的 29.24，排名也由第 3 名降到第 5 名；但中国出口货物在泰国市场上的竞争力略有上升，竞争力指数由 2010 年的 28.70 上升到 2016 年的 31.91，排名也由第 5 名上升到第 3 名。

表 1.2　中国—东盟各国出口贸易竞争力指数值及排名（2010—2016 年）

国家	2010 年		2011 年		2012 年		2013 年		2014 年		2015 年		2016 年	
	TCI	排名	TCI	排名	TCI	排名	TCI	排名	TCI	排名	TCI	排名	TCI	排名
文莱	19.18	7	16.00	8	20.70	7	19.10	8	21.36	8	19.55	8	23.01	8
柬埔寨	55.42	1	63.86	1	63.97	1	59.15	1	57.43	1	55.94	1	55.33	1
印度尼西亚	29.35	4	29.30	5	28.29	4	27.61	5	27.60	4	27.45	4	30.00	4

续表

国家	2010 年		2011 年		2012 年		2013 年		2014 年		2015 年		2016 年	
	TCI	排名	TCI	排名	TCI	排名	TCI	排名	TCI	排名	TCI	排名	TCI	排名
马来西亚	24.65	6	25.21	6	25.77	6	26.89	6	25.06	6	23.57	6	26.29	7
菲律宾	16.45	8	19.68	7	19.70	8	23.55	7	24.17	7	21.14	7	27.90	6
新加坡	33.29	3	30.03	3	27.04	5	29.19	3	29.51	3	27.34	5	29.24	5
泰国	28.70	5	29.88	4	29.62	3	28.40	4	27.39	5	28.94	3	31.91	3
越南	40.40	2	39.09	2	36.71	2	38.88	2	35.65	2	35.15	2	36.93	2

（二）中国—东盟出口货物市场占有率分析

基于中国与东盟地区和国家的进出口数据，我们还利用公式（1.1）计算出 2000—2016 年中国出口商品在东盟地区和各国的市场占有率。市场占有率指标值越大，中国出口商品在东盟地区或国家的市场份额越高，商品的国际竞争力越强；反之则越弱。

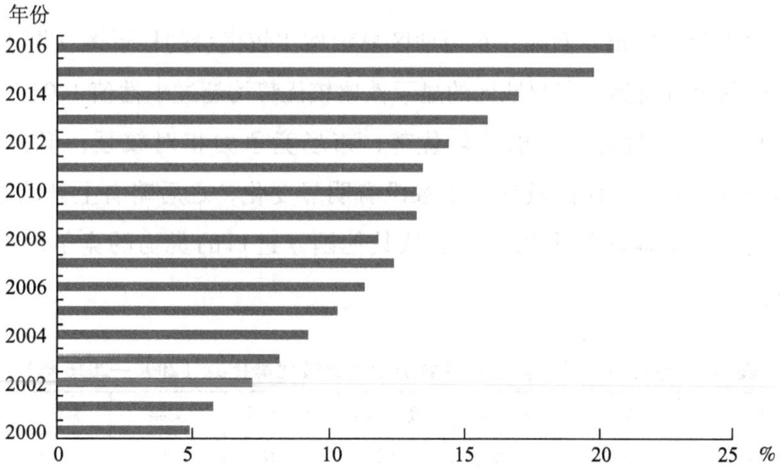

图 1.3　中国—东盟出口货物市场占有率条形图（2000—2016 年）

如图 1.3 显示，2016 年中国商品在东盟地区的市场占有率达到样本期内的最高值（20.49%）。而在此之前，市场占有率缓慢上升，且略有波动。这表明，中国出口商品在东盟地区的市场占有率有所增长，市场竞争力缓慢提高，中国商品在东盟地区所占市场份额逐步增加。

（三）中国—东盟出口货物显示性比较优势指数分析

在中国—东盟贸易竞争力指数构建框架的基础上，根据 2000—2016 年中国与东盟各国的进出口数据，我们基于公式（1.4）测算得到 2000—2016 年中国出口商品在东盟地区和各国的显示性比较优势，并基于公式（1.3）计算出中国出口的21类商品在东盟地区和各国的显示性比较优势。

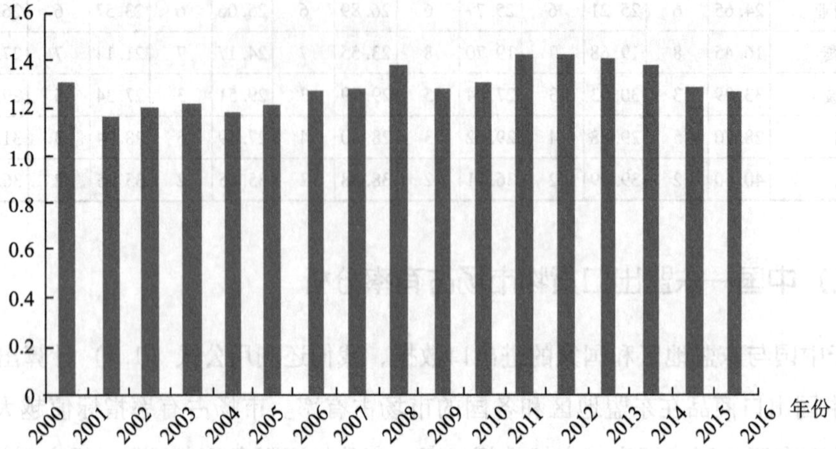

图1.4　中国—东盟出口货物显示性比较优势指数柱形图（2000—2016年）

2000—2016年中国出口商品在东盟地区显示性比较优势的柱形图（图1.4）显示：样本期内，中国出口商品在东盟地区的显示性比较优势均超过中性值1.0，表明中国出口至东盟地区的货物具有显著的比较优势，市场竞争力相对较强；但在2008年之前，中国出口货物的显示性比较优势指数没有明显变化，之后略有上升的趋势，说明中国出口货物在东盟地区的市场相较于从其他国家进口的货物的竞争优势更明显了（见表1.3）。

表1.3　中国—东盟各国出口货物显示性比较优势指数（2000—2016年）

年份	新加坡	泰国	菲律宾	印度尼西亚	马来西亚	文莱	柬埔寨	越南
2000	1.61	1.32	1.72	2.82	2.01	2.81	1.78	3.75
2001	1.47	1.36	1.59	2.65	1.67	2.35	1.92	3.38
2002	1.44	1.36	1.53	2.83	1.61	1.92	2.37	2.84
2003	1.38	1.26	1.66	3.33	1.49	1.97	3.21	3.14
2004	1.48	1.33	1.37	2.73	1.35	2.16	3.72	2.35
2005	1.38	1.35	1.27	3.14	1.37	2.08	3.83	2.14
2006	1.35	1.31	1.34	2.84	1.35	2.07	3.43	1.85
2007	1.46	1.34	1.29	2.06	1.31	1.74	3.26	1.56
2008	1.30	1.28	1.36	1.35	1.28	1.71	3.36	1.34
2009	1.61	1.27	1.53	1.35	1.30	1.89	2.69	1.62
2010	1.72	1.23	1.40	1.27	1.25	1.89	3.34	1.47

续表

年份	新加坡	泰国	菲律宾	印度尼西亚	马来西亚	文莱	柬埔寨	越南
2011	1.45	1.24	1.46	1.23	1.23	1.29	3.56	1.42
2012	1.39	1.25	1.63	1.26	1.24	1.89	3.76	1.37
2013	1.63	1.23	1.88	1.27	1.28	1.79	2.88	1.30
2014	1.77	1.24	1.74	1.30	1.27	1.62	3.31	1.27
2015	1.64	1.26	1.39	1.28	1.17	1.80	3.33	1.22
2016	1.68	1.28	1.72	1.25	1.20	1.89	3.18	1.22

通过对比2000—2016年中国出口商品在东盟各国市场的显示性比较优势指数（如表1.3所示），我们发现：中国出口的货物在东盟国家普遍具有比较优势，指数值皆大于1，但在不同国家的具体表现不完全一致。中国出口货物在新加坡的比较优势在2002—2012年的十年间有明显下降，但从2013年开始逐步回升；与之相反的是，中国出口货物在印度尼西亚和越南的比较优势则在达到最大值后一路下跌至1.25和1.22。在这些国家中，中国出口到柬埔寨的货物在该国市场的比较优势增长明显，从最初的1.78增加到3.83，但这两年又有所回落。

（四）中国—东盟出口贸易相似性指数分析

出口贸易相似性指数通过测算中国出口货物结构与东盟国家进口货物结构的重合度来衡量中国与东盟国家的贸易互补度，介于0与1之间。

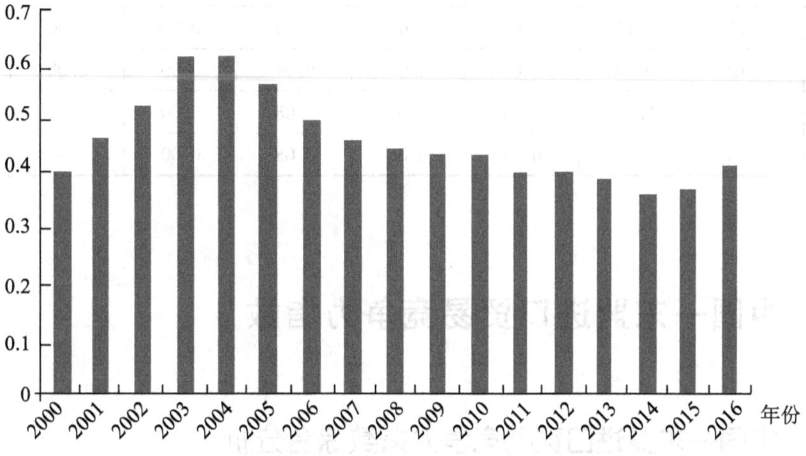

图1.5　中国—东盟出口贸易相似性指数柱形图（2000—2016年）

2000—2016年中国与东盟的出口贸易相似性指数柱形图（图1.5）显示，中国出口至东盟商品的贸易相似性指数自2003年、2004年达到最大值（0.62）后维持逐步下降的趋势，但在2016年又有所回升，达到（0.42）。具体来看，各个国家的表现又有所不同（如表1.4所示）。2000—2016年中国出口到新加坡、泰国和菲律宾等绝大多数国家的货物相似性指数持续下跌，新加坡由0.46降至0.13，泰国由0.25降至0.09，菲律宾由0.15降至0.04。中国出口货物仅在越南市场的贸易相似性指数略有上升，从2000年的0.06增加到2016年的0.08。出口贸易相似性指数的下跌意味着中国出口到东盟国家的货物结构与这些国家进口货物结构的互补度越来越低。

表1.4　中国—东盟各国出口贸易相似性指数（2000—2016年）

年份	新加坡	泰国	菲律宾	印度尼西亚	马来西亚	文莱	柬埔寨	越南
2000	0.46	0.25	0.15	0.13	0.32	0.01	0.01	0.06
2001	0.41	0.23	0.13	0.12	0.27	0.00	0.01	0.06
2002	0.33	0.20	0.13	0.10	0.26	0.00	0.01	0.06
2003	0.29	0.17	0.10	0.07	0.19	0.00	0.00	0.06
2004	0.27	0.16	0.08	0.08	0.17	0.00	0.00	0.05
2005	0.24	0.15	0.07	0.08	0.15	0.00	0.00	0.05
2006	0.21	0.13	0.06	0.06	0.13	0.00	0.00	0.05
2007	0.18	0.12	0.05	0.06	0.12	0.00	0.00	0.05
2008	0.18	0.12	0.04	0.09	0.11	0.00	0.00	0.06
2009	0.16	0.11	0.04	0.08	0.10	0.00	0.00	0.06
2010	0.15	0.11	0.04	0.08	0.10	0.00	0.00	0.05
2011	0.14	0.12	0.03	0.09	0.10	0.00	0.00	0.06
2012	0.13	0.11	0.03	0.09	0.09	0.00	0.00	0.06
2013	0.13	0.11	0.03	0.08	0.09	0.00	0.00	0.06
2014	0.12	0.09	0.03	0.07	0.09	0.00	0.00	0.06
2015	0.11	0.09	0.03	0.06	0.08	0.00	0.00	0.07
2016	0.13	0.09	0.04	0.06	0.08	0.00	0.01	0.08

三、中国—东盟进口贸易竞争力指数

（一）中国—东盟进口贸易竞争力指数综合分析

中国自东盟进口货物的持续增加使进口货物在中国市场的竞争力指数在经历了2014年的下降后快速回升，2016年进口贸易竞争力指数达到28.82，为2010年以来最高。这说明，中国自东盟进口的货物在中国市场具有一定的竞争力。由中国—东盟进口贸易竞争力指数柱形图（图1.6）可知，自新加坡进口的货物在中国市场的竞争力指数最大，自马来西亚、印度尼西亚和泰国进口的货物竞争力指数紧随其后，而自文莱进口货物的竞争力指数是东盟国家中最小的。需要注意的是，中国自东盟国家进口的货物虽在中国市场具有一定的竞争力，但指数值皆小于30，竞争力仍需进一步提升。

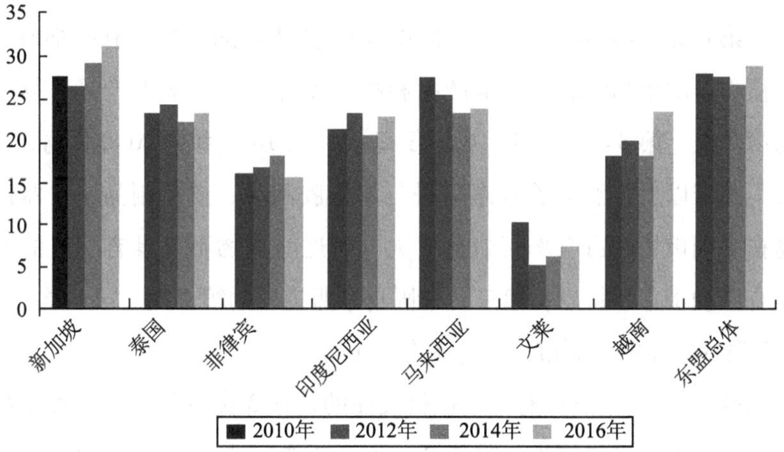

图1.6　中国—东盟进口贸易竞争力指数柱形图

（二）中国—东盟进口货物市场占有率

进口货物市场占有率是反映进口货物市场竞争力最直接的指标，是中国从东盟进口货物总额占中国从世界进口货物总额之比。由进口货物市场占有率计算结果（表1.5）我们发现：东盟是中国的第二大进口来源地，自东盟进口的货物在中国市场的占有率总体平稳，维持在0.08%左右。

表1.5　中国自东盟进口21类货物的市场占有率（%）

货物类别	总计	1	2	3	4	5	6	7	8	9	10
2000	0.072	0.17	0.11	0.50	0.06	0.14	0.06	0.08	0.01	0.20	0.11
2005	0.079	0.06	0.09	0.56	0.12	0.08	0.07	0.14	0.01	0.16	0.07
2010	0.081	0.05	0.08	0.65	0.14	0.06	0.09	0.19	0.03	0.14	0.05
2015	0.081	0.06	0.12	0.59	0.13	0.06	0.09	0.20	0.06	0.16	0.07
2016	0.087	0.07	0.14	0.61	0.13	0.06	0.09	0.21	0.08	0.16	0.08
货物类别	**11**	**12**	**13**	**14**	**15**	**16**	**17**	**18**	**20**	**21**	
2000	0.02	0.02	0.04	0.02	0.02	0.07	0.02	0.03	0.03	0.04	
2005	0.03	0.10	0.04	0.03	0.03	0.09	0.03	0.02	0.04	0.17	
2010	0.05	0.18	0.04	0.01	0.03	0.09	0.02	0.02	0.04	0.98	

续表

货物类别	11	12	13	14	15	16	17	18	20	21
2015	0.11	0.37	0.04	0.00	0.04	0.09	0.02	0.05	0.07	0.02
2016	0.14	0.41	0.03	0.03	0.05	0.09	0.03	0.07	0.09	0.24

21类货物的进口市场占有率计算结果显示：第一，中国自东盟进口的第2类、第3类、第4类、第6类、第14类、第15类和第16类货物的市场占有率都略有上升，这些货物皆是植物、动植物油脂、化学产品和贱金属等资源密集型产品；第二，中国自东盟进口的第7类、第8类、第11类、第12类、第18类和第20类货物在中国的市场占有率增长了1倍以上，意味着自东盟进口的橡胶制品、皮革制品、仪器设备和杂项制品等货物在中国市场的占有率正快速扩大，而这些货物不仅具有明显的地区资源特色，而且具有劳动密集型特点；第三，中国自东盟进口的第1类、第5类、第9类、第10类和第13类货物在中国的市场占有率有所下降。

在21类货物的进口市场占有率中值得关注的是第3类货物。第3类货物是动植物油脂及蜡，东盟是中国进口该类货物的第一大来源地，进口市场占有率虽从2010年以来略有下降，2016年仍维持在0.61%。动植物油脂及蜡的进口主要集中于印度尼西亚和马来西亚两国，2016年中国分别从这两国进口了27.4亿美元和14.6亿美元的货物。

在中国自东盟进口的21类货物中，第12类货物的市场占有率增长最快。第12类货物是鞋帽伞杖等加工制品，受中国产业结构由劳动密集型行业向工业企业转型的影响，自东盟进口的第12类货物在中国市场的占有率由2000年的0.02%增长到2016年的0.41%，增长了近20倍。

从国家的角度来说，中国从新加坡进口的货物市场占有率最高，进口的主要货物有机电产品、化工制品、塑料橡胶和矿产品等；其次是从马来西亚、泰国、印度尼西亚、越南和菲律宾等国进口的货物。值得注意的是，中国自越南进口的产品市场占有率在2008年达到最低值0.43%，之后一直保持平稳增长的态势，在2016年上升到1.38%。中国自越南进口的货物中市场占有率最高的是塑料、橡胶制品和木制品等产品。

进口市场占有率侧重于衡量进口货物在中国市场的竞争力，交叉进口市场占有率则可用于衡量各国是否已将中国作为货物出口的目的国。交叉进口市场占有率越大，中国越有可能成为东盟国家主要的出口目的国。

通过图1.7对2000年和2016年中国—东盟交叉进口市场占有率进行对比发现：中国自东盟进口货物的交叉市场占有率有明显的提升，由3.84%增加到12.13%，增长了约 8.3 个百分点。这意味着，东盟出口到中国的货物在东盟出口到全世界的货物中所占比重上升明显，中国正日渐成为东盟各国货物出口的目的国。而仔细比较中国自东盟进口的 21 类货物的交叉市场占有率后我们也发现，东盟对中国的植物产品、橡胶制品、木材及制品等产品的出口额在其对全世界的出口总额中占比最大，2016 年这 3 类货物的交叉进口市场占有率都超过 0.2，分别为 0.25、0.23 和 0.21，说明中国已成为东盟国家出口这 3 类货物的主要目的国。

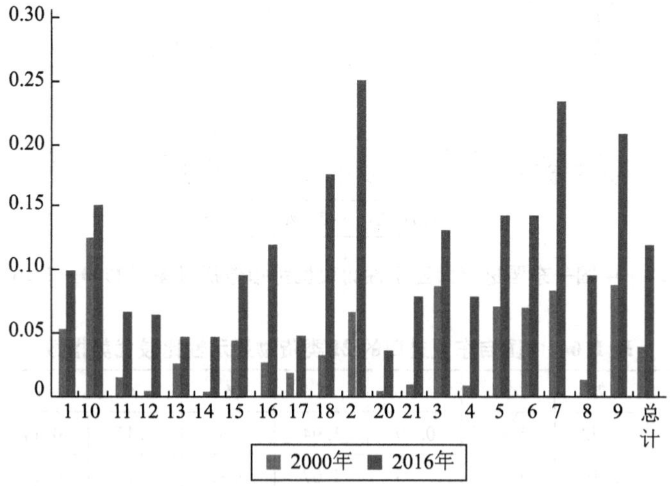

图 1.7 中国—东盟交叉进口市场占有率柱形图

（三）中国—东盟进口显示性比较优势指数

进口显示性比较优势通过比较从东盟进口的各类货物在进口总额中的比重与从世界进口的各类货物在进口总额中所占的比重，反映中国自东盟进口的货物较之从全世界进口的货物所具有的优势。指标值大于 1，说明从东盟进口的货物在中国市场具有比较优势；指标值小于 1，则说明从东盟地区进口的货物在中国市场上具有比较劣势。

中国—东盟进出口显示性比较优势折线图（图 1.8）显示：第一，2000—2016 年中国与东盟间的进出口显示性比较优势（RAC）都大于 1，高于世界平均水平。这意味着，不仅中国出口的货物在东盟市场上具有比较优势，而且自东盟进口的货物在中国市场也具有比较优势。第二，中国出口到东盟的显示性比较优势稳中下降，由 1.38 下降到 1.18，下降幅度为 14.5%；而中国自东盟进口的显示性比较优势却有较大幅度的波动，2011 年的指标值高达 1.71，2005 年指标值却低至 1.40。第三，虽然中国与东盟的进出口显示性比较优势在 2000 年较相似，但之后进出口显示性比较优势间的差距逐步增大，自东盟进口的货物在中国市场的比较优势明显大于中国出口货物在东盟市场的比较优势。

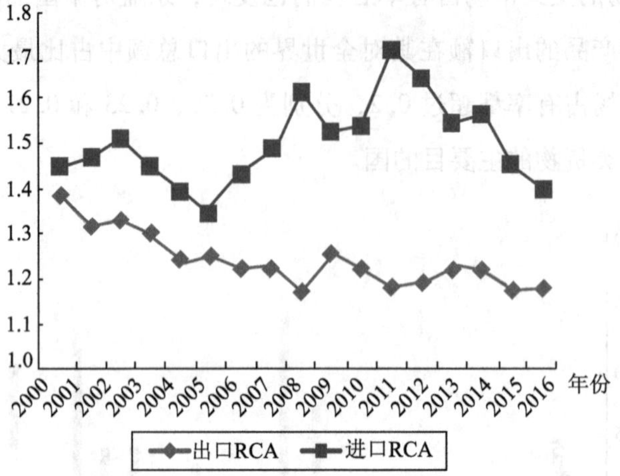

图 1.8　中国—东盟进出口显示性比较优势指数折线图（2000—2016 年）

表 1.6　中国自东盟进口的 21 类货物显示性比较优势指数

货物类别	1	2	3	4	5	6	7	8	9	10
2000 年	2.42	1.52	6.93	0.79	1.94	0.86	1.17	0.14	2.76	1.48
2005 年	0.80	1.19	7.04	1.53	1.07	0.89	1.78	0.17	2.08	0.84
2010 年	0.64	1.01	8.02	1.72	0.79	1.06	2.40	0.33	1.73	0.68
2015 年	0.71	1.43	7.28	1.58	0.70	1.06	2.47	0.78	1.95	0.90
2016 年	0.77	1.56	7.01	1.52	0.70	1.03	2.38	0.91	1.90	0.88
货物类别	**11**	**12**	**13**	**14**	**15**	**16**	**17**	**18**	**20**	**21**
2000 年	0.30	0.34	0.55	0.34	0.32	0.93	0.26	0.45	0.47	0.57
2005 年	0.36	1.24	0.50	0.39	0.37	1.18	0.33	0.23	0.55	2.20
2010 年	0.60	2.27	0.49	0.17	0.34	1.18	0.22	0.24	0.50	12.18
2015 年	1.41	4.64	0.47	0.05	0.55	1.15	0.29	0.66	0.91	0.21
2016 年	1.67	4.79	0.40	0.29	0.60	1.06	0.33	0.82	1.00	2.78

2000—2016 年中国自东盟进口的 21 类货物中，如表 1.6 所示，动物产品（第 1 类）、矿产品（第 5 类）和木制品（第 10 类）等资源密集型产品在中国市场的显示性比较优势自 2000 年以来发生了显著变化，由比较优势转变为比较劣势。其中，动物产品的进口显示性比较优势指数由 2.42 降至 0.77，下降了约 68%；矿产品的进口显示性比较优势指数由 1.94 降到 0.70，下降了约 64%，而木制品的进口显示性比较优势指数由 1.48 降至 0.88，下降了约 41%。

中国从东盟进口的第 4 类、第 6 类、第 7 类、第 8 类、第 11 类、第 12 类和第 21

类货物由比较劣势转变为比较优势，与上述 3 类货物的进口显示性比较优势变化趋势相反，其中第 7 类和第 12 类货物的进口显示性比较优势变化最显著。自东盟进口的塑料及橡胶制品（第 7 类）在中国市场的显示性比较优势指数由 1. 17 增加到 2. 38，优势扩大了约 1 倍，比较优势的主要来源是泰国、马来西亚和越南等国。鞋帽伞杖、羽毛及制品（第 12 类）的进口显示性比较优势指数从 0. 34 增加到 4. 79，优势扩大了约 13 倍，比较优势主要来源于印度尼西亚、柬埔寨和越南三国的进口。

（四）中国—东盟进口贸易强度指数

为了反映中国与东盟国家贸易往来的相互依存度，我们基于与全世界贸易往来的数据计算了中国与东盟的贸易强度指标。贸易强度指标大于 1 时，两国间贸易联系紧密；小于 1 时，两国间贸易联系松散。由中国—东盟进出口贸易强度指数折线图(图 1. 9)可以看出，中国对东盟的进出口贸易强度自 2000 年以来都大于 1，表明中国与东盟间无论在出口还是在进口上都保持着紧密联系。

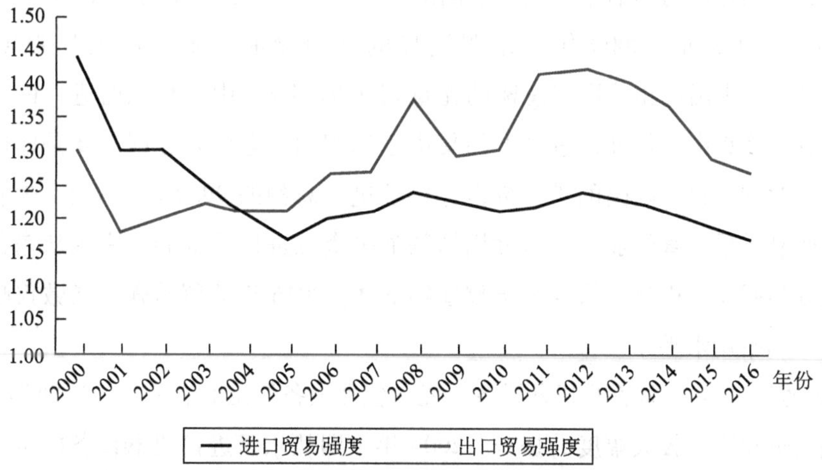

图 1. 9　中国—东盟进出口贸易强度指数折线图（2000—2016 年）

基于进出口贸易强度指数的计算结果，我们将中国与东盟间的贸易往来分成两个阶段：第一阶段是 2004 年之前，中国从东盟进口的贸易强度大于中国对东盟出口的贸易强度，说明东盟作为中国进口来源地的重要性大于其作为中国出口目的地的重要性；第二阶段是 2005 年至今，中国对东盟出口的贸易强度超过中国从东盟进口的贸易强度，这意味着东盟作为中国出口目的地的重要性高于其作为进口来源地的重要性，而这与近年来中国在与东盟的贸易往来中保持顺差地位是相吻合的。

2000—2016 年中国从东盟进口贸易强度最大的是第 2 类、第 3 类、第 5 类、第 6

类、第7类、第9类、第10类、第16类和第18类货物，表1.7给出了这9类货物的进口贸易强度指数值。其中，植物产品（第2类）、动植物油脂及蜡（第3类）、矿产品（第5类）、化工产品（第6类）、塑料及橡胶制品（第7类）、木材及木制品（第9类）、木浆及相关纤维制品（第10类）属于资源密集型产品，机器设备（第16类）和光学、仪器设备（第18类）属于工业制品，中国自东盟进口这些货物的贸易强度较显著。

表1.7　中国自东盟进口部分产品的贸易强度

货物类别	2	3	5	6	7	9	10	16	18
2000年	1.75	2.30	1.90	1.86	2.23	2.24	3.31	0.68	0.84
2005年	1.33	1.89	1.02	1.31	2.01	1.30	1.21	1.08	0.86
2010年	1.23	1.53	1.02	1.26	2.14	1.29	0.65	1.16	0.69
2015年	2.06	1.17	1.02	1.20	2.00	1.58	1.26	1.08	1.23
2016年	2.07	1.08	1.19	1.18	1.94	1.73	1.26	1.00	1.46

第3类货物是动植物油脂及蜡，中国的第一大进口来源地是东盟，2016年进口总额达到516.5万美元。2000年从东盟进口的动植物油脂及蜡的贸易强度指数为2.30，进口额占中国植物油进口总额的比重高达91.4%。中国自东盟进口的动植物油脂及蜡具有高度集中的特征，进口产品集中于棕榈油，进口来源国主要是印度尼西亚和马来西亚两国，自这两国的进口额占棕榈油进口总额的99.9%。然而，随着对植物油脂进口产品质量监管的加强和对食用植物油融资性进口的抑制，中国从东盟进口的植物油脂逐步减少，进口贸易强度指数逐年下降，2016年的贸易强度指数仅略高于从全世界进口的平均水平。

第16类和第18类货物是机器设备、光学仪器设备等工业制成品，这两类货物的进口贸易强度近年来有较大幅度的提升。2000年中国从东盟进口机器设备的贸易强度指数为0.68，进口光学仪器设备的贸易强度指数为0.84，进口来源地集中于新加坡、菲律宾、马来西亚和泰国等国。从新加坡进口的是电子管、数据处理机和其他工业电力设备，从菲律宾进口的是半导体，而从马来西亚和泰国进口的是交换机集成电路和其他电子配件。2016年中国从东盟进口机器设备和光学仪器设备的贸易强度指数增长了近1倍，分别达到1.00和1.46，超过从全世界进口的平均贸易强度指数。2017年中国从东盟进口这两类产品的贸易强度指数又有所提高，其中，从新加坡进口的机电产品额达到250.1亿美元，占自新加坡进口总额的46.3%；从泰国进口的机电产品仅次于塑料、橡胶的进口额；从马来西亚进口的机电产品额为130.1亿美元，占进口总额的44.2%，在所有进口货物中占比最大。

（五）中国—东盟进口贸易相似性指数

进口贸易相似性指数通过测算中国进口货物结构与东盟国家出口货物结构的重合度来衡量中国与东盟国家的贸易互补度，系数介于0与1之间。系数值越接近于1，中国进口商品结构与东盟国家出口商品结构的互补度越高；系数值越接近0，中国进口商品结构与东盟国家出口商品结构的互补度越低。

2000—2016年中国—东盟的进出口贸易相似性指数柱形图（图1.10）显示：第一，中国自东盟进口商品的相似性指数自2000年以来保持上升的趋势，并在2006年前后达到最高值0.79；第二，中国自东盟进口商品的相似性指数普遍高于中国对东盟出口商品的相似性指数。

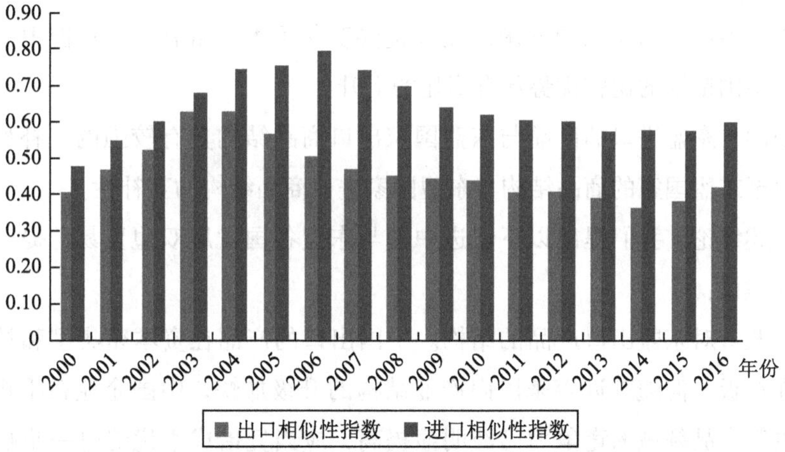

图1.10 中国—东盟进出口贸易相似性指数柱形图（2000—2016年）

虽然中国自东盟进口货物的相似性指数总体保持上升趋势，但在各个国家又略有不同。2000—2016年中国自新加坡、泰国和菲律宾等国进口货物的相似性指数持续下跌，新加坡由54.55%降至20.43%，泰国由26.85%降至13.56%，菲律宾由17.04%降至3.57%。进口相似性指数的下跌意味着中国从这些国家进口货物的结构与这些国家出口货物的结构互补度越来越低。与上述3国不同的是，中国自越南进口商品的相似性指数逐步上升，由5.77%上升到10.43%。

中国进口商品结构与东盟出口商品结构互补度高与东盟国家的地理位置不无关系。东盟国家地处热带，海洋资源、矿藏资源和农业资源丰富，根据要素禀赋理论，东盟国家向中国出口较多的是资源密集型产品。以印度尼西亚为例，该国拥有丰富的自然资源，盛产硅胶，且劳动力成本不高，故中国自印度尼西亚进口的产品多以矿物燃料、动植物油、矿渣物、橡胶及其制成品为主。因此，中国进口商品结构与东盟国家出口商品结构具有较强的互补性。

四、小结与建议

通过使用 2000—2016 年中国与东盟地区或国家的进出口贸易数据，基于模型(1.1)、(1.2) 和(1.3)，我们计算了中国—东盟贸易竞争力指数。通过对中国—东盟贸易竞争力指数及其特征指标的分析，得出以下几点结论：

一是中国出口商品在东盟地区的市场竞争力在平稳中略有发展，中国出口商品在东盟地区保持一定的竞争优势；中国自东盟地区进口的商品在中国市场的竞争力近年来虽有所提高，但仍有上升的空间。

二是中国出口商品在东盟各国的比较优势变化不大，略有下降；但中国自东盟进口的商品在中国市场的比较优势却有明显的上升。

三是中国自东盟进口的商品与东盟国家出口商品结构具有较强的互补性，明显高于中国出口至东盟国家的商品结构与东盟国家进口商品结构的互补性。

依据上述结论，我们提出以下促进中国与东盟各国发展双边贸易、提升贸易竞争力的对策与建议：

首先，改善对东盟出口产品的结构。中国出口的产品在资本密集型和技术密集型领域仍存在短板，但随着近年来国内产业结构的升级加快，中国企业在手机、电子计算机、家电等产品领域的竞争力已经明显提高，应当凭借成本优势进一步扩展东南亚市场，保持并扩大高技术、高附加值产品的占有率，提升出口产品在东盟国家的竞争力。

其次，继续扩大在东盟国家的投资。2015 年，时任国务院副总理在中国—东盟博览会开幕式上提出，要进一步扩大与东盟的国际产能合作，并以此为载体扩大投资，建立健全供应链、产业链和价值链。随着新一轮贸易保护主义在全球的兴起和中国劳动力成本的持续上升，中国应当加快在东南亚投资设厂的步伐，以有效利用当地资源和劳动力，促进当地就业和经济社会发展，实现中国—东盟经贸合作的良性互动。

最后，在建设“21 世纪海上丝绸之路”的过程中，依托亚投行、丝路基金等机构，在东盟国家中选择对华友好的国家，打造“21 世纪海上丝绸之路”的合作样板，以形成有效的吸引和辐射效果，推动“一带一路”构想的实践进展。

第二章　中国—东盟贸易活力指数

一、中国—东盟贸易活力指数框架

根据学者对“经济活力”的诠释，考虑到“贸易”是一国经济活动的主要组成部分，我们认为“贸易活力”主要表现为贸易的成长性。基于这样的认识，我们编制了中国—东盟贸易活力指数（Trade Vitality Index，TVI），该指数使用贸易发展速度来衡量中国与东盟地区和各国双边贸易的成长性。

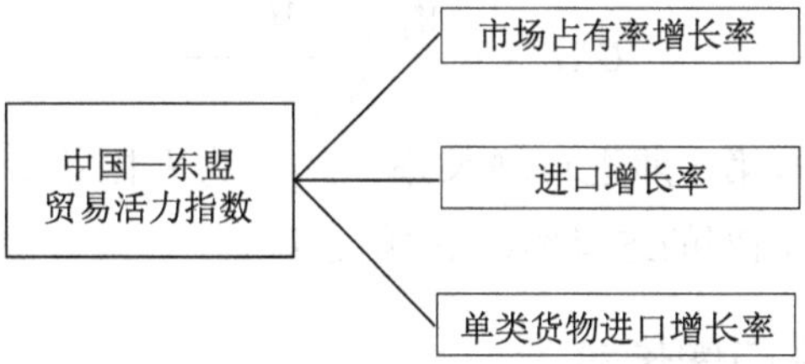

图 2.1　中国—东盟贸易活力指数框架

基于综合性、层次性以及可行性原则，中国—东盟贸易活力指数选取市场占有率增长率（Market Share Growth Rate，MSGR）和进口增长率（Growth Rate of Import，GRI）反映中国与东盟国家间双边贸易的成长性，选取单类货物进口增长率测度中国与东盟国家间单类货物贸易的成长性（如图 2. 1 所示），各特征指标的数据来源见表 2. 1。在综合运用主成分分析法与专家评分法进行赋权的基础上，我们编制了 2010 年第一季度至 2017 年第四季度中国—东盟贸易活力指数。

表 2. 1　中国—东盟贸易活力指数的特征指标及数据来源

指数	特征指标	数据来源
中国—东盟贸易活力指数（TVI）	市场占有率增长率（MSGR）	1）联合国商品贸易数据库 2）《全球贸易观察》数据平台 3）相关国家的国家统计局网站
	进口增长率（GRI）	
	单类货物进口增长率（SGGR）	

（一）市场占有率增长率

市场占有率增长率指当年市场占有率相比上一年同期市场占有率的相对变化率，即同比增长率，反映中国出口货物在东盟国家的市场占有率的变化速度。具体计算公式如下：

$$MSGR_{k,\ i} = \frac{MS_{k,\ i} - MS_{k,\ i-1}}{MS_{k,\ i-1}} \tag{2.1}$$

式中，$MSGR_{k,\ i}$ 为 k 国第 i 期的市场占有率增长率，$MS_{k,\ i}$ 为 k 国第 i 期的市场占有率，$MS_{k,\ i-1}$ 为 k 国上一年同期市场占有率。

（二）进口增长率

进口增长率指东盟国家与中国货物贸易的进口额的同比增长率，反映中国对该国或该地区货物贸易的出口规模的发展速度。具体计算公式如下：

$$GRI_{k,\ i} = \frac{M_{k,\ i} - M_{k,\ i-1}}{M_{k,\ i-1}} \tag{2.2}$$

式中，$GRI_{k,\ i}$ 为 k 国第 i 期进口增长率，$M_{k,\ i}$ 为 k 国第 i 期的进口额（从中国进口），$M_{k,\ i-1}$ 为 k 国上年同期的进口额（从中国进口）。

（三）单类货物进口增长率

单类货物进口增长率（Growth Rate of Import Volume of Single Species Goods，SGGR）指东盟国家与中国的单类货物进口额的同比增长率，反映中国对该国或该地区单类货物贸易的出口规模的发展速度。具体计算公式如下：

$$SGGR_{k,\ j,\ i} = \frac{M_{k,\ j,\ i} - M_{k,\ j,\ i-1}}{M_{k,\ j,\ i-1}} \tag{2.3}$$

式中，$SGGR_{k,\ j,\ i}$ 为 k 国在第 i 期对第 j 类货物的进口增长率，$M_{k,\ j,\ i}$ 为 k 国在第 i 期对第 j 类货物的进口额（从中国进口），$M_{k,\ j,\ i-1}$ 为 k 国上年同期第 j 类货物的进口额（从中国进口）。

市场占有率增长率与进口增长率加权平均即可得中国—东盟贸易活力指数（TVI）。

二、中国—东盟出口贸易活力指数

为反映中国自东盟进口贸易的成长性，上海对外经贸大学“一带一路”经贸指数研究院编制和计算了中国对东盟出口贸易的活力指数，以反映出口贸易的发展速度。我们计算了中国对文莱、柬埔寨、印度尼西亚、马来西亚、菲律宾、新加坡、泰国和越南等东盟八国的贸易活力指数。

（一）中国—东盟出口贸易活力指数分析

由中国—东盟贸易活力指数计算结果可知，2016 年中国出口商品在东盟地区的贸易活力指数为 36.74 点，是过去 5 年间活力指数最低的，比 2015 的 46.94 低了 10 个点，仅略高于 2011 年。这说明，2016 年中国对东盟地区的出口贸易发展速度下降，出口贸易的成长性不足。

表 2.2 中国—东盟国家贸易活力指数及排名（2010—2016 年）

国家	2010 年		2011 年		2012 年		2013 年		2014 年		2015 年		2016 年	
	TVI	排名	TVI	排名	TVI	排名	TVI	排名	TVI	排名	TVI	排名	TVI	排名
文莱	71.36	1	69.55	1	61.40	1	22.89	8	5.50	8	30.75	7	60.21	2
柬埔寨	41.95	4	60.83	2	44.85	4	67.05	1	43.80	2	27.90	8	39.75	5
印度尼西亚	44.32	2	33.67	6	35.10	7	29.89	6	34.46	5	48.42	2	44.45	3
马来西亚	19.03	8	36.01	4	50.45	2	40.63	5	30.96	6	38.13	5	41.16	4
菲律宾	25.44	7	56.98	3	37.04	6	57.25	2	53.33	1	43.82	4	67.59	1
新加坡	36.05	5	24.09	8	26.06	8	45.48	4	29.64	7	44.63	3	25.72	8
泰国	42.99	3	35.16	5	47.27	3.	26.30	7	39.41	4	54.21	1	39.66	6
越南	29.03	6	30.85	7	43.23	5	49.49	3	41.19	3	37.36	6	26.70	7

表 2.2 给出了 2010—2016 年中国对东盟各国出口贸易活力指数及排名。由表 2.2 可以看出，2016 年中国对东盟各国的出口贸易活力在过去几年间皆发生了明显变化，其中变化最显著的是菲律宾。中国对菲律宾的出口贸易活力指数由 2010 年的 25.44 增加到 2016 年的 67.59，增加了 42.15 个点，排名也由 2010 年的第 7 名上升到 2016 年的第 1 名。中国对菲律宾出口贸易活力指数之所以在 2016 年发生较大变化，与 2016 年杜特尔特当选菲律宾总统并着力发展中菲外交关系、发展与中国的双边贸易密不可分。此外，中国对马来西亚的出口贸易活力指数也有大幅度增加，由 2010 年的 19.03 增加到 2016 年的 41.16，排名上升了 4 位。

值得注意的是，2010—2016 年中国对新加坡和泰国的出口贸易活力指数都有所下降，对新加坡的出口活力指数由 36.05 降至 25.72，指数值下降了 10.33 个点，排名由第 5 名降到第 8 名；对泰国的出口贸易活力指数由 42.99 降至 39.66，虽只下降了 3.33 个点，但排名由 2010 年的第 3 名降至 2016 年的第 6 名。

（二）中国—东盟出口贸易市场占有率增长情况分析

2010—2016 年中国对东盟出口的货物在东盟市场的占有率增长情况发生了较大的波动。若以 2001 年为对比基准，则出口货物的市场占有率在 2003 年增长幅度最小，同比下降了 7.14%。2006 年、2007 年和 2010 年出口的货物在东盟市场的占有率皆有所下降，但下降幅度不明显。但从 2014 年至今，出口到东盟的货物市场占有率开始呈波浪式上升，2016 年的增长率高达 12.4%。

市场占有率增长率反映的是中国出口的货物在东盟市场的增长变化情况，增长率为正值意味着市场占有率在扩大，增长率为负值意味着市场占有率保持不变或有所缩小。由上述分析可知，2008 年之前中国出口到东盟的货物的市场占有率增长变动幅度较大，之后则呈现出市场占有率曲折扩大的缓慢变化趋势。

根据表 2.3 显示的中国出口至东盟各国的货物市场占有率增长率，我们发现：中国出口到新加坡、文莱和马来西亚的货物在该国市场的占有率一直在下降，虽然缩小的幅度在各年间不完全一致，但普遍呈市场占有率下降的趋势。相反，中国出口到越南、柬埔寨、泰国和菲律宾四国的货物所占市场份额却总体保持上升的趋势，说明中国出口的货物在这些国家的市场上具有一定的竞争优势。

表 2.3　中国—东盟国家出口货物市场占有率增长率（2010—2016 年）

年份	新加坡	泰国	菲律宾	印度尼西亚	马来西亚	文莱	柬埔寨	越南
2001	−0.05	0.03	0.15	−0.15	0.10	−0.08	0.24	0.07
2002	0.01	0.08	0.03	0.08	0.34	0.30	0.07	0.10
2003	−0.07	−0.09	0.07	−0.09	−0.13	−0.22	−0.15	0.08
2004	0.08	0.00	0.07	0.02	0.05	0.08	0.12	0.08
2005	−0.01	0.06	−0.13	0.11	−0.01	−0.03	−0.03	0.00
2006	0.05	−0.04	−0.03	−0.11	−0.05	−0.06	−0.03	−0.01
2007	−0.07	−0.01	−0.13	0.02	−0.06	−0.05	−0.05	0.37
2008	−0.10	0.01	−0.08	0.52	−0.09	−0.04	0.27	0.07
2009	−0.09	0.01	0.06	0.09	0.02	−0.06	0.13	0.24
2010	−0.01	0.08	−0.07	0.11	−0.09	0.08	0.02	−0.08
2011	−0.06	0.05	0.09	0.07	−0.01	0.38	0.22	0.02
2012	−0.04	0.12	0.02	0.04	0.11	0.14	0.19	0.08
2013	0.03	−0.05	0.12	−0.06	0.05	−0.07	0.25	0.18
2014	−0.04	−0.04	0.13	−0.03	−0.01	−0.17	0.17	0.12
2015	−0.02	0.10	0.15	−0.01	−0.03	−0.03	0.09	0.17
2016	0.04	0.12	0.50	0.14	0.12	0.12	0.26	0.10

三、中国—东盟进口贸易活力指数

（一）中国—东盟进口贸易活力指数总体分析

在编制中国对东盟地区和各国出口贸易活力指数的同时，我们还编制并计算了中国自东盟地区和各国进口贸易的活力指数，以反映进口贸易的发展速度。

基于中国—东盟进口贸易活力指数的计算结果可以看出：中国自东盟进口货物的贸易活力指数较之“中国—东盟自由贸易区”刚成立时有所下降，由2010年的11.69降至2016年的10.32，但下降的幅度并不明显。而由表2.4可以看出，在东盟国家中，中国自新加坡、泰国、菲律宾和马来西亚等国进口的贸易活力指数普遍下降，自菲律宾进口的贸易活力指数下降幅度最大。

表2.4　中国—东盟国家进口贸易活力指数及排名（2010—2016年）

国家	2010年		2011年		2012年		2013年		2014年		2015年		2016年	
	TVI	排名	TVI	排名	TVI	排名	TVI	排名	TVI	排名	TVI	排名	TVI	排名
文莱	18.34	2	7.07	8	5.61	8	3.37	8	5.41	8	12.97	1	29.05	1
柬埔寨	39.06	1	22.94	1	12.09	1	14.72	1	13.75	1	11.56	3	15.47	2
印度尼西亚	11.38	6	13.03	3	9.27	6	10.24	5	7.32	7	9.25	7	11.68	4
马来西亚	11.09	8	10.63	5	9.27	7	10.40	4	8.79	6	10.15	5	9.22	8
菲律宾	17.20	3	10.01	7	9.55	4	10.90	2	11.25	2	8.16	8	9.88	6
新加坡	11.70	5	10.39	6	10.05	3	10.75	3	10.63	4	10.23	4	9.35	7
泰国	11.25	7	11.45	4	9.48	5	9.75	6	8.93	5	9.95	6	10.22	5
越南	12.31	4	13.27	2	10.36	2	9.44	7	10.98	3	11.71	2	13.71	3

（二）中国—东盟进口贸易市场占有率增长情况分析

进口贸易活力指数具体包括进口增长率和进口商品市场占有率增长速度两个指标。进口增长率反映的是进口货物的增长速度，2001—2016年中国自东盟进口的货物年均增长14.27%，但2014年和2015年的进口规模有所缩小，进口总额分别较上一年减少了2.53%和7.02%。由21类货物进口增长率雷达图（图2.2）可以看出，中国自东盟进口艺术品（第21类）的增长速度最快，年均增长14.8%；其次是贵金属及其制品（第14类），进口年均增长13.23%；进口增长幅度最小的是机械设备（第16类），年均增长5.01%。

虽然中国自东盟的进口每年以较快的速度增长，但进口货物在中国市场的占有率增长得并不快，在2001—2016年的16年间的年均增长率仅为1.21%，且各年增长幅度不一致，2008年市场占有率下降5.28%，2016年又增长7.21%。由21类货物进口市场占有率增长速度雷达图（图2.3）可知，21类货物中自东盟进口的鞋帽伞杖（第12类）在中国市场的占有率增长速度最快，年均增长率达到20.74%；自东盟进口的动物产品（第1类）在中国的市场占有率逐年下降，年均下降6.24%。

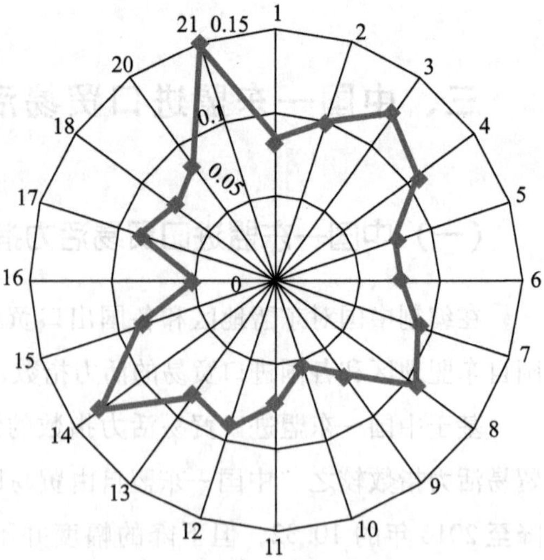

图2.2 中国—东盟进口增长率（2001—2016年）

四、小结与建议

通过使用2010—2016年中国与东盟地区或国家的进出口贸易数据，基于模型（2.1）、（2.2）和（2.3），我们计算了中国—东盟贸易活力指数。通过对中国—东盟贸易活力指数及其特征指标的分析，得出以下几点结论：

一是中国出口商品在东盟地区的贸易活力近两年略有上升；

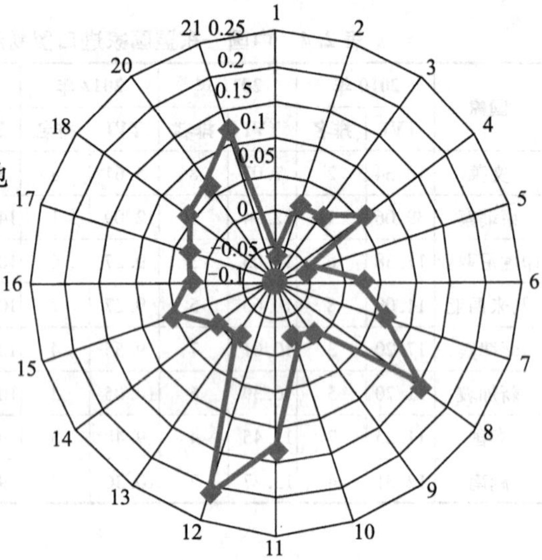

图2.3 中国—东盟进口市场占有率增长率（2001—2016年）

二是中国出口商品在东盟各国的市场占有率增长变化情况不一，在新加坡、马来西亚等传统贸易伙伴国出口的商品所占市场份额逐年下降，而对泰国、菲律宾、柬埔寨等国出口的商品市场占有率则逐年稳步上升；

三是自东盟地区进口的货物在中国市场的贸易活力近5年变动不明显，虽然中国自东盟地区进口货物的速度增长较快，但进口货物在中国市场的占有率增长得并不快。

基于以上结论，我们提出以下几项激发中国与东盟地区或国家贸易活力的对策与建议：

一是鼓励中国企业“走出去”，加大对东盟国家的投资，通过加大投资带动货物贸易的发展；

二是加强双边基础设施合作，实现中国装备制造业“走出去”，帮助东盟国家高铁网络的发展，使东盟国家利用中国已经铺设超 2 万千米高速铁路轨道的技术与经验，形成交通建设的后发优势；

三是积极推进中国—东盟区域全面伙伴关系协定的谈判，进一步促进区域贸易和投资自由化、便利化，为中国与东盟国家的产业合作创造更加宽松的政策环境；

四是加强中国与东盟国家的科技合作关系，为中国与东盟国家的产业合作提供更多的新动力，双边在高新技术领域的合作应向传统产业渗透，为传统产业发展创造新的增长点。

第三章 中国—东盟贸易效率与贸易潜力指数

一、中国—东盟贸易效率与贸易潜力指数框架

贸易潜力是指隐藏的、未被开发出来的贸易能力，反映未来贸易发展的可能性。基于综合性、层次性以及可行性原则，中国—东盟进口贸易潜力指数（Trade Potential Index，TPI）的计算均基于 2008—2016 年的年度数据，利用贸易引力模型计算而得，计算中使用的数据分别是中国与东盟各国 GDP、中国对东盟各国的进口额和出口额，数据均来源于联合国商品贸易数据网。中国与东盟各国人口总数的数据来源于世界发展指标（World Development Indicator，WDI）。其他控制变量来源于国际货币基金组织（International Monetary Fund，IMF）的《世界经济展望》、法国国际经济研究中心网站，部分由研究者整理而得。中国—东盟贸易潜力指数框架如图 3. 1 所示。

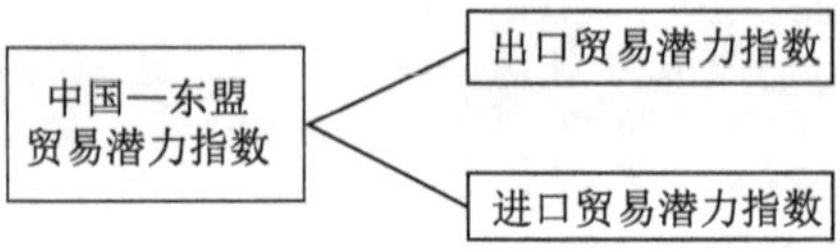

图 3. 1 中国—东盟贸易潜力指数框架

引力模型的估计方程为：

$$\ln(TL) = \beta_0 + \beta_1\ln(GDP_i) + \beta_2\ln(GDP_j) + \beta_3\ln(POP_i) + \beta_4\ln(POP_j) + \beta_5\ln(ER_{ij}) + \gamma Control + \mu_{ij}$$

式中，TL 为因变量，包括 TR、X 和 M，分别为中国与东盟各国的贸易总额（万美元）、中国对东盟各国的出口价值（万美元）、中国从东盟各国的进口价值（万美元）。GDP_i 为中国的国内生产总值，GDP_j 为东盟各国的国内生产总值，POP_i 为中国的人口总数，POP_j 为东盟各国的人口总数，ER_{ij} 为用东盟各国货币标价的人民币汇率。

Control 为控制变量，包括 D_{ij}、LD_j、S_i、UN_j 和 TR_j，分别为两国的绝对距离；是内陆国时取1，否则取0；“一带一路”虚拟变量，2013年第3季度及之后取1，之前取0；是否是东盟国家；是否加入世贸组织。

然而，由于数据的原因，本书只计算了中国自东盟进口的贸易效率指数与贸易潜力指数。

二、中国—东盟进口贸易效率与贸易潜力指数

为了分析中国自东盟进口贸易效率和潜力，我们计算了2008年和2016年中国自东盟各国进口的贸易潜力指数，并基于此进一步计算了中国自东盟各国进口的贸易效率指数，计算结果如图3.2所示。中国自柬埔寨、缅甸、老挝和越南等国的进口贸易效率较之2008年有所提升，其中从柬埔寨进口的贸易效率提升的幅度最大；但中国自印度尼西亚、马来西亚、菲律宾、泰国和新加坡等国的进口贸易效率却下降了。

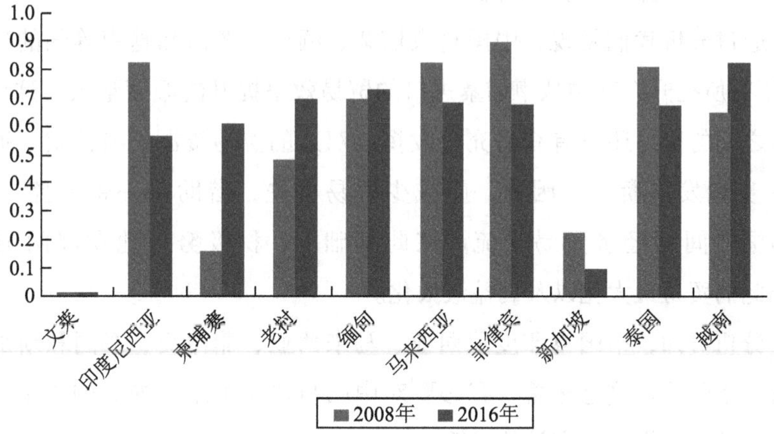

图3.2　中国—东盟国家贸易效率指数柱形图

中柬双边贸易自2008年起进入高速增长期，中国是柬埔寨最大的外资来源国和第一大贸易伙伴国。2015年中柬双边贸易总额为44.3亿美元，同比增长18%，其中，中国对柬埔寨的出口增长15%，自柬埔寨的进口增长38%。2016年中柬双边贸易额实现47.6亿美元，同比增长7.4%。2017年1—7月双边贸易额为32.8亿美元，同比增长20.3%；其中，中国自柬埔寨的进口额为5.6亿美元，增长15.3%。中国自柬埔寨进口的货物以资源密集型产品为主，包括纺织品、原材料、蔬菜、大米、塑料和橡胶等。中国是柬埔寨大米的最大进口国，2016年1—9月中国共进口柬埔寨大米6.68万吨，占柬埔寨大米出口总量的18.5%。双边贸易的快速增长使得中国自柬埔寨进口货

物的贸易效率也大幅度增加，由2008年的0.17上升到2016年的0.61。随着柬埔寨基础设施的进一步完善，中国自柬埔寨进口的贸易潜力将显现，进口贸易效率也将进一步提升。

在2016年的进口贸易效率指数中，中国自越南进口的贸易效率最高，为0.83，而这与中越两国双边贸易的高速发展是密不可分的。2016年中越双边贸易额达到982亿美元，越南已超越马来西亚成为中国在东盟的最大贸易伙伴国；其中，中国自越南的进口额为371亿美元，同比增幅高达24.5%。

三、小结与建议

通过对中国—东盟进口贸易潜力的测算与分析，可以看出：

第一，影响中国—东盟双边贸易的因素主要有双边的实际GDP、中国与东盟各国的进口总额、出口总额和贸易总额，中国与东盟各国的人口规模，以及是否同为世贸组织成员和“一带一路”成员国等。

第二，通过分析我们发现，中国自柬埔寨、缅甸、老挝和越南等国的进口贸易效率较2008年有所提升，其中从柬埔寨进口的贸易效率提升的幅度最大。这说明，中国与上述四国之间的贸易还没有获得充分发挥，双边的贸易资源仍有浪费，彼此之间还可以更进一步地发展贸易。因此，应减少贸易壁垒，借助“一带一路”发展的机遇，增加两国之间的经济贸易交流。在此基础上，积极努力地发展两国的贸易往来，促成彼此的贸易最大化以及利益最大化。

第三，分析可知，中国自印度尼西亚、马来西亚、菲律宾、泰国和新加坡等国的进口贸易效率下降了。这意味着，有必要对中国与这几个东盟国家的货物贸易发展进行更为全面的分析并提出更有效的对策。

第四章　中国—东盟贸易信心指数

一、中国—东盟贸易信心指数框架

贸易信心指数是衡量贸易行业从业人员贸易信心强弱的指标，反映了贸易从业人员对未来一段时间内贸易形势的评价和贸易环境的主观感受。

根据国际上通行的做法，我们对中国—东盟贸易信心指数采用了问卷调查。调查问卷的设计参照了消费者信心指数和商业信心指数的问卷设计方式，同时结合了贸易活动独有的特点；调查对象为贸易行业从业人员；调查内容所属时间为 2018—2020 年。基于问卷调查的数据，我们利用加权求和的方法得到贸易信心指数。指数值为 0 ~ 200，以 100 为基准，分数越高信心越强，高于 100 表示对中国与东盟间的进出口贸易信心较强；分数越低信心越弱，低于 100 则表示对中国与东盟间的进出口贸易信心较弱。

具体来说，中国—东盟贸易信心指数包括贸易势头信心、贸易收益信心和贸易前景信心 3 个二级指数，由 6 个指标构成。

贸易势头信心指数包括贸易总势头、进口贸易势头和出口贸易势头 3 个指标，体现的是被调查者对 2018—2020 年这两年中国与东盟国家的贸易前景和潜力的看法。

贸易收益信心指数由新增就业和收入增长两个指标构成，反映被调查者对 2018—2020 年这两年在中国与东盟国家的贸易相关行业就业形势以及从业人员收入增长情况的看法。

贸易前景信心指数调查的则是贸易从业人员对从事中国与东盟国家贸易活动的时机和意愿，其衡量了受访者进入中国与东盟国家贸易领域的可能性。贸易信心指数的指标体系结构如图 4.1 所示。

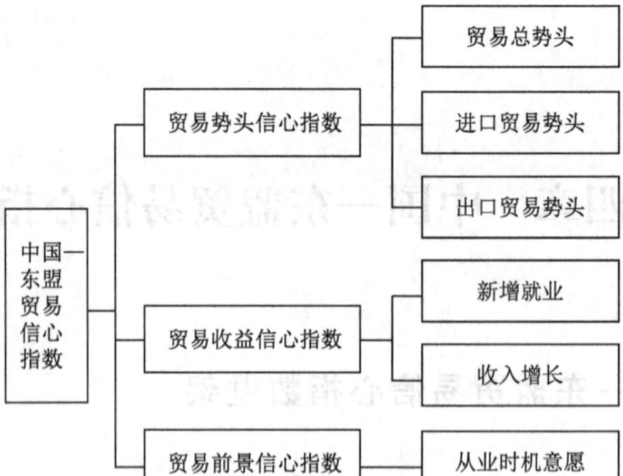

图 4.1　贸易信心指数指标体系

二、中国—东盟贸易信心指数分析

（一）中国—东盟贸易信心指数总体分析

为了了解中国与东盟贸易从业者对双边贸易的信心程度，我们对中国进出口商品交易会（广交会）、中国（上海）国际技术进出口交易会（上交会）、义乌进口商品博览会的商家，以及义务国际商贸城的商家、国际生产资料市场的商家和专家学者进行了问卷调查。调查结果显示：在 2018 年第 1 季度，中国与东盟的贸易信心指数为 128.31，贸易信心较强，这表明贸易行业人员对中国与东盟国家的贸易持积极乐观的态度。但进出口交易会商家（包括广交会和上交会）、义乌商家（进口商品博览会、国际商贸城、国际生产资料市场）和专家学者的贸易信心程度彼此之间略有不同，进出口交易会商家的贸易信心指数为 127.24，义乌商家的贸易信心指数为 125.64。而专家学者对中国—东盟的贸易信心最强，贸易信心指数高达 154.01。

三大受访群体对中国—东盟的贸易信心程度有所不同，我们探讨其原因可能在于以下几点：一是贸易产品结构层级不同，义乌商家贸易的主要产品与东盟国家的优势产品相类似，都属于劳动密集型，并且商品结构层次偏低；而进出口交易会商家贸易的主要产品是机械、化工产品，相对来说则占据着商品结构的上游位置，并且大多也符合东盟国家目前行业发展的相关需求。二是抗风险的能力不同，义乌商家的规模普遍较小，并且与东盟国家的贸易往来相对被动，常通过外贸公司进行，易受外部冲击的影响，而进出口交易会商家规模一般较大，基本都有较为固定的合作伙伴，具有一定的抗风险能力，不易因外部贸易环境的变化而发生剧烈波动。三是着眼点不同，专家学者通过收集宏观数据、分析国家政策，从较高的层面来观察各国行业的整体情况；进出口交易会商家由于规模普遍较大，具有一定的贸易形势分析能力，能根据行情走势进行简单预测并进行及时调整，因而不易局限于当下贸易情况的变化；而义乌商家普遍规模较小，对贸易情形短期波动十分敏感。此三者的不同，造成三方信心指数呈现出依次递减的结果。

（二）中国—东盟贸易势头信心指数分析

中国—东盟贸易势头信心指数反映了广交会、上交会、义乌进口商品博览会、国际商贸城、国际生产资料市场的商家以及专家学者对中国与东盟国家贸易发展趋势的预期。2018 年第 1 季度，中国—东盟贸易势头信心指数为 132.84，处于较乐观区域，表明被调查的对象普遍看好中国与东盟国家贸易的发展前景。

在贸易势头信心指数的 3 个指标中，贸易总势头信心指标为 139.57，高于总体水平；出口贸易势头信心指标为 128.74，低于总体水平；进口贸易势头指标为 130.22，略高于出口贸易势头指标，但也低于总体水平。

根据中国商务部网站提供的数据，2017 年中国向东盟出口达 2791 亿美元，同比增长了 9%；中国从东盟进口达 2357 亿美元，同比增长了 20%。中国—东盟的贸易正以不断突破历史纪录的速度持续增长着，并且经贸上的合作往来还在向其他各个领域扩展，可以预见这种好势头短期内不会停止。因此贸易势头总体信心较强，并且出口信心指数略低于进口信心指数。

（三）中国—东盟贸易收益信心比较乐观

2018 年第 1 季度，中国—东盟贸易收益信心指数为 125.74，其中进出口交易会商家的贸易收益信心指数和义乌商家的贸易收益信心指数极为接近，均在 124.11 左右，略低于总体水平；专家学者的贸易收益信心指数为 151.85，显著高于总体水平。

贸易收益信心指数包括新增就业和收入增长两个指标：新增就业指数为 127.07，收入增长指数为 124.41。由这两个指标值我们可以发现：进出口交易会商家、义乌商家以及专家学者普遍认为在未来两年中国与东盟国家的贸易可以提供更多的就业机会，但是对于贸易能显著提高收益信心不够。这主要是因为，专家学者与贸易从业者的思考角度不完全一致。专家学者从整体情况和相关政策上出发分析贸易带来的就业与收入时没有考虑到实际贸易往来中存在的困难；而贸易从业者大多从自身所从事的贸易工作以及所处的贸易环境来思考。因此，双方均有所偏差，我们在实际分析时应当将二者结合起来考虑。

双方在就业机会上的信心均高于对薪资水平提高上的信心，这可能是由于中国与东盟的贸易尚处在快速扩张时期，缺少大量相关从业人员，但对他们的素养要求还不高，进入门槛仍然较低，因此行业整体的收入水平并未出现显著性的提升。

（四）中国—东盟贸易前景信心不太乐观

2018 年第 1 季度，进出口交易会商家对中国与东盟国家的贸易前景信心指数为 118.77，略低于总体水平；义乌商家的贸易前景信心指数为 114.20，低于总体水平；专家学者的贸易前景信心指数为 159.26，显著高于总体水平。

虽然中国与东盟整体的合作交流正在不断推进和深入，但从其单独的每个成员国来看，则其个体的体量仍然不大，并且它们大部分也正处于发展中国家的阶段，自身的基础较为薄弱，面临的问题也较为复杂，容易受到外部环境的干扰，因此商家对于东盟的贸易前景仍维持着谨慎和保守的态度，大多还处于观望状态，信心指数反映出来自然也就不太乐观了。

三、中国—东盟贸易影响因素分析

为了了解影响中国—东盟贸易活动的相关因素，我们在问卷中设计了相应问题，具体结果如图 4.2 所示。

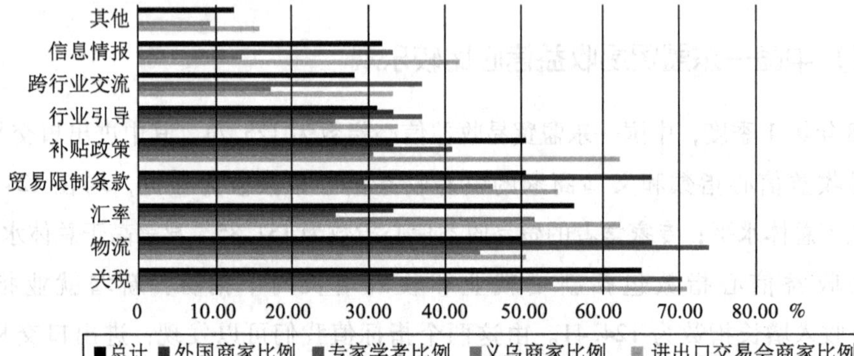

图 4.2　贸易活动影响因素的分布情况

通过对比分析我们发现：专家学者认为物流、关税和补贴政策是前三大因素；义乌商家认为关税、汇率和贸易限制条款是前三大因素；而进出口交易会商家认为前三大因素依次为关税、汇率和补贴政策。外国商家则认为物流和贸易限制政策会产生最重要的影响。总体而言，关税、汇率和补贴政策是影响中国—东盟贸易活动的前三大因素。

（一）物流影响分析

专家学者和外国商家对物流之所以十分关心，一方面是物流对贸易的重要性显而易见；另一方面是从宏观来看，物流一直是各国政府致力改善的重点领域，并且目前已取得不错的成绩，对中国与东盟间的经贸往来有明显的提升作用。其中，义乌商家对贸易限制条款的关注是由于它们的抗风险能力不足，大多依靠扩大销量来提高利润。进出口交易会商家则对补贴政策非常重视，原因在于它们的研发投入成本较高，需要外界力量在前期对其进行支持。

（二）双边贸易联系

在所有被调查的对象中，中国与东盟各国的联系程度占比如图 4. 3 所示。

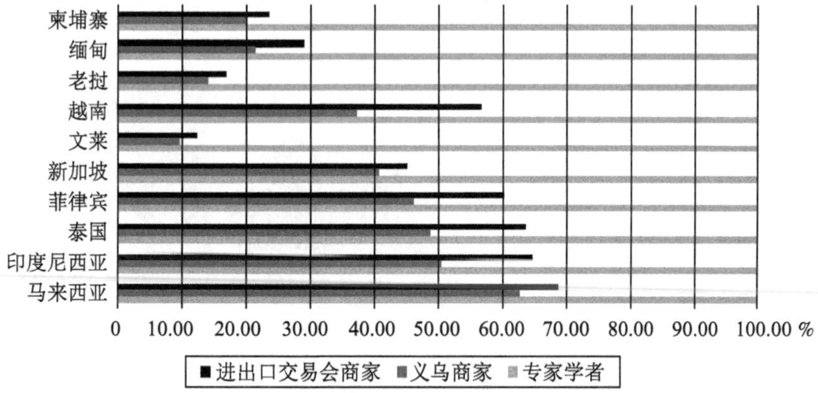

图 4. 3　调查对象与东盟各国联系程度占比

由图 4. 3 可知，进出口交易会商家同东盟国家贸易往来最多的五个国家依次是：马来西亚、印度尼西亚、泰国、菲律宾和越南。义乌商家与东盟进出口贸易往来最多的五个国家的排序则为：马来西亚、印度尼西亚、泰国、菲律宾和新加坡。而专家学者对东盟国家都有所关注。从中我们发现：进出口交易会商家与义乌商家的前五大东盟贸易合作伙伴几乎一致。这主要是由于东盟各国因各自的体量较小，所以因贸易商品侧重点不同而产生的区别并不大。

事实上，中国与东盟国家贸易联系的紧密程度大多依据产业互补的情况及东盟国家自身的经济总量，如文莱在两方均排名垫底，虽然其人均 GDP 位于亚洲前列，但经济总量太小；而马来西亚排名高于印度尼西亚的原因是，其对中国机电产品的需求相对来说更高。

四、小结与建议

通过分析 2018 年第 1 季度中国—东盟贸易信心指数，我们得到以下几条关于双边贸易信心的结论：

第一，中国—东盟贸易信心指数较强，被调研者对中国—东盟国家之间的贸易充满信心；

第二，中国—东盟贸易势头信心指数较为乐观，表明被调查的商家普遍看好中国与东盟国家贸易的发展前景；

第三，中国—东盟贸易收益信心指数落入较乐观区域，被调研商家愿意加大与东盟国家的贸易投入，也认为与这些国家之间的双边贸易会带来更多的收益；

第四，中国—东盟国家贸易前景信心指数较低，处于不太乐观区域。

第二篇
产品画像

中国与东盟各国地理位置上的毗邻以及文化观念和传统上的相似性，使双方货物贸易在进入21世纪后迅速发展。但东盟各国经济发展水平的悬殊、中国与东盟各成员国间的开放步伐和优惠政策的不一致使得中国与东盟各国的经贸关系也不一致，而中国与东盟各国经贸关系的特点最主要的体现就是在双边进出口商品结构上。鉴于分析过去一个时期中国与东盟各国进出口商品的结构特点对展望未来双边货物贸易发展走向富有现实意义，本篇基于《联合国国际贸易标准分类》，从产品的角度对中国与东盟各国的货物贸易状况进行分析、解读。

第五章 动物产品

我国是世界上主要的动物产品进口大国之一，动物产品贸易长期占据着重要地位。随着我国产业优化升级不断推进，我国在动物产品贸易方面也经历了从顺差到逆差的转变，并且总规模仍在继续扩大。而东盟成员大多为地处东南亚的发展中国家，由于其特有的自然环境和经济发展情况，因此渔业等动物产品方面的贸易对它们来说也仍占有较为重要的地位。

基于中国与东盟国家动物产品进出口贸易的实际情况，本章将利用第一篇介绍的贸易指数计算中国—东盟动物产品的进出口贸易结构、产品比较优势、市场竞争性和产品互补性等指数，以期通过对中国—东盟动物产品贸易竞争性与互补性进行深入分析，提出改进中国与东盟在动物产品贸易上的国际分工和贸易关系的建议。

第一类动物产品具体包含以下五类商品：活的动物（第 1 类）、肉和食用内脏（第 2 类）、鱼类等水生动物（第 3 类）、乳制品、鸡蛋和蜂蜜等（第 4 类）和动物来源产品（第 5 类）。

一、中国—东盟动物产品贸易概况

近十几年来，中国—东盟国家动物产品的进出口双边贸易发展迅速。2010—2016 年，我国与东盟国家动物产品双边贸易额的年均增长率达 15.4%，超过我国动物产品贸易总额的年均增长率约 4 个百分点，而其总额也已从 2010 年的 11.6 亿美元增至 2016 年的 26.2 亿美元，增幅达 125%以上。

我国动物产品贸易进出口长期处于顺差态势，但自 2013 年出现反转后则一直保持逆差，并且差额正进一步扩大东盟国家。东盟国家在动物产品上的贸易顺差自 2010 年开始萎缩，到 2013 年跌破了 300 亿美元，达到历史低点，但近年已慢慢复苏。另外，我国与东盟的动物产品贸易进出口额分别在 2014 年和 2013 年突破了 1 亿美元。这也显示出双方在动物产品贸易方面合作良好，具有乐观前景。

（一）中国对东盟各国的动物产品出口分析

中国向东盟各国出口动物产品的平均贸易额自 2014 年突破 1 亿美元大关后，近年略有回落趋势，而从历史数据来看，该贸易额存在着周期性的波动，即市场将在一段时间内完成自我调节后再继续发展扩大，因此可以继续保持乐观态度。从 4 个贸易规模突破 1 亿美元的国家来看，如图 5.1 所示，泰国自中国的进口额最高，在 2016 年达到了 3.93 亿美元，而在 2000 年这个数字仅为 1700 万美元；中国对越南的出口增长极其惊人，从 2000 年的 76 万美元扩大至 2016 年的 1.37 亿美元，增长约 178 倍；对菲律宾的出口则稳步增长，从 2000 年的 425 万美元增至 2016 年的 1.18 亿美元；而对马来西亚的出口波动不断，2010—2016 年曾两次增长后陷入回落，其在 2014 年的最高值为 4.05 亿美元，2016 年该值则为 2.23 亿美元。

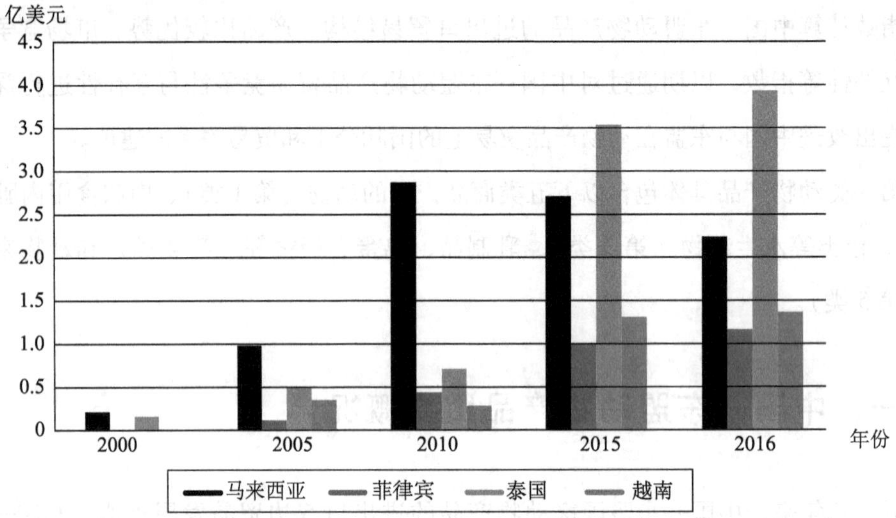

图 5.1　中国向马来西亚、菲律宾、泰国、越南出口的动物产品总额

除了以上四国，印度尼西亚和新加坡自中国的进口额也不容小觑，如图 5.2 所示。中国对印度尼西亚的出口从 2000 年的 1169 万美元增长到 2016 年的 6016 万美元，但其曾在 2010—2011 年出现短暂的破亿美元规模；对新加坡的出口稳定，2010 年前常维持在 5500 万美元左右，但近年来出现了较为明显的增长，截至 2016 年其值为 8549 万美元，并且在 2015 年一度逼近亿美元大关。

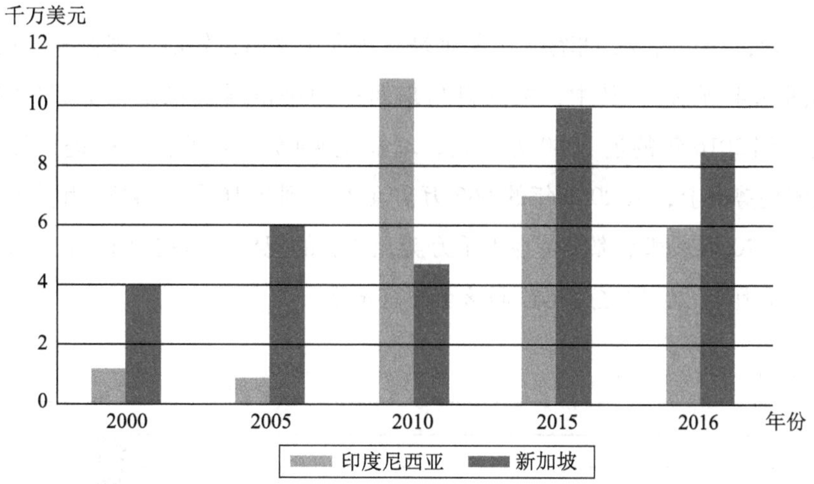

图 5.2　中国向印度尼西亚、新加坡出口的动物产品总额

（二）中国自东盟各国进口动物产品的分析

2010 年以前，中国从东盟各国进口动物产品的贸易额均值常在 5 千万美元左右波动，而到了 2015 年该值已成功翻番，达 1.14 亿美元，并且仍继续维持着较高的增长速度。其中，中国从印度尼西亚、泰国和越南三国的进口规模均已超过 1 亿美元。如图 5.3 所示，中国自印度尼西亚的进口从 2000 年的 3290 万美元猛增至 2016 年的 3.15 亿美元，增幅在 10 倍左右，其中 2010—2015 年的平均增幅近 40%；自泰国进口的规模基本维持在 1 亿美元左右，但发展相对缓慢，从 2000 年的 0.9 亿美元增至 2016 年的 1.46 亿美元；自越南的进口虽在 2005 年左右经历了一波低谷，但得益于越南近年来经济总体的迅速发展，2016 年进口额达到了 8.39 亿美元，占到东盟总体近乎一半的份额。

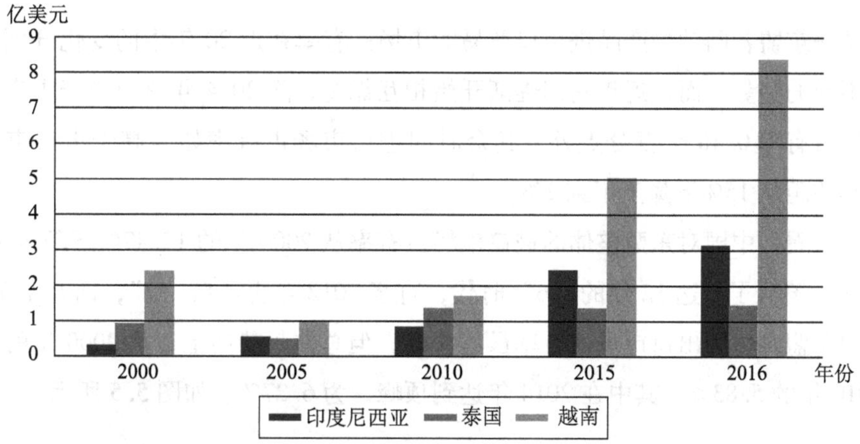

图 5.3　中国从印度尼西亚、泰国和越南进口的动物产品总额

相对来看，马来西亚、菲律宾、新加坡三国向中国出口较前三国偏少，均未达1亿美元（如图5.4所示）。其中，中国自马来西亚的进口增长稳定，从2000年的刚过1500万美元到2016年的近8000万美元，增长超430%；自菲律宾的进口虽然波动较大，但整体趋势向上，从2000年的665万美元增长到2016年的4421万美元；而自新加坡的进口近20年来基本都维持在1千万美元左右的规模，虽在2013年、2014年连续两年超过5千万美元，但之后迅速回落至原有水平。

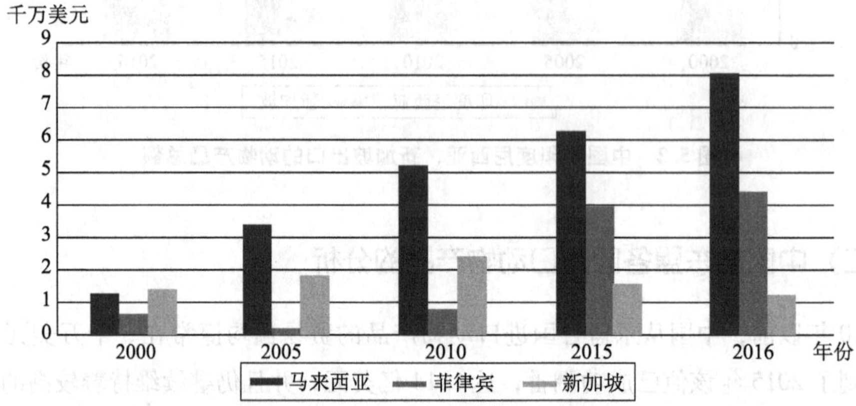

图5.4　中国从马来西亚、菲律宾和新加坡进口的动物产品总额

二、中国—东盟动物产品贸易市场占有率分析

（一）中国—东盟动物产品贸易市场占有率概述

中国—东盟各国动物产品进出口贸易的市场占有率在近20年中的变化分别呈现出了两种不同的趋势，而在近年它们逐渐开始相互靠拢，除2014年进口市场占有率低于出口市场占有率0.46个百分点外，其余时间进口市场占有率始终高于出口市场占有率，但其差距从15%下降至不到2%。

具体来看，中国对东盟整体的进口市场占有率从2000年的17.47%下降至2004年的6.67%后陷入了长达12年的“6”时代，直至2012年再次破“7”，回升至7.12%。而中国向东盟整体的出口市场占有率虽有波动，但总体趋势向上，从2000年的2.19%增至2016年的5.83%，其中在2014年达到顶峰，为6.27%。如图5.5所示。

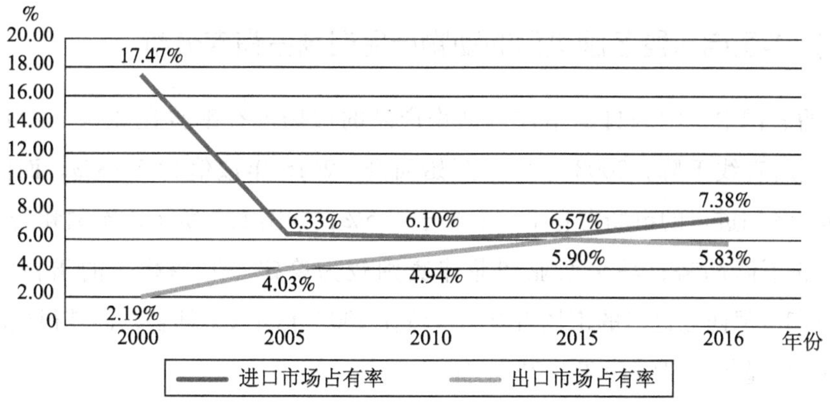

图 5.5　中国对东盟整体的进出口市场占有率

(二) 中国出口到东盟各国的动物产品市场占有率分析

从均值来看，中国出口到东盟各国的动物产品市场占有率在 2000 年仅为 0.28%，而到 2016 年已增至 0.72%，增幅达 3 倍。其中，如图 5.6 所示，中国出口到越南和泰国的市场占有率总体向上增长，且泰国的均值高出越南 0.73 个百分点；出口到印度尼西亚与新加坡的市场占有率基本在 1%以下；出口到马来西亚的市场占有率始终位于东盟各国前列，但近年有被泰国超越的势头；出口到菲律宾的市场占有率基本不高于 0.4%，在 2015 年后出现了较大突破；出口到文莱和柬埔寨的市场占有率几乎为 0。

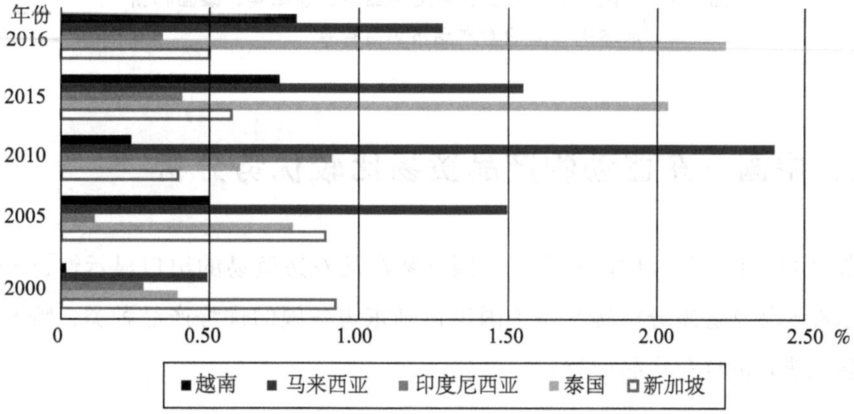

图 5.6　中国出口到越南、马来西亚、印度尼西亚、泰国和新加坡的动物产品市场占有率

（三）中国自东盟各国进口的动物产品市场占有率分析

在东盟各国中，中国自越南进口动物产品的市场占有率曾在2000—2001年超过10%，但之后直线下降，2008年后才开始回升，2016年该值为3.88%。而除泰国以外，自其他各国进口的市场占有率均不高于1.5%，如图5.7所示，泰国和新加坡都出现了明显的下降趋势；马来西亚和菲律宾则较为稳定，但菲律宾的指标均值仅为0.1%；自印度尼西亚进口的市场占有率虽然在2007年陷入了低谷，但其很快就摆脱了不良影响，将整体水平维持在1.2%左右。

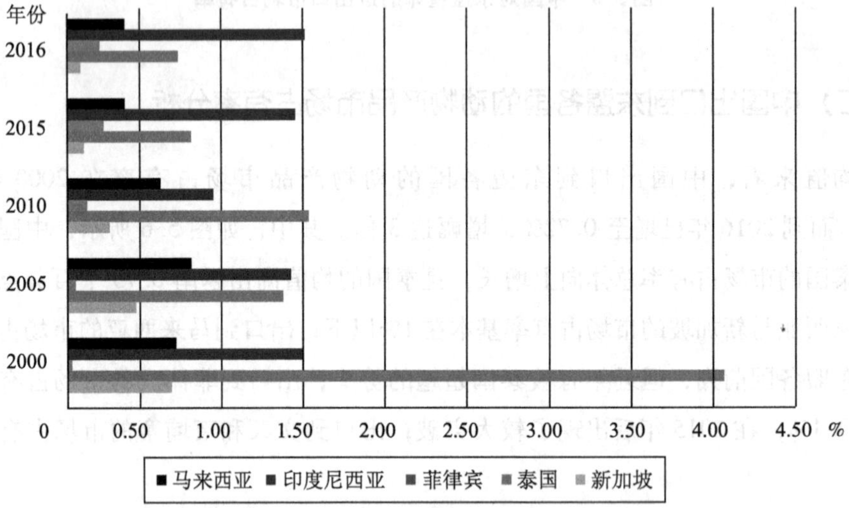

图5.7 中国自马来西亚、印度尼西亚、菲律宾、泰国和新加坡进口的动物产品市场占有率

三、中国—东盟动物产品贸易比较优势分析

本节我们将通过计算中国—东盟各国动物产品双边贸易的出口显示性比较优势和进口显示性比较优势来分析哪些是中国出口到东盟各国的优势产品种类，哪些是中国从东盟各国进口的优势产品种类。

（一）中国具有比较优势的动物产品种类

基于中国出口到东盟各国的动物产品显示性比较优势指标计算结果，我们绘制了图5.8来展示2000年、2005年、2010年、2015年和2016年中国—东盟整体第一类动物产品的出口显示性比较优势指标。

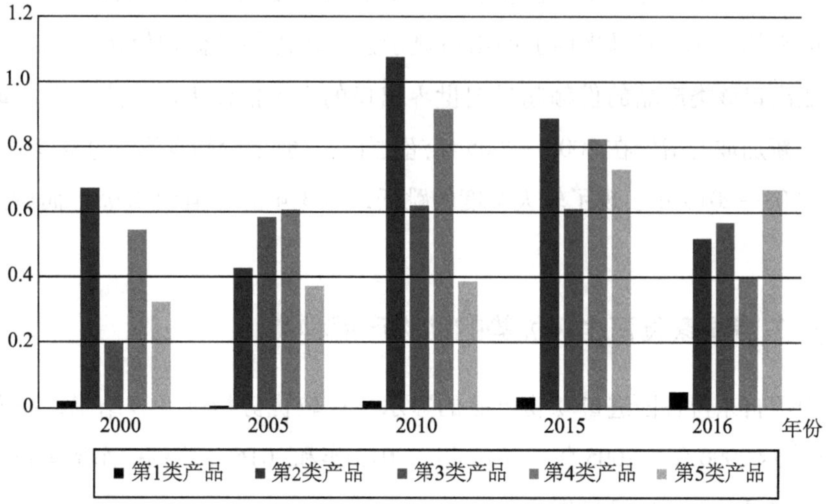

图 5.8　中国对东盟整体第一类动物产品的出口显示性比较优势

由图 5.8 可以发现，在第 1 类活的动物上，中国对东盟整体不占有比较优势，其指标均值几乎为 0；而在第 5 类动物来源产品上，中国对东盟整体的出口显示性比较优势均值也未达 0.5，但 2013 年之后该值开始出现上升；五类产品中表现最好的是第 2 类肉和食用内脏，中国在该产品上对东盟整体的出口显示性比较优势于 2011 年一度达到 1.28 的最高值。下面我们将来具体分析中国在该类产品上对东盟各国的出口显示性比较优势。

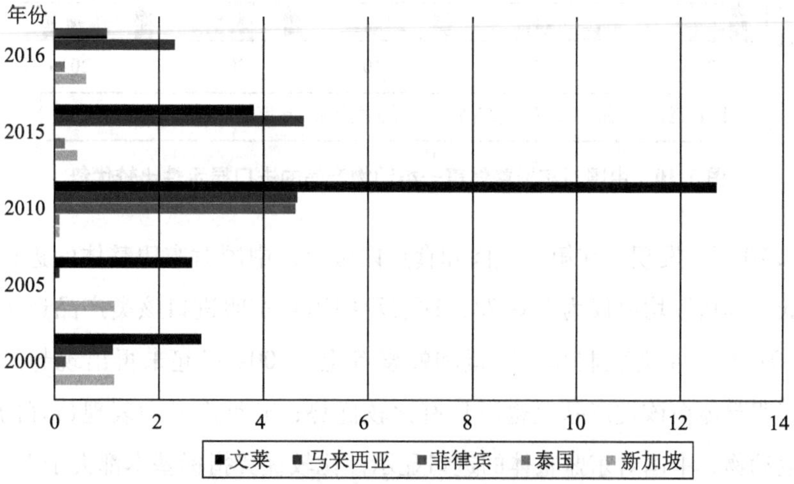

图 5.9　第 2 类产品的出口显示性比较优势

如图 5.9 所示，在第 2 类产品的出口贸易上，中国对文莱的显示性比较优势最大，基本都超过了 1，最大值甚至达到了 14.81，说明中国向文莱出口该类产品远超向世界出口的平均水平；对马来西亚的出口显示性比较优势指标均值达 2.83，说明中国向马来西亚出口该类产品的份额超过向世界出口的 2.5 倍以上。其余各国在该指标上的表现中，新加坡的指标在 2000—2005 年超过了 1，但之后基本不超过 0.5；菲律宾的指标则在 2008—2010 年出现了较大幅度的跳跃，这 3 年的均值为 4.05，而后回落至原有水平。

（二）东盟国家具有比较优势的动物产品种类

基于中国自东盟各国进口动物产品的显示性比较优势指标计算结果，我们绘制了图 5.10 来展示 2000 年、2005 年、2010 年、2015 年和 2016 年中国—东盟整体第一类动物产品的进口显示性比较优势指标。

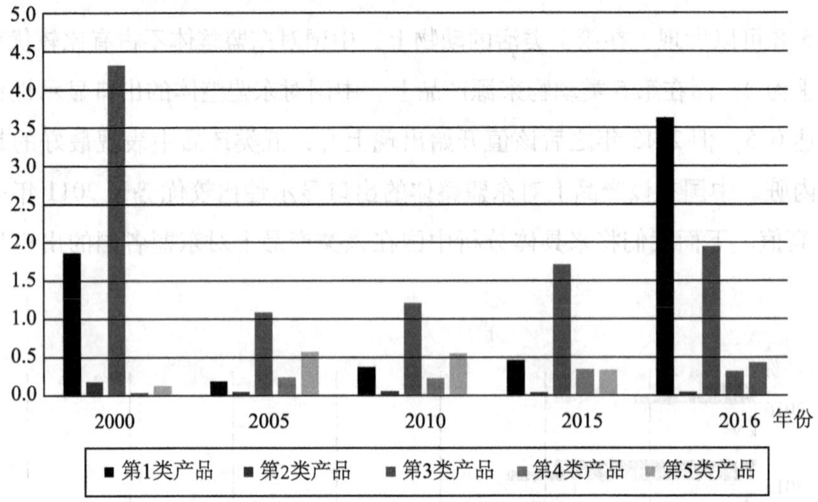

图 5.10 中国对东盟整体第一类动物产品的进口显示性比较优势

由图 5.10 可以发现，在第 2 类肉和食用内脏上，中国对东盟整体的进口显示性比较优势极低，其指标均值仅为 0.0978，这表示中国自东盟进口该类产品还不足自世界进口的 1/10；在第 4 类乳制品、鸡蛋和蜂蜜等上，2004 年起未再出现超过 0.4 的情况，说明东盟整体在该类产品上也不具有比较优势；五类产品中表现最好的是第 3 类鱼类等水生动物，中国对东盟整体的进口显示性比较优势指标基本都大于 1，说明中国自东盟整体进口该类产品的份额在世界平均水平之上。下面我们将具体分析中国在该类产品上对东盟各国的进口显示性比较优势。

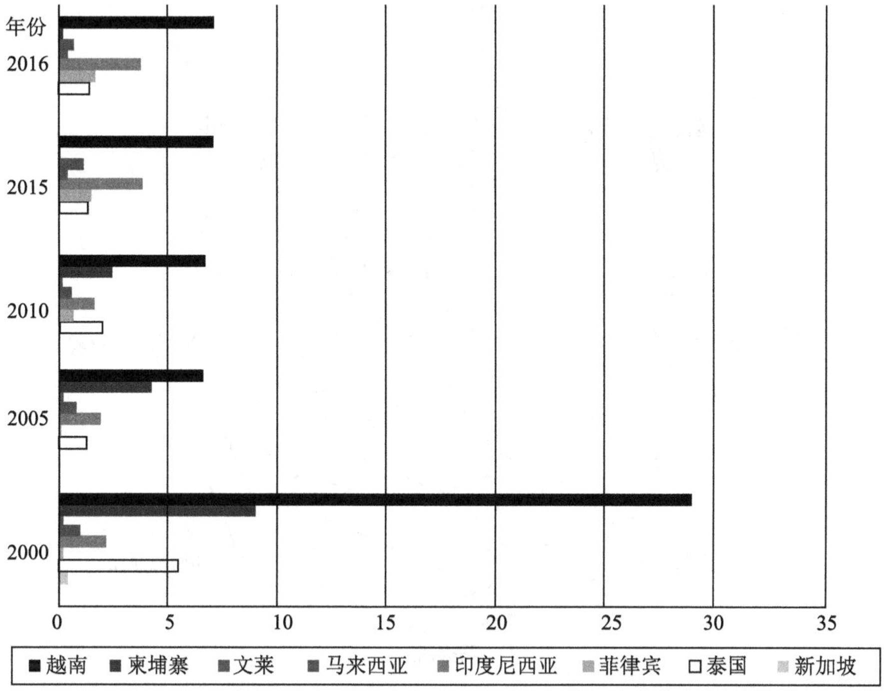

图 5.11　第 3 类产品的进口显示性比较优势

如图 5.11 所示，在第 3 类产品的进口贸易上，中国对柬埔寨和越南的显示性比较优势相对较大，但这两者的走势不相同：柬埔寨的指标在 2004 年出现显著下降后持续走低，而自 2013 年后其数值再未超过 1；越南的指标虽也在 21 世纪初高达 20 以上而后出现回落，但其始终能维持在 5.75 以上。其余各国中，新加坡、菲律宾、马来西亚和文莱四国的进口显示性比较优势指标均值都未超过 1，但菲律宾近年的表现较好，2014 年其指标甚至一度达到了 2。

（三）中国—东盟国家动物产品的交叉显示性比较优势

为了进一步反映中国—东盟在动物产品贸易上的显示性比较优势，我们还计算了中国—东盟各国在动物产品贸易上的交叉出口显示性比较优势和交叉进口显示性比较优势。

交叉出口显示性比较优势指标衡量了中国向某国出口某类产品与该国自世界进口该类产品的显示性比较优势，指标越大，在该类产品上中国向该国出口的水平就越高于该国自世界进口的平均水平。

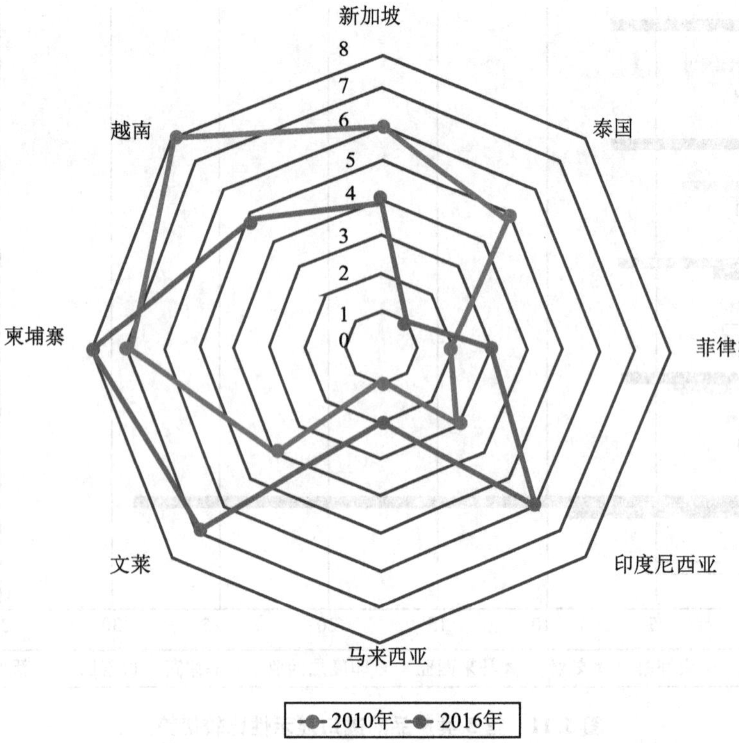

图 5.12　2010 年与 2016 年中国对东盟各国的交叉出口显示性比较优势排名雷达图

根据图 5.12 可以发现，印度尼西亚和文莱的排名出现大幅下降；柬埔寨的排名继续靠尾；越南排名上升显著，从第 8 位升至第 5 位；而排名提升最多的是泰国，从第 5 位跃居榜首。从整体来看，2010 年中国对东盟各国的交叉出口显示性比较优势指标均值为 0.35，而到了 2016 年该值下降到了 0.25，这说明相对于动物产品，东盟各国更愿意从中国进口其他大类的产品。

交叉进口显示性比较优势指标衡量了中国自某国进口某类产品与该国向世界出口该类产品的显示性比较优势，指标越大，在该类产品上中国自该国进口的水平就越高于该国自世界出口的平均水平。

根据图 5.13 可以发现，除泰国和菲律宾外，其余各国的排名都较为稳定；泰国的指标虽然出现了微小增长，但其排名从 2010 年的第 3 位掉落至 2016 年的第7 位；而菲律宾的指标从 2010 年的 0.1964 增至 2016 年的 0.7276，排名也一跃进入了前三。从整体来看，因柬埔寨的指标在 2010 年出现了超量级的 16.9298，去除该国指标后东盟各国的指标均值从 2010 年的 0.3941 上升到了 2016 年的 1.0361，这说明东盟各国在动物产品大类上对我国的吸引力已超过世界平均水平。

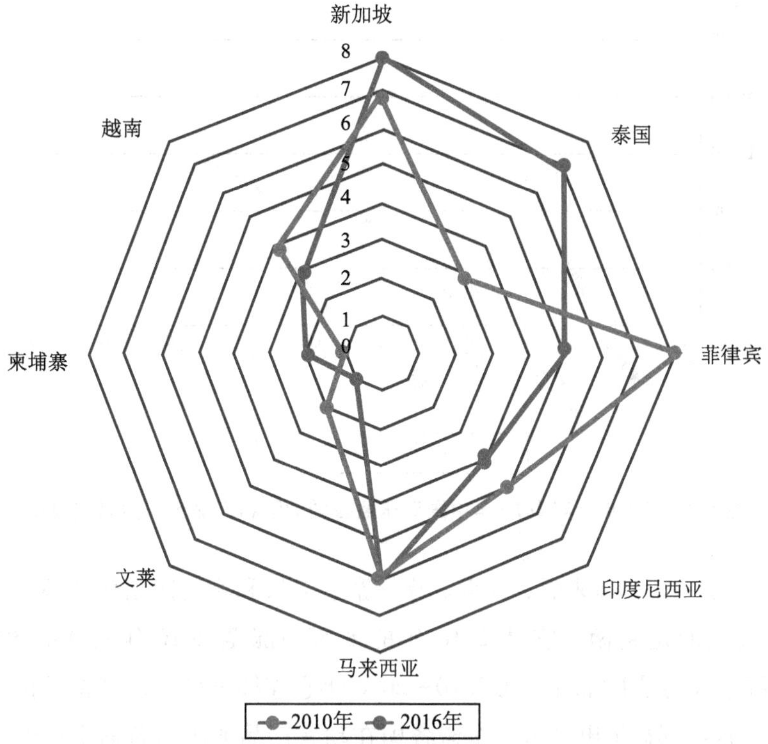

图 5.13　2010 年与 2016 年中国对东盟各国的交叉进口显示性比较优势排名雷达图

四、中国—东盟动物产品贸易结构相似度分析

随着各国经济的不断发展，中国—东盟动物产品的贸易结构也在不断发生变化，而贸易结构的相似性也能在一定程度上反映出该类产品贸易的竞争力与其未来的发展空间。因此我们将通过计算中国对东盟各国历年的进出口贸易相似度来具体分析贸易结构的变化。

（一）中国对东盟各国的动物产品出口贸易相似度分析

从 2010 年到 2016 年，在中国对东盟各国的动物产品出口贸易相似度中，有一半国家出现了上升，但另一半国家则出现了下降，各国均值也从 9. 99%降至 9. 15%。这说明在动物产品大类上，中国出口与东盟各国进口的互补程度出现了一定程度的下降。

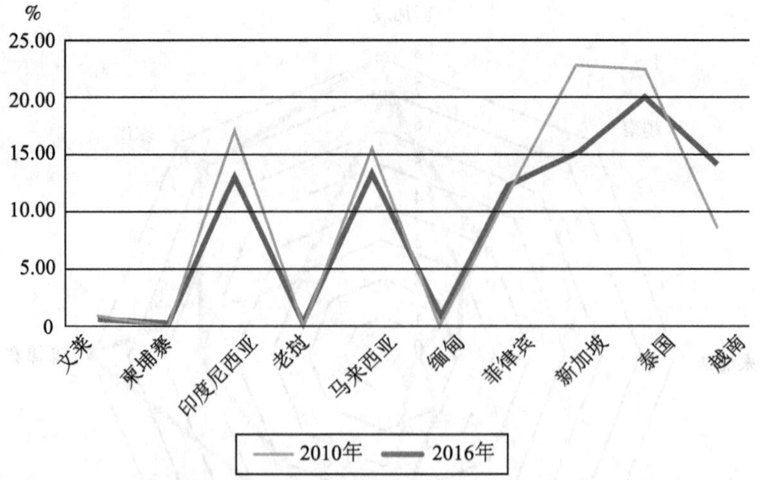

图 5.14　2010 年与 2016 年中国对东盟各国的动物产品出口贸易相似度

如图 5.14 所示，具体来看，文莱、柬埔寨、老挝和缅甸四国变动都不超过 0.3%；相似度增长最大的是越南，它从 2010 年的 8.83%涨至 2016 年的 14.23%，增幅达 60%；而下降最大的是新加坡，在 2010—2016 年它连续下跌，但其指标仍在东盟各国中位居第二。这些都显示出中国对东盟各国在动物产品的出口贸易上虽然有一些不匹配，但这都是暂时的，其发展潜力仍不可小觑。

（二）中国自东盟各国进口动物产品的贸易相似度分析

2010 年，中国自东盟各国进口动物产品的贸易相似度两极分化较为严重，而到了 2016 年，东盟各国在此项指标上的分化程度虽略有缩小，但仍不明显，并且其均值也出现了较大程度的下降。这反映出中国进口与东盟出口动物产品的互补程度显著下降。如图 5.15 所示。

具体来看，泰国和越南是下降最多的两个国家，它们的相似度都下跌了约 20%，但由于初始值较高，因此它们在东盟成员国内依旧位居前两位；文莱、柬埔寨、老挝三国在该指标上都近似为 0，这可能是由于它们的整体经济规模较小，不过老挝的相似度正随着其近年的出口增长而持续走高；缅甸、菲律宾和新加坡下降都不到 5%，2016 年三国的相似度指标分别为 2.53%、2.56%和 3.05%；马来西亚从 2010 年的 12.96%下降至 2016 年的 5.53%；印度尼西亚则从 1/4 以上跌至 1/6 以下。出现这种情况的原因可能是东盟整体动物产品的顺差虽然正不断减少，但我国在该大类产品上逆差扩大的速度更快。

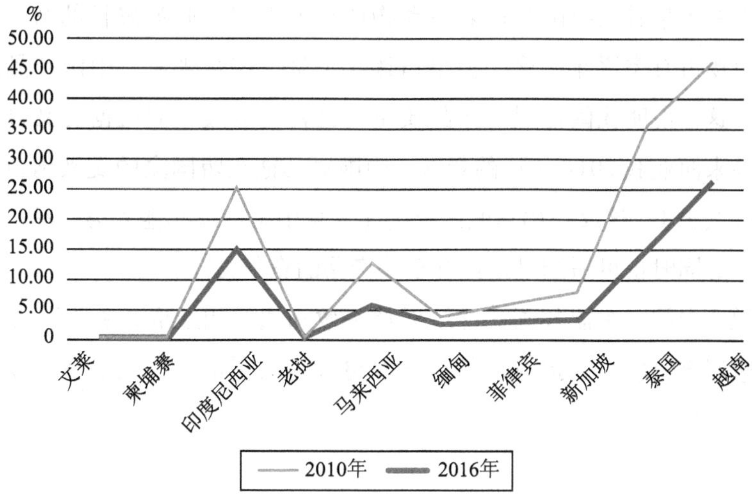

图 5.15　2010 年与 2016 年中国自东盟各国进口动物产品的贸易相似度

五、中国—东盟动物产品贸易技术性壁垒分析

根据中国 WTO/TBT-SPS 通报咨询网上的数据资料，来自东盟各国关于动物产品的通报数量都不是很多。这可能是因为东盟各国大部分都是发展中国家，虽然自身工业化程度不是很高，但其在传统农业上的实力较强。而随着全球产品分工进一步细化，东盟各国受到的国际环境对本国动物产品贸易的冲击可能也会因此变得更小。

六、中国—东盟动物产品贸易发展建议

根据以上从各角度对中国—东盟动物产品贸易的简要分析，我们进一步深入挖掘整理了各方面资料，下面将进行总结并提出一些建议，希望可以对此类产品的贸易发展有所帮助。

从贸易额来看，东盟整体在动物产品上的贸易顺差已基本消失，逆差开始扩大，而中国在该类产品上虽然与东盟差不多在同一时期进入逆差状态，但逆差的增速相对更快。结合贸易相似度指标来看，中国对东盟动物产品的出口贸易相似度虽略有下跌，但幅度不是很大；而在进口方面，由于我国近年的需求扩张十分迅速，相对而言，东盟各国的发展略逊于此，因此整体的进口相似度下降较为显著。针对这些情况，我国可以通过加强对东盟国家的市场调研，深入一线了解对方市场的需求以及它们和中国贸易过程中遇到的困难来积极应对。

从市场占有率来看，我国与东盟在动物产品上出现了此消彼长的情况，如泰国自中国进口的市场占有率逐年上升，但出口逐年下降。综合来看，中国产品的市场占有率相对更高，这也说明我国在提升产品质量上已初见成效。但根据交叉显示性比较优势来看，除马来西亚和2014年后的泰国，中国对其他东盟国家的交叉出口显示性比较优势指标始终低于1。这反映出东盟国家更愿意自中国进口其他大类产品，因此我国在发展其他行业的同时也可适当继续提升动物产品的竞争力。

总的来说，中国—东盟各国应继续保持有效沟通，相互取长补短，深入调研对方市场变化以做好充分应对，提升产品质量以更好地吸引消费，促进贸易发展，并将合作拓展到其他领域。

第六章 植物产品

我国自古以来一直以农业大国著称，植物产品大类的贸易也一直是我国重点关注的领域。近年来，随着科技水平的快速提升，我国的生产方式愈加先进，生产力得到了大幅提高，对外贸易也因此蓬勃发展。对各东盟成员国来说，中国作为临近的消费大国，同时也拥有着众多土特产品，又有着地缘文化的优势，因此是一个绝佳的贸易伙伴。

基于中国与东盟国家植物产品进出口贸易的实际情况，本章将利用第一篇介绍的贸易指数计算中国—东盟植物产品的进出口贸易结构、产品比较优势、市场竞争性和产品互补性等指数，以期通过对中国—东盟植物产品贸易竞争性与互补性进行深入分析，提出改进中国与东盟在植物产品贸易上的国际分工和贸易关系的建议。

第二类植物产品具体包含以下九类商品：活树、观赏树叶（第 6 类），食用蔬菜、根和块茎（第 7 类），食用水果、坚果等（第 8 类），咖啡、茶和香料（第 9 类）,谷物（第 10 类），小麦、淀粉、菊粉等（第 11 类），油籽、杂粮、秸秆和饲料等（第 12 类），虫胶、树胶、树脂等提取物（第 13 类），植物编织材料等（第 14 类）。

一、中国—东盟植物产品贸易概况

近十几年来，中国—东盟国家植物产品的进出口双边贸易发展迅速。相较于出口贸易的一路上涨，我国进口贸易总额在 2014 年达到 617 亿美元的最高值后出现了下降，但其规模仍约为出口的 2.2 倍。2010—2016 年，我国植物产品贸易总额的年均增长率为 11.56%，而与东盟国家之间植物产品双边贸易额的年均增长率达到了 14.96%，其值也已从 2010 年的 56.5 亿美元增至 2016 年的 127.6 亿美元，突破百亿美元大关。

综合我国植物产品贸易进出口情况来看，2004 年以前处于长期顺差，进出口差距在 15 亿美元左右，2005 年之后开始了逆差，并且规模不断扩大，进出口差值平均为 198 亿美元。从东盟国家来看，其在植物产品上始终保持着顺差，并由于在 2014 年发生的出口贸易额陡然上涨，该顺差一度达到了 74.4 亿美元。另外，我国与东盟的植物产品进出口双边贸易额在 2013 年突破了 10 亿美元。

（一）中国对东盟各国的植物产品出口分析

中国向东盟各国出口植物产品的平均贸易额近十几年来总体趋势向上，自 2000 年的 1.64 亿美元一路上涨至 2016 年的 7.23 亿美元。其间，2009—2010 年的增长最大，增幅超 80%。从各个国家来看，如图 6.1 所示，泰国自中国的进口额最高，是东盟中唯一一个规模超过 10 亿美元的国家，其增长也是最快的，2000 年其进口仅为 7380 万美元，而到了 2016 年该值达到了 10.22 亿美元；印度尼西亚与马来西亚紧随其后，它们在 2016 年的进口额分别为 9.39 亿美元和 9.09 亿美元，而在 2000 年它们分别只有 3.22 亿美元和 4.4 亿美元。

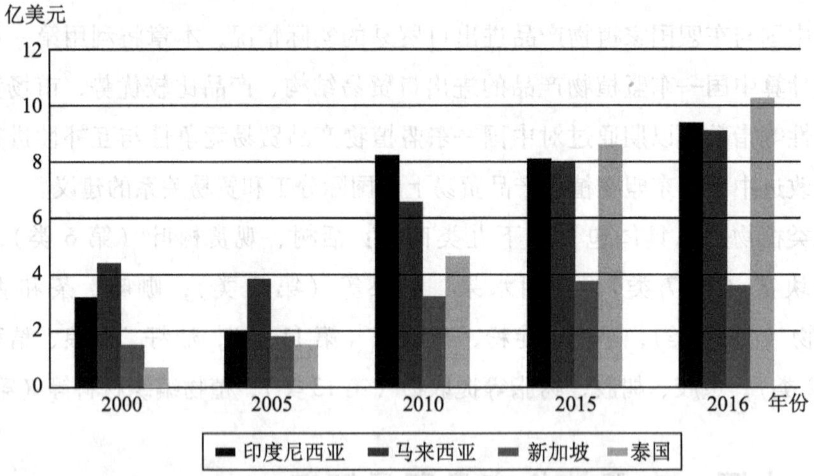

图 6.1 中国向印度尼西亚、马来西亚、新加坡和泰国出口的植物产品总额

中国对新加坡、菲律宾和越南的出口远小于之前三国，为前者的 1/3 左右。其中，新加坡的增长最慢，增速仅为 145%，而菲律宾的增速达到 224%，越南的增速更是超过了 400%。

（二）中国自东盟各国进口植物产品的分析

长久以来，中国从东盟各国进口植物产品的贸易额均值在 1 亿美元和 2 亿美元之间波动。2009 年以后，中国在此项贸易上的交易额迅速走高，而到了 2012 年，该值突破 10 亿美元大关并继续上涨，2016 年已达 16 亿美元。如图 6.2 所示，中国从泰国、越南两国的进口自 2000 年以来已翻五番，其规模已超过了 10 亿美元。印度尼西亚向中国的出口虽然也增长了近15倍，但由于其起始规模较小，因此2016年仅到达2.22亿美元。虽然菲律宾2016年向中国的出口也超过了2亿美元，但在2000年其出口已达5000千万美元的规模，因此增长速度不及前几个国家。

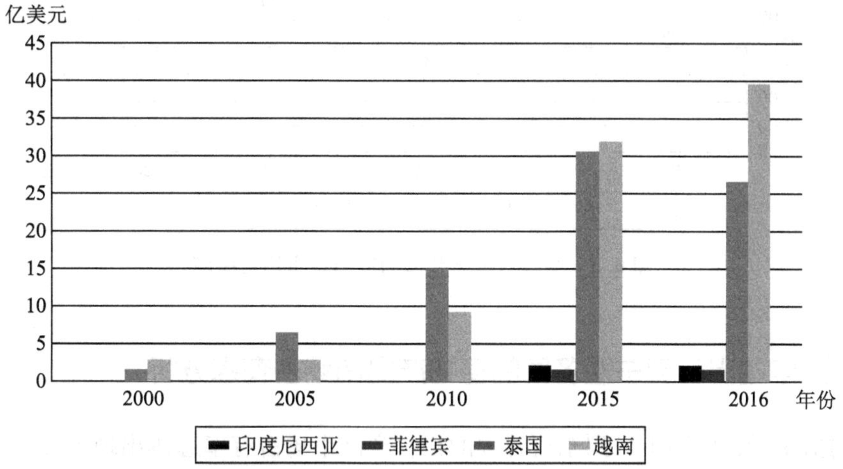

图6.2　中国从印度尼西亚、菲律宾、泰国和越南进口的植物产品总额

相对来看，马来西亚和新加坡向中国出口较少，2016年两国该值均未达到1亿美元，并且新加坡的出口甚至仅刚过1000万美元。从历史数据来看，马来西亚向中国的出口曾在2014年超过1亿美元，之后有所波动，但未再破亿美元。新加坡则在2011年后维持在1000万美元以上的规模，不过始终没有较高增长。

二、中国—东盟植物产品贸易市场占有率分析

（一）中国—东盟植物产品贸易市场占有率概述

中国—东盟各国植物产品进出口贸易的市场占有率在近20年中的波动较为显著，并且都出现过大幅度的下降，而随着进口市场占有率的快速增长，两者差距目前正逐渐变小。

具体来看，如图6.3所示，中国向东盟整体的出口市场占有率曾一度从2000年的22.05%下降至2005年的13.68%，之后在15%和17%间波动，2016年该值为16.31%。中国对东盟整体的进口市场占有率在2000—2010年波动十分剧烈，之后增速加快，到2016年已达16.29%，仅低于出口市场占有率0.02%。

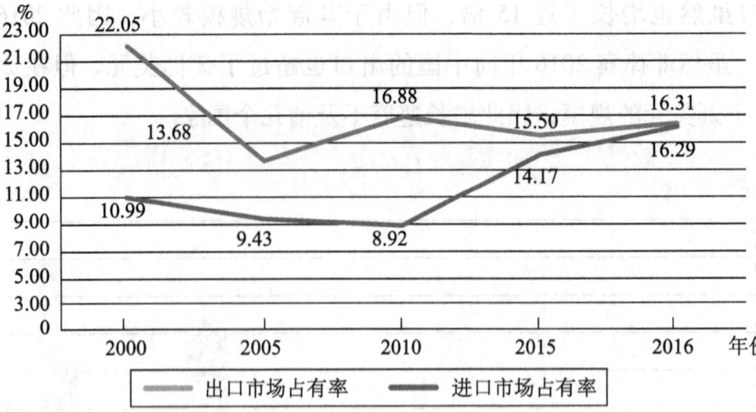

图 6.3　中国对东盟整体的进出口市场占有率

（二）中国出口到东盟各国的植物产品市场占有率分析

从均值来看，中国出口到东盟各国的植物产品市场占有率总体出现下降，如图 6.4 所示，2000 年平均为 2.77%，而到了 2016 年，该值已下降到 2.00%。其中，中国出口到泰国的市场占有率是东盟各成员国中唯一有所增长的，其自 2000 年的 1.42%上升至 2016 年的 4.19%；出口到越南的市场占有率始终在 1.5%附近波动；出口到马来西亚和新加坡的市场占有率下降显著，马来西亚的降幅甚至超过了 50%；出口到印度尼西亚的市场占有率虽在 2007 年有过短暂回升，但之后又开始了长期的下降，2016 年其市场占有率仅为 3.85%，已不足 2000 年该值的 2/3。

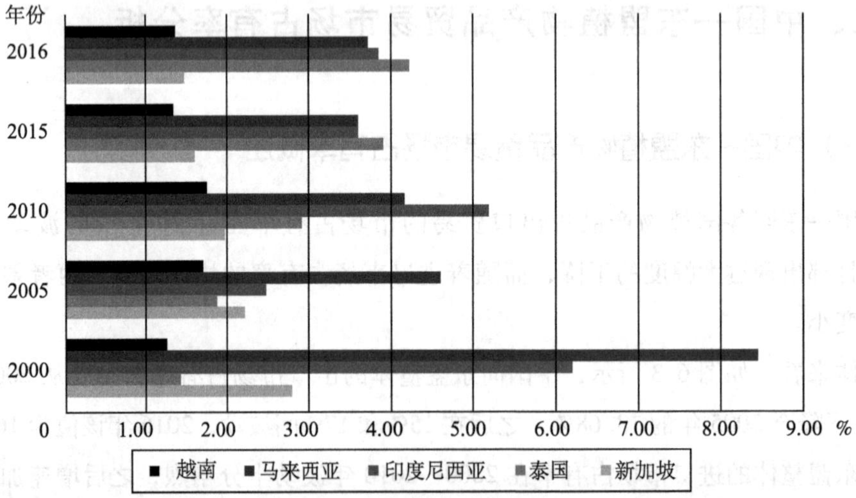

图 6.4　中国出口到越南、马来西亚、印度尼西亚、泰国和新加坡的植物产品市场占有率

（三）中国自东盟各国进口的植物产品市场占有率分析

中国自东盟各国进口的植物产品市场占有率呈现出较大的差异性，如图 6.5 所示。一方面，中国自泰国和越南进口的市场占有率始终保持在 2.5%以上，相对属于较高水平，其中泰国在该指标上总体趋势向上，而越南长期在 2%到 6%波动剧烈，2016 年达到最高值 7.37%；另一方面，其余各国向中国出口的市场占有率都不足 0.5%。菲律宾自 2000 年的 1.19%降至 2016 年的 0.39%；印度尼西亚则维持在 0.4%左右；新加坡、马来西亚和柬埔寨的该指标都不超过 0.2%。

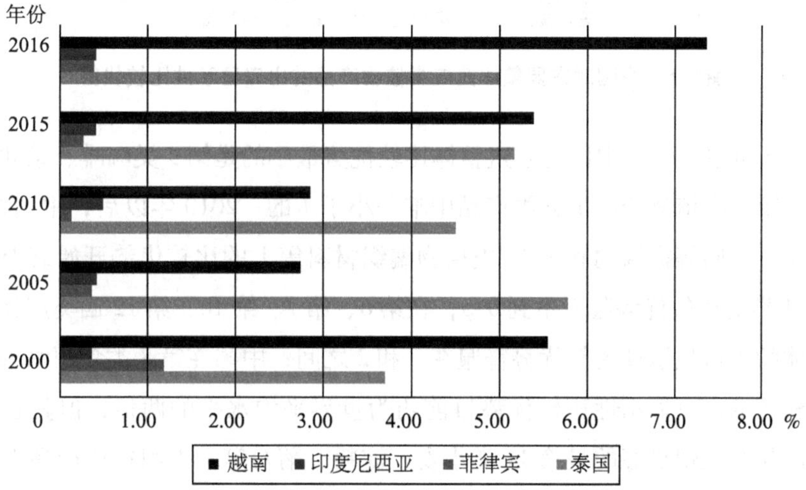

图 6.5　中国自越南、印度尼西亚、菲律宾和泰国进口的植物产品市场占有率

三、中国—东盟植物产品贸易比较优势分析

本节我们将通过计算中国—东盟各国植物产品双边贸易的出口显示性比较优势和进口显示性比较优势来分析哪些是中国出口到东盟各国的优势产品种类，哪些是中国从东盟各国进口的优势产品种类。

（一）中国具有比较优势的植物产品种类

基于中国出口到东盟各国的植物产品显示性比较优势指标计算结果，我们绘制了图 6.6 来展示 2000 年、2005 年、2010 年、2015 年和 2016 年中国—东盟整体第二类植物产品的出口显示性比较优势指标。

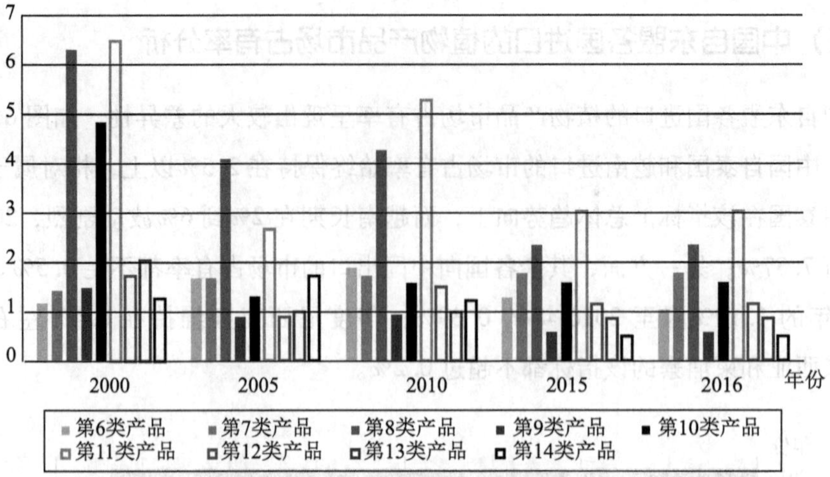

图 6.6　中国对东盟整体第二类植物产品的出口显示性比较优势

由图 6.6 可以发现，中国对东盟整体比较优势最小的是第 9 类咖啡、茶和香料，其指标均值是第二类植物产品下九类产品中唯一小于 1 的；2010 年以后，中国在第 13 类虫胶、树胶、树脂等提取物和第 14 类植物编织材料等上的比较优势开始衰退，都跌破了 1，第 14 类的比较优势甚至不到 0.5；在第 6、第 7、第 10、第 12 四类产品上，中国对东盟整体的出口显示性比较优势普遍在 1 和 2 之间；中国在第 8 类食用水果、坚果等上对东盟整体的出口显示性比较优势目前约为世界平均水平的两倍，但其趋势总体向下；九类产品中表现最好的是第 11 类小麦、淀粉、菊粉等，中国在该产品上对东盟整体的出口显示性比较优势极大。下面我们将具体分析中国在该类产品上对东盟各国的出口显示性比较优势。

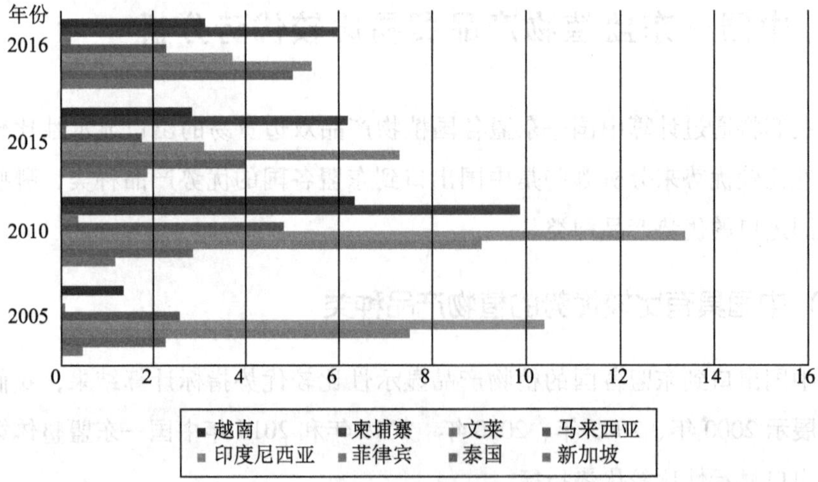

图 6.7　第 11 类产品的出口显示性比较优势

根据指标计算所得，由于马来西亚在2000年达到了27.98，远超通常水平，因此图6.7未展示2000年的指标情况。具体分析中国向东盟各国出口第11类产品的显示性比较优势，中国对印度尼西亚的比较优势最大，均值为9.32，最大值为2002年的25.78；对马来西亚和菲律宾的出口显示性比较优势也较为突出，指标均值分别达到了9.15和6.14；对柬埔寨的比较优势虽然也超过了5，但其波动太大，有待进一步观察；对新加坡和泰国的出口显示性比较优势总体向上，且泰国的指标要略高于新加坡的指标；对文莱的显示性比较优势自2003年后始终维持在低位，2016年该指标仅为0.1904；越南的指标在2008年曾一度达到10.05，但其总体波动剧烈，近期趋势向下。

（二）东盟国家具有比较优势的植物产品种类

基于中国自东盟各国进口植物产品的显示性比较优势指标计算结果，我们绘制了图6.8来展示2000年、2005年、2010年、2015年和2016年中国—东盟整体第二类植物产品的进口显示性比较优势指标。

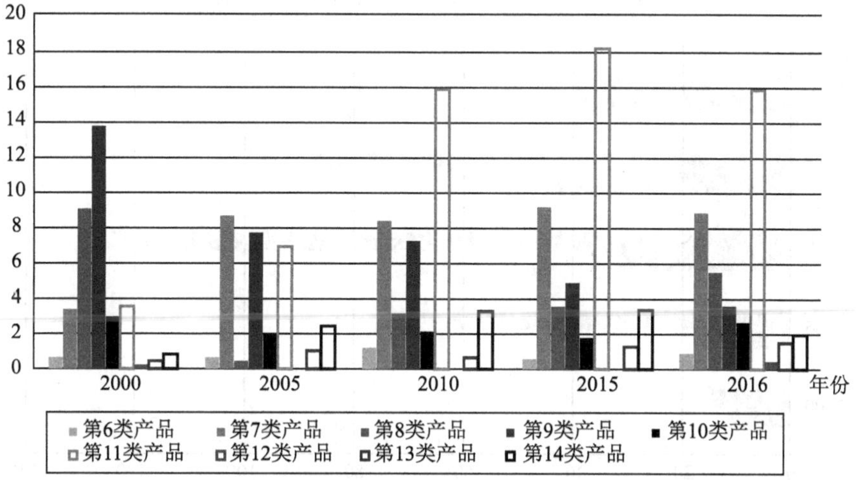

图6.8　中国对东盟整体第二类植物产品的进口显示性比较优势

由图6.8可以发现，第12类油籽、杂粮、秸秆和饲料等和第13类虫胶、树胶、树脂等提取物是中国对东盟整体进口显示性比较优势较低的两类产品，都低于世界平均水平，其中第12类产品的指标均值更是仅为0.0625；第6类活树、观赏树叶的指标在2012年之前常在1左右徘徊，2013年出现暴跌后近期正逐渐恢复至原有水平；中国在第10类和第14类产品上的比较优势约为世界平均水平的3倍；在第7、第8、第9三类产品上，中国对东盟整体的平均进口显示性比较优势高于5，但其中第9类咖啡、茶和香料的趋势总体向下，2016 年该指标也不足 4；同出口一样，九类产品中表现最好的依旧是第 11 类小麦、淀粉、菊粉等，中国在此项产品上对东盟整体的进口显示性比较优势于 2012 年达到顶峰 20.76，近年虽然持续下降，但仍高于 10。下面我们将具体分析中国在该类产品上对东盟各国的进口显示性比较优势。

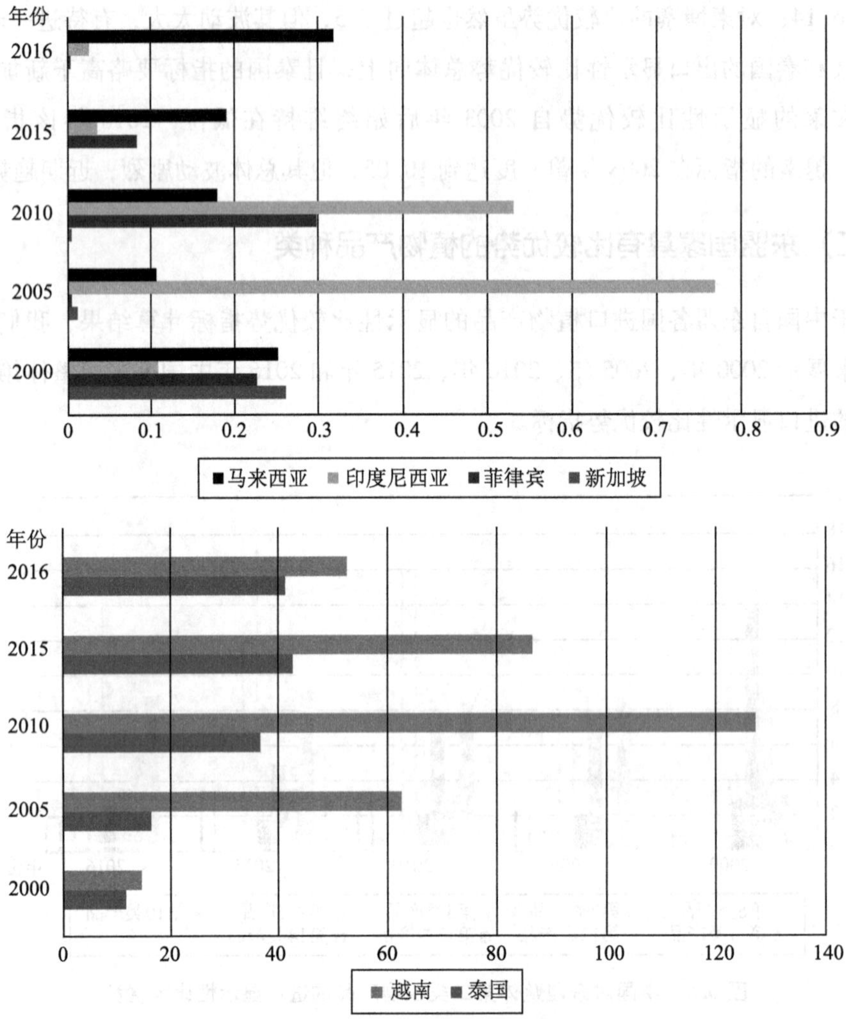

图 6.9　第 11 类产品的进口显示性比较优势

由于在第 11 类产品的进口贸易上，中国对东盟各国的显示性比较优势差距较大，因此将马来西亚、印度尼西亚、菲律宾和新加坡四国与越南、泰国两国分开作图观察。通过图 6.9 可以发现：中国对前四国的进口显示性比较优势相对较小，尤其是新加坡，在 2008 年后再未超过 0.01；前四国中表现最佳的马来西亚历年来的该指标也没有超过 0.5，即不达对世界平均水平的一半；中国对泰国的比较优势自 2007 以来都在 20 以上，近年虽然有所波动，但 2016 年的指标仍高于 40；在该产品上，中国对越南的进口显示性比较优势最高，在 2006—2013 年，该指标一直保持在 100 以上，之后大幅下落，2016 年该指标为 52. 81。

（三）中国—东盟国家植物产品的交叉显示性比较优势

为了进一步反映中国—东盟在植物产品贸易上的显示性比较优势，我们还计算了中国—东盟各国在植物产品贸易上的交叉出口显示性比较优势和交叉进口显示性比较优势。

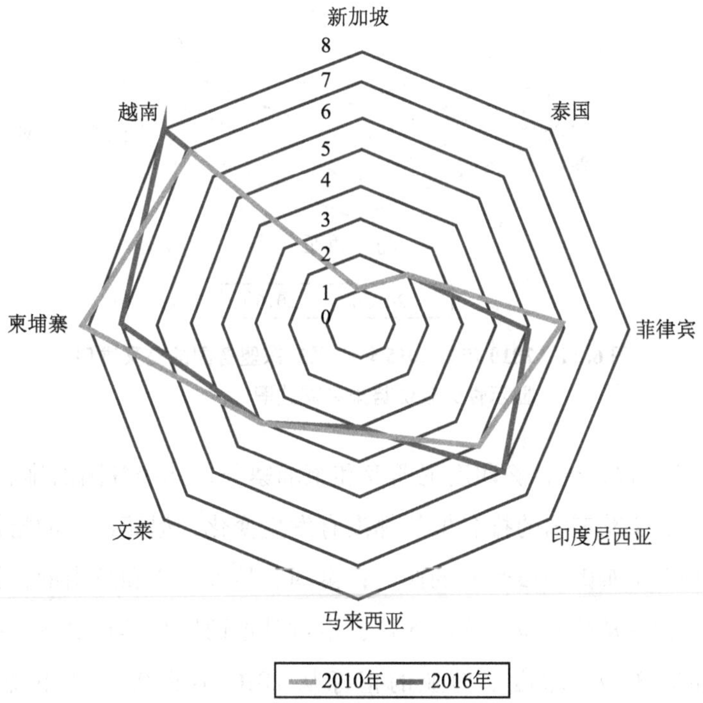

图 6. 10　2010 年与 2016 年中国对东盟各国的交叉出口显示性比较优势排名雷达图

根据图 6. 10 可以发现，东盟各国 2016 年的排名与 2010 年的排名变化不大；前四位的新加坡、泰国、马来西亚和文莱排名都没有发生变化；菲律宾和印度尼西亚以及柬埔寨和越南两两之间的排名发生了交换。从整体来看，2010 年中国对东盟各国的交叉出口显示性比较优势指标均值为 1. 03，而到了 2016 年该值下降到了 0. 70，并且东盟各国在 2016 年的指标均较 2010 年有所下降，这说明相对于植物产品，东盟各国从中国进口了更多其他大类的产品。

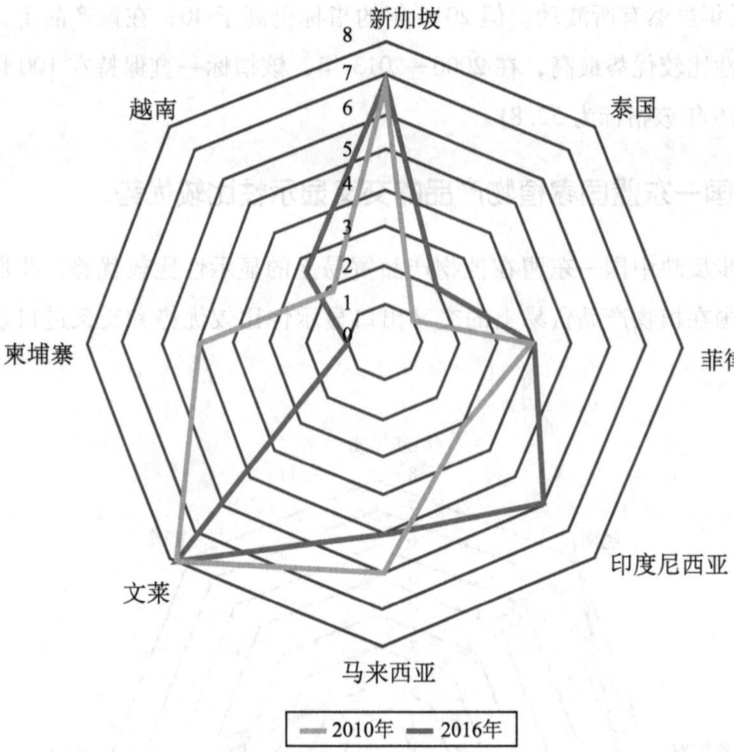

图 6.11　2010 年与 2016 年中国对东盟各国的交叉进口显示性比较优势排名雷达图

根据图 6.11 可以发现，除印度尼西亚和柬埔寨外，其余各国的排名都较为稳定；新加坡、菲律宾、文莱三国的排名虽然都没有发生变化，但菲律宾的指标出现了显著增长，而新加坡和文莱则分属垫底的两位；泰国、马来西亚和越南的指标都出现了变动，但只有马来西亚从第 6 位升至第 5 位，不过其他两国虽然排名各下降一位，但仍分列第 2 位和第 3 位；印度尼西亚的指标从 2010 年的 0.7564 下降至 2016 年的 0.5898，因此其排名也跌落至后半区；柬埔寨进步巨大，不仅中国对其的交叉进口显示性比较优势增长近 8.5 倍，其排名也跃居第一。从整体来看，东盟各国的指标均值从 2010 年的 0.6426 上升到了 2016 年的 1.5193，这说明东盟各国在植物产品大类上对我国的吸引力已超过世界平均水平。

四、中国—东盟植物产品贸易结构相似度分析

随着各国经济的不断发展，中国—东盟植物产品的贸易结构也在不断发生变化，而贸易结构的相似性也能在一定程度上反映出该类产品贸易的竞争力与其未来的

发展空间。因此本节中我们将通过计算中国对东盟各国历年的进出口贸易相似度来具体分析贸易结构的变化。

（一）中国对东盟各国的植物产品出口贸易相似度分析

2010—2016 年，除部分国家外，中国对东盟各国的植物产品出口贸易相似度基本都变化不大，其均值变化呈倒“U”形，并且 2010 年与 2016 年仅相差 0.02%。这说明在植物产品大类上，中国的出口与东盟各国的进口互补程度变化不大。

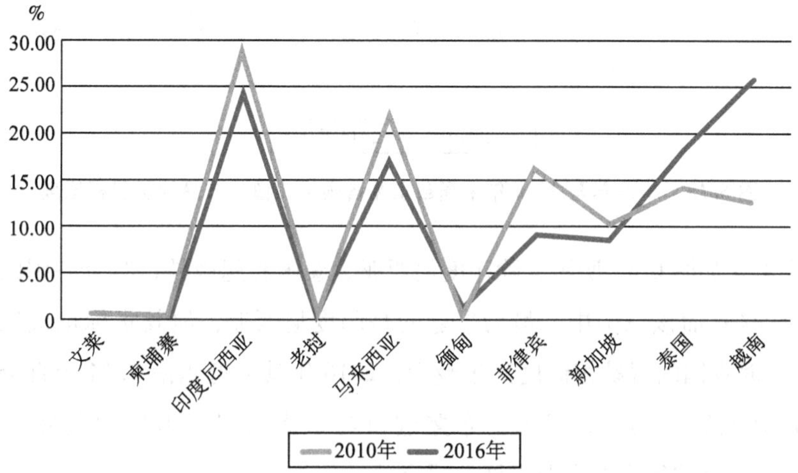

图 6.12 2010 年与 2016 年中国对东盟各国的植物产品出口贸易相似度

具体来看，如图 6.12 所示，文莱、柬埔寨、老挝、缅甸四国的互补性都较低，变化也不大；菲律宾、新加坡、泰国三国的互补性都在 10%~20%区间内，但菲律宾的波动相对较大；在历年互补性均值超过 20%的 3 个国家中，只有越南趋势向上，印度尼西亚虽然目前均值最高，但近年下降较多。这些都显示出中国对东盟各国在植物产品的出口贸易上还须继续努力开拓新的市场。

（二）中国自东盟各国进口植物产品的贸易相似度分析

2010—2016 年，中国自东盟各国进口植物产品的贸易相似度变化基本不大，其均值也仅下降 0.6%。这反映出中国进口与东盟出口植物产品的互补程度不高且略有降低。

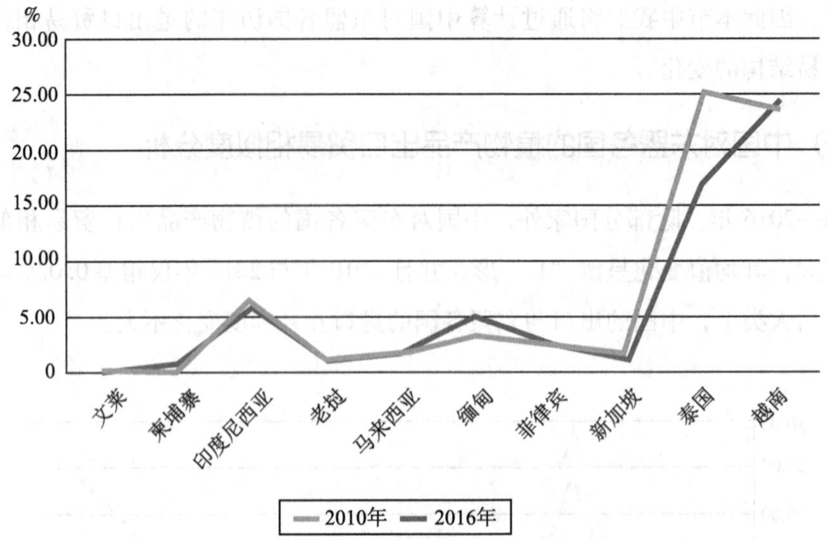

图 6.13　2010 年与 2016 年中国自东盟各国进口植物产品的贸易相似度

具体来看，如图 6.13 所示，除印度尼西亚、泰国和越南外，其余各国的贸易相似度均未超过 5%；而该三国中，最为平稳的是印度尼西亚，但其指标也最低，均值为 6%；2010 年时泰国的贸易相似度高于越南，2016 年其值低越南 7.24 个百分点。以上情况反映出在植物产品上，我国自东盟进口与东盟向我国出口的贸易结构过于集中，这可能也与这些国家的产业发展情况有关。

五、中国—东盟植物产品贸易技术性壁垒分析

在目前的国际贸易中，大部分国家已基本放弃使用关税等传统方式来构建贸易壁垒，取而代之的是制定一系列技术要求或行业法规来实现贸易保护，这通常被称为“技术性壁垒”。世界贸易组织为缓解各成员之间在各类贸易问题上的摩擦，制定了 TBT-SPS 通报制度。由于 TBT（技术性贸易壁垒协定）对动植物卫生检疫措施约束力不够，因此在乌拉圭回合谈判中，各成员提议设立 SPS（实施动植物卫生检疫措施的协议）来抵御动植物检疫上隐蔽性很强的技术壁垒措施。

2017 年，我国首个边境贸易国检试验区于广西设立，它的成功运行为边民经商提供了诸多便利，在维护国门安全、创新监管模式、政策先行先试和促进广西沿边开放发展等方面发挥了独特引领作用，促进边境贸易“快检快放”“优进优出”，助推“兴边富民”，让边民富起来、国家强起来。

另外，根据中国 WTO/TBT-SPS 通报咨询网上的数据资料，来自东盟各国关于植

物产品的通报数量同样不是很多。这可能是因为东盟各国大部分都是发展中国家，虽然自身工业化程度不是很高，但其在传统农业上的实力较强。而随着全球产品分工进一步细化，东盟各国受到的国际环境对本国植物产品贸易的冲击可能也会因此变得较小。

六、中国—东盟植物产品贸易发展建议

根据以上从各角度对中国—东盟植物产品贸易的简要分析，我们进一步深入挖掘整理了各方面资料，下面将进行总结并提出一些建议，希望可以对此类产品的贸易发展有所帮助。

从贸易额来看，东盟整体在植物产品上仍处于贸易顺差状态且近年正逐步回落到原有的 10 亿美元规模，而中国在该类产品上长期处于逆差态势，但近年进出口差距有所缩小。结合贸易相似度指标来看，中国对东盟在植物产品上的出口贸易相似度和进口相似贸易度的变化都不大，并且相较于出口情况，进口贸易相似度的分化程度更为严重，这说明我国在植物产品上的进口更为集中，我国与东盟在该类产品上的合作有着广阔的前景。从我国角度出发，可以深入调研当地特产来开发新的贸易增长点。

从市场占有率来看，中国出口到东盟各国的市场占有率总体下降，这可能是由于我国出口的快速扩大所致，但我国也应考虑“从量到质”的转变，提高自身的产品竞争力，促使市场占有率得到提升；而对于进口，我国可继续深挖市场需求，以此提高自东盟各国的进口。在显示性比较优势方面，进出口指标都反映出第 11 类小麦、淀粉、菊粉等是表现最好的产品，因此无论是我国还是东盟各国都应适当加强在其他产品上的发展力度，使得贸易产品更加多样化。根据交叉显示性比较优势来看，进出口的变化恰好相反，这也说明了随着我国经济的快速发展，东盟各国也更愿意与我国合作，应继续保持这方面的优势。

总的来说，中国—东盟各国应继续保持有效沟通，相互取长补短，深入调研对方市场变化以做好充分应对，提升产品质量以更好地吸引消费，促进贸易发展，并将合作拓展到其他领域。

第七章　油脂产品

油脂是油和脂肪的统称，它们的化学成分是高级脂肪酸甘油酯，属于有机物。在日常生活中，我们常常将油脂作为主要的营养物质和食物之一，但其作用并不仅限于此，在生产活动中它也是一种重要的工业原料。东盟作为世界上主要的植物油出口地区，其棕榈油的产量曾一度达到全世界的八成以上；而我国又是全球第一大棕榈油进口国，因此双方在油脂产品上的合作极为密切。

基于中国与东盟国家油脂产品进出口贸易的实际情况，本章将利用第一篇介绍的贸易指数计算中国—东盟油脂产品的进出口贸易结构、产品比较优势、市场竞争性和产品互补性等指数，以期通过对中国—东盟油脂产品贸易竞争性与互补性进行深入分析，提出改进中国与东盟在油脂产品贸易上的国际分工和贸易关系的建议。

第三类油脂产品具体包含以下一类商品：动植物油脂及其裂解产物（第 15 类）。

一、中国—东盟油脂产品贸易概况

在过去十几年里，中国—东盟国家油脂产品的进出口双边贸易发展迅速，但近年双方合作略有下降。在 2011 年前后，中国向东盟各国出口油脂产品的贸易量开始下降，差不多在同一时期，进口贸易也一转连续上升的增长态势，不过在回落之后相较于进口其更为平稳。从规模上看，中国自东盟的进口量远低于向其的出口量，在 2010 年该比例甚至接近 100 倍，而到了 2016 年其值为 60. 24 倍。2010—2016 年，我国油脂产品贸易总额的年均增长率仅为 0. 58%，而我国与东盟国家油脂产品双边贸易额的年均增长率为-3. 1%。观察 2011 年后的下降期，可以发现我国与东盟的年均贸易下降率要比我国总体的下降率低约 9. 51%。

综合我国油脂产品贸易进出口情况来看，我国处于长期逆差，2002—2012 年逆差增长速度很快，并且出现了连续几年突破百亿美元的情况。近年情况开始扭转，2016 年我国逆差为 64. 57 亿美元。从东盟国家来看，其在油脂产品上始终保持着顺差，并且由于其在 2015 年的出口贸易额陡然下跌，因此顺差跌破了 300 亿美元，2016 年则继续下降，但幅度极小。

（一）中国对东盟各国的油脂产品出口分析

中国向东盟各国出口油脂产品的平均贸易额除去2008年突然跳高接近2000万美元外，在近十几年内总体趋势向上。2012年后，该项产品的出口贸易额开始萎缩，但其规模仍维持在1300万美元左右，2016年达1289万美元。从各个国家来看，如图7.1所示，马来西亚和新加坡是自中国进口最多的两个国家，同时也仅有它们的平均进口额超过千万美元；泰国和越南近年的进口额也快速增长，突破了千万美元，但由于它们的起点更低，因此暂未超过前两国；越南虽然在2000年时低泰国近130万美元，但其增速更快，2016年其已超过泰国约178万美元，达到1328万美元。

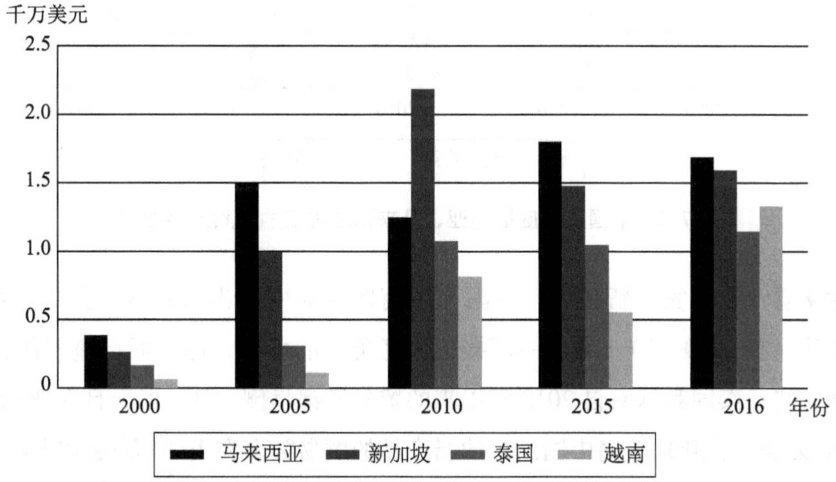

图7.1　中国向马来西亚、新加坡、泰国和越南出口的油脂产品总额

中国对柬埔寨、印度尼西亚和菲律宾的出口额均未达500万美元。其中，柬埔寨的贸易额最低，2016年仅为27.61万美元；菲律宾在2016年下降得最多，降幅达43%，并跌破了300万美元。

（二）中国自东盟各国进口油脂产品的分析

长久以来，中国从东盟各国进口油脂产品贸易额的两极分化程度十分严重，自两大主要来源国——印度尼西亚和马来西亚的进口额达到了其余国家总和的近60倍。如图7.2所示，早在2000年，印度尼西亚和马来西亚的贸易额就已达到了1.46亿美元和3.23亿美元，2016年它们已分别上涨至27.38亿美元和14.62亿美元。具体来看，2014年以前，马来西亚向中国的出口额基本都高于印度尼西亚，但其整体波动也较大。另外，从2011年开始，马来西亚的出口额持续下降，而印度尼西亚目前仍总体向上。

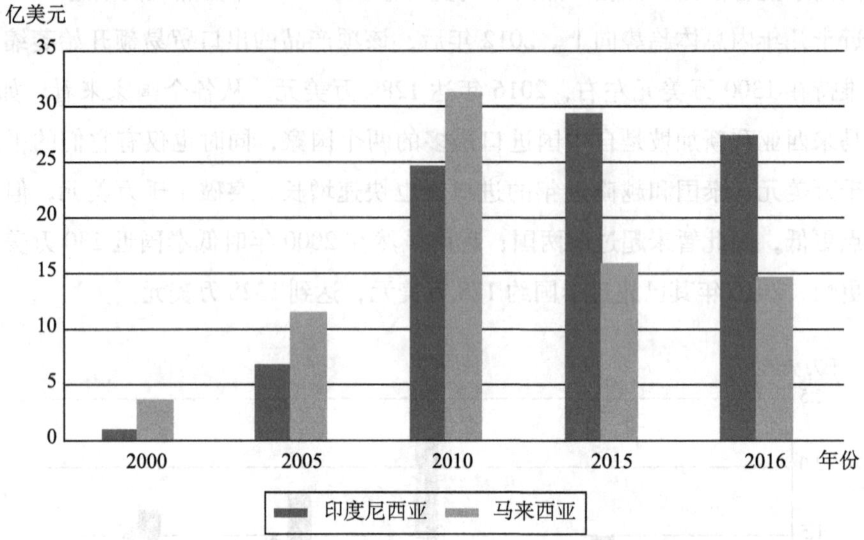

图7.2 中国从印度尼西亚、马来西亚进口的油脂产品总额

相对来看，菲律宾、新加坡、泰国和越南四国向中国出口较少。其中，如图7.3所示，菲律宾在2010—2011年曾一度接近1亿美元的规模，但之后迅速回落，不过最近有反弹趋势；泰国和越南自2010年以来的贸易额都呈倒“U”形，且在2016年均未达到2000万美元；新加坡向中国出口油脂产品的贸易额多在1000万美元以下。

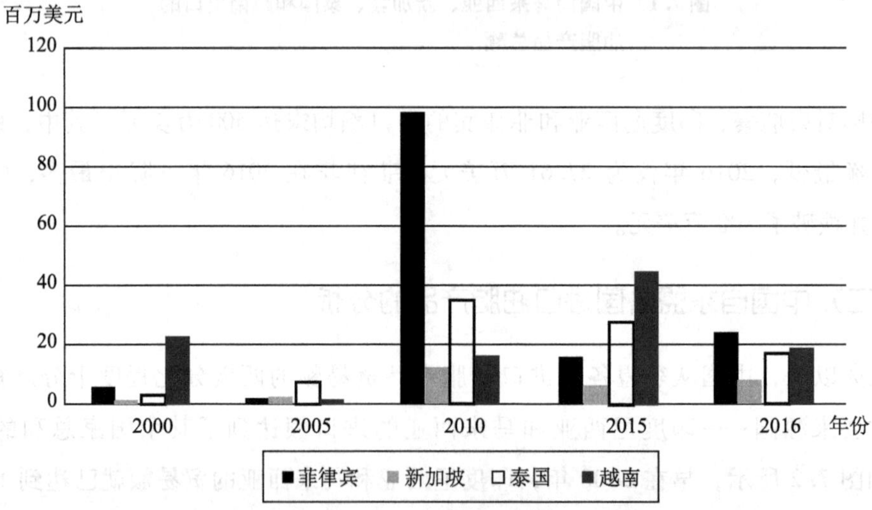

图7.3 中国从菲律宾、新加坡、泰国和越南进口的油脂产品总额

二、中国—东盟油脂产品贸易市场占有率分析

（一）中国—东盟油脂产品贸易市场占有率概述

中国—东盟各国油脂产品进出口贸易的市场占有率在过去近20年里都有所上涨，并且进出口的差距也基本都在40%以上，甚至在2006年达到了60.52%。相较于总体趋势向上的出口市场占有率，进口市场占有率变化更为剧烈，并且每隔4年到5年就存在一个周期性的波动。

具体来看，如图7.4所示，中国向东盟整体的出口市场占有率在2004年之前始终保持着上涨，并且从1%左右增至近10%，在2006年跌至6.63%后，该值维持在11%~17%，较为平稳。中国对东盟整体的进口市场占有率则波动剧烈，2000年之后，曾于2004年一度下降至47.30%，也曾于2011年上升至68.62%，不过就总体看，其整体趋势向上。

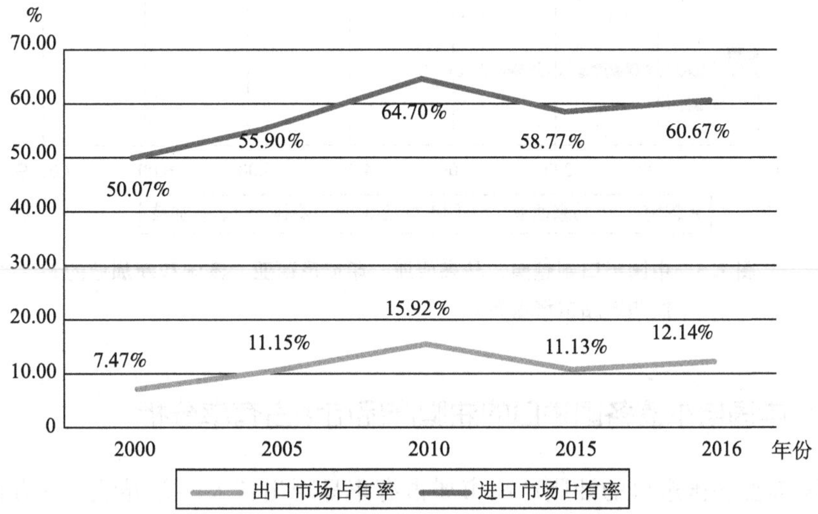

图7.4　中国对东盟整体的进出口市场占有率

（二）中国出口到东盟各国的油脂产品市场占有率分析

从均值来看，中国出口到东盟各国的油脂产品市场占有率出现上升，但总体水平仍然不高，2000年平均为0.95%，2016年平均则为1.48%。其中，新加坡、泰国和越

南都在 2004 年和 2010 年前后出现了较大程度的波动，不同的是，如图 7.5 所示，新加坡均值达到了 3%以上，而另外两国均在 2%以下；马来西亚则在 2004 年达到最高值 7.02%后开始下跌，虽然其之后也有回升，但 2008 年后再未超过 4%；印度尼西亚自中国的进口始终上涨，但幅度不大，2000 年仅为 0.39%，而 2016 年已达 1.40%，增幅超 250%以上；其余三国中，除菲律宾常在 0.5%以下波动外，文莱和柬埔寨基本都不从中国进口油脂产品。

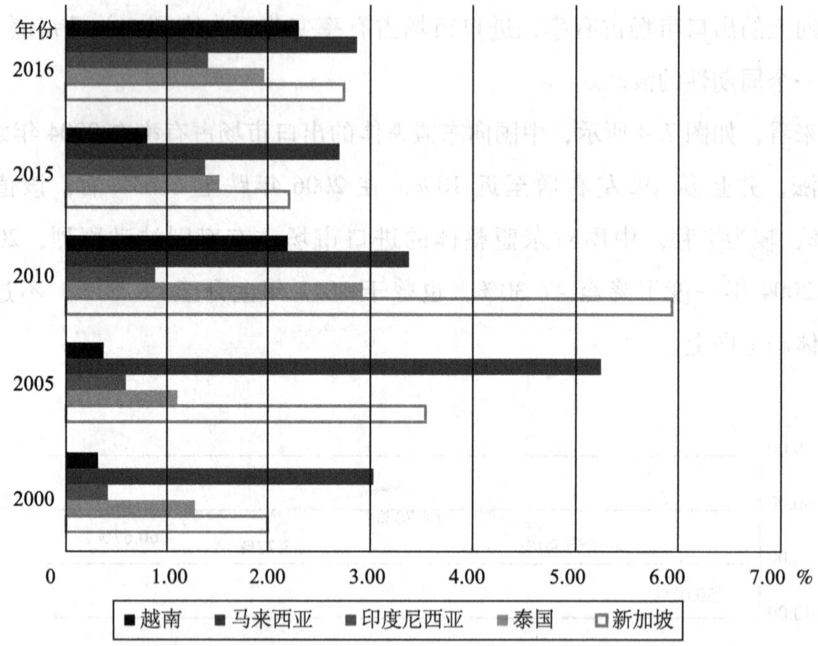

图 7.5　中国出口到越南、马来西亚、印度尼西亚、泰国和新加坡的油脂产品市场占有率

（三）中国自东盟各国进口的油脂产品市场占有率分析

中国自东盟各国进口的油脂产品市场占有率呈现出较大的差异性。一方面，如图 7.6 所示，我国油脂产品两大进口来源国马来西亚和印度尼西亚的总占比平均达 56%以上。其中，自马来西亚的进口市场占有率曾有两次大的波动，并且其总体趋势向下；而印度尼西亚的指标则自 2005 年开始基本都在 20%以上，近年又开始了新一波的增长。另一方面，其余各国向中国出口的市场占有率都不足 1%。菲律宾和越南都曾超过 2%，但目前指标总体呈下降态势，2016 年它们的市场占有率分别为 0.36%和 0.28%；新加坡和泰国的指标基本不超过 0.5%。另外，中国基本不从文莱和柬埔寨进口油脂产品，它们的指标基本为0。

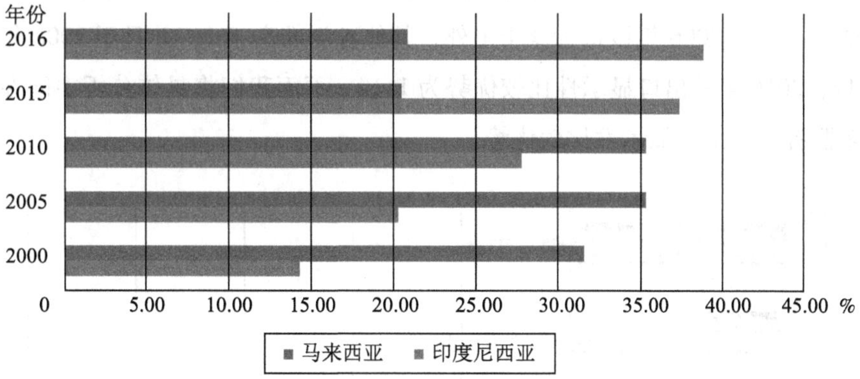

图7.6　中国自马来西亚和印度尼西亚进口的油脂产品市场占有率

三、中国—东盟油脂产品贸易比较优势分析

本节我们将通过计算中国—东盟各国油脂产品双边贸易的出口显示性比较优势和进口显示性比较优势来分析哪些是中国出口到东盟各国的优势产品种类，哪些是中国从东盟各国进口的优势产品种类。

（一）中国具有比较优势的油脂产品种类

基于中国出口到东盟各国的油脂产品显示性比较优势指标计算结果，我们绘制了图7.7来展示2000年、2005年、2010年、2015年和2016年中国—东盟整体第三类油脂产品的出口显示性比较优势指标。

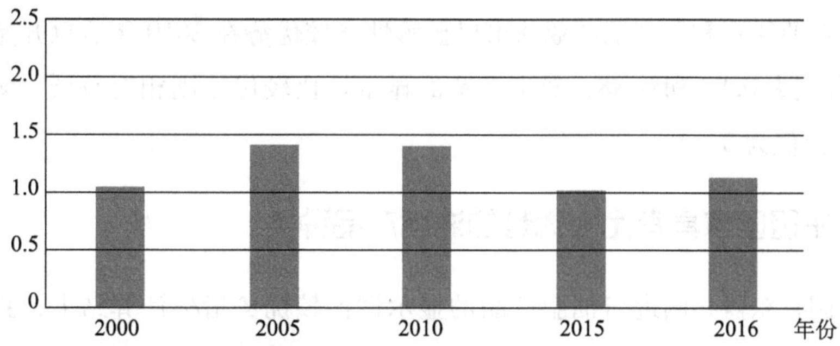

图7.7　中国对东盟整体第三类油脂产品的出口显示性比较优势

由于第三类油脂产品下仅有第15类产品动植物油脂及其裂解产物，因此我们首先

将分析中国对东盟整体在其上的出口显示性比较优势。由图 7.7 可以发现，在第 15 类产品上，中国对东盟整体的比较优势大体上先升后降，呈倒“U”形变化。而根据计算的历年结果，除在 2006 年该指标低于 1 外，其他各年都高于 1，并且于 2008 年达到最大值 2.17，2016 年其出口显示性比较优势为 1.14。下面我们将具体分析中国在该类产品上对东盟各国的出口显示性比较优势。

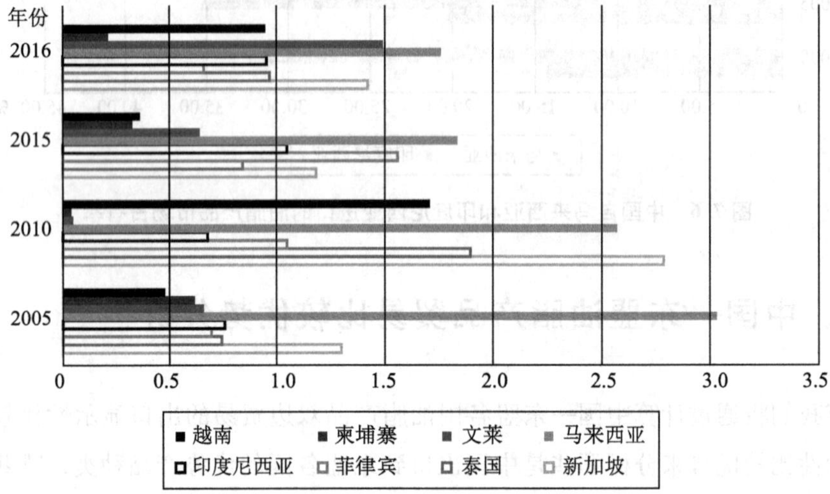

图 7.8　第 15 类产品的出口显示性比较优势

根据指标计算所得，由于文莱在 2000 年达到了 9.23，远超通常水平，因此，图 7.8 未展示 2000 年的指标情况。具体分析中国向东盟各国出口第 15 类产品的显示性比较优势，中国对马来西亚的比较优势最大，均值为 2.42，最大值为 2004 年的 4.03；文莱的指标虽然也超过了 2，但其波动太大，有待进一步观察；对新加坡的出口显示性比较优势较为突出，指标均值达到了 1.72；对泰国和越南的平均比较优势略微超过世界平均水平；对菲律宾和印度尼西亚的出口显示性比较优势在 2010 年后也开始渐渐超过 1，其均值分别为 0.87 和 0.88；对柬埔寨的显示性比较优势则相对较低，多在 0.6 以下，2016 年其值为 0.22。

（二）东盟国家具有比较优势的油脂产品种类

基于中国自东盟各国进口油脂产品的显示性比较优势指标计算结果，我们绘制了图 7.9 来展示 2000 年、2005 年、2010 年、2015 年和 2016 年中国—东盟整体第三类油脂产品的进口显示性比较优势指标。

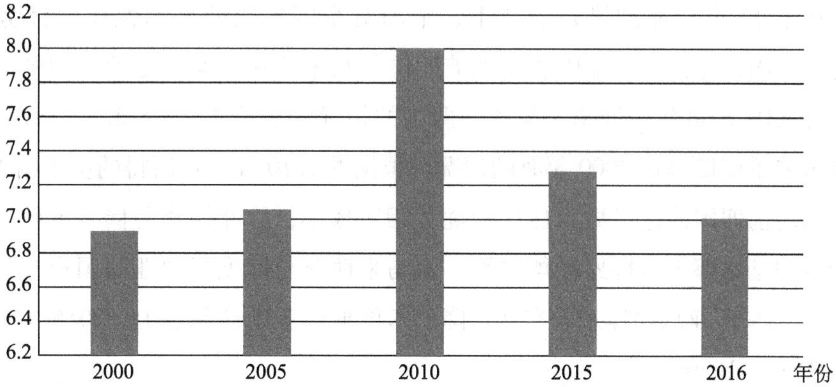

图 7.9　中国对东盟整体第三类油脂产品的进口显示性比较优势

由于第三类油脂产品下仅有第 15 类产品动植物油脂及其裂解产物，因此首先将分析中国对东盟整体在其上的进口显示性比较优势。由图 7.9 可以发现，在第 15 类产品上，中国对东盟整体的进口显示性比较优势较出口更为显著，波动也相对更大。而根据计算的历年结果，除在 2001 年一度达到 9.82 外，该指标多在 6 和 9 之间波动，2016 年其进口显示性比较优势为 7.01，即达到世界平均水平的 7 倍以上。下面将具体分析中国在该类产品上对东盟各国的进口显示性比较优势。

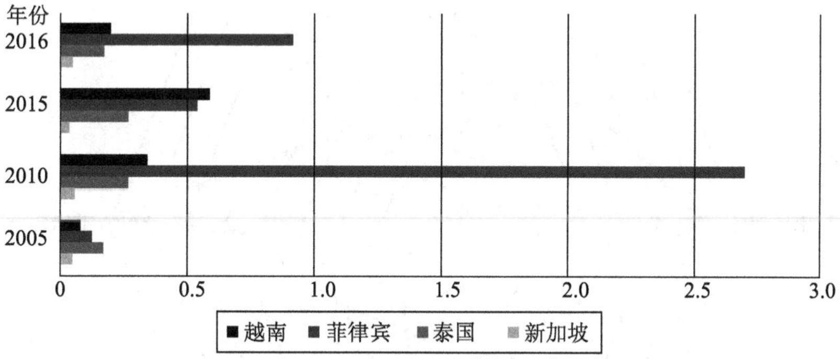

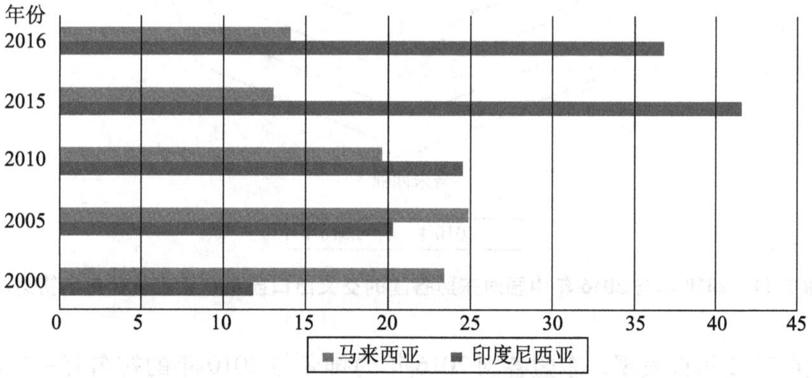

图 7.10　第 15 类产品的进口显示性比较优势

由于在第 15 类产品的进口贸易上，中国对东盟各国的显示性比较优势差距较大，因此将越南、菲律宾、泰国和新加坡四国与马来西亚和印度尼西亚两国分开作图观察，并且又因 2000 年时菲律宾与越南两国的指标分别达 4.71 和 3.28，远超通常水平，所以未展示前四国在 2000 年时的情况。根据图 7.10 及计算所得的历年结果，可以发现：中国对前四国的进口显示性比较优势相对较小，除菲律宾曾偶有突破 1 的情况外，其余各国基本都未达世界平均水平；而马来西亚与印度尼西亚两国指标虽然都在 10 以上，但马来西亚从整体来看有所下降，印度尼西亚则迎头赶上，2016 年其指标已超过马来西亚约 165%。

（三）中国—东盟国家油脂产品的交叉显示性比较优势

为了进一步反映中国—东盟在油脂产品贸易上的显示性比较优势，我们还计算了中国—东盟各国在油脂产品贸易上的交叉出口显示性比较优势和交叉进口显示性比较优势。

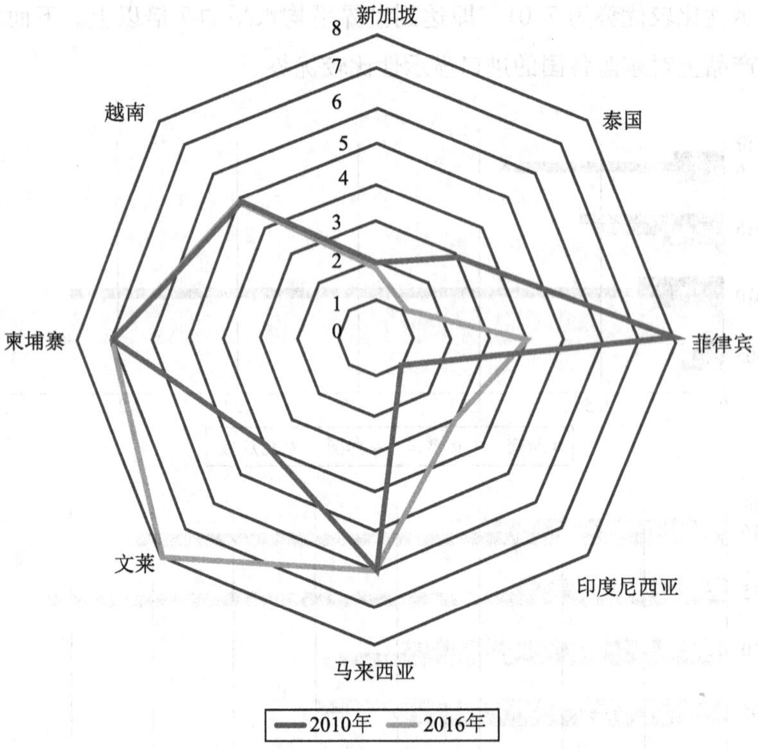

图 7.11　2010 年与 2016 年中国对东盟各国的交叉出口显示性比较优势排名雷达图

根据图 7.11 可以发现，东盟各国 2016 年的排名与 2010 年的排名有一半没有发生变动，分别是第 2 位的新加坡、第 5 位的越南、第 6 位的马来西亚和第 7 位的柬埔寨；余下的泰国与印度尼西亚和菲律宾与文莱相互交换了排名；菲律宾的排名下降最多，自第 4 位降至垫底。从整体来看，2010 年中国对东盟各国的交叉出口显示性比较优势指标均值为 0. 12，而到了 2016 年该值为 0. 10，并且其总体趋势向下，除 21 世纪初的两年在 0. 3 以上，其余时间都不到 0. 2。这说明东盟各国从中国进口的油脂产品相较于其他大类产品要少很多。

根据图 7. 12 可以发现，新加坡和文莱的排名没有发生变化；菲律宾仍处在后半区；印度尼西亚自第 3 位跃居榜首，但其指标从 2010 年的 1. 5078 下降至 2016 年的 1. 2928；柬埔寨的进步最大，从第 7 位升至第 2 位，但其波动太过巨大，既曾达到过 35 以上，也曾跌至过 0；泰国和马来西亚的排名都下降了 1 位，但马来西亚的指标从 1. 5367 下降至不足 1，即低于世界平均水平；同马来西亚一样，越南也跌破了 1，其从第 1 位滑落至第 4 位。从整体来看，东盟各国的指标均值从 2010 年的 0. 8112 下降至 2016 年的 0. 6440。这说明因部分东盟国家在油脂产品大类上对我国没有吸引力，所以其整体仍低于世界平均水平。

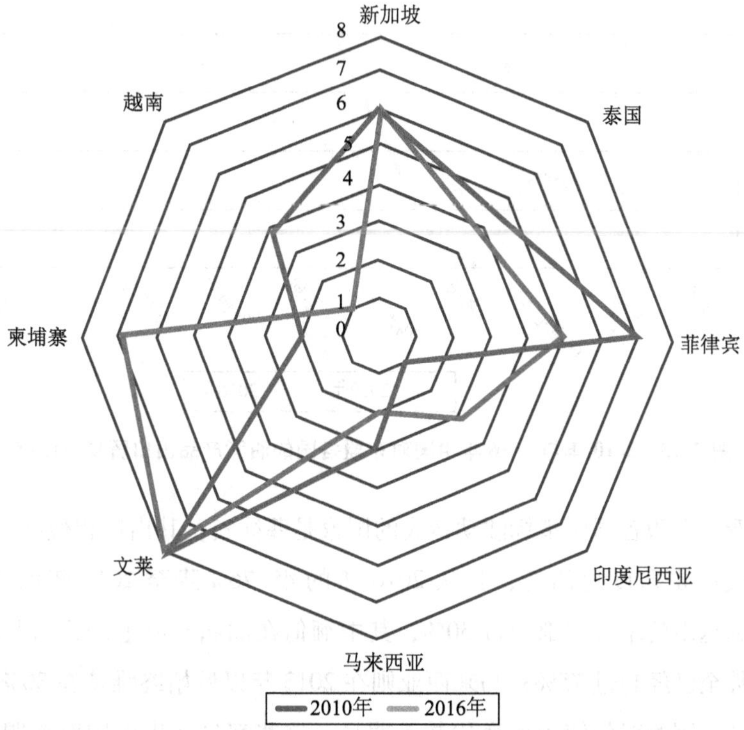

图 7. 12　2010 年与 2016 年中国对东盟各国的交叉进口显示性比较优势排名雷达图

四、中国—东盟油脂产品贸易结构相似度分析

随着各国经济的不断发展，中国—东盟油脂产品的贸易结构也在不断发生变化，而贸易结构的相似性也能在一定程度上反映出该类产品贸易的竞争力与其未来的发展空间。因此本节我们将通过计算中国对东盟各国历年的进出口贸易相似度来具体分析贸易结构的变化。

（一）中国对东盟各国的油脂产品出口贸易相似度分析

2010—2016 年，中国对文莱、柬埔寨、老挝和泰国四国的油脂产品出口贸易相似度变化不大，除泰国外，其他三国的出口相似度均在 3%以下；其余六国中，印度尼西亚和马来西亚在 50%以下，另外四国的均值都高于 70%；2016 年缅甸和新加坡的指标分别高达 94.67%和 93.66%。这说明在油脂产品大类上，中国的出口与东盟各国的进口互补程度在不同国家间有着较大的差异性，如图 7.13 所示。

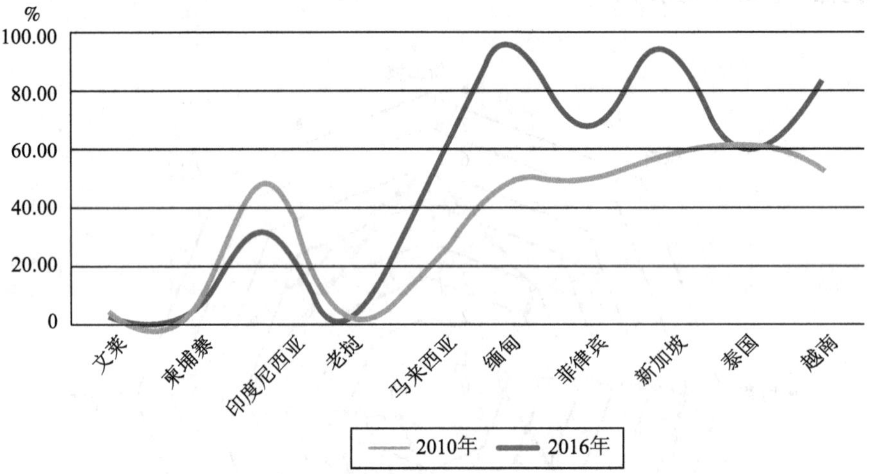

图 7.13　2010 年与 2016 年中国对东盟各国的油脂产品出口贸易相似度

具体来看，东盟各国中指标波动最大的国家是菲律宾，其出口相似度呈 M 形变化；下降幅度最大的是印度尼西亚，其从 2010 年的 48.76%降至 2016 年的 30.72%；缅甸、新加坡和越南的增长率都超过 30%，其中缅甸在油脂产品上的进口与我国出口的平均相似度甚至已经超过 75%；马来西亚则在 2013 年以后始终维持在 30%以上；其余四国除泰国外，因绝对值较小而变化并不明显。这些都显示出中国对东盟各国在油脂产品的出口贸易上还需继续全面发展，未来的增长空间也值得期待。

（二）中国自东盟各国进口油脂产品的贸易相似度分析

2010—2016 年，中国自东盟各国进口油脂产品的贸易相似度变化较小，除印度尼西亚下降了 15.85%外，其余变动均未超过 2.5%，并且各国差异也较大，超过 20%的仅为印度尼西亚和马来西亚。这反映出中国进口与东盟出口油脂产品的互补程度相对不高，有很大的提升空间，如图 7.14 所示。

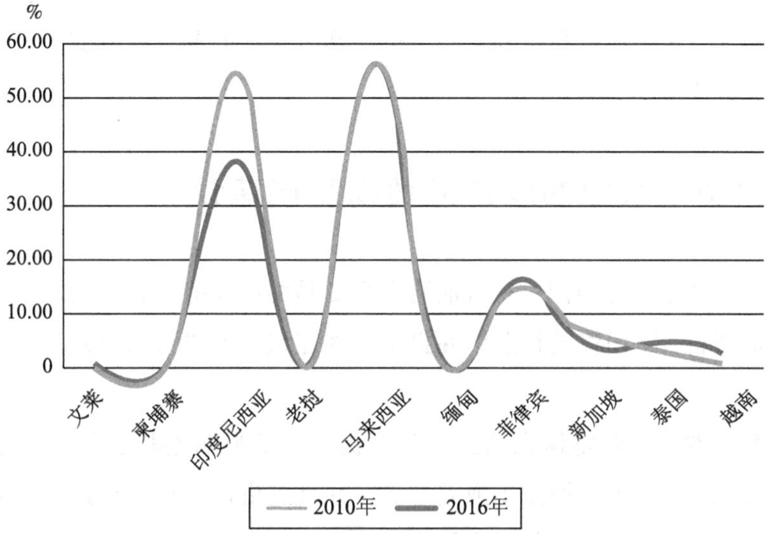

图 7.14　2010 年与 2016 年中国自东盟各国进口油脂产品的贸易相似度

具体来看，马来西亚的贸易相似度远超其他国家，其在该时间段内始终保持在 50%以上；而印度尼西亚虽然在 2012 年达到 61.23%，但之后持续下降，目前已跌破 40%，仅为 38.62%；排在第 3 位的菲律宾在该指标上刚达两位数，其平均进口相似度为 13.5%；文莱、柬埔寨、老挝和缅甸的指标都极小，几乎为 0；新加坡、泰国和越南三国的贸易相似度则都在 8%以下。以上情况反映出在油脂产品上，我国自东盟进口与东盟向我国出口的互补程度普遍较低，该类产品有极大的市场开发价值。

五、中国—东盟油脂产品贸易技术性壁垒分析

在目前的国际贸易中，大部分国家已基本放弃使用关税等传统方式来构建贸易壁垒，取而代之的是制定一系列技术要求或行业法规来实现贸易保护，这类通常被称为“技术性壁垒”。世界贸易组织为缓解各成员之间在各类贸易问题上的摩擦，制定了 TBT-SPS 通报制度。由于 TBT 对动植物卫生检疫措施约束力不够，因此在乌拉圭回合

谈判中，各成员提议设立 SPS 来抵御动植物检疫上隐蔽性很强的技术壁垒措施。

2017 年，我国首个边境贸易国检试验区于广西设立，它的成功运行为边民经商提供了诸多便利，在维护国门安全、创新监管模式、政策先行先试和促进广西沿边开放发展等方面发挥了独特引领作用，促进边境贸易“快检快放”“优进优出”，助推“兴边富民”，让边民富起来、国家强起来。

另外，根据中国 WTO/TBT-SPS 通报咨询网上的数据资料，来自东盟各国关于油脂产品的通报数量依旧不是很多。这可能是因为东盟各国大部分都是油脂产品的生产国与顺差国，而东盟整体也是世界上最大的棕榈油生产贸易商，其实力极强，而我国在这方面实力较为薄弱。

六、中国—东盟油脂产品贸易发展建议

根据以上从各角度对中国—东盟油脂产品贸易的简要分析，我们进一步深入挖掘整理了各方面资料，下面将进行总结并提出一些建议，希望可以对此类产品的贸易发展有所帮助。

从贸易额来看，东盟整体在油脂产品上仍处于贸易顺差状态且近年略微有所下降，而中国在该类产品上长期处于逆差态势，并且进出口差距在经过几次大幅扩大后在近年开始缩小。结合贸易相似度指标来看，中国对东盟部分国家的进出口贸易相似度都存在较大变化，而对两个我国油脂产品的主要来源国印度尼西亚和马来西亚，它们的贸易相似度虽然都较为稳定，但其数值也都不高。这说明我国在油脂产品上与东盟的合作有着广阔的前景，应与更多国家开展长期且稳定的特色贸易。

从市场占有率来看，中国出口到东盟各国的油脂产品的市场占有率要远低于从东盟各国的进口率，这是由于油脂产品是当地的主要产品及贸易品，但进口市场占有率的过分集中也对未来贸易的健康发展有所影响，并且在该行业上我国的竞争力相对薄弱，因此须考虑加大在该产品上的研发力度，并寻找更多合适的贸易伙伴。在显示性比较优势方面，同样是进口指标要优于出口指标，不过近年，中国出口显示性比较优势对东盟各国的差异已逐渐减小，总体上也开始增大，应继续保持这种势头。根据交叉显示性比较优势来看，进出口上的指标基本都不到 1，这说明了东盟各国与我国在油脂产品上合作的意愿不够强烈，我国应寻找其中存在的问题与不足，以更加积极的态度来面对这种情况。

第八章　食品饮料

传承千年美食文化的我国拥有着众多享誉全球的佳肴，而这都是建立在各类丰富多样的食品饮料产品上的。随着全球一体化程度的加深，世界各国之间的交流也越发紧密，食品饮料作为人们共同的追求爱好也串联起来自不同地区、具有不同文化传统的人们的情感。我国与东盟各国也通过贸易尽情享受着原本只属于对方的幸福味道。

基于中国与东盟国家食品饮料进出口贸易的实际情况，本章将利用第一篇介绍的贸易指数计算中国—东盟食品饮料的进出口贸易结构、产品比较优势、市场竞争性和产品互补性等指数，以期通过对中国—东盟食品饮料贸易竞争性与互补性进行深入分析，提出改进中国与东盟在食品饮料贸易上的国际分工和贸易关系的建议。

第四类食品饮料具体包含以下九类商品：肉、鱼等动物的制备品（第 16 类），糖和糖果（第 17 类），可可和可可制剂（第 18 类），谷物、面粉、淀粉等制备品（第 19 类），蔬菜、水果等植物制备品（第 20 类），杂项食用制剂（第 21 类），饮料、烈酒和醋（第 22 类），食品工业的残留和废物、动物饲料（第 23 类），烟草和制成烟草替代品（第 24 类）。

一、中国—东盟食品饮料贸易概况

近十几年来，中国—东盟国家食品饮料的进出口双边贸易发展保持着较高的增速。在 2000 年以前，我国自东盟进口的食品饮料相较于出口更多。而在之后的 10 年里，情况得到了反转，我国对东盟在该类产品上的顺差甚至一度逼近 4 亿美元。近年来，双方的贸易趋向均衡，总额的平均增长率也维持在两位数以上。不过，2016 年我国自东盟的进口陡增近三成，并且其高出出口 3.2 亿美元以上，可能的原因在于我国农产品方面的需求快速上升。

综合我国食品饮料贸易进出口情况来看，我国处于长期顺差，早在 2004 年，在该方面的进出口总额就已突破 120 亿美元，除在金融危机期间出口有显著下跌外，其余总体呈向上趋势。从东盟国家来看，其在食品饮料上同样长期保持着顺差，但其最大下跌出现在 2015 年，跌幅逾 4.5%，目前已回升至正常水平，总体规模约为我国的 1.75 倍。

（一）中国对东盟各国的食品饮料出口分析

中国向东盟各国出口食品饮料的平均贸易额近十几年始终维持着向上的趋势，自2000年以前约7500万美元的均值一路上涨至2016年的近3.4亿美元。其间，该类产品的贸易额呈周期性波动，大约每隔4年会迎来一波大幅度的增长。从各个国家来看，如图8.1所示，印度尼西亚自中国的进口额总体来看最高，2016年我国对其出口额为7.43亿美元，较2015年增长32.42%；新加坡紧随其后，但其长期以来由于初始值较高，因此增长率并不领先；菲律宾虽然在2015年仅为马来西亚的七成，但因马来西亚长久以来在该类产品上的需求萎缩，因此2016年实现了反超，达5.16亿美元。

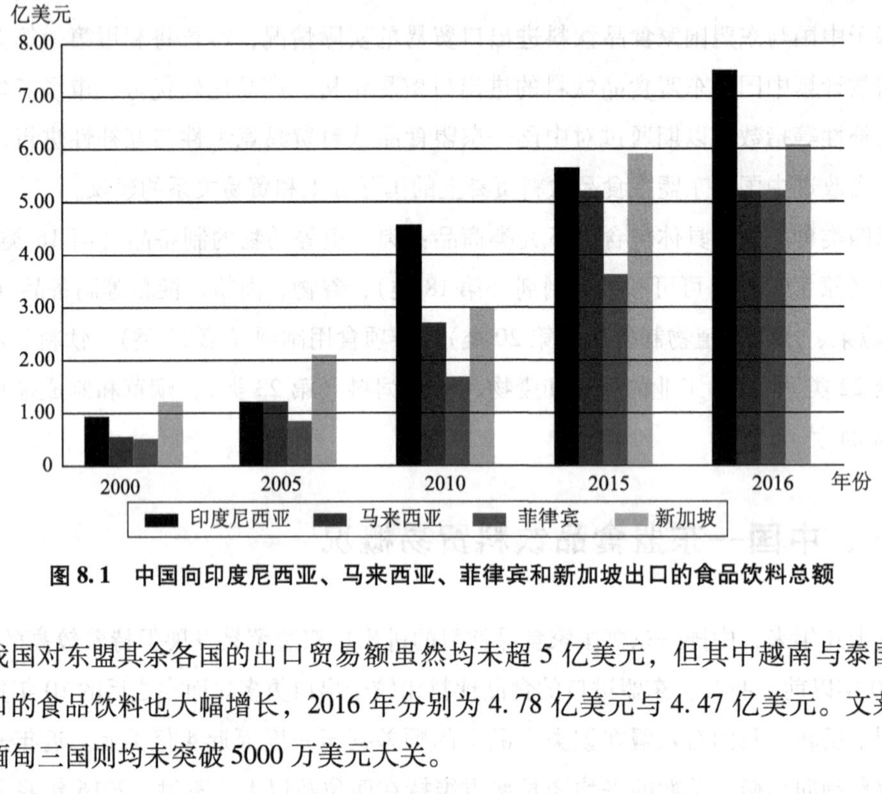

图8.1　中国向印度尼西亚、马来西亚、菲律宾和新加坡出口的食品饮料总额

我国对东盟其余各国的出口贸易额虽然均未超5亿美元，但其中越南与泰国自我国进口的食品饮料也大幅增长，2016年分别为4.78亿美元与4.47亿美元。文莱、老挝、缅甸三国则均未突破5000万美元大关。

（二）中国自东盟各国进口食品饮料的分析

中国自东盟各国进口食品饮料的贸易额大部分在2010年以后才开始稳定在1亿美元以上的规模，并开始快速增长。长期以来，如图8.2所示，新加坡始终是我国最大的食品饮料进口来源国，而由于泰国在2010—2015年的爆发式上涨，新加坡目前以5.58亿美元的贸易额位居我国在东盟内的第二大合作进口伙伴。泰国则以自2000年以来平均 41.39%的增长率以及 2016 年 6.17 亿美元的规模占据第一。紧随其后的越南在 2015 年向中国出口的该类产品已增至 2010 年的 3 倍，并且在 2016 年突破了 5 亿美元的大关。

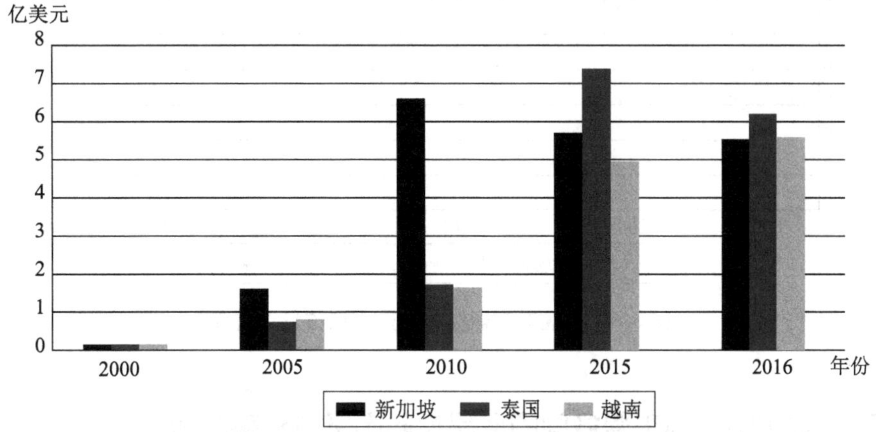

图 8.2　中国从新加坡、泰国和越南进口的食品饮料总额

相对来看，马来西亚和印度尼西亚向中国出口食品饮料的规模也不小，并且自 2003 年以后它们均未出现较大幅度的下降。目前，马来西亚的规模为 4.72 亿美元，紧追越南，而印度尼西亚则为 3.3 亿美元。其余五国中，除缅甸在 2015 年以后增至 1 亿美元外，文莱、柬埔寨、老挝三国甚至未突破千万美元。菲律宾则在 2016 年继续下跌，其值已缩水至 2014 年的 45%。

二、中国—东盟食品饮料贸易市场占有率分析

（一）中国—东盟食品饮料贸易市场占有率概述

中国—东盟各国食品饮料进出口贸易的市场占有率在近 20 年间几经变化，除 1999 年和 2000 年，其余时段的进口市场占有率都高于出口市场占有率，并且差值几乎都高于 5%。与出口市场占有率常在 8.5%左右波动不同，进口市场占有率变化更为强烈，而其整体有着高开低走的态势，如图 8.3 所示。

具体来看，中国向东盟整体的进口市场占有率曾在 21 世纪初有较大波动，而后的变化则开始呈现出周期性。2003—2015 年，其值徘徊于 14%左右，而在 2016 年该值上涨了 4.68 个百分点，达 18.83%。中国对东盟整体的出口市场占有率长期以来则相对平稳，最低值为 2006 年的 5.93%，此后持续上涨，2016 年其已增至 11.81%。

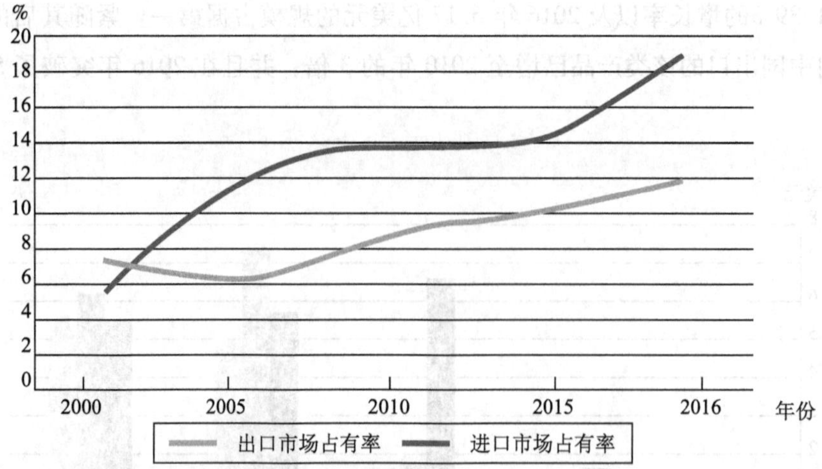

图 8.3　中国对东盟整体的进出口市场占有率

（二）中国出口到东盟各国的食品饮料市场占有率分析

从均值来看，中国出口到东盟各国的食品饮料市场占有率总体有所上升，从 2000 年的不到 1%涨至 2016 年的 1.45%。除新加坡外，中国出口到其余东盟各成员国的市场占有率都有不同幅度的提升，但新加坡在该指标上仍处于较为领先的地位。如图 8.4 所示，印度尼西亚是平均出口市场占有率仅次于新加坡的国家，2016 年其值为 2.60%，位居东盟第一。余下各国中，马来西亚、泰国、菲律宾三国的均值都超过 1.5%。而越南的指标曾在 2009 年升至 1.63%，排名第三，但由于其波动较大，目前已跌回中游水平。我国出口到文莱和柬埔寨的市场占有率都极低，接近 0。

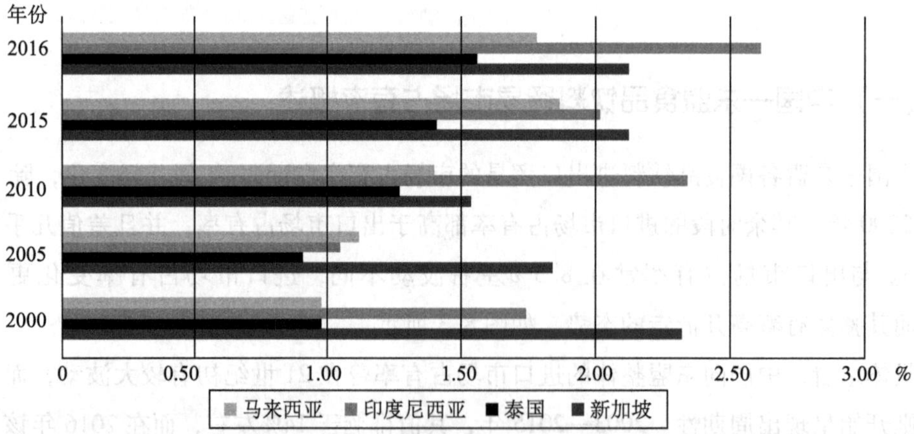

图 8.4　中国出口到马来西亚、印度尼西亚、泰国和新加坡的食品饮料市场占有率

（三）中国自东盟各国进口的食品饮料市场占有率分析

不同于出口，中国自东盟各国进口的食品饮料市场占有率有着不小的差异。如图 8.5 所示，我国自新加坡进口的市场占有率在 2009 年曾高达 9.36%，之后虽有下跌，但仍高于出口水平，2016 年其值达 2.85%。泰国在我国的进口市场方面表现更好，2010 年后，除 2012 年短暂跳升至 4.83%，其指标均在 2%和 4%之间波动。我国自越南进口该类产品的市场占有率在 2016 年与自新加坡的进口情况持平，并且越南的该指标在近 15 年内均高于 1%。马来西亚和印度尼西亚在该指标上的表现也相对较好，并且马来西亚的增幅更大。菲律宾则几乎未超过 0.5%，而文莱、柬埔寨两国几乎尚未进入我国该类产品的市场。

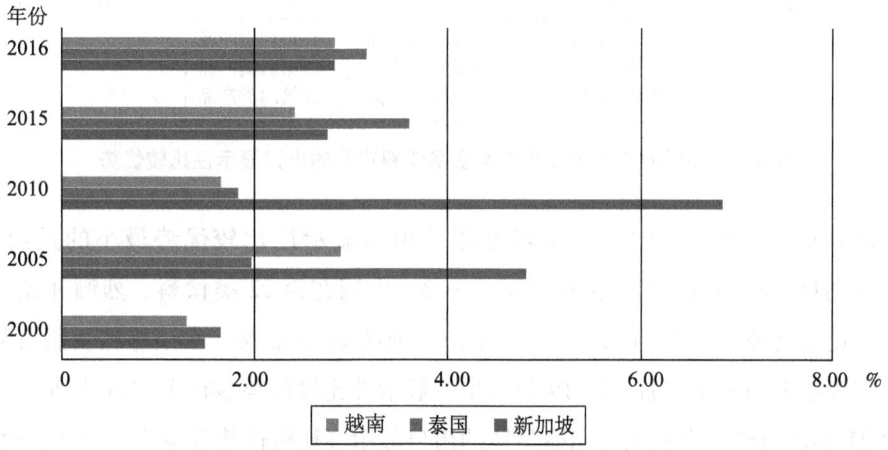

图 8.5　中国自越南、泰国和新加坡进口的食品饮料市场占有率

三、中国—东盟食品饮料贸易比较优势分析

本节我们将通过计算中国—东盟各国食品饮料双边贸易的出口显示性比较优势和进口显示性比较优势来分析哪些是中国出口到东盟各国的优势产品种类，哪些是中国从东盟各国进口的优势产品种类。

（一）中国具有比较优势的食品饮料种类

基于中国出口到东盟各国的食品饮料显示性比较优势指标计算结果，我们绘制了图 8.6 来展示 2000 年、2005 年、2010 年、2015 年和 2016 年中国—东盟整体第四类食品饮料产品的出口显示性比较优势指标。

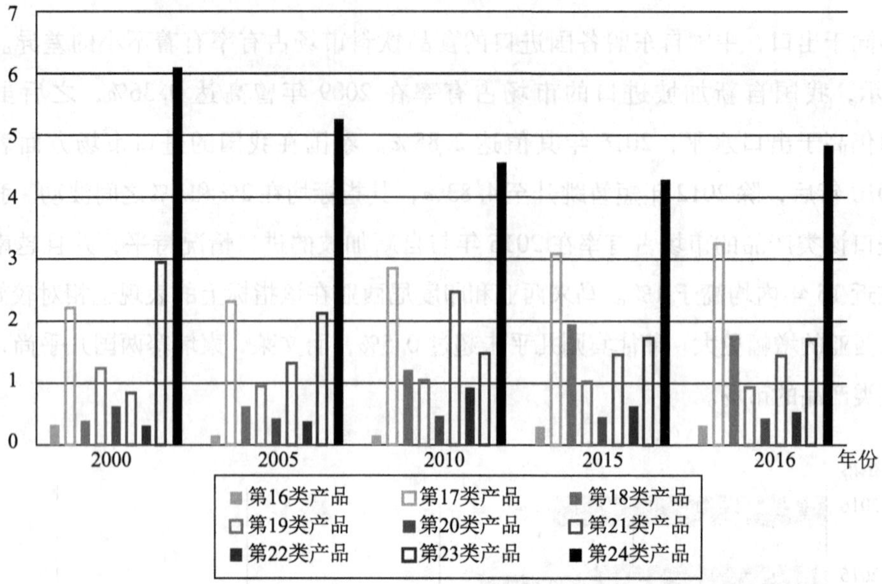

图 8.6　中国对东盟整体第四类食品饮料产品的出口显示性比较优势

由图 8.6 可以发现，中国对东盟整体的出口显示性比较优势最小的是第 16 类肉、鱼等动物的制备品，其指标均值不到 0.3；中国在第 22 类饮料、烈酒和醋上的出口显示性比较优势自 2010 年以后再未突破 1，而第 20 类蔬菜、水果等植物制备品的指标得分仅为前者的一半左右；第 19 类的出口显示性比较优势多在 1 左右波动；在第 18 类、第 21 类两类产品上我国对东盟整体的出口显示性比较优势普遍为 1~2.5；第 17 类和第 23 类产品的表现都不错，分别在 2 和 1.5 以上；九类产品中表现最好的是第 24 类烟草和制成烟草替代品，中国在该产品上对东盟整体的出口显示性比较优势相对较大。下面我们将具体分析中国在该类产品上对东盟各国的出口显示性比较优势。

根据计算所得指标，由于印度尼西亚和柬埔寨在 2000 年分别达到了 22.69 和 30.69，远超通常水平，因此图 8.7 未展示 2000 年的指标情况。具体分析中国向东盟各国出口第 24 类产品的显示性比较优势，中国对印度尼西亚的显示性比较优势最大，均值为 14.69，也是东盟各国中唯一一个在该指标上高于 10 的；对柬埔寨和菲律宾的出口显示性比较优势指标均值紧随其后，分别为 7.75 和 7.15；另一个指标均值大于 5 的国家是新加坡，2010 年以后它增长迅速，2016 年达 9.10；剩余国家中，越南与马来西亚的出口显示性比较优势也大于 2，但相对于后者略有增长，前者出现了较大幅度的下跌；泰国仅在 2002—2005 年高于 1，目前其徘徊在 0.35 左右；文莱则由于在该类产品上与我国合作较浅，因此指标几乎为 0。

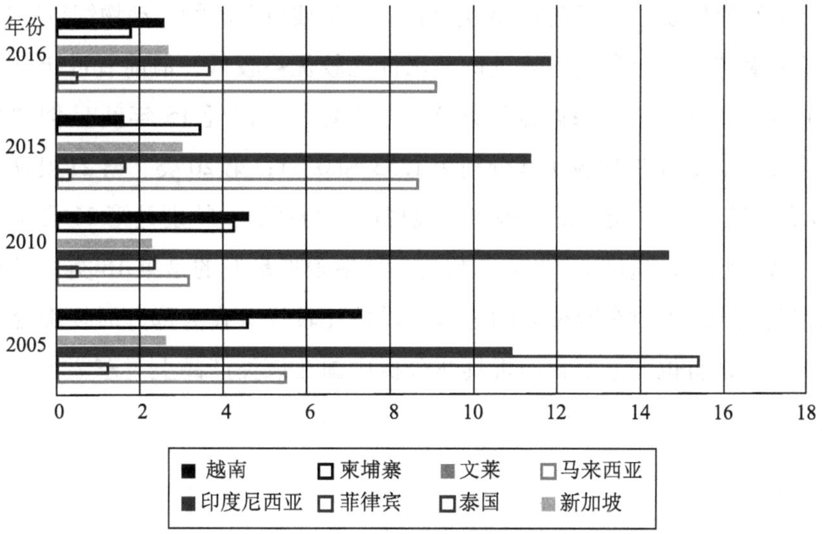

图 8.7　第 24 类产品的出口显示性比较优势

（二）东盟国家具有比较优势的食品饮料种类

基于中国自东盟各国进口食品饮料的显示性比较优势指标计算结果，我们绘制了图 8.8 来展示 2000 年、2005 年、2010 年、2015 年和 2016 年中国—东盟整体第四类食品饮料产品的进口显示性比较优势指标。

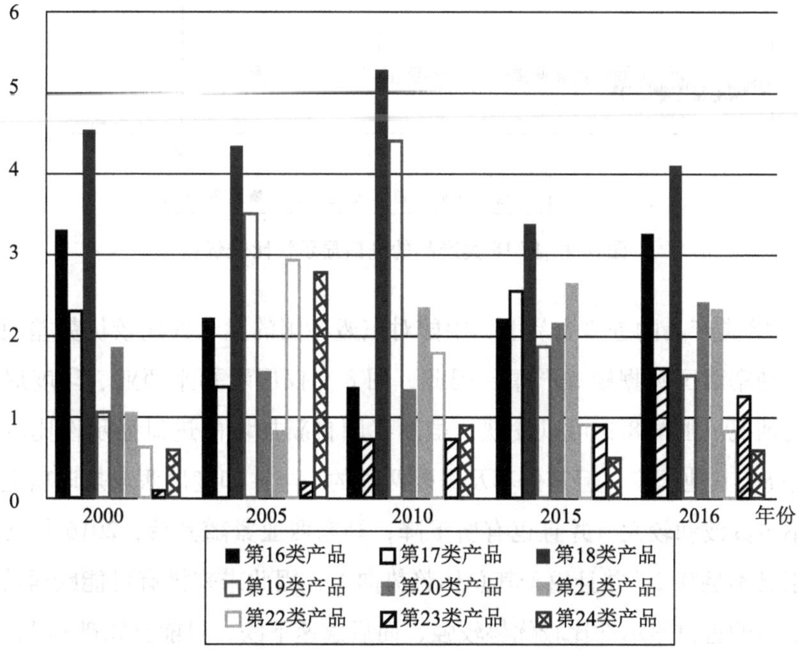

图 8.8　中国对东盟整体第四类食品饮料产品的进口显示性比较优势

由图 8.8 可以发现，我国在第 23 类食品工业的残留和废物、动物饲料和第 24 类烟草和制成烟草替代品上对东盟整体进口显示性比较优势较低，但前者近年已开始逐渐上升，后者却持续下跌；第 19 类和第 22 类两类产品在近 15 年间呈倒“U”形变化，2016 年的进口显示性比较优势分别为 1.53 和 0.81；第 20 类、第 21 类两类产品相较于第 16 类、第 17 类两类产品在该指标表现得更为平稳，特别是第 21 类杂项食用制剂，其增长幅度较大，超过了 125%；九类产品中表现最好的是第 18 类可可和可可制剂，中国在此项产品上对东盟整体的进口显示性比较优势在大部分时候都处于第四类食品饮料产品中的首位。下面我们将具体分析中国在该类产品上对东盟各国的进口显示性比较优势。

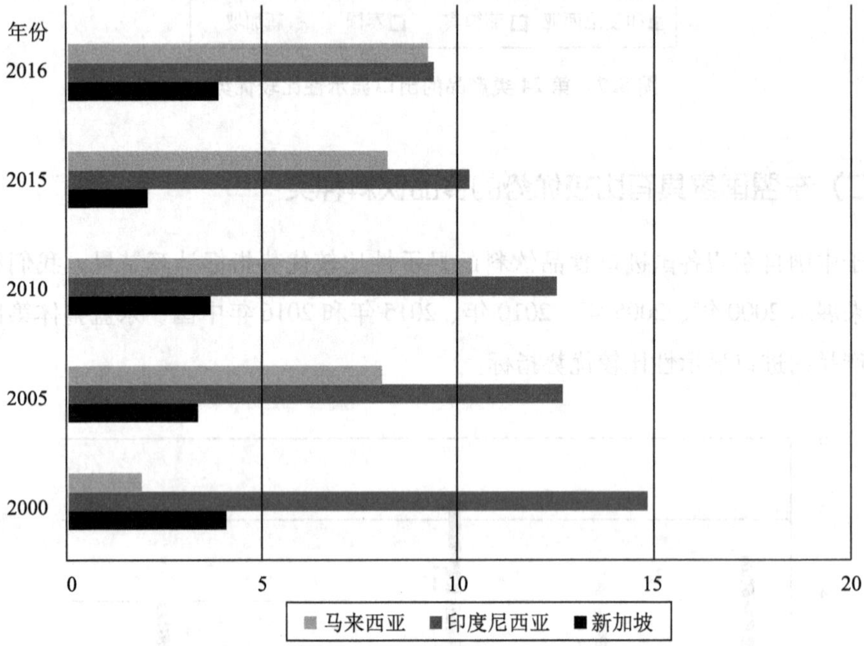

图 8.9　第 18 类产品的进口显示性比较优势

因在第 18 类产品的进口贸易上，中国对东盟各国的显示性比较优势差距较大，并且文莱和柬埔寨两国数据缺失严重，因此，图 8.9 仅展示马来西亚、印度尼西亚和新加坡三国的情况。由图 8.9 可以发现，虽然我国自新加坡的进口显示性比较优势均值大于 3，远高于其他国家，但其仍不及另外两国的一半；印度尼西亚是该项上表现最好的国家，不过其波动较大，并且也有所下降；马来西亚紧随其后，2016 年其与印度尼西亚的差距已不足 0.2，并且由于其总体趋势向上，因此未来极有可能跃居第一；2005 年以前，泰国的进口显示性比较优势较强，而后急速下跌，目前已跌破 0.1；菲律宾和越南的指标则始终不高，基本在0.1和0.3之间波动。

（三）中国—东盟国家食品饮料的交叉显示性比较优势

为了进一步反映中国—东盟在食品饮料贸易上的显示性比较优势，我们还计算了中国—东盟各国在食品饮料贸易上的交叉出口显示性比较优势和交叉进口显示性比较优势。

图8.10 2010年与2016年中国对东盟各国的交叉出口显示性比较优势排名雷达图

根据图8.10可以发现，东盟各国2016年的排名与2010年的排名几乎没有变化，除因新加坡升至第1位的前三名排名发生变动，其他均未改变。另外除新加坡和越南的交叉出口显示性比较优势出现上升，其余各国都出现不同幅度的下降，菲律宾和印度尼西亚分别下跌了0.25和0.20。从整体来看，2010年中国对东盟各国的交叉出口显示性比较优势指标均值为0.45，2016年该值则下降至0.38，并且指标大于0.5的国家从一半降至1/4，这说明相对于食品饮料，东盟各国从中国进口的产品中其他大类的占比更高。

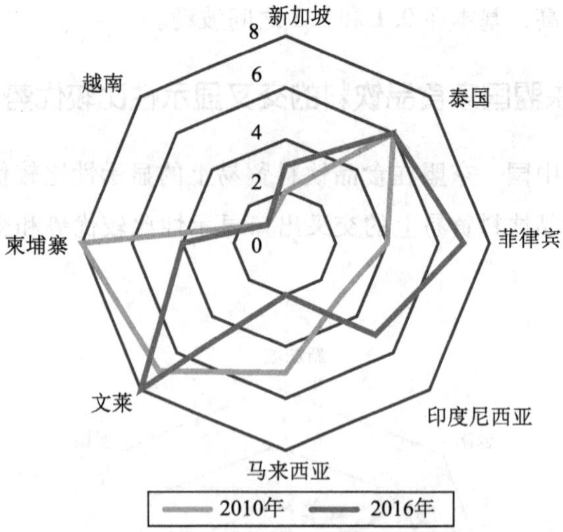

图 8.11　2010 年与 2016 年中国对东盟各国的交叉进口显示性比较优势排名雷达图

根据图 8.11 可以发现，越南继续保持着东盟内第一位；另一个排名未发生变动的泰国则继续处于后半区的第六位；新加坡、菲律宾、印度尼西亚和文莱四国的排名均发生下跌，其中菲律宾从第四位跌至第七位，印度尼西亚也从上半区掉落至下半区；余下的马来西亚和柬埔寨都从后半区冲入了前半区，但其 2016 年居第二位的 0.6038 较第一位越南的 0.9551 仍有较大差距。从整体来看，东盟各国的指标均值从 2010 年的 0.3081 上升到了 2016 年的 0.4572，但已没有指标超过 1 的国家了，这说明东盟各国在食品饮料大类上对我国的吸引力较世界平均水平仍有不小的差距。

四、中国—东盟食品饮料贸易结构相似度分析

随着各国经济的不断发展，中国—东盟食品饮料的贸易结构也在不断发生变化，而贸易结构的相似性也能在一定程度上反映出该类产品贸易的竞争力与其未来的发展空间。因此将通过计算中国对东盟各国历年的进出口贸易相似度来具体分析贸易结构的变化。

（一）中国对东盟各国的食品饮料出口贸易相似度分析

2010—2016 年，如图 8.12 所示，中国对东盟各国食品饮料出口贸易相似度大部分都较为平稳，其上下幅度都在 10%以内，并且从整体来看，没有超过 30%的国家。这说明中国出口的食品饮料大类产品与东盟各国的进口虽然互补程度不大，但发展较为健康。

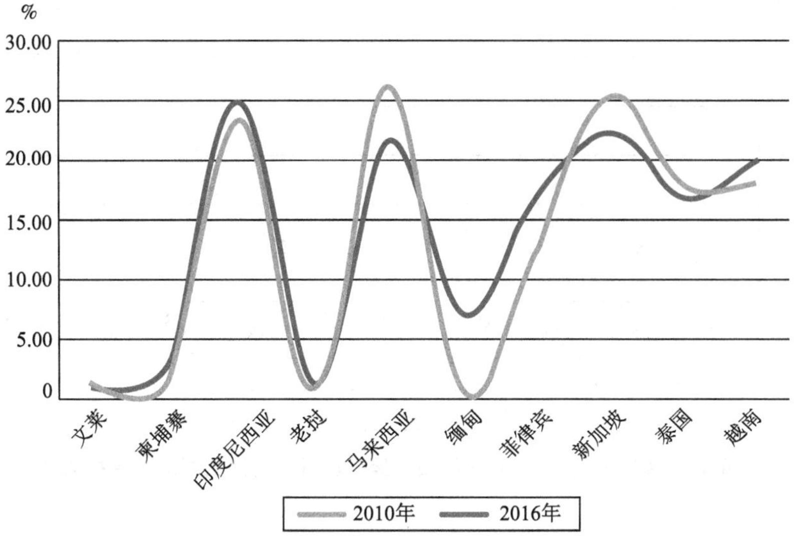

图 8.12　2010 年与 2016 年中国对东盟各国的食品饮料出口贸易相似度

具体来看，出口贸易相似性低于 10%的仅文莱、柬埔寨、老挝和缅甸四国，其余六国除菲律宾外都高于 15%；菲律宾在 2016 年升至 16.80%，之前则在 12%左右波动；泰国和越南的互补性基本都在 15%和 20%之间，两者指标较为接近，目前越南较为领先；中国向印度尼西亚、马来西亚和新加坡出口的相似度都在 20%以上，但三国中只有印度尼西亚有所上升。这些都显示出中国向东盟各国出口食品饮料所占据的份额还有很大的提升空间，可加强进一步的深入合作。

（二）中国自东盟各国进口食品饮料的贸易相似度分析

2010—2016 年，中国自东盟各国进口食品饮料的贸易相似度变化在不同国家的表现有着相当大的差异，如图 8.13 所示，既有上升了近 20%的泰国，同时也有下降了 16%的马来西亚。这反映出中国进口与东盟出口食品饮料的互补结构相对不均衡，一方面可以考虑开拓新市场，另一方面也可考虑如何使已有市场得到更好的发展。

具体来看，与出口相同，文莱、柬埔寨、老挝和缅甸四国在大部分年份里的进口贸易相似度都极低，还未超过 20%，仅有缅甸在 2016 年陡增至 5.86%；进口相似度下降超过 10%的国家分别是印度尼西亚、马来西亚和新加坡，其中新加坡的指标均值为 48.58%，而另外两国均不足 40%；与我国在该类产品上进口互补性最高的国家是泰国，同时其也是 2010—2016 年增长最多的国家；余下两国中，菲律宾目前仍处于下降态势，越南则在 20%以上总体上涨。以上情况反映出在食品饮料产品大类上，我国进口与东盟的贸易互补程度还不是很高，并且发展也较不均衡。

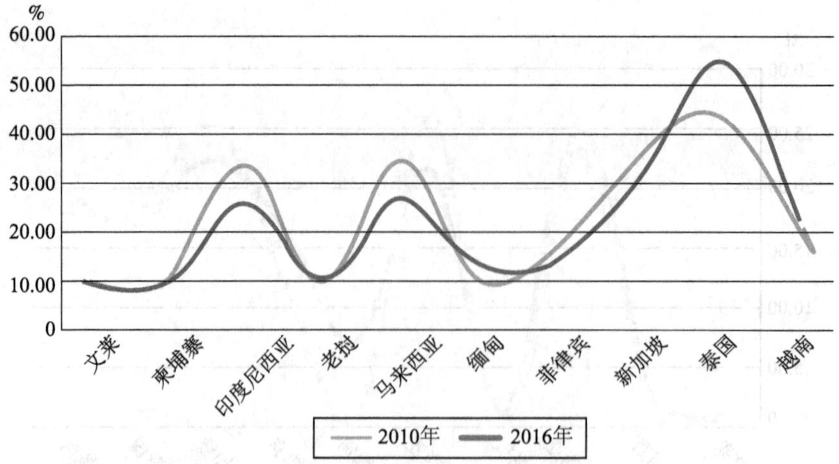

图 8.13　2010 年与 2016 年中国自东盟各国进口食品饮料的贸易相似度

五、中国—东盟食品饮料贸易技术性壁垒分析

在目前的国际贸易中，大部分国家已基本放弃使用关税等传统方式来构建贸易壁垒，取而代之的是制定一系列技术要求或行业法规来实现贸易保护，这类通常被称为“技术性壁垒”。世界贸易组织为缓解各成员之间在各类贸易问题上的摩擦，制定了TBT-SPS 通报制度。由于 TBT（技术性贸易壁垒协定）对动植物卫生检疫措施约束力不够，因此在乌拉圭回合谈判中，各成员提议设立 SPS（实施动植物卫生检疫措施的协议）来抵御动植物检疫上隐蔽性很强的技术壁垒措施。

2017 年，我国首个边境贸易国检试验区于广西设立，它的成功运行为边民经商提供了诸多便利，在维护国门安全、创新监管模式、政策先行先试和促进广西沿边开放发展等方面发挥了独特引领作用，促进边境贸易“快检快放”“优进优出”，助推“兴边富民”，让边民富起来、国家强起来。

另外，根据中国 WTO/TBT-SPS 通报咨询网上的数据资料，来自东盟各国关于食品饮料的通报有一定的数量。如印度尼西亚政府于 2009 年宣布了所有国内生产及进口、在国内分销和销售的可可粉产品应满足印度尼西亚国家标准（SNI）的要求，并在 2010 年进行了补遗；菲律宾在 2012—2014 年发布了多项关于海产品加工制品的 TBT 通报；越南则在 2016 年对酒精贸易活动做出了规定。以上都反映出东盟对食品饮料大类的技术规范有着一定的标准，同时外国商品的进入也设置了一些门槛。

六、中国—东盟食品饮料贸易发展建议

根据以上从各角度对中国—东盟食品饮料贸易的简要分析，我们进一步深入挖掘整理了各方面资料，下面将进行总结并提出一些建议，希望可以对此类产品的贸易发展有所帮助。

从贸易额来看，东盟整体在食品饮料上处于贸易顺差状态，但对我国则处于逆差，同时我国在该类产品上也长期处于顺差，并且与东盟的双边贸易规模很大，因此这说明双方既有合作也有竞争。结合贸易相似度指标来看，中国对东盟在食品饮料上进口贸易相似度的变化幅度略大于出口，指标总体也是进口领先，但它们同样都存在分化极为严重的情况。这说明我国与东盟在该类产品上的合作还不够深入，仍处于发展阶段，相对而言，我国占有的东盟市场份额仍较小，应在寻找新增长点的同时做好调研工作。

从市场占有率来看，中国出口到东盟各国的市场占有率总体变化不大，但其与进口的差距平均达到5%以上，因此我国在与东盟开展食品饮料的贸易上应更加注重交流与沟通，使市场能够更快更好地健康发展。在显示性比较优势方面，进出口指标分别反映出第18类可可和可可制剂与第24类烟草和制成烟草替代品是表现最好的产品，这也与我国及东盟的优势产业相符合。比起东盟的优势产业，虽然我国的优势产业自身表现更好，但种类相对也较少，因此，为发展得更加全面，我国应继续加强全产业的投入力量。根据交叉显示性比较优势来看，出口变化极小，并且有所下跌，而进口与其完全相反，不过两者相同的是其指标的值都较低。这也说明了由于我国与东盟合作发展过快，越来越多的问题开始显现，双方应放缓脚步解决它们，才能使未来的发展更加稳固有序。

第九章 矿产品

矿产资源是一种用途非常广泛且不可再生的资源，它也是人类社会发展中极其重要的一种物质基础。在世界范围内，矿产资源的分布极不均衡，因此矿产品的贸易在全球市场中有着极高的比重与地位。我国虽然拥有的矿产资源种类比较丰富，但贫矿多而富矿少，并且还存在因成分复杂而导致的冶炼难度大、回报价值低等问题。而东盟国家所处的地域由于地球板块活动剧烈等原因形成了著名的矿产资源富集地带，但它们的冶炼能力不强，常需要与他国一同进行合作开发。

基于中国与东盟国家矿产品进出口贸易的实际情况，本章将利用第一篇介绍的贸易指数计算中国—东盟矿产品的进出口贸易结构、产品比较优势、市场竞争性和产品互补性等指数，以期通过对中国—东盟矿产品贸易竞争性与互补性进行深入分析，提出改进中国与东盟在矿产品贸易上的国际分工和贸易关系的建议。

第五类矿产品具体包含以下三类商品：盐、硫、石头、石灰和水泥等（第25类），矿石、矿渣和灰分（第26类），矿物燃料、矿物油及其蒸馏产物等（第27类）。

一、中国—东盟矿产品贸易概况

近十几年来，中国—东盟国家矿产品的进出口双边贸易发展保持着较高的增速。2000年以后，我国自东盟进口的矿产品与出口的差额开始迅速扩大，并于2011年达到顶峰，其数额为198.4亿美元。近年来，双方的贸易趋向均衡，进出口差额不断减小，而双方的贸易总额也受国际大环境的影响，出现了一定幅度的萎缩。另外，我国进行的“去产能、去库存”等一系列深化供给侧改革的措施也可能使得与东盟贸易中矿产品的进出口总量有所下降。

综合我国矿产品贸易进出口情况来看，我国始终处于逆差，总规模在21世纪之前就已达到百亿美元，到2005年更是突破千亿美元，并在很长时间段内维持两位数的增长，近年开始略有下降。从东盟国家来看，其在矿产品上同样一直处于逆差状态，其逆差规模虽相对于我国来说不大，但也达百亿美元。2015年，我国与东盟的矿产品贸易总额都出现了极大幅度的下跌，降幅均超过1/3，分别为33.6%和36.5%。

（一）中国对东盟各国的矿产品出口分析

中国向东盟各国出口矿产品的平均贸易额近十几年虽有波动，但整体维持着向上的趋势，其在2000年前后就已围绕1亿美元左右波动，2014年更是一度逼近10亿美元规模，达9.8亿美元。从东盟各个国家来看，如图9.1所示，新加坡自中国的进口额始终遥遥领先，2010年我国对其出口额达到最大值，为38.66亿美元；越南虽在2016年位列第四，但其长期以来一直是东盟中我国矿产品的第二大购买方；我国对马来西亚和菲律宾的矿产品出口也飞速增长，在2016年其值均突破了10亿美元，分别为14.08亿美元和13亿美元。

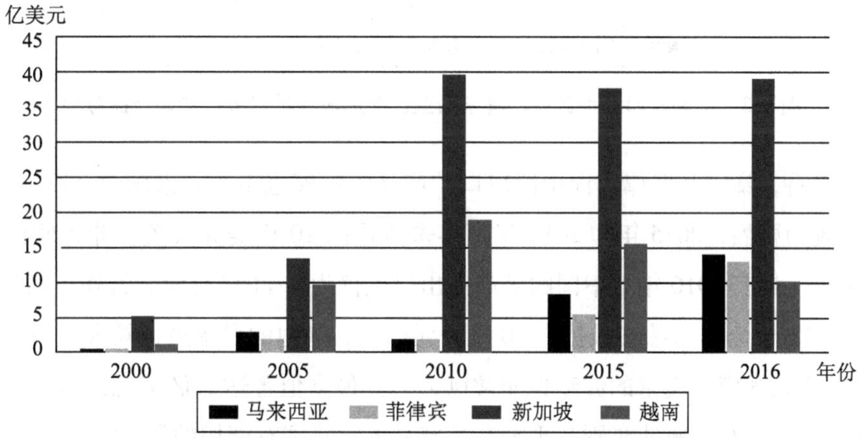

图9.1　中国向马来西亚、菲律宾、新加坡和越南出口的矿产品总额

其余东盟各国中，印度尼西亚自我国的进口曾在2005—2006年超过10亿美元，但之后经过几轮波动调整后，2016年该值仅为3.17亿美元；我国对泰国的矿产品出口在2016年虽然仅为2.29亿美元，但其该年增幅达16.04%；文莱、柬埔寨、老挝和缅甸四国则均未达1亿美元规模，其中柬埔寨更是未突破5000万美元大关。

（二）中国自东盟各国进口矿产品的分析

中国自东盟各国进口矿产品的贸易额在2011年之前长期处于快速上涨阶段，并在2011—2013年连续三年保持在250亿美元以上，之后略有下滑，至2016年其贸易额为188.89亿美元。东盟各国中，如图9.2所示，我国最大的矿产品进口来源国是印度尼西亚，与我国总体自东盟进口矿产品的贸易情况相似，我国自印度尼西亚进口矿产品的贸易也在2010年发生大幅上涨，并在2015年出现下滑，2016年其向我国共出口60.16亿美元的矿产品；新加坡则自2010年达到最高值56.79亿美元后一路下跌，

2016 年仅为 32.53 亿美元；紧随其后的马来西亚一路上涨，虽偶有波动，但总能快速恢复，2016 年对我国的出口额已达 38.35 亿美元；越南则始终在 10 亿美元至 30 亿美元的区间波动。

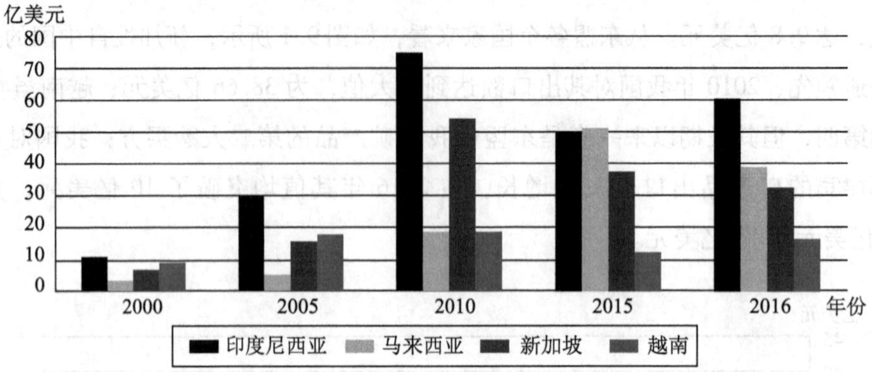

图 9.2　中国从印度尼西亚、马来西亚、新加坡和越南进口的矿产品总额

相对来看，泰国和菲律宾向中国出口矿产品的规模也不小，泰国自 2006 年大幅上涨后波动较为剧烈，2015 年和 2016 年两年未能重回 10 亿美元大关；菲律宾的波动虽较泰国更小，但其 2016 年对中国的矿产品出口也仅为 9.11 亿美元。另外，缅甸的增长非常迅速，2014 年以后始终维持在 10 亿美元以上；老挝的增幅虽也较大，但目前尚未突破 10 亿美元规模；文莱的波动也非常巨大，其最高值曾达 5 亿美元，而后也曾下跌至 5500 万美元左右；柬埔寨则几乎未在矿产品上与我国有密切的贸易往来。

二、中国—东盟矿产品贸易市场占有率分析

（一）中国—东盟矿产品贸易市场占有率概述

中国—东盟各国矿产品进出口贸易的市场占有率在 2000 年出现反转后，出口市场占有率就始终保持在进口市场占有率之上，两者差值虽有波动，但总体呈扩大趋势，2000 年以来其平均差值达 11.8 个百分点。相较于进口市场占有率，出口市场占有率的波动更为剧烈，2008 年两者差距一度降至 5.9 个百分点。

具体来看，如图 9.3 所示，中国向东盟整体的出口市场占有率总体上保持着上涨，虽然曾一度下跌至 11.2%，不过之后又迅速回升至 25.81%。而进口市场占有率始终维持着下行趋势，并且 2004 年之后再未回升至 10%以上。2016 年，进出口市场占有率分别为 6.85%和 27.36%，两者差值超过 20 个百分点。

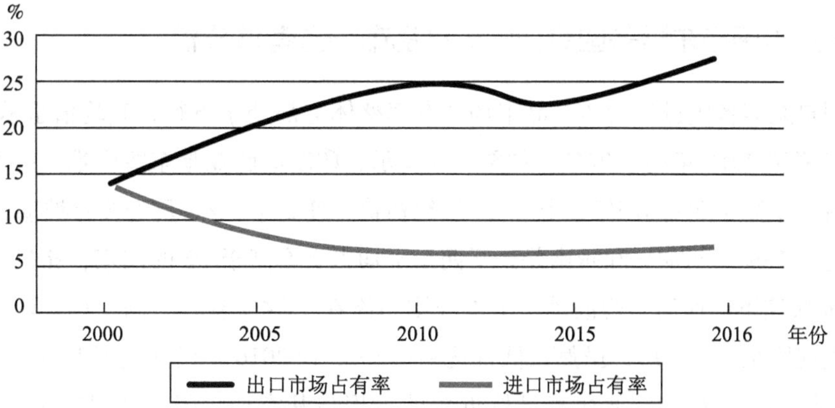

图 9.3 中国对东盟整体的进出口市场占有率

（二）中国出口到东盟各国的矿产品市场占有率分析

从均值来看，中国出口到东盟各国的矿产品市场占有率总体几乎翻倍，从 2000 年的 1.74%升至 2016 年的 3.39%。其中，如图 9.4 所示，中国出口到新加坡、菲律宾、马来西亚和越南的市场占有率均有不同幅度的提高，而新加坡是四国中平均出口占有率最高的国家，达 8.41%。越南紧随其后，但其值呈周期性变化，2010 年达最高值 6.17%后开始下降，2016 年仅为 3.47%。马来西亚和菲律宾的出口市场占有率都整体向上，但它们该指标的均值仍低于印度尼西亚，而后者虽然初始值较高，不过 2012 年后再未超过 2%。泰国的市场占有率则常在 0.4%~1%波动。我国出口到文莱和柬埔寨的市场占有率都极低，接近 0。

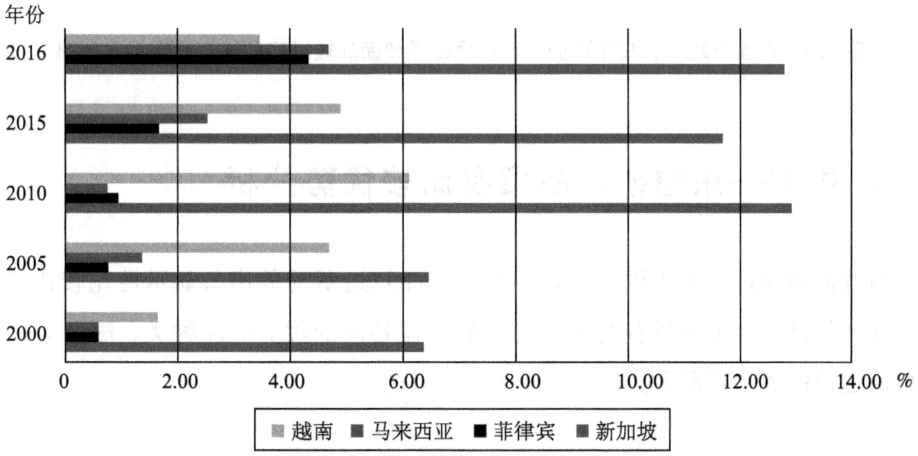

图 9.4 中国出口到越南、马来西亚、菲律宾和新加坡的矿产品市场占有率

（三）中国自东盟各国进口的矿产品市场占有率分析

中国自东盟各国进口的矿产品市场占有率整体上都处于下行，其均值也从 2000 年的 1.75%降至 2016 年的 0.76%。如图 9.5 所示，印度尼西亚是东盟中唯一一个平均进口市场占有率高于 2%的国家，其在 21 世纪初曾一度高于 4%，历经多年波动，2016 年该指标为 2.18%。新加坡和越南是余下两个平均占有率高于 1%的国家，相较于越南在 2006 年前快速下降而后平稳波动，新加坡则始终在 1.74%左右徘徊。马来西亚在该指标上的表现则呈“U”形，虽然最低曾达到 0.3%，但 2016 年已恢复至 1.39%。其余四国中，泰国的波动最大；菲律宾虽然近年的表现与其类似，但长期以来都较为平稳；我国自文莱进口的矿产品市场占有率一直较低，2005 年后再未超过 0.2%；柬埔寨的矿产品则几乎还未进入我国的市场。

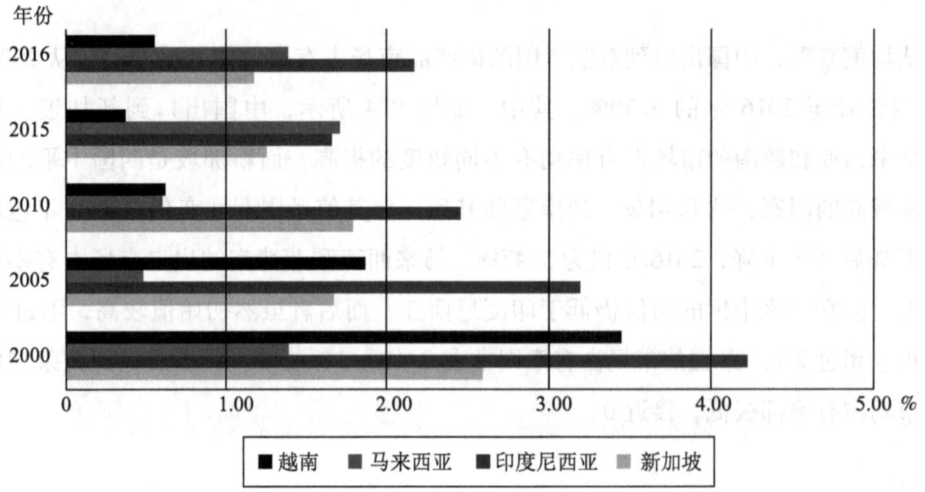

图 9.5　中国自越南、马来西亚、印度尼西亚和新加坡进口的矿产品市场占有率

三、中国—东盟矿产品贸易比较优势分析

本节我们将通过计算中国—东盟各国矿产品双边贸易的出口显示性比较优势和进口显示性比较优势来分析哪些是中国出口到东盟各国的优势产品种类，哪些是中国从东盟各国进口的优势产品种类。

（一）中国具有比较优势的矿产品种类

基于中国出口到东盟各国的矿产品显示性比较优势指标计算结果，我们绘制了图 9.6来展示 2000 年、2005 年、2010 年、2015 年和 2016 年中国—东盟整体第五类矿产品的出口显示性比较优势指标。

由图 9.6 可以发现，中国对东盟整体出口显示性比较优势最小的是第 25 类盐、硫、石头、石灰和水泥等，但其指标均值也已达 1.52，超过了中国向世界出口该类产品的平均水平；而第 26 类矿石、矿渣和灰分与第 27 类矿物燃料、矿物油及其蒸馏产物等，虽然它们的平均出口显示性比较优势相差不大，但走势不尽相同，后者最大涨幅出现在 2009 年，其从 1.43 涨至 3.39，而前者则在 2005—2008 年一度下跌到 1 以下，但之后 8 年的指标均值高达 3.77，因此可以认为中国在第 26 类产品上对东盟整体的出口显示性比较优势更强。下面我们将具体分析中国在该类产品上对东盟各国的出口显示性比较优势。

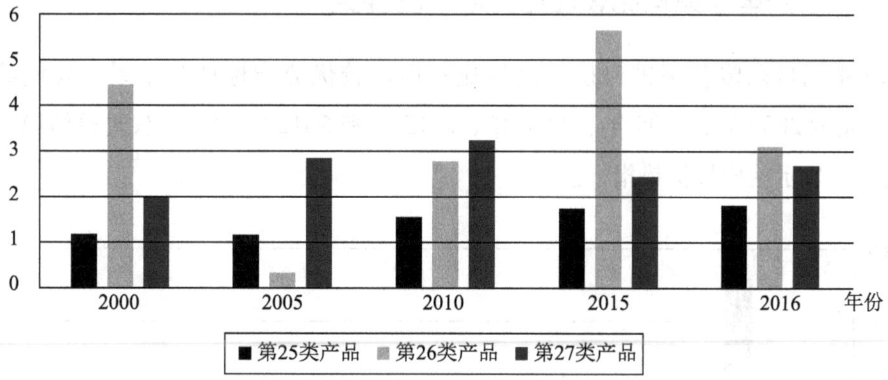

图 9.6　中国对东盟整体第五类矿产品的出口显示性比较优势

根据计算所得指标，由于东盟各国在不同年份内均存在不同国家的出口显示性比较优势远超他国水平，因此，图 9.7 未能非常清晰地展示各国具体的指标情况。具体分析中国向东盟各国出口第 26 类产品的显示性比较优势，中国对越南的比较优势最大，其自 2005 年后指标始终维持在 2 以上；均值上位列第二的国家是菲律宾，其出口显示性比较优势曾在 2013 年达到 30.37，但其近年波动特别大，2016 年仅为 0.67；马来西亚的指标虽然在 2002—2012 年围绕 1 波动，但近 4 年的均值高达 6.36；柬埔寨的比较优势仅有 3 年高于 1，其余年份都较低；剩余指标大于1 的国家中，新加坡和文莱都在近年开始大幅增长，泰国则较为平稳，均值为 1.87；印度尼西亚除部分年份外，大部分时间的出口显示性比较优势都徘徊在 0.2 和 0.6 之间。

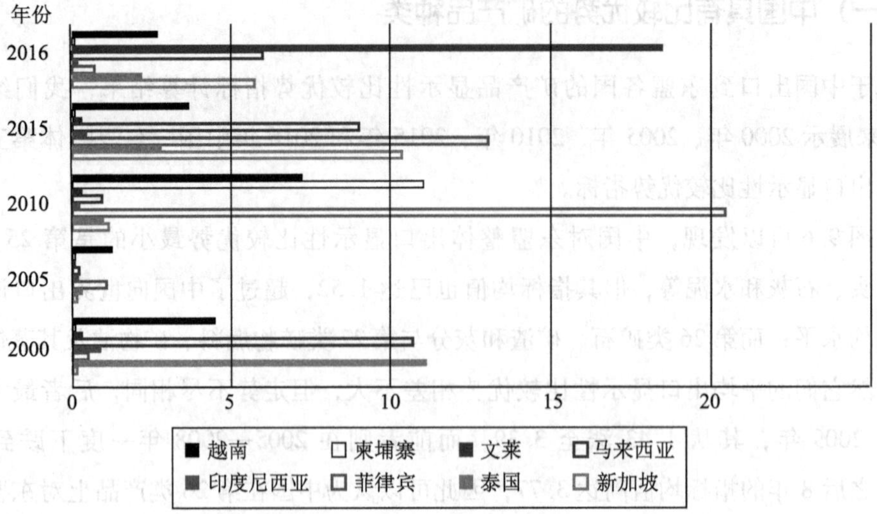

图 9.7　第 26 类产品的出口显示性比较优势

（二）东盟国家具有比较优势的矿产品种类

基于中国自东盟各国进口矿产品的显示性比较优势指标计算结果，我们绘制了图 9.8来展示 2000 年、2005 年、2010 年、2015 年和 2016 年中国—东盟整体第五类矿产品的进口显示性比较优势指标。

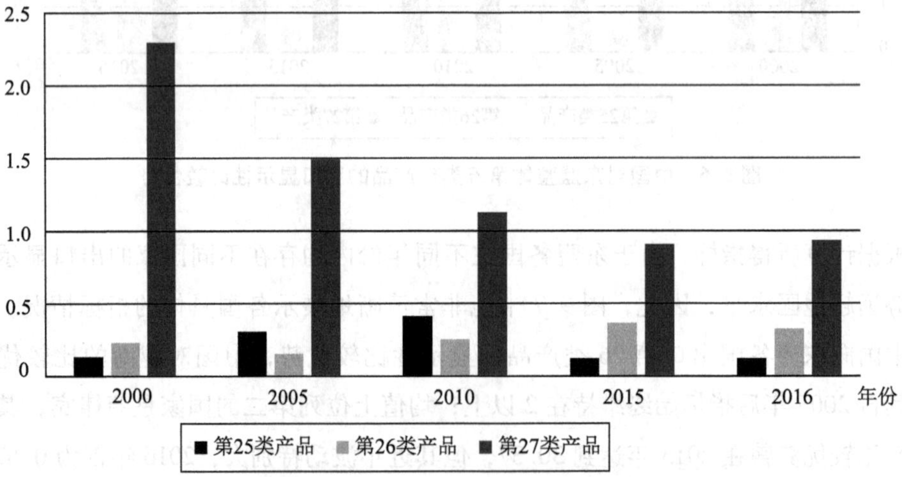

图 9.8　中国对东盟整体第五类矿产品的进口显示性比较优势

由图 9.8 可以发现，我国在第 25 类盐、硫、石头、石灰和水泥等与第 26 类矿石、矿渣和灰分上对东盟整体进口显示性比较优势相对不高，并且两者交替波动，近年来，后者与前者的差距先扩大再缩小，2016 年其指标分别为 0. 11 和 0. 29；三类产品中表现最好的是第 27 类矿物燃料、矿物油及其蒸馏产物等，中国在此项产品上对东盟整体的进口显示性比较优势长期以来都高于 1，其指标始终处于第五类矿产品的首位。下面我们将具体分析中国在该类产品上对东盟各国的进口显示性比较优势。

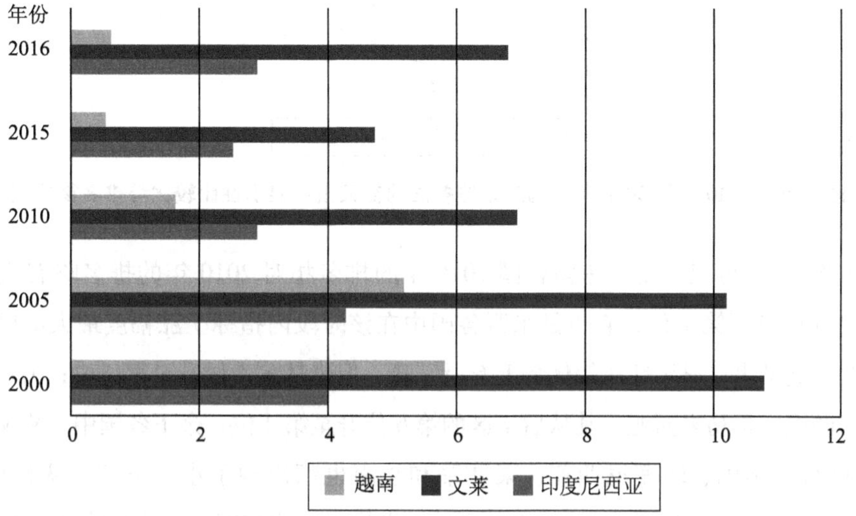

图 9. 9　第 27 类产品的进口显示性比较优势

因在第 27 类产品的进口贸易上，中国对东盟各国的显示性比较优势差距较大，除柬埔寨数据严重缺失外，新加坡、泰国、菲律宾和马来西亚四国的指标多在 1 以下徘徊，因此图 9. 9 仅展示越南、文莱和印度尼西亚三国的情况。由图 9. 9 可以发现，我国自文莱的进口显示性比较优势一直较高，其均值达到 8. 66，虽然其长期以来呈缓慢下降态势，但 2014 年以后开始逐步回升；越南的指标均值总体略高于印度尼西亚，并且其在 2002 年的显示性比较优势一度高达 7. 68，但近年持续在 0. 6 左右波动，较为疲软；印度尼西亚的比较优势则相对平稳，多年以来维持在 2 和 4 之间，2016 年我国对其的进口显示性比较优势约为对世界平均水平的 2. 89 倍。

（三）中国—东盟国家矿产品的交叉显示性比较优势

为了进一步反映中国—东盟在矿产品贸易上的显示性比较优势，我们还计算了中国—东盟各国在矿产品贸易上的交叉出口显示性比较优势和交叉进口显示性比较优势。

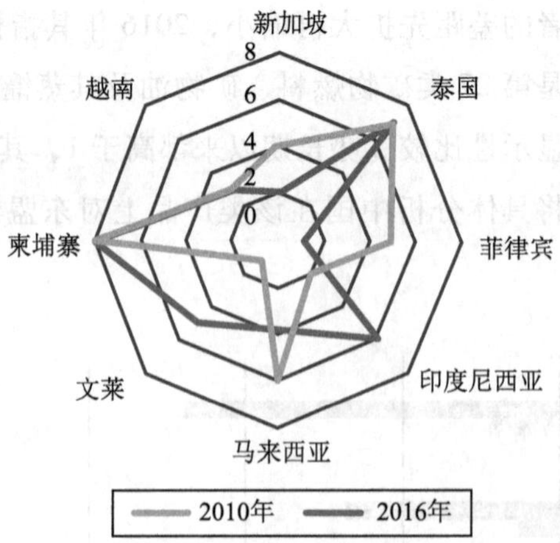

图 9.10　2010 年与 2016 年中国对东盟各国的交叉出口显示性比较优势排名雷达图

根据图 9.10 可以发现，东盟各国 2016 年的排名相对 2010 年的排名略有变动，菲律宾从第 5 位升至第 1 位，它也是东盟各国中在该时段内指标上涨幅度最大的国家；新加坡虽然在交叉出口显示性比较优势上有所下降，但也从第 4 位升至第 2 位；另一个指标出现上涨的国家是马来西亚，其从后半区的第 6 位升至第 4 位；余下各国中，除文莱大幅下跌 5.32 外，泰国、印度尼西亚、柬埔寨和越南也都出现了小幅下跌。从整体来看，2010 年中国对东盟各国的交叉出口显示性比较优势指标均值因文莱指标表现极好而超过了 1，但到了 2016 年该值则下降至 0.31，并且仅有前两位的菲律宾和新加坡的指标大于 0.5，这说明相对于矿产品，东盟各国从中国进口的产品中其他大类的占比更高。

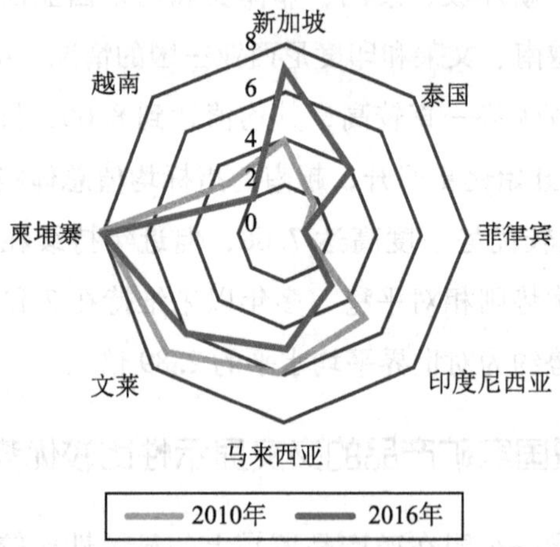

图 9.11　2010 年与 2016 年中国对东盟各国的交叉进口显示性比较优势排名雷达图

根据图 9.11 可以发现，虽有四国的排名发生了向上的变动，但除印度尼西亚上升两位外，马来西亚、文莱和越南的排名都只上升了一位。菲律宾继续在东盟内位居第一；泰国和新加坡分别自第2位和第4位下降至第4位和第7位；柬埔寨由于数据缺失，因此其排名最后。而根据各国指标的具体数值，可以发现仅有印度尼西亚和越南出现上涨，其余各国均有不同幅度的下跌。从整体来看，东盟各国的指标均值从2010年的2.22下跌到了2016年的1.54，并且指标超过1的国家也少了两个，这说明东盟各国在矿产品大类上对我国的吸引力有所下降。

四、中国—东盟矿产品贸易结构相似度分析

随着各国经济的不断发展，中国—东盟矿产品的贸易结构也在不断发生变化，而贸易结构的相似性也能在一定程度上反映出该类产品贸易的竞争力与其未来的发展空间。因此本节中我们将通过计算中国对东盟各国历年的进出口贸易相似度来具体分析贸易结构的变化。

（一）中国对东盟各国的矿产品出口贸易相似度分析

2010—2016年，中国对东盟各国矿产品出口贸易相似度的变化呈现出两极分化趋势，一部分国家几乎没有变化，而另一部分国家的变动极大，不过就均值看，东盟整体的波动不大，平均水平在35.77%左右。这说明中国出口的矿产品大类产品与东盟各国的进口互补程度与发展都较为稳健，受到的外部影响不大，如图9.12所示。

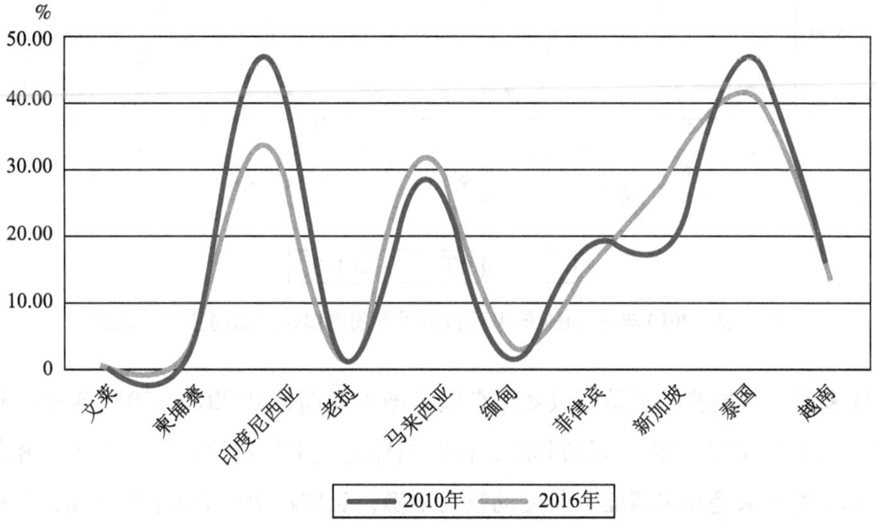

图9.12　2010年与2016年中国对东盟各国的矿产品出口贸易相似度

具体来看，文莱、老挝、越南三国的指标变动都在1个百分点以内，但只有越南

的出口相似度较大，2010—2016 年其均值超过 30%；柬埔寨和缅甸 2016 年的指标分别较 2010 年上升了 2. 63 个百分点和 3. 27 个百分点，并且中国与两国出口相似度均未达到 10%；菲律宾和新加坡的指标分别在 36. 59%和 38. 17%左右波动；剩余三国与中国的出口贸易相似度都曾在 2010—2016 年突破过 90%，其中马来西亚波动较大，印度尼西亚总体上呈现下降趋势，泰国则在近年有所回升。这些都显示出中国向东盟各国出口矿产品所占据的份额虽有所改善，但与大部分国家的合作力度仍有待加强。

（二）中国自东盟各国进口矿产品的贸易相似度分析

2010—2016 年，中国自东盟各国进口矿产品的贸易相似度整体上略有下降，如图 9. 13 所示，除印度尼西亚和新加坡以外，其余八国的波动都未超过 2 个百分点。另外，东盟十国中仅有三国的相似度高于 10%，这反映出中国进口与东盟出口矿产品的互补结构均衡性较差，但这也可能与当地资源储备开发及我国对其需求大小有关，具体情况仍有待深入考察。

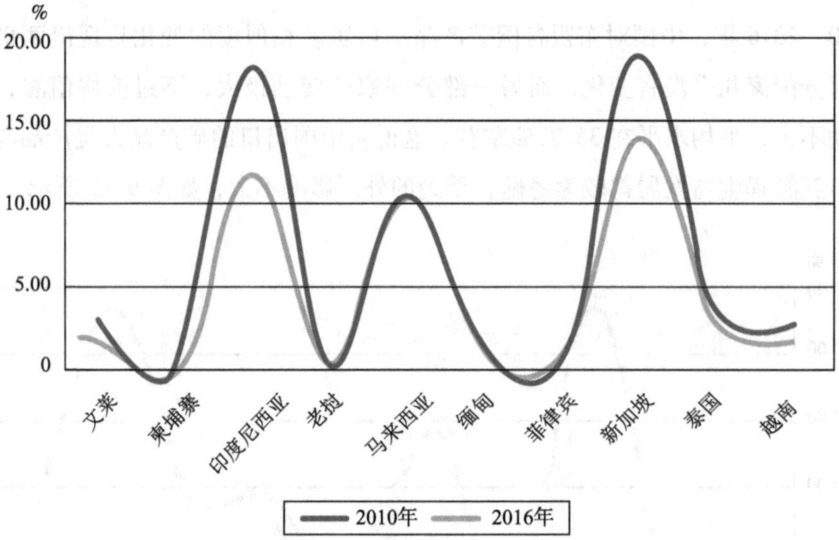

图 9. 13　2010 年与 2016 年中国自东盟各国进口矿产品的贸易相似度

具体来看，新加坡的贸易相似度在东盟各国中最高，其 2010—2016 年的指标均值达到了 16. 11%；印度尼西亚紧随其后，但其同样处在下行阶段；另一个出口相似度均值高于 10%的国家是马来西亚，其变动较为平稳，长期在 10. 72%左右波动；我国自泰国进口的相似度缓慢下降，从 2010 年的 3. 53%降至 2016 年的 2. 63%；文莱、越南两国均在 1%和 3%之间波动；剩余各国的指标都极低，其中柬埔寨的进口相似度几乎为

0。以上情况反映出在矿产品大类上，我国进口与东盟的贸易互补程度极不均衡且有所下降，未来的方向在于稳中求进。

五、中国—东盟矿产品贸易技术性壁垒分析

在目前的国际贸易中，大部分国家已基本放弃使用关税等传统方式来构建贸易壁垒，取而代之的是制定一系列技术要求或行业法规来实现贸易保护，这通常被称为“技术性壁垒”。世界贸易组织为缓解各成员之间在各类贸易问题上的摩擦，制定了TBT-SPS通报制度。由于TBT（技术性贸易壁垒协定）对动植物卫生检疫措施约束力不够，因此在乌拉圭回合谈判中，各成员提议设立SPS（实施动植物卫生检疫措施的协议）来抵御动植物检疫上隐蔽性很强的技术壁垒措施。

2017年，我国首个边境贸易国检试验区于广西设立，它的成功运行为边民经商提供了诸多便利，在维护国门安全、创新监管模式、政策先行先试和促进广西沿边开放发展等方面发挥了独特引领作用，促进边境贸易“快检快放”“优进优出”，助推“兴边富民”，让边民富起来、国家强起来。

另外，根据中国WTO/TBT-SPS通报咨询网上的数据资料，来自东盟各国关于矿产品的通报几乎没有。这可能是因为东盟在矿产品上目前的出口远大于进口，并且其国内也需要一些经过处理且具有一定技术含量的制品来满足其自身工业需求。

六、中国—东盟矿产品贸易发展建议

根据以上从各角度对中国—东盟矿产品贸易的简要分析，我们进一步深入挖掘整理了各方面资料，下面将进行总结并提出一些建议，希望可以对此类产品的贸易发展有所帮助。

从贸易额来看，东盟整体在矿产品上自2005年后从贸易顺差进入了贸易逆差状态，但对我国则始终处于顺差，而我国长久以来进口额远大于出口额，甚至在2012年进口高于出口近12倍，并且与东盟的双边贸易也很早就达到了百亿美元的规模，这说明双方的供需都非常旺盛，合作力度很大。结合贸易相似度指标来看，中国对东盟在矿产品上进口贸易相似度的变化幅度总体上与出口持平，平均指标上则是出口较高，相对来说进口上的分化程度略低于出口。这说明我国与东盟在该类产品上的合作发展较为平稳，但程度上仍不够高，我国应对东盟市场继续开展调研，在维持目前良好势头的情况下，寻找新的切入点提高贸易额。

从市场占有率来看，中国出口到东盟各国的市场占有率总体呈上升趋势，而进口市场占有率逐年下降，两者差距有所扩大，因此我国在与东盟开展矿产品贸易时应继续根据实际情况进行调整，建立双赢局面，让市场能够继续健康发展。在显示性比较优势方面，进出口指标分别反映出第26类矿石、矿渣和灰分与第27类矿物燃料、矿物油及其蒸馏产物等是表现最好的产品，这与我国及东盟的优势产业较为符合。由于我国工业技术发展快、水平高，而东盟各国的矿产资源丰富，因此双方在此类产品上始终保持着良好的合作。根据交叉显示性比较优势来看，进出口的平均指标都有所下降，相对而言进口的变化更小，并且进口指标中大部分国家仍大于1。这也说明了我国与东盟合作虽然仍表现较好，但目前已处于下行阶段，应查找具体原因，进行针对性的改善，使未来的发展能够稳中有进。

总的来说，中国—东盟各国应继续保持有效沟通，相互取长补短，深入调研对方市场变化，以做好充分应对，提升产品质量，以更好地吸引消费，促进贸易发展，并将合作拓展到其他领域。

第十章　化工产品

化工产品是化学或工业产品的简称。它是一种运用化学方法改变物质组成、结构或合成新物质所得到的产品。这类产品能被应用在各行各业中，从农业的肥料到日常用品中的洗涤剂，从医学上的许多药品到工业用的各种火药，这些无不属于化工产品。它的生产与应用甚至可以说是将人类的发展带入了一个新的篇章。我国与东盟近年的经济和工业发展都较为迅速，化工产品在其中发挥了非常重要的作用。

基于中国与东盟国家化工产品进出口贸易的实际情况，本章将利用第一篇介绍的贸易指数计算中国—东盟化工产品的进出口贸易结构、产品比较优势、市场竞争性和产品互补性等指数，以期通过对中国—东盟化工产品贸易竞争性与互补性进行深入分析，提出改进中国与东盟在化工产品贸易上的国际分工和贸易关系的建议。

第六类化工产品具体包含以下十一类商品：无机化学品、金属、放射性元素等化合物（第 28 类），有机化学品（第 29 类），药品（第 30 类），肥料（第 31 类），鞣制、单宁、染料、油漆、油灰等（第 32 类），精油、香水、化妆品或卫生间用品（第 33 类），肥皂、洗涤剂、润滑剂、人造蜡等（第 34 类），白垩纪物质、改性淀粉、胶水、酶（第 35 类），炸药、烟火、火柴、自燃合金、某些可燃制剂（第 36 类），摄影或摄影产品（第 37 类），杂项化工产品（第 38 类）。

一、中国—东盟化工产品贸易概况

近十几年来，中国—东盟国家化工产品的进出口双边贸易发展保持着较高的增速，规模也日益扩大。双方在该大类产品进出口贸易上达到十亿美元和百亿美元规模的年份相同，分别为 2000 年和 2011 年。从长期来看，我国对东盟的化工产品贸易基本处于顺差状态，自 2007 年以后，该差额开始扩大，至 2016 年已达 53. 73 亿美元。另外，东盟向我国出口的化工产品在 2014 年突然下降了 26. 17%，目前正再次向着重回百亿美元规模的目标发起冲击。

综合我国化工产品贸易进出口情况来看，我国的进口长期大于出口，属于贸易逆差，两者差距平均达到 116. 40 亿美元。2009—2011 年是进出口增长最快的时间段，并且我国的化工产品进口在此期间突破了千亿美元。从东盟国家来看，其在化工产品上同样始终处于逆差状态，2010 年以来其进口的平均增长略低于出口，分别为 7.38%和 7.44%。根据我国与东盟的进出口波动情况可以发现，双方贸易总量的变化较为趋同，这也从一个方面显示出双方在化工产品上的合作较为紧密。

（一）中国对东盟各国的化工产品出口分析

中国向东盟各国出口化工产品的平均贸易额除在金融危机爆发的几年中受其影响出现较大幅度的下跌外，其余年份整体呈现向上态势，其在 2011 年突破 10 亿美元规模后，五年中年均增长 4.30%。从各个国家来看，如图 10.1 所示，印度尼西亚和泰国自中国的进口额远超其余各国，2016 年两国分别实现 33.76 亿美元和 34.01 亿美元的贸易额；越南和马来西亚紧随其后，不同的是越南虽较马来西亚高出约 10 亿美元，但近年其增速放缓，而后者连年上涨，两者差距正在缩小。

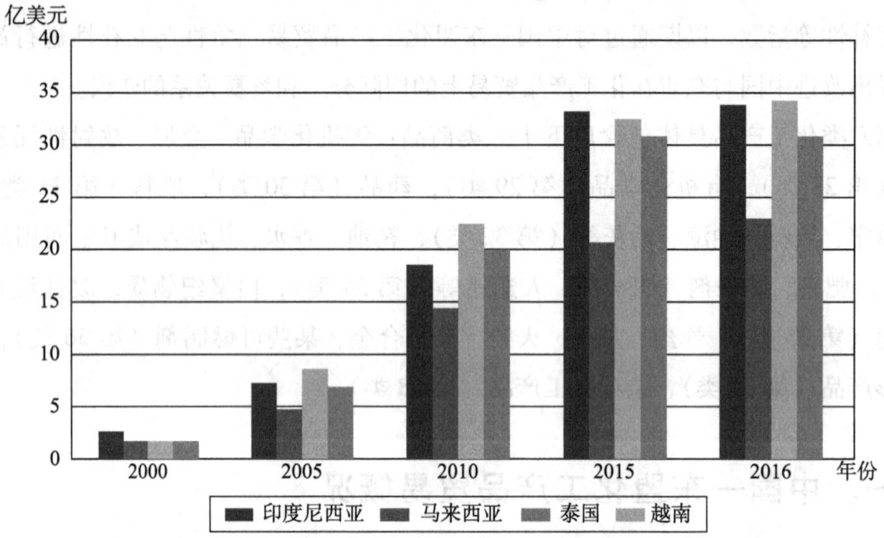

图 10.1　中国向印度尼西亚、马来西亚、泰国和越南出口的化工产品总额

其余各国中，我国对新加坡和菲律宾的出口规模也不小，菲律宾在 2016 年终于突破了 10 亿美元的大关，而新加坡目前仍在向着 2014 年的最高值 18.52 亿美元发起冲击；缅甸近五年增速惊人，已从 2011 年的 1.71 亿美元升至 2016 年的 4.30 亿美元；柬埔寨自我国的进口额从 2009 年后稳步上涨，2016 年已达 1.22 亿美元；文莱和老挝则均未达 1 亿美元规模。

（二）中国自东盟各国进口化工产品的分析

中国自东盟各国进口化工产品的贸易额长期以来持续上涨，直到 2015 年才出现了一定程度的下跌，2016 年达 98.22 亿美元，重新逼近百亿美元规模。如图 10.2 所示，不同于出口，在进口上新加坡一枝独秀，是东盟各国中我国最大的化工产品进口来源地，巅峰时期其值为 53.95 亿美元；紧接其后的是泰国，其在 2011—2016 年六年间的均值可达 26.52 亿美元，高于第三位、第四位马来西亚和印度尼西亚的最高值；马来西亚虽在均值上略低一筹，但其 2016 年向中国的出口值已高出泰国 2.08 亿美元，同时高出印度尼西亚 4.17 亿美元，达到 18.53 亿美元。

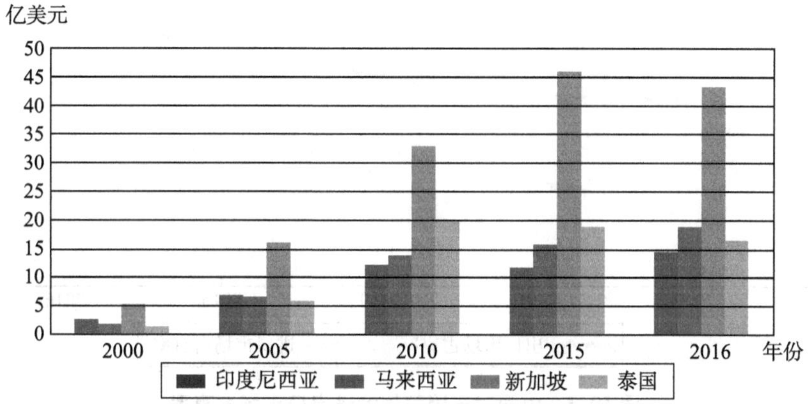

图 10.2　中国从印度尼西亚、马来西亚、新加坡和泰国进口的化工产品总额

在余下各国中，相对来看，菲律宾和越南的贸易规模也不小，近年都在 2.5 亿美元左右波动，虽然 2016 年它们对中国在化工产品上只分别实现了 2.04 亿美元和 1.99 亿美元的出口额，但前者现已开始恢复上升，而后者仍处于下降阶段；老挝近年的发展较快，2015 年和 2016 年连续两年逼近 8000 万美元的规模；柬埔寨在 2016 年迅速突破了 5000 万美元大关；中国自文莱进口该类产品的趋势虽总体向上，但整体波动较大；缅甸则几乎未在化工产品上与我国有密切的贸易往来。

二、中国—东盟化工产品贸易市场占有率分析

（一）中国—东盟化工产品贸易市场占有率概述

中国—东盟各国化工产品进出口贸易的市场占有率长期以来一直保持着出口高于

进口的情况，并且两者间的差距也始终维持在 4.5%左右。总体而言，21 世纪前出口市场占有率的波动较为剧烈，而之后则是进口的变化更大，不过它们整体都呈现向上趋势。

具体来看，如图 10.3 所示，中国向东盟整体的出口市场占有率在 2000 年以后的平均值达到了 12.70%，并且其也再未低于 10%；而进口市场占有率则除了 2013 年和 2014 年这两年以外，其余年份皆在 10%以下徘徊。2016 年，出口市场占有率继续攀升，达 15.30%，超过开始回升的进口市场占有率 6.36 个百分点。

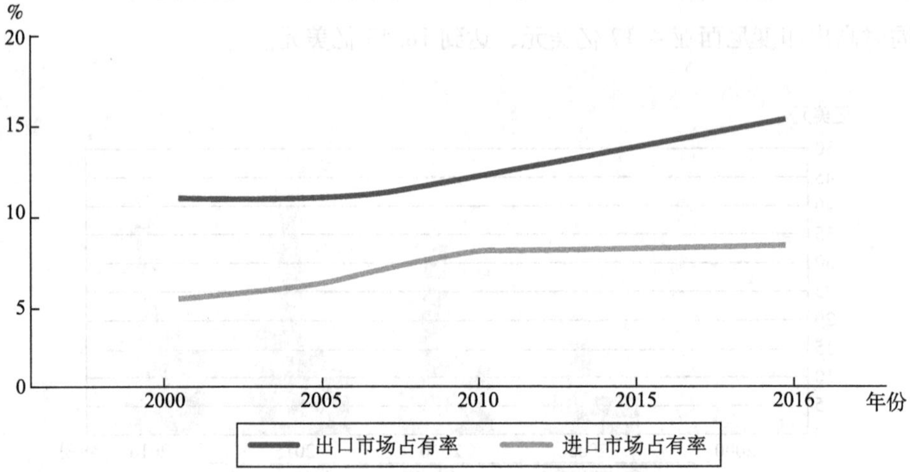

图 10.3　中国对东盟整体的进出口市场占有率

（二）中国出口到东盟各国的化工产品市场占有率分析

从均值来看，中国出口到东盟各国的化工产品市场占有率略有上涨，从 2000 年的 1.42%升至 2016 年的 1.86%。从各个国家来看，新加坡发生了小幅下跌，其从 1.90%回落至 1.46%，它也是唯一一个该项指标发生下降的国家。除此之外，中国出口到其余东盟国家的市场占有率均有一定程度的提高。其中，越南上涨最多，如图 10.4 所示，其在这段时间内指标总体上升了 1.22 个百分点；印度尼西亚和泰国在出口市场占有率上的增长也较大，分别为 0.94 个百分点和 0.84 个百分点，而它们在 2016 年的该指标达到了 3.40%和 3.43%，位列东盟第二和第一；马来西亚和菲律宾始终保持着上涨，但前者已突破 2%，后者刚达 1.01%；柬埔寨和文莱的增长极小，而我国出口到文莱的市场占有率也极低，接近 0。

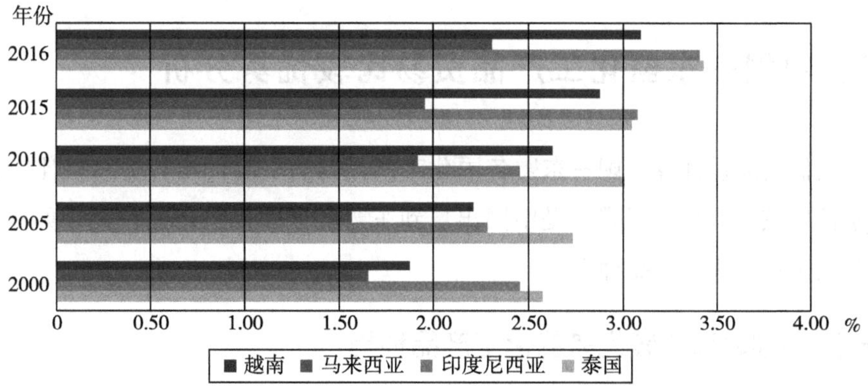

图 10.4　中国出口到越南、马来西亚、印度尼西亚和泰国的化工产品市场占有率

（三）中国自东盟各国进口的化工产品市场占有率分析

中国自东盟各国进口的化工产品市场占有率整体上都较为平稳，没有出现较大波动，其均值从 2000 年的 0.78%升至 2016 年的 1.11%。如图 10.5 所示，新加坡是东盟国家中进口市场占有率最高的一个，曾在 2014 年和 2015 年连续两年保持在 4%以上，并且在 2000—2016 年的均值也达到了 3.45%，远超第二位的泰国；泰国在 2008 年大幅下跌后迅速回升，继续维持在 2%以上，但从 2013 年又开始了新一轮的下降，2016 年其指标仅为 1.5%；马来西亚紧随其后，位列东盟第三，但其在该指标上的表现更为稳定，长期围绕着 1.46%波动，2016 年已超过泰国，达 1.69%；另一个指标均值大于 1%的国家是印度尼西亚，中国自其进口的市场占有率徘徊于 1.35%左右。余下四国中，菲律宾和越南的指标都在近年开始出现上升，但绝对值仍较小；文莱和柬埔寨的化工产品在我国的市场占有率几乎为 0。

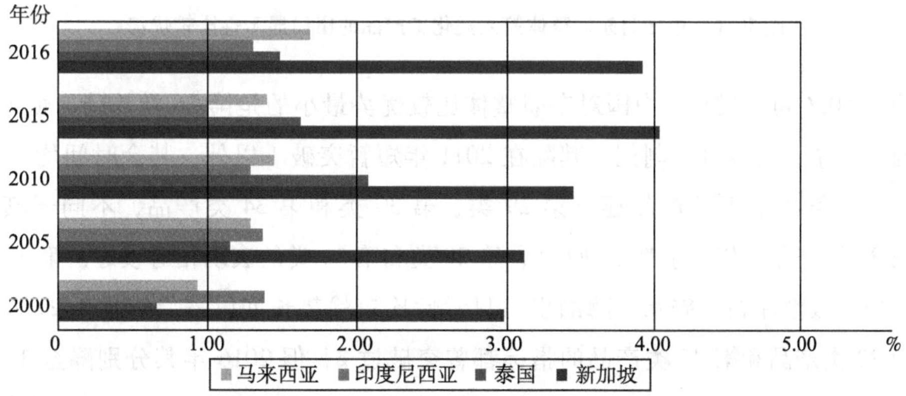

图 10.5　中国自马来西亚、印度尼西亚、泰国和新加坡进口的化工产品市场占有率

三、中国—东盟化工产品贸易比较优势分析

本节我们将通过计算中国—东盟各国化工产品双边贸易的出口显示性比较优势和进口显示性比较优势来分析哪些是中国出口到东盟各国的优势产品种类，哪些是中国从东盟各国进口的优势产品种类。

（一）中国具有比较优势的化工产品种类

基于中国出口到东盟各国的化工产品显示性比较优势指标计算结果，我们绘制了图 10.6 来展示 2000 年、2005 年、2010 年、2015 年和 2016 年中国对东盟整体第六类化工产品的出口显示性比较优势指标。

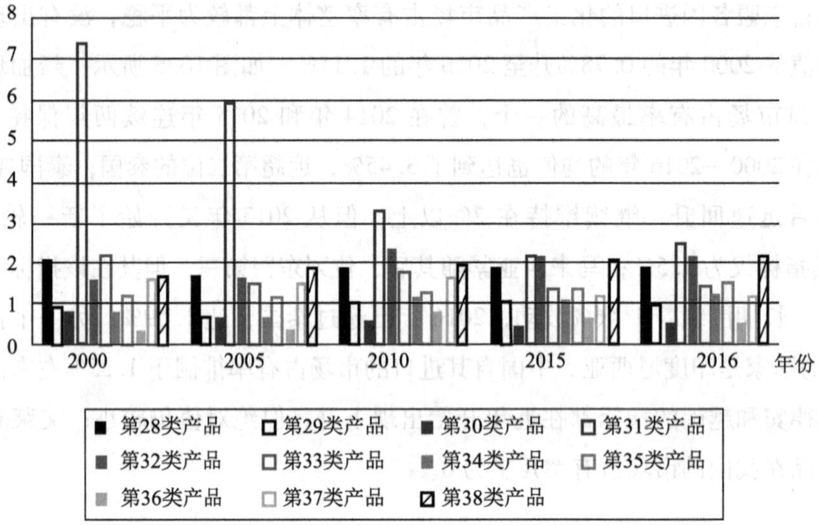

图 10.6　中国对东盟整体第六类化工产品的出口显示性比较优势

由图 10.6 可以发现，中国对东盟整体比较优势最小的是第 36 类炸药、烟火、火柴、自燃合金、某些可燃制剂，其除在 2011 年短暂突破 1 以外，其余时间均小于 1；该指标上均值小于 1 的产品还有第 29 类、第 30 类和第 34 类产品，不同于其他两类，第 30 类产品近年几乎都不到 0.6，第 29 类和第 34 类的表现相对较好；第 35 类白蛋纪物质、改性淀粉、胶水、酶的出口显示性比较优势长期以来始终在 1.27 左右波动；第 33 类产品和第 37 类产品的指标都曾突破过 2，但 2016 年其分别降至 1.42 和 1.18；第 28 类和第 32 类产品的平均比较优势都接近 2，但后者比较稳定，而前者波动较大且总体有所下降；第 38 类杂项化工产品的指标在 2016 年达到 2.2，位居第二；第

六类化工产品中表现最好的是第 31 类肥料，虽然其从 2000 年的 7.36 已降至 2016 年的 2.49，但其仍位列第一。下面我们将具体分析中国在该类产品上对东盟各国的出口显示性比较优势。

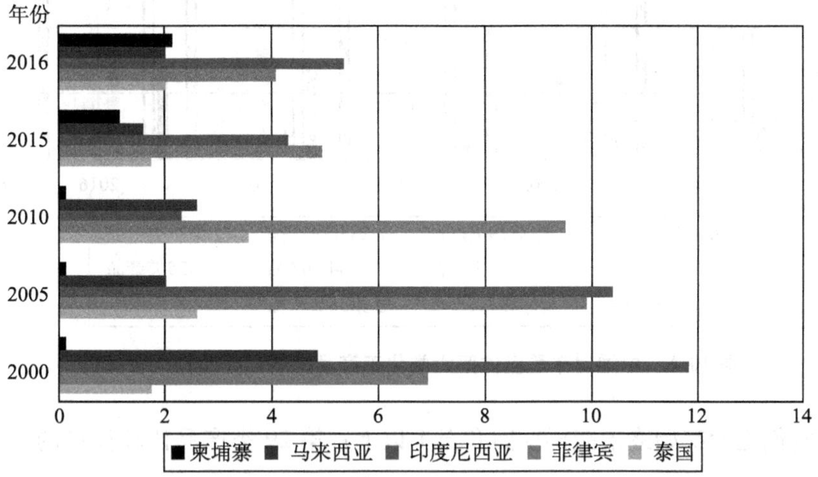

图 10.7　第 31 类产品的出口显示性比较优势

根据计算所得指标，由于越南的出口显示性比较优势在 2000 年和 2005 年分别为 58.32 和 34.99，远超其他国家，而新加坡和文莱长期处于 0.1 以下，因此，图 10.7 仅展示部分国家的具体指标情况。具体分析中国向东盟各国出口第 31 类产品的显示性比较优势，中国对越南的比较优势最大，在 2010 年以前其始终保持着两位数；紧跟其后的是菲律宾，虽然近年其指标有所下跌，但在均值上，它仍达到了 9.21 的较高值；印度尼西亚自 2007 年暴跌后，一直在 4.36 左右波动；泰国和马来西亚在 2016 年的指标均为 2.01，但前者的波动更大且均值也更高；柬埔寨在近两年开始增长，2016 年中国出口到该国的显示性比较优势已达 2.20。

（二）东盟国家具有比较优势的化工产品种类

基于中国自东盟各国进口化工产品的显示性比较优势指标计算结果，我们绘制了图 10.8 来展示 2000 年、2005 年、2010 年、2015 年和 2016 年中国对东盟整体第六类化工产品的进口显示性比较优势指标。

由图 10.8 可以发现，我国在第 31 类肥料上对东盟整体的进口显示性比较优势极低，2000 年以来其均值仅为 0.03；第 28 类无机化学品、金属、放射性元素等化合物和第 30 类药品的指标均值也不高，分别为 0.27 和 0.21，但近年它们开始缓慢增长；第 32 类、第 35 类、第 36 类、第 37 类四类产品都曾在 2005 年前有过指标高于 1 的情

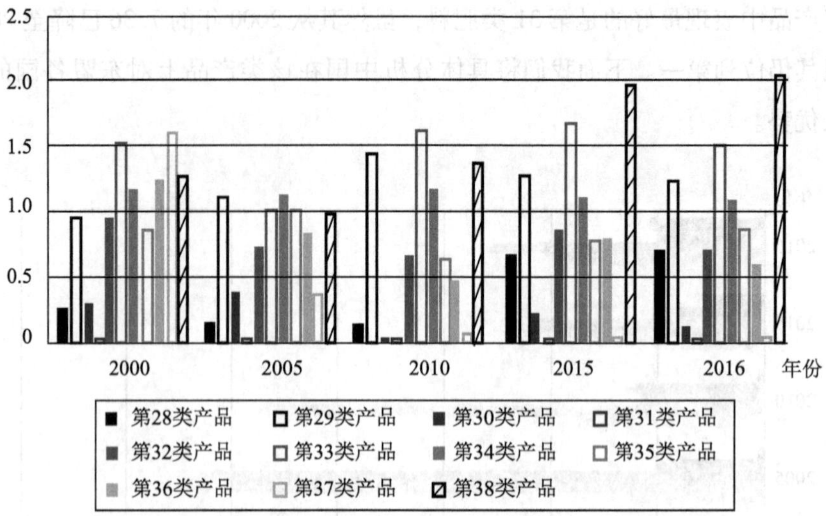

图 10.8 中国对东盟整体第六类化工产品的进口显示性比较优势

况，不过它们之后都始终未能再次回升至 1 以上；第 29 类产品比较优势的波动大于第 34 类产品，前者曾在 2000 年和 2008 年两度跌落 1，而后者长期在 1 和 1.6 之间波动；中国自东盟整体进口第 38 类杂项化工产品的显示性比较优势虽然在 2016 年达 2.05，位列第六类化工产品中的第一，但其均值仍小于 2016 年第二位、指标达到 1.52 的第 33 类产品约 0.2，因此可以认为第 33 类精油、香水、化妆品或卫生间用品的表现才是第六类化工产品中最好的。下面我们将具体分析中国在该类产品上对东盟各国的进口显示性比较优势。

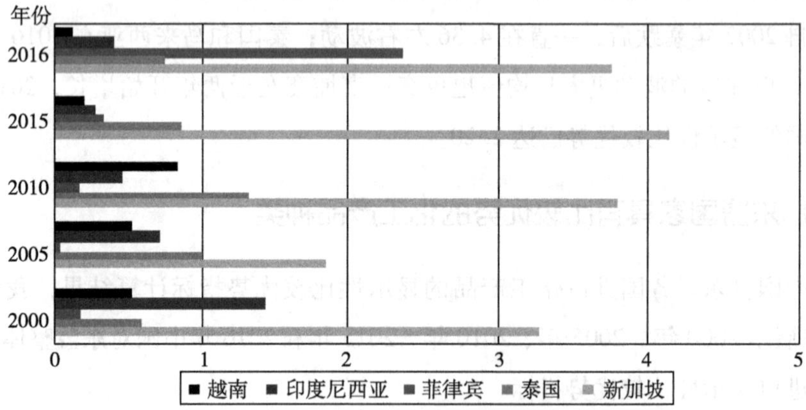

图 10.9 第 33 类产品的进口显示性比较优势

因在第 33 类产品的进口贸易上，文莱和柬埔寨的数据缺失较为严重，并且马来西亚的指标从未超过 0.5，因此图 10.9 仅展示越南、印度尼西亚、菲律宾、泰国和新加坡五国的情况。由图 10.9 可以发现，我国自新加坡的进口显示性比较优势长期以来一直在东盟国家中排名第一，其指标均值达 3.67，远超其他各国；越南的比较优势虽在 2001 年一度达到 5.80，但 2010 年以后其始终在 1 以下波动；另一个指标均值高于 1 的国家是泰国，但其自 2013 年以后一路下滑，2016 年仅为 0.74；印度尼西亚自 2005 年开始长期在 0.43 左右徘徊，近年有缓慢上涨的趋势；菲律宾的显示性比较优势虽在 2016 年位列第二，并且在 2014 年曾高居榜首，但其指标均值仅为 0.23。

（三）中国—东盟国家化工产品的交叉显示性比较优势

为了进一步反映中国—东盟在化工产品贸易上的显示性比较优势，我们还计算了中国—东盟各国在化工产品贸易上的交叉出口显示性比较优势和交叉进口显示性比较优势。

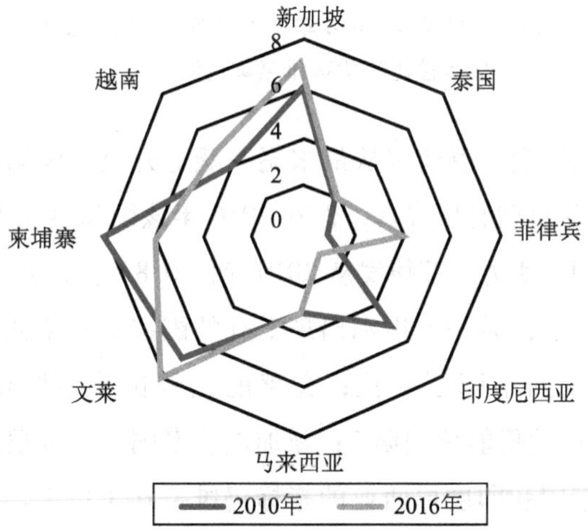

图 10.10　2010 年与 2016 年中国对东盟各国的交叉出口显示性比较优势排名雷达图

根据图 10.10 可以发现，东盟各国 2016 年的排名与 2010 年的排名有所变动，上升位次最大的是印度尼西亚，其从第 5 位升至第 1 位，并且它也是 2016 年东盟中唯一一个指标高于 1 的国家；泰国继续维持在第 2 位，但其交叉出口显示性比较优势下降了 0.14；另一个排名未发生变化的是处于第 3 位的马来西亚，其指标也从 2010 年的 1.06 降至 2016 年的 0.91；出口显示性比较优势增长最大的国家是柬埔寨，它也是东盟中另一个排名向上变动的国家，但其 2016 年仍处于后半区的第 6 位；剩余各国中，新加坡、文莱和越南的排名均下降一位，菲律宾则从第 1 位滑落至第 4 位，其指标下跌了 0.72，这也是东盟中下降程度最大的。从整体来看，2016 年中国对东盟各国的交叉出口显示性比较优势指标均值较 2010 年低了 0.14，指标高于 1 的国家也从 4 个降至 1 个，这说明东盟各国从中国进口的化工产品相较于其他大类产品的占比有所下降。

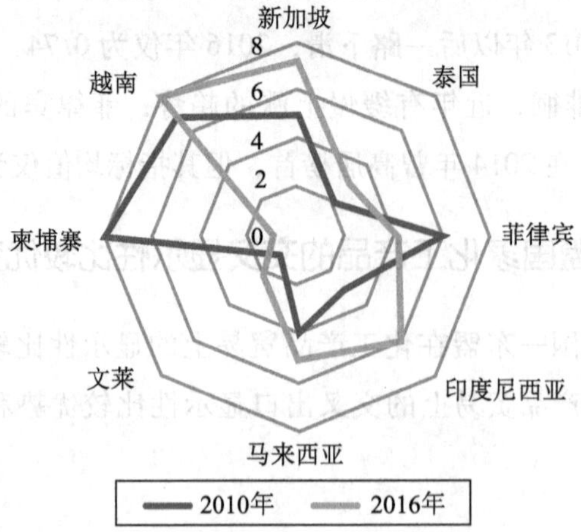

图 10.11　2010 年与 2016 年中国对东盟各国的交叉进口显示性比较优势排名雷达图

根据图 10.11 可以发现，柬埔寨从最末尾一跃上升至东盟第一，这可能是因为其数据缺失导致的 2010 年排名有所失真，但在 2016 年该国高达 7.14 的交叉进口显示性比较优势也已能够说明其实力；菲律宾从 2010 年的 0.82 上涨至 2016 年的 1.42，其排名也从第 6 位升至第 4 位；另一个指标出现上升的国家是马来西亚，但由于之前的强势表现，因此其排名反而下降了一位；文莱的比较优势下跌最多，但其绝对值较高，2016 年为 4.42，因此仍能位列第 2；新加坡、泰国、印度尼西亚和越南四国也出现了小幅回落，其中泰国和印度尼西亚的指标仍维持在 1 以上。从整体来看，东盟各国的指标均值从 2010 年的 1.55 上涨到了 2016 年的 2.35，但若除去柬埔寨的超高值后，整体均值出现了下降，不过结合指标大于 1 的国家数来看，可以认为东盟各国在化工产品大类上对我国的吸引力有所上升。

四、中国—东盟化工产品贸易结构相似度分析

随着各国经济的不断发展，中国—东盟化工产品的贸易结构也在不断发生变化，而贸易结构的相似性也能在一定程度上反映出该类产品贸易的竞争力与其未来的发展空间。因此本节中我们将通过计算中国对东盟各国历年的进出口贸易相似度来具体分析贸易结构的变化。

（一）中国—东盟各国的化工产品出口贸易相似度分析

2010—2016年，如图10.12所示，中国—东盟各国化工产品出口贸易相似度的变化较小，从均值上看东盟整体下降了0.83%，并且所有国家的变化都小于5个百分点。这说明中国出口的化工产品大类产品与东盟各国的进口互补程度与发展都十分稳定，外部因素对其影响很小。

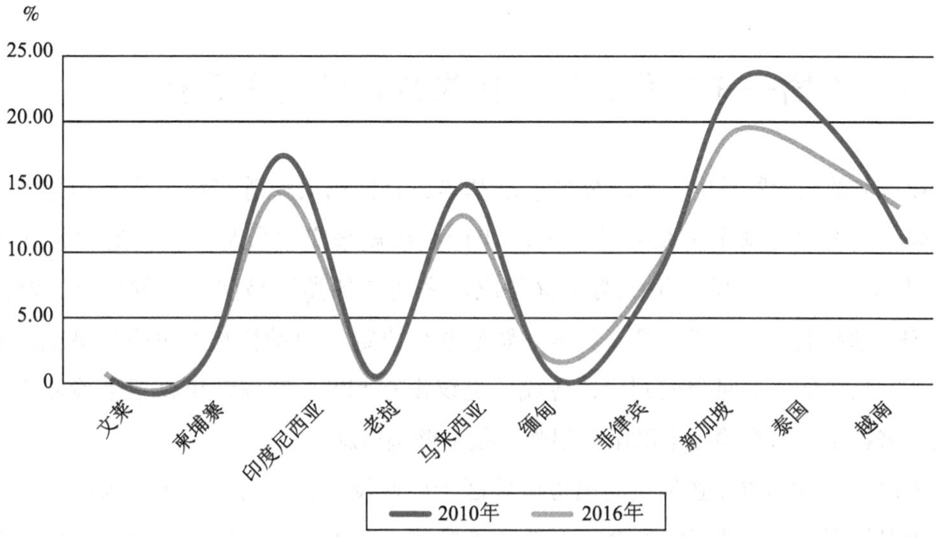

图10.12　2010年与2016年中国对东盟各国的化工产品出口贸易相似度

具体来看，新加坡和泰国是出口相似度最高的国家，并且它们近年都摆脱下降态势，开始回升；印度尼西亚的指标曾在2012年达到18.55%，但之后开始连年下降，2016年已跌至14.07%；我国对马来西亚出口的相似度长期在13.35%左右波动；越南指标的平均值虽然仅为11.21%，但其整体处于上行区间；余下五国中，除菲律宾多在4%和6%之间波动外，文莱、柬埔寨、老挝和缅甸四国的出口相似度指标都不到1%。这些都显示出中国向东盟各国出口化工产品所占据的份额分化严重，下一步应着力加强与部分国家的合作力度。

（二）中国自东盟各国进口化工产品的贸易相似度分析

2010—2016年，中国自东盟各国进口化工产品的贸易相似度几乎没有变化，除越南外，其余各国的指标变动都小于1个百分点。从均值上来看，东盟整体的指标在6.32%左右徘徊，波动极小。另外，该项指标上长期超过10%的仅有一国，这反映出中国进口与东盟出口化工产品的互补结构性略有失衡，发展活力不足。

具体来看，我国自新加坡进口的贸易相似度在东盟国家中最高，除2013年外，其指标始终维持在30%以上；马来西亚和泰国的进口相似度都曾高于10%，近年两国经历下降调整后开始略有回升，2016年分别为9.78%和8.74%；印度尼西亚的指标长期保持在8.30%左右，并且其波动较大；越南和菲律宾的进口相似度在2010—2016年一直保持在1%~3%，均值分别为1.94%和1.41%；文莱、柬埔寨、老挝和缅甸四国与我国在该类产品上进口互补性都接近0。以上情况反映出在化工产品大类上，我国进口与东盟的贸易互补程度极不均衡，未来应着重寻找新的发展突破口。

五、中国—东盟化工产品贸易技术性壁垒分析

在目前的国际贸易中，大部分国家已基本放弃使用关税等传统方式来构建贸易壁垒，取而代之的是制定一系列技术要求或行业法规来实现贸易保护，这通常被称为“技术性壁垒”。世界贸易组织为缓解各成员之间在各类贸易问题上的摩擦，制定了TBT-SPS通报制度。由于TBT（技术性贸易壁垒协定）对动植物卫生检疫措施约束力不够，因此在乌拉圭回合谈判中，各成员提议设立SPS（实施动植物卫生检疫措施的协议）来抵御动植物检疫上隐蔽性很强的技术壁垒措施。

2017年，我国首个边境贸易国检试验区于广西设立，它的成功运行为边民经商提供了诸多便利，在维护国门安全、创新监管模式、政策先行先试和促进广西沿边开放发展等方面发挥了独特引领作用，促进边境贸易“快检快放”“优进优出”，助推“兴边富民”，让边民富起来、国家强起来。

另外，根据中国WTO/TBT-SPS通报咨询网上的数据资料，来自东盟各国关于化工产品的通报有一定的数量。如印度尼西亚工业部于2013年宣布了所有国内生产及进口、在国内分销和销售的碳酸钙应满足SNI的要求，而在2015年又对化妆品的标准和通报程序做出了规定；马来西亚则早在2007年就对在其国内销售的化妆品提出了相关通报要求；菲律宾在2006年发布了多项包括颜料、油漆在内的工业产品的TBT通报；越南在2014—2017年共发布了近20项针对不同化工产品的TBT通报；新加坡于2018年初对多种化工原料发布了TBT通报。以上都反映出东盟对化工产品大类的技术规范有着一定的标准，同时对外国商品的进入也设置了一些门槛。

六、中国—东盟化工产品贸易发展建议

根据以上从各角度对中国—东盟化工产品贸易的简要分析，我们进一步深入挖掘

整理了各方面资料，下面将进行总结并提出一些建议，希望可以对此类产品的贸易发展有所帮助。

从贸易额来看，东盟整体在化工产品上无论是对全球还是对我国都始终处于逆差状态，并且贸易规模也很大，与我国的双边贸易在 2007 年就已实现了 115.06 亿美元，而在 2016 年该值已达 250.17 亿美元。这说明双方在化工产品上的贸易往来十分频繁，市场需求极其旺盛。结合贸易相似度指标来看，中国对东盟在化工产品上的进出口贸易相似度变化都较小，并且相较于出口，东盟整体的进口贸易相似度更低。另外，在进出口指标上获得较高值的国家也相对重合。这说明我国与东盟在该类产品上的合作相对单一，发展较为缓慢，水平也不高。因此，面对市场相对饱和的情况，我国应积极开展调研工作，以稳中求进的态度寻找新的突破口增进双方的贸易往来。

从市场占有率来看，中国—东盟各国的进出口市场占有率总体都呈上升趋势，并且出口市场占有率始终高于进口市场占有率，而后者在近年的发展速度开始有所下降，因此预计未来两者的差距将继续扩大。我国在与东盟开展化工产品的贸易时应继续加强沟通与交流，在维持现有贸易往来的同时积极开发新的增长点，以此增强双方贸易的活力。在显示性比较优势方面，进出口指标分别反映出第 33 类精油、香水、化妆品或卫生间用品与第 31 类肥料是表现最好的产品，这与我国及东盟的优势产业较为符合。虽然我国的工业能力水平在近年发展较快，但在东盟国家的传统特产上仍有所不足，所以应继续保持学习的心态，加强与对方的合作交流。根据交叉显示性比较优势来看，出口的平均指标下跌而进口的则出现上涨，虽然其中部分原因可能在于数据的缺漏，但总体上仍显示出东盟国家的产品越来越受到中国人的喜爱。因此，我国与东盟应该在此基础上继续加大合作力度，满足对方市场的实际需求，实现更高水平的贸易往来。

总的来说，中国—东盟各国应继续保持有效沟通，相互取长补短，深入调研对方市场变化，以做好充分应对，提升产品质量，以更好地吸引消费，促进贸易发展，并将合作拓展到其他领域。

第十一章　塑胶制品

塑胶制品是具有战略意义的经济资源，对国家经济安全和经济发展具有重要的影响。目前，中国—东盟地区的塑料和橡胶产业实际上处于一种竞争大于合作的状况，导致塑胶制品价格较低，中国—东盟均未从中获益，反而发达国家获利更多。

基于中国与东盟国家塑胶制品进出口贸易的实际情况，本章将利用第一篇介绍的贸易指数计算中国—东盟塑胶制品的进出口贸易结构、产品比较优势、市场竞争性和产品互补性等指数，以期通过对中国—东盟塑胶制品贸易竞争性、互补性进行深入分析，提出改进中国与东盟在塑胶制品贸易上的国际分工和贸易关系的建议。

第七类塑胶制品具体包括以下两类商品：塑料及其制品（第 39 类）；橡胶及其制品（第 40 类）。

一、中国—东盟塑胶制品贸易概况

自 2000 年以来，中国—东盟国家塑胶制品双边贸易总额增长迅猛，贸易规模不断扩大。2000 年中国—东盟的塑胶制品贸易总额为 15. 68 亿美元；2010 年贸易总额增长到了 163. 61 亿美元；2016 年贸易总额则达到了 227. 61 亿美元，较 2000 年增长了近 13. 50 倍。

在我国与东盟的贸易总体处于逆差地位的情况下，我国在塑胶制品贸易上也处于逆差地位。2000 年塑胶制品的贸易逆差为 7. 83 亿美元；2010 年贸易逆差达到了 83. 85 亿美元；2016 年贸易逆差为 38. 09 亿美元。

（一）中国对东盟各国的塑胶制品出口分析

从图 11. 1 可以看出，印度尼西亚、马来西亚、菲律宾、新加坡、泰国和越南从中国进口塑胶制品增长迅速。印度尼西亚从 2000 年的 0. 52 亿美元，增长到 2016 年的 14. 00 亿美元；马来西亚从 2000 年的 0. 47 亿美元，增长到 2016 年的 14. 53 亿美元；泰国从 2000 年的 1. 05 亿美元，增长到 2016 年的 21. 52 亿美元；越南从 2000 年的 0. 21 亿美元，增长到 2016 年的 25. 94 亿美元。

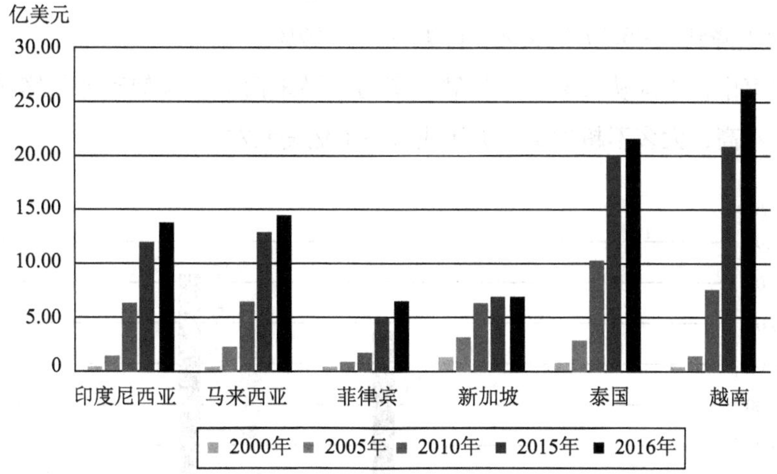

图 11.1　中国对印度尼西亚、马来西亚、菲律宾、新加坡、泰国和越南出口的塑胶制品总额

从图 11.2 可以看出，柬埔寨和缅甸虽然不及以上六国的增长速度，但相较于文莱和老挝，近年有所增长。其中，缅甸从 2010 年的 0.59 亿美元增长到了 2016 年的 2.86 亿美元，增长了 3.85 倍。

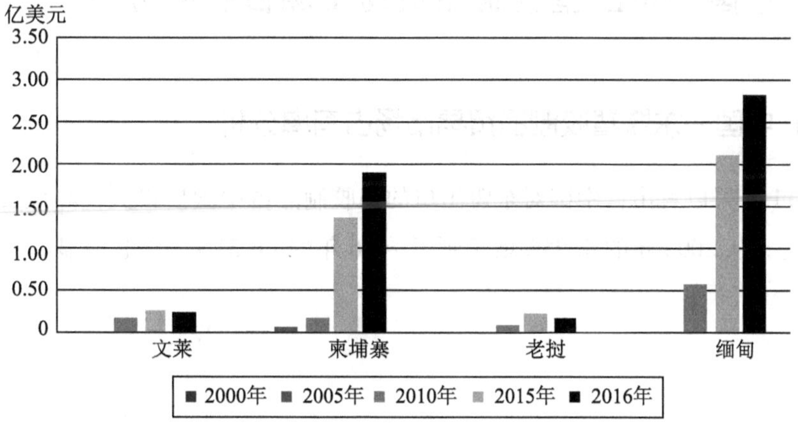

图 11.2　中国对文莱、柬埔寨、老挝和缅甸出口的塑胶制品总额

（二）中国对东盟各国的塑胶制品进口分析

东盟国家中，印度尼西亚、新加坡、泰国和越南的塑胶制品的生产和出口都具有一定的规模。其中，中国自泰国进口的塑胶制品是东盟十国中最多的。如图 11.3 所示，泰国出口到中国的塑胶制品从 2000 年的 5.39 亿美元增长至 2016 年的 63.20 亿美元，增长了 10.73 倍；新加坡从 2000 年的 4.13 亿美元增长到了 2015 年的 46.77 亿美元，2016 年下降到了 46.27 亿美元，降幅约为 1.07%。

东盟国家中，中国从文莱、柬埔寨、老挝、马来西亚、缅甸和菲律宾进口的塑胶制品总额均不高，大多不超过 1 亿美元或者在 1 亿美元左右。

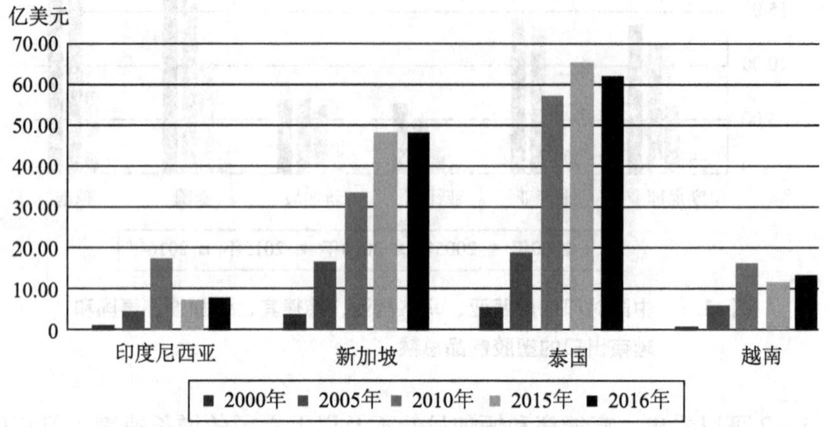

图 11.3　中国从印度尼西亚、新加坡、泰国和越南进口的塑胶制品总额

二、中国—东盟塑胶制品贸易市场占有率分析

（一）中国—东盟塑胶制品贸易市场占有率分析

从图 11.4 可以看出，中国对东盟出口的塑胶制品占中国出口到世界该类产品的比重逐年上升，从 2000 年的 4.95%增长到了 2016 年的 11.31%，增长明显。

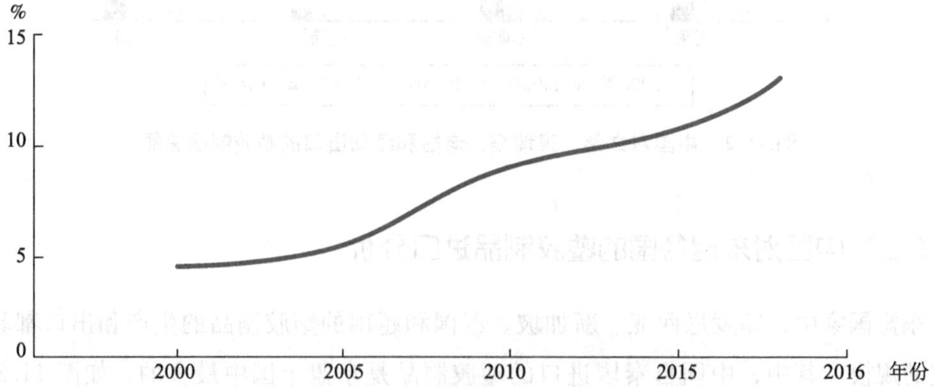

图 11.4　中国对东盟整体的出口市场占有率

同时，从图 11. 5 可以看出，中国从东盟进口的塑胶制品占中国从世界进口该类产品的比重也持续上升，从 2000 年的 8. 43%增长到了 2016 年的 20. 63%，增长明显。

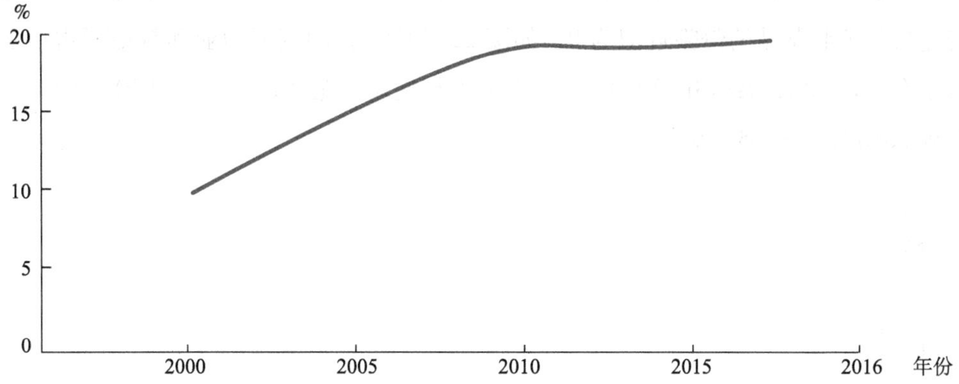

图 11. 5　中国对东盟整体的进口市场占有率

（二）中国出口到东盟的塑胶制品市场占有率分析

从国家来看，东盟的部分国家从中国进口的塑胶制品的份额几乎为 0，如柬埔寨、缅甸；2000—2016 年，如图 11. 6 所示，越南、菲律宾、印度尼西亚、泰国、马来西亚所占份额逐年上升，并且越南的增长幅度最大，从 2000 年的 0. 27%增长到 2016 年的 3. 20%左右，这说明越南也许能成为中国塑胶制品的主要出口目的地；相反，新加坡所占份额近年没有发展，甚至呈现轻微的下降趋势。

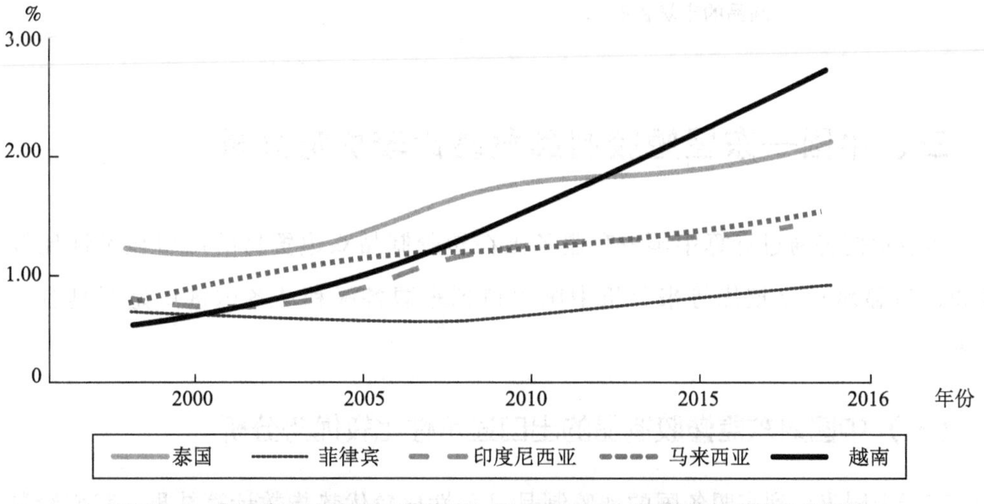

图 11. 6　中国出口到泰国、菲律宾、印度尼西亚、马来西亚和越南的塑胶制品的市场占有率

（三）中国从东盟进口的塑胶制品市场占有率分析

从国家来看，在东盟国家中，中国从马来西亚、菲律宾、文莱、柬埔寨、老挝和缅甸进口的塑胶制品的份额近似为0；如图11.7所示，印度尼西亚和越南所占份额一直稳定在1%~2%；泰国和新加坡自2000年逐年递增，尤其是泰国从2000年的3.29%增长到2016年的8.45%左右。

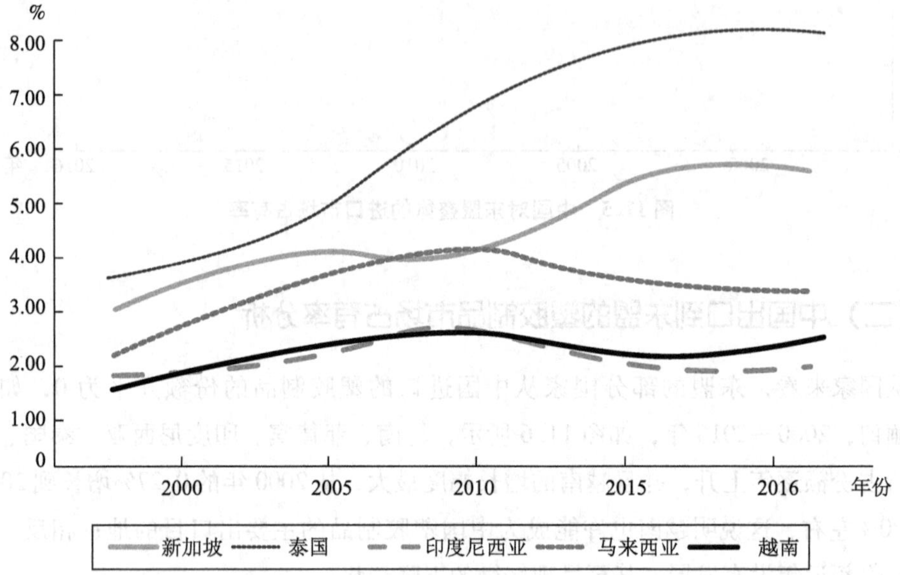

图11.7　中国从新加坡、泰国、印度尼西亚、马来西亚和越南进口的塑胶制品的市场占有率

三、中国—东盟塑胶制品贸易比较优势分析

本节我们将通过计算中国—东盟各国在塑胶制品双边贸易的出口显示性比较优势和进口显示性比较优势来分析中国出口到东盟各国和从各国进口是否具有比较优势。

（一）中国对东盟塑胶制品的出口显示性比较优势分析

基于中国出口到东盟各国的塑胶制品显示性比较优势指数计算结果，我们绘制了图11.8来展示2000年、2005年、2010年、2015年和2016年中国—东盟各国第七类塑胶制品的出口显示性比较优势指数。图11.9展示了中国对东盟各国第七类塑胶制品的进口显示性比较优势指数，图 11.10 展示了中国对东盟各国第 39 类产品的出口显示性比较优势指数，图 11.11 展示了中国对东盟各国第 39 类产品的进口显示性比较优势指数，图 11.12 展示了中国对东盟各国第 40 类产品的出口显示性比较优势指数。

从图 11.8 中可以看出，中国对越南、泰国、菲律宾和马来西亚自 2010 年的出口显示性比较优势一直大于 1，这说明中国向这些东盟国家出口塑胶制品的优势要高于中国向世界出口塑胶制品的平均水平，可认为近年来中国对这些地方的出口的地位也不断上升；中国对新加坡和柬埔寨的出口显示性比较优势小于 1，这说明中国向这些东盟国家出口塑胶制品的优势要低于中国向世界出口塑胶制品的平均水平。

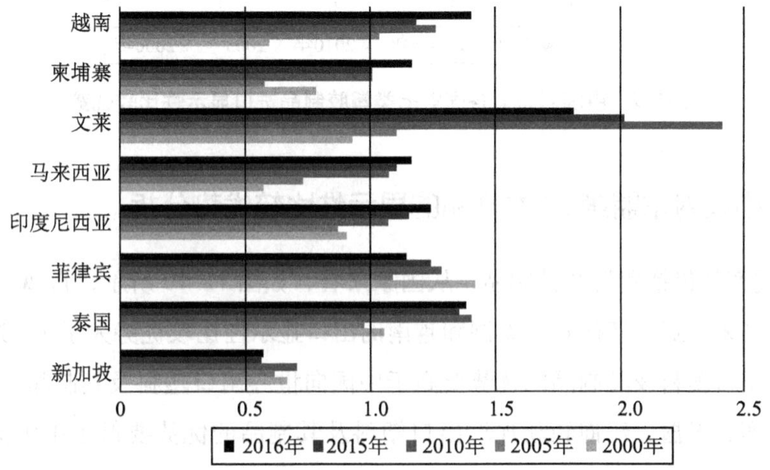

图 11.8　中国对东盟各国塑胶制品塑胶制品出口显示性比较优势

（二）中国对东盟塑胶制品的进口显示性比较优势分析

通过图 11.9 可以看出，中国对越南、马来西亚、印度尼西亚、泰国和新加坡的进口显示性比较优势普遍大于 1，这说明这些国家出口到中国的塑胶制品具有一定的优势；而中国进口东盟其他国家的塑胶制品则不具有比较优势。

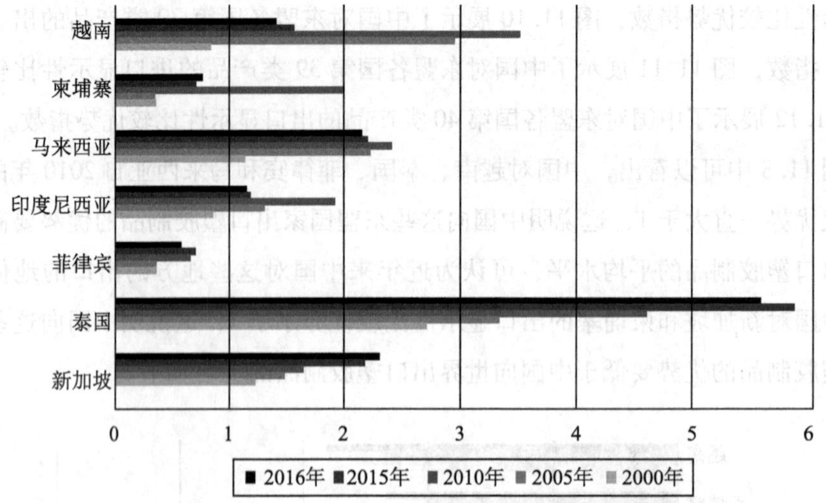

图 11.9　中国对东盟各国第七类塑胶制品进口显示性比较优势

（三）中国对东盟第 39 类产品的显示性比较优势分析

第 39 类产品包括塑料及其制品，从国家来看，如图 11.10 所示，自 2010 年以来印度尼西亚、马来西亚、菲律宾、泰国和越南的出口显示性比较优势大于 1，这说明中国向这些国家出口塑料及其制品的优势要高于中国向世界出口塑料及其制品的平均水平。中国向柬埔寨、老挝、缅甸和新加坡出口塑料及其制品的优势要低于中国向世界出口塑料及其制品的平均水平。

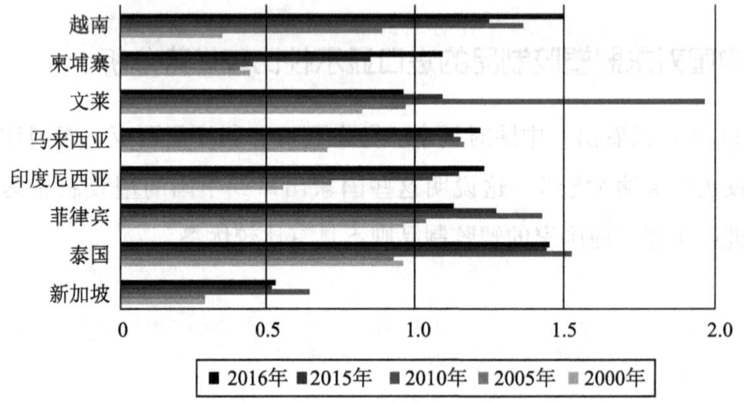

图 11.10　中国对东盟各国第 39 类产品的出口显示性比较优势

从国家来看，如图 11.11 所示，新加坡和泰国的进口显示性比较优势普遍大于 1，这说明中国从这些国家进口塑料及其制品的优势要高于中国从世界进口塑料及其制品的平均水平。马来西亚近年来的进口显示性比较优势也大于 1。中国从文莱、柬埔寨、印度尼西亚、菲律宾和越南进口塑料及其制品的优势要低于中国从世界进口塑料及其制品的平均水平。

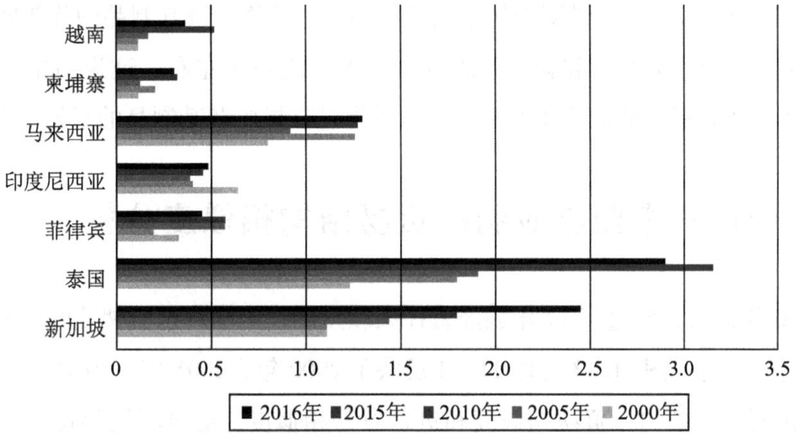

图 11.11　中国对东盟各国第 39 类产品的进口显示性比较优势

（四）中国对东盟第 40 类产品的显示性比较优势分析

第 40 类产品包括橡胶及其制品，从国家来看，如图 11.12 所示，自 2010 年以来中国出口到文莱的出口显示性比较优势远大于 1，这说明中国向文莱出口的橡胶及其制品的优势要远高于中国向世界出口的橡胶及其制品的平均水平；而其他国家的数值普遍都小于 1，例如柬埔寨、老挝、马来西亚、缅甸、菲律宾、新加坡、泰国和越南，这说明中国对东盟大部分国家的橡胶及其制品的出口优势还不大。

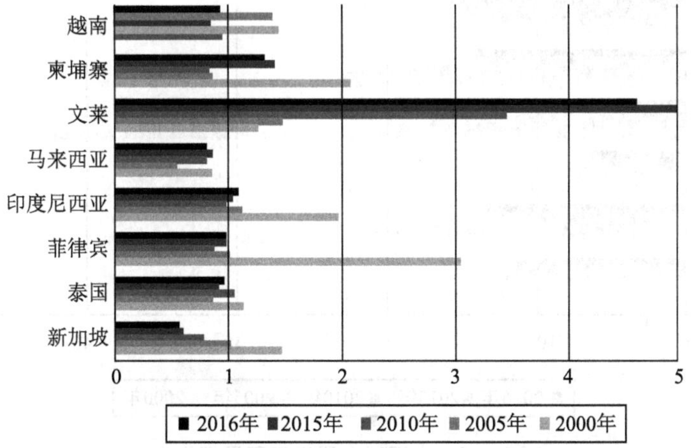

图 11.12　中国对东盟各国第 40 类产品的出口显示性比较优势

从国家来看，柬埔寨、印度尼西亚、马来西亚、缅甸、泰国和越南橡胶的进口显示性比较优势普遍远远大于1，这说明中国从这些国家进口橡胶及其制品的优势高于中国从世界进口橡胶及其制品的平均水平；其中，缅甸从2010年的13.99降到了2016年的2.34，降幅为83.27%，说明近年中国从缅甸进口的橡胶及其制品的优势转变成了劣势；而文莱、老挝、菲律宾和新加坡的数值小于1或在1左右，这说明中国从这些国家进口的橡胶及其制品的优势要低于中国从世界进口橡胶及其制品的平均水平。

四、中国—东盟塑胶制品贸易结构相似度分析

自2000年以来，经过了17年的经贸往来和发展，中国—东盟塑胶制品的商品结构也有了一定的变化，图11.13与图11.14反映了2000年、2005年、2010年、2015年和2016年中国对东盟的出口贸易相似度和进口贸易相似度。通过不同年份进出口贸易相似度的变化，可以发现中国—东盟国家在塑胶制品贸易结构上的改变。

（一）中国—东盟出口贸易相似度分析

从中国—东盟出口贸易相似度分析来看，文莱、柬埔寨、老挝和缅甸与中国的贸易互补程度较低；而印度尼西亚、马来西亚、菲律宾、新加坡和泰国的贸易相似性指数从2000年到2016年有明显的上升，这说明中国与这些国家的塑胶制品从互补性较强变成了互补性较弱、竞争性较强，说明产品贸易结构发生了一定程度的变化；越南则有一定程度的上升，从2000年的10.34%增加到了2016年的15.68%。

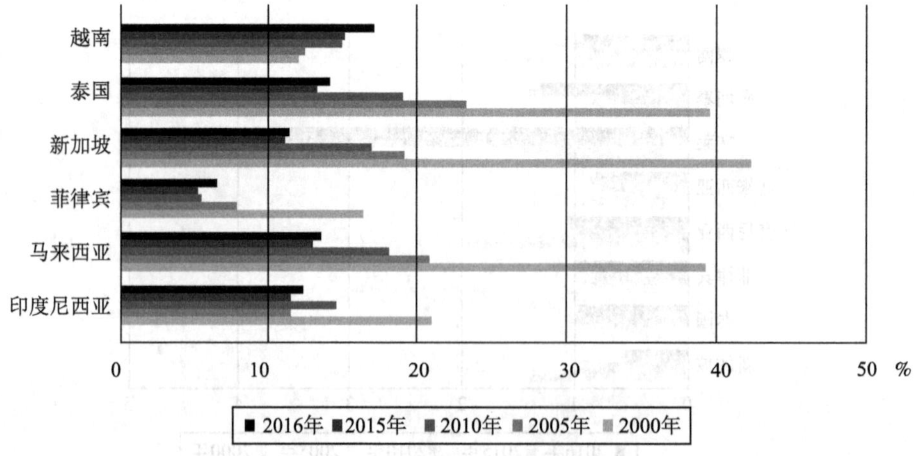

图11.13　中国对东盟出口贸易相似度

（二）中国对东盟进口贸易相似度分析

从中国对东盟进口贸易相似度分析来看，文莱、柬埔寨、老挝、缅甸和菲律宾与中国的贸易互补程度较低；而印度尼西亚、马来西亚和新加坡的贸易相似性指数，从2000年到2016年都有着很明显的下降，这说明中国与这些国家塑胶制品从互补性较强，变成了互补性较弱，体现了一定程度上结构的改变；而中国与泰国的进口贸易相似度基本保持在30%以上，说明中国与泰国进口互补性较强；中国对越南的进口相似度越来越高，从2000年的1.80%上升到2016年的7.53%。

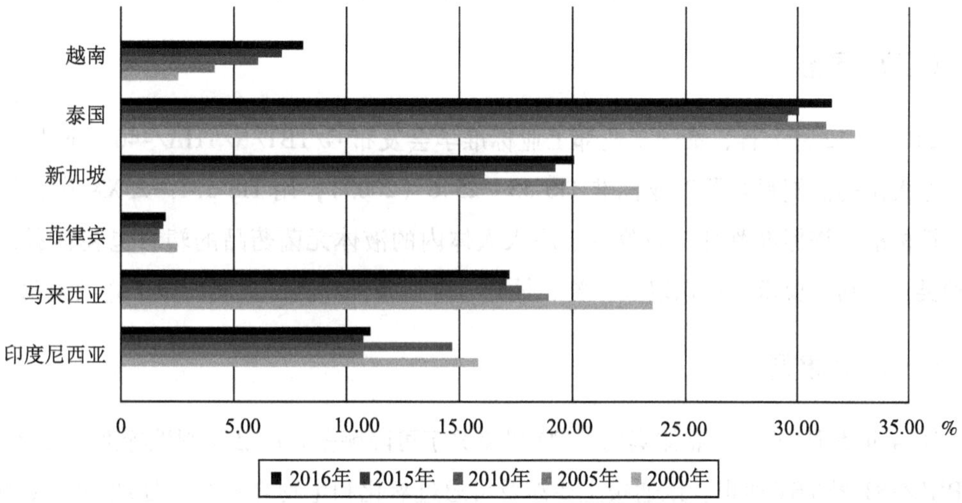

图11.14 中国对东盟进口贸易相似度

五、中国—东盟塑胶制品贸易技术壁垒分析

东南亚国家为保护本国塑胶制品产业和提高本国塑胶制品的国际化能力，保护本国市场和消费者的权益，各自出台了一些技术法规。但由于各国技术法规的实施各不相同，故对我国的出口影响有所不同。

（一）印度尼西亚

印度尼西亚2010年3月24日发布TBT通报G/TBT/N/IDN/36、G/TBT/N/IDN/37和G/TBT/N/IDN/38，公布了有关自行车、釉面陶瓷器具、塑料水箱三种产品的技术法令草案，这些法规将在两个月内获得批准，批准之后的六个月生效实施，届时印度尼西亚本地和进口的自行车、釉面陶瓷器具、塑料水箱都必须具有 SNI 标志。印度尼西亚实施这三个法令的目的是保护消费者安全、提高产品质量和建立公平的贸易竞争环境。

塑料立式圆柱水箱〔聚乙烯（PE）〕法令规定，由印度尼西亚工业部农产品与化学品基工业总署负责实施该法规，包括发布有关产品认证程序和 SNI 标志的技术指引，由印度尼西亚工业部指定的产品认证机构负责 SNI 标志产品认证，产品必须经印度尼西亚工业部指定的实验室按照标准 SNI 7276：2008 进行测试，标准规定了塑料立式圆柱水箱〔聚乙烯（PE）〕的定义、质量要求、抽样要求、测试方法、测试验收以及标志要求和包装要求，认证还需要审核质量管理体系 SNI ISO 9001-2008。

（二）泰国

2014 年 12 月 1 日，泰国工业部工业标准学会发布 G/TBT/N/THA/440 号通报，拟撤销原无菌药品塑料容器工业标准 TIS 53—2546（2003），用 TIS 531—25XX 代替作为强制性标准。该标准草案仅涵盖用于注入人体内的液体无菌药品的塑料包装容器，它对种类、材料、要求、标识以及标签、抽样、合格条件和测试方面均做了详细说明。

（三）菲律宾

2014 年 5 月 16 日，菲律宾向 WTO 提交关于可降解塑料产品强制性标准的 G/TBT/N/PHL/181 号 TBT 通报。该通报主要涉及可通过氧化和生物降解组合处理环境（如土壤和卫生填埋）降解的塑料和塑料制品。标准规定了材料和产品标签要求，包括“氧化式生物降解”塑料包装。该通报的性质是确定塑料和塑料制品是否能通过氧化和生物降解组合环境降解。通报不解决所有关于使用的安全问题。该标准使用者的责任是建立适当的安全和健康规范，及在使用前确定监管要求的适用性。

通报涉及标准包括：

——PNS 2092：2011 氧化和生物降解组合环境中塑料降解的暴露和测试标准指南；

——PNS ASTM D 5526：2011 ASTM，1994 年公布（2011 年重新批准），加速土地填筑条件下塑料材料的厌氧生物降解测定的标准试验方法；

——PNS ASTM D 5988：2011ASTM，2003 年公布，测定堆肥处理后的塑料或残留塑料在土壤中有氧生物降解的标准试验方法；

——ASTM D 883 塑料相关术语；

——ISO 472：2013 塑料词汇；

——SPCR 141 通过非生物和后续生物降解的可降解聚合物废物（可降解 A+B-要

求和试验方法)；

——拟生效日期：本法令在普通发行的官方公报上公布之后 15 天生效；

——提意见截止日期：2014 年 6 月 22 日。

六、中国—东盟塑胶制品贸易发展建议

自 2000 年以来，中国—东盟国家塑胶制品双边贸易总额增长迅猛，贸易规模不断扩大。2016 年贸易总额达到了 227.61 亿美元，较 2000 年增长了近 15.50 倍。中国对东盟出口的塑胶制品占中国出口到世界该类产品的比重逐年上升，中国从东盟进口的塑胶制品占中国从世界进口该类产品的比重也持续上升。从国家来看，中国出口到越南、菲律宾、印度尼西亚、泰国和马来西亚的塑胶制品的出口市场占有率逐年上升，并且越南的增长幅度最大，中国从泰国进口的塑胶制品的进口市场占有率最大。中国出口到越南、泰国、菲律宾和马来西亚的塑胶制品的优势要高于中国出口到世界的塑胶制品的平均水平，中国从越南、马来西亚、印度尼西亚、泰国和新加坡进口塑胶制品的优势要高于中国从世界进口塑胶制品的平均水平。

东盟是中国塑胶制品的重要来源地，中国应针对当前的国际局势，做好战略部署，逐渐将中国—东盟塑胶产业保持合作关系；同时也要积极实施“走出去”战略，寻求多元化稳定的塑胶制品供给，保障我国对塑胶制品的需求。在国内橡胶资源有限的情况下，引导并扶持一批具备一定经济实力、技术研发能力和较高管理水平的天然橡胶生产加工企业实施“走出去”战略，在东盟地区适宜种植天然橡胶的区域投资合作共同建立新的天然橡胶种植基地；在金融、信贷、保险和关税等方面给予必要的优惠政策，提高境外天然橡胶资源的合作开发能力，保障国内供给能力。提高塑胶制品行业集中度，实现产业资源的优化配置。

第十二章　皮革制品

中国和东盟均不是世界上皮革及其制品的主要生产和出口的国家，皮革及其制品的贸易在中国—东盟的对外贸易中也并不占有非常重要的地位。但是，随着中国—东盟自贸区的建立，双方的皮革及其制品的关税必将逐步削减和取消，这也将在一定程度上刺激双方皮革及其制品贸易的增长，进一步促进双方的经济发展。

基于中国与东盟国家皮革制品进出口贸易的实际情况，本章将利用第一篇介绍的贸易指数计算中国—东盟皮革制品的进出口贸易结构、产品比较优势、市场竞争性和产品互补性等指数，以期通过对中国—东盟皮革制品贸易竞争性与互补性进行深入分析，提出改进中国与东盟在皮革制品贸易上的国际分工和贸易关系的建议。

第八类皮革制品具体包括以下三类商品：生皮、皮（除了皮革）和皮革（第41类）；皮革制品，马鞍和线束，旅行用品，手袋和类似容器，动物肠道（丝虫除外）的物品（第42类）；毛皮和人造毛皮，制造（第43类）。

一、中国—东盟皮革制品贸易概况

自2000年以来，中国—东盟国家皮革制品双边贸易总额增长迅猛，贸易规模不断扩大。2000年中国—东盟的皮革制品贸易总额为1.48亿美元；2010年贸易总额增长到了9.32亿美元；2016年贸易总额则达到了24.39亿美元，较2000年增长了近15.48倍。

在我国与东盟的贸易总体处于逆差地位的情况下，我国在皮革制品贸易上处于顺差地位。2000年皮革制品的贸易顺差为0.86亿美元；2010年贸易顺差达到了5.19亿美元；2016年贸易顺差为9.84亿美元，较2000年约增长了10.44倍。

（一）中国对东盟各国的皮革制品出口分析

印度尼西亚、马来西亚、菲律宾、新加坡、泰国和越南从中国进口皮革制品增长迅速。马来西亚从2000年的0.10亿美元，增长到2016年的2.89亿美元；新加坡从2000年的0.40亿美元，增长到2016年的2.82亿美元；泰国从2000年的0.48亿美元，增长到2016年的2.92亿美元；越南从2000年的0.04亿美元，增长到2016年的4.57亿美元。

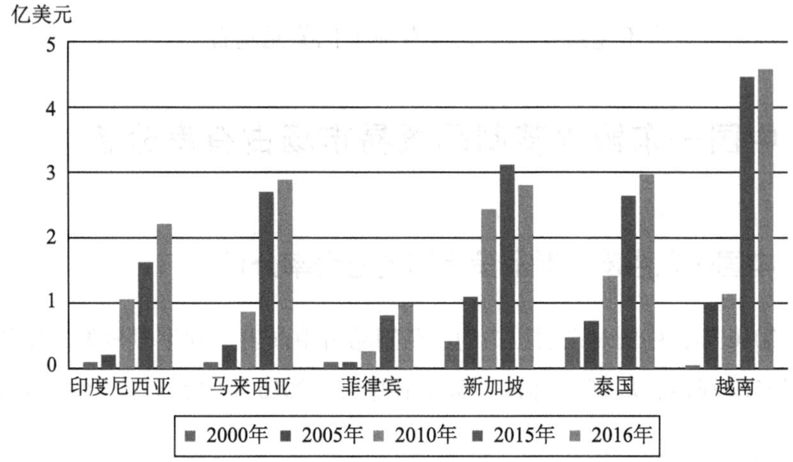

图 12.1　中国对印度尼西亚、马来西亚、菲律宾、新加坡、泰国和越南出口的皮革制品总额

柬埔寨和缅甸的增长速度虽然不及以上六国的增长速度，但相较于文莱和老挝，近些年有所增长。其中，柬埔寨从 2010 年的 0.01 亿美元增长到了 2016 年的 0.47 亿美元。

（二）中国对东盟各国的皮革制品进口分析

东盟国家中，印度尼西亚、新加坡、泰国和越南的皮革制品的生产和出口都具有一定的规模。其中，中国自越南进口的皮革制品是东盟十国中最多的。如图 12.2 所示，越南出口到中国的皮革制品从 2000 年的 0.01 亿美元增长至 2016 年的 3.70 亿美元；泰国从 2000 年的 0.12 亿美元增长到了 2015 年的 1.13 亿美元，2016 年下降到 1.05 亿美元，降幅约为 7.08%。

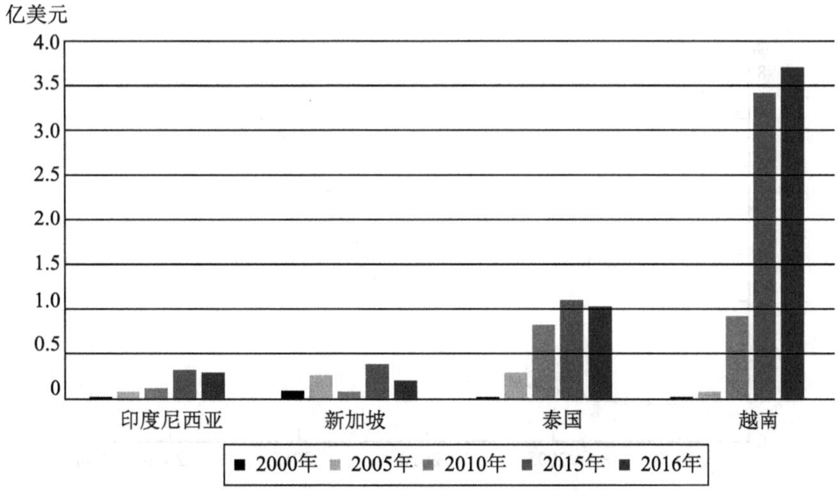

图 12.2　中国从印度尼西亚、新加坡、泰国和越南进口的皮革制品总额

东盟国家中，中国从文莱、柬埔寨、老挝、马来西亚、缅甸和菲律宾进口的皮革制品总额均不高，大多不超过 1 亿美元或者在 1 亿美元左右。

二、中国—东盟皮革制品贸易市场占有率分析

（一）中国—东盟皮革制品贸易市场占有率分析

2000—2016 年，中国对东盟出口的皮革制品占中国出口到世界该类产品的比重逐年上升，如图 12.3 所示，从 2000 年的 1.56%上升到了 2016 年的 5.45%，约增加了 2.49 倍。

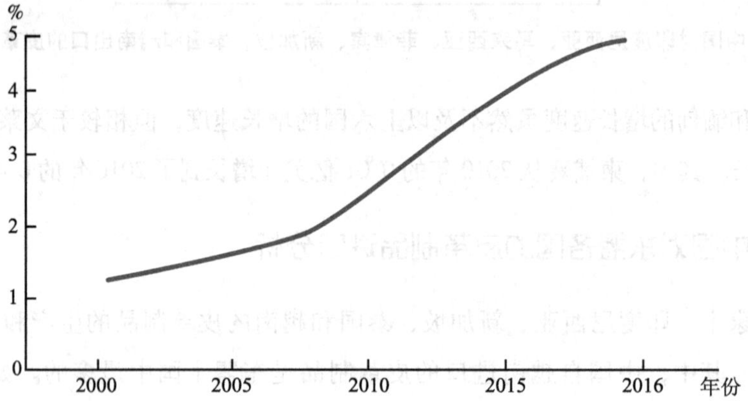

图 12.3　中国对东盟整体的出口市场占有率

同时，中国从东盟进口的皮革制品占中国从世界进口该类产品的比重也持续上升，如图 12.4 所示，从 2000 年的 0.98%增至 2016 年的 7.91%，约增加了 7.07 倍。

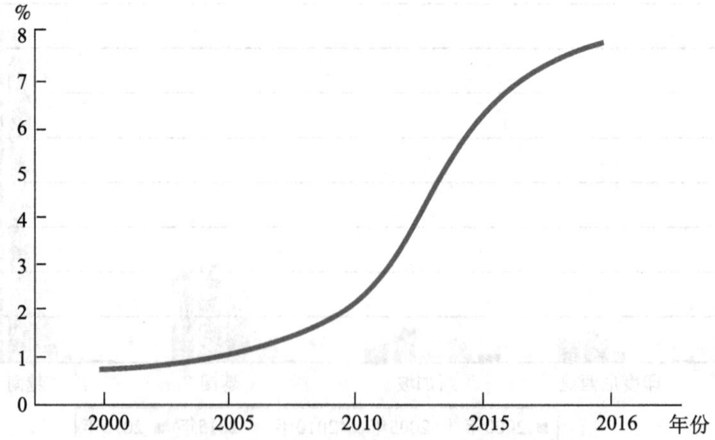

图 12.4　中国对东盟整体的进口市场占有率

（二）中国出口到东盟的皮革制品市场占有率分析

从国家来看，东盟中的部分国家从中国进口的皮革制品的份额几乎为 0，如文莱、柬埔寨和菲律宾；2000—2016 年，如图 12.5 所示，越南、泰国、马来西亚和印度尼西亚所占份额逐年上升，并且越南的增长幅度最大，从 2000 年的几乎为 0 的份额增长到 2016 年的 1.46%左右，这说明越南也许能成为中国皮革制品的主要出口目的地；相反，新加坡所占份额近年没有发展，呈现轻微的下降趋势。

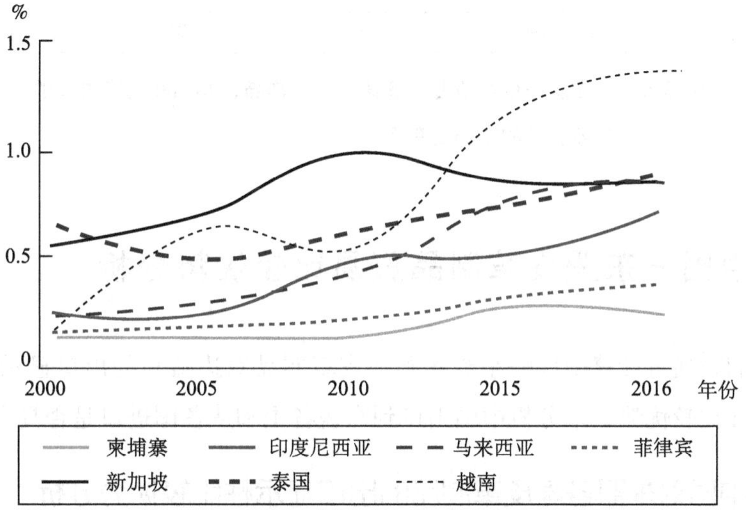

图 12.5 中国出口到柬埔寨、印度尼西亚、马来西亚、菲律宾、新加坡、泰国和越南的皮革制品的市场占有率

（三）中国从东盟进口的皮革制品市场占有率分析

从国家来看，东盟国家中，中国从文莱、柬埔寨、印度尼西亚、老挝、马来西亚、缅甸和菲律宾进口的皮革制品的份额近似为 0；如图 12.6 所示，泰国从 2000 年的 0.37%增长到 2016 年的 1.14%；越南的增长幅度最大，从 2005 年的 0.02%增长到 2016 年的 4.03%左右。

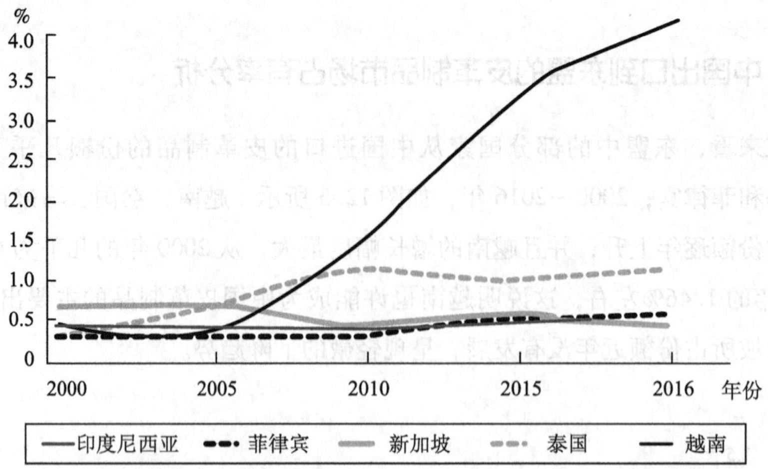

图 12.6　中国从印度尼西亚、菲律宾、新加坡、泰国和越南进口的皮革制品的市场占有率

三、中国—东盟皮革制品贸易比较优势分析

本节我们将通过计算中国—东盟各国在皮革制品双边贸易的出口显示性比较优势和进口显示性比较优势，来分析中国出口到东盟各国和从各国进口是否具有比较优势。

（一）中国对东盟各国皮革制品的出口显示性比较优势分析

基于中国出口到东盟各国的皮革制品显示性比较优势指数计算结果，我们绘制了图 12.7 来展示 2016 年、2015 年、2010 年、2005 年和 2000 年中国对东盟各国第八类皮革制品的出口显示性比较优势指数。图 12.8 展示了中国对东盟各国第八类皮革制品的进口显示性比较优势指数，图 12.9 展示了中国对东盟各国第 41 类货物的出口显示性比较优势指数，图 12.10 展示了中国对东盟各国第 41 类货物的进口显示性比较优势指数，图 12.11 展示了中国对东盟各国第 42 类货物的出口显示性比较优势指数，图 12.12 展示了中国对东盟各国第 42 类货物的进口显示性比较优势指数。

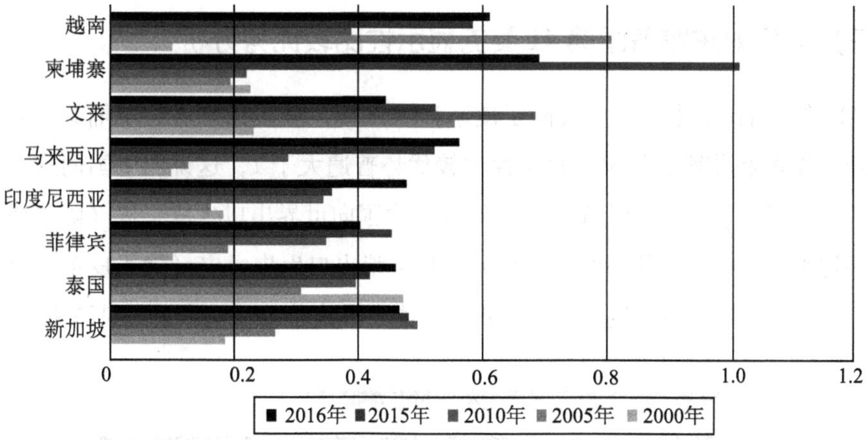

图 12.7　中国对东盟各国第八类皮革制品出口显示性比较优势

由图 12.7 可以看出，中国对柬埔寨、印度尼西亚、马来西亚、菲律宾、新加坡、文莱、泰国和越南的出口显示性比较优势普遍小于 1，这说明中国向这些东盟国家出口皮革制品的优势要低于中国向世界出口皮革制品的平均水平。

（二）中国对东盟各国皮革制品的进口显示性比较优势分析

通过图 12.8 可以看出，东盟十国中，越南的进口显示性比较优势大于 1，这说明越南出口到中国的皮革制品具有一定的优势；柬埔寨近年的进口显示性比较优势远大于 1，超过 4.0，说明柬埔寨的皮革制品在中国取得了相当大的优势；而中国进口东盟其他国家（如文莱、印度尼西亚、马来西亚和新加坡）的皮革制品则不具有比较优势。

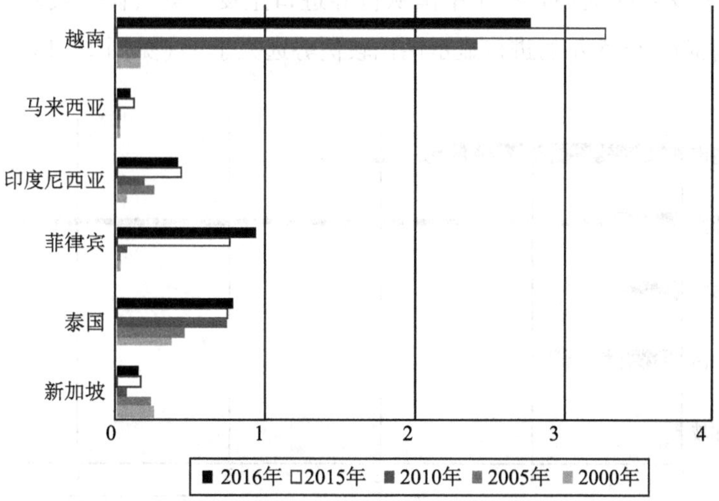

图 12.8　中国对东盟各国第八类皮革制品进口显示性比较优势

（三）中国对东盟各国第41类的显示性比较优势分析

第41类产品包括生皮、皮（除了皮革）和皮革，从国家来看，柬埔寨、越南、印度尼西亚、泰国和菲律宾的出口显示性比较优势普遍大于1，这说明中国向这些国家出口生皮、皮（除了皮革）和皮革的优势要高于中国向世界出口生皮、皮（除了皮革）和皮革的平均水平。中国向马来西亚、新加坡和文莱出口生皮、皮（除了皮革）和皮革的优势要低于中国向世界出口生皮、皮（除了皮革）和皮革的平均水平（见图12.9）。

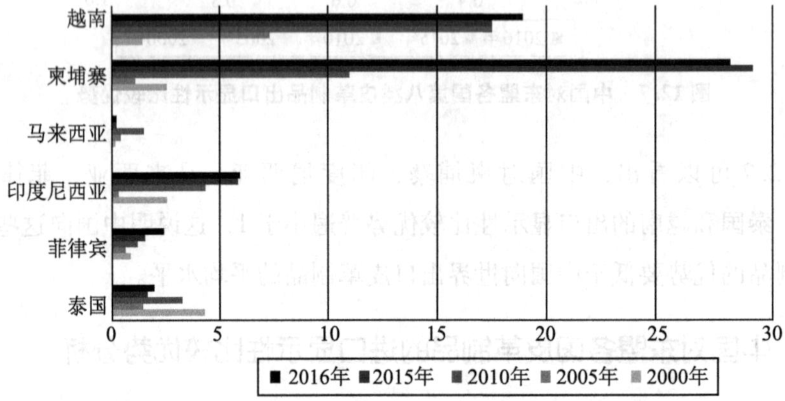

图12.9 中国对东盟各国第41类出口显示性比较优势

从国家来看，越南的进口显示性比较优势大于1，这说明中国从越南进口生皮、皮（除了皮革）和皮革的优势要高于中国从世界进口生皮、皮（除了皮革）和皮革的平均水平；中国从文莱、印度尼西亚、马来西亚、菲律宾、新加坡和泰国进口生皮、皮（除了皮革）和皮革的优势要低于中国从世界进口生皮、皮（除了皮革）和皮革的平均水平；柬埔寨在2015年的进口显示性比较优势远大于1（见图12.10）。

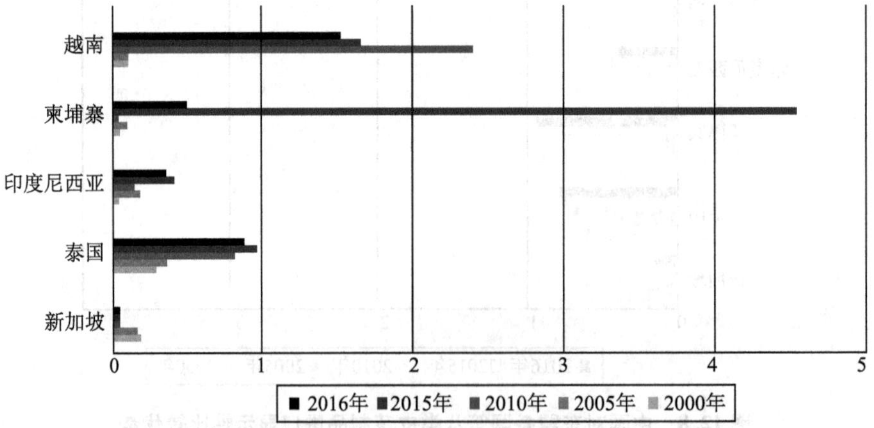

图12.10 中国对东盟各国第41类进口显示性比较优势

（四）中国对东盟各国第42类的显示性比较优势分析

第42类产品包括皮革制品，马鞍和线束，旅行用品，手袋和类似容器，动物肠道（丝虫除外）等物品。从国家来看，东盟十国中，文莱、柬埔寨、印度尼西亚、马来西亚、菲律宾、新加坡、泰国和越南的数值普遍都小于1，这说明中国对东盟大部分国家的该类商品的出口优势都不大（见图12.11）。

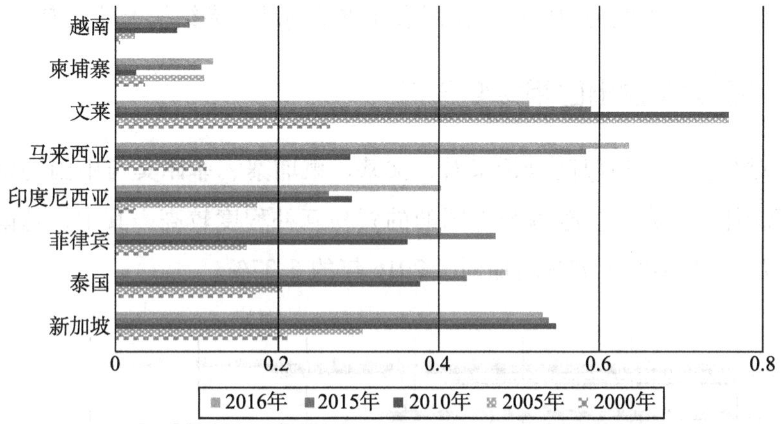

图12.11 中国对东盟各国第42类出口显示性比较优势

从国家来看，越南第42类产品的进口显示性比较优势普遍大于1，这说明中国从越南进口该类产品的优势高于中国从世界进口的平均水平；柬埔寨和菲律宾近年的进口显示性比较优势大于1，说明近年中国从柬埔寨和菲律宾进口该类商品从劣势转变成了优势；而文莱、马来西亚、印度尼西亚、泰国和新加坡的数值小于1，这说明中国从这些国家进口的优势要低于中国从世界进口的平均水平（见图12.12）。

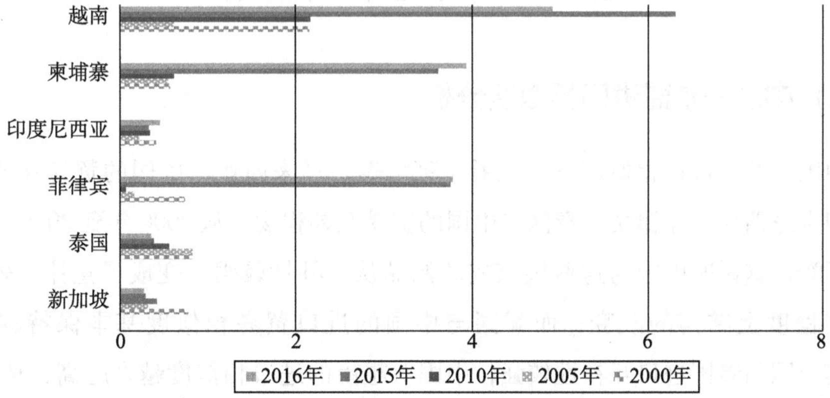

图12.12 中国对东盟各国第42类进口显示性比较优势

四、中国—东盟皮革制品贸易结构相似度分析

自2000年以来，经过了17年的经贸往来和发展，中国—东盟皮革制品的商品结构也有了一定的变化，图12.13与图12.14反映了2000年、2005年、2010年、2015年和2016年中国对东盟各国的出口贸易相似度和进口贸易相似度。通过不同年份进出口贸易相似度的变化，可以发现中国—东盟国家在皮革制品贸易结构上的改变。

（一）中国对东盟出口相似度分析

从中国对东盟出口相似度分析来看，文莱、柬埔寨、菲律宾与中国的贸易互补程度较低；而新加坡、泰国、越南与中国的的贸易互补程度较高，其中，越南有一定程度的上升，从2000年的2.71%增加到了2016年的6.37%。

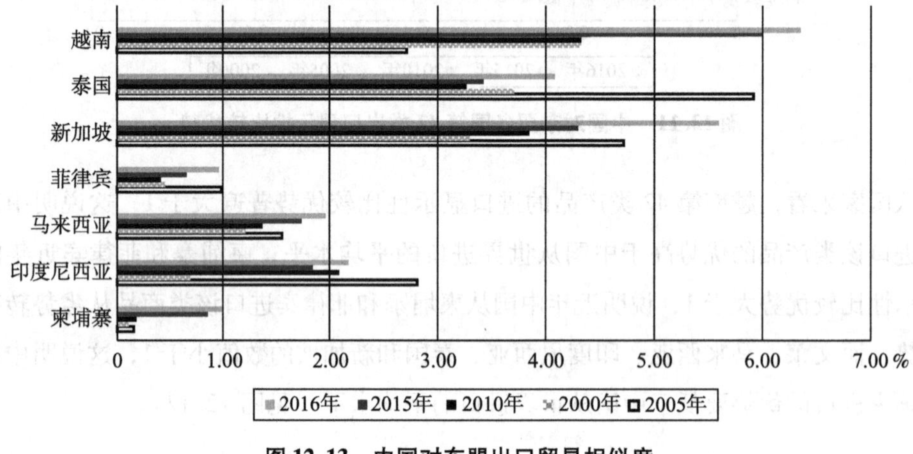

图 12.13　中国对东盟出口贸易相似度

（二）中国—东盟进口相似度分析

从中国—东盟进口相似度分析来看，柬埔寨、马来西亚与中国的贸易互补程度较低；而印度尼西亚、菲律宾、泰国与中国的贸易互补程度，从2000年到2016年有着很明显的下降，这说明中国与这些国家皮革制品从互补性较强，变成了互补性较弱，体现了一定程度上结构的改变；而泰国与中国的进口贸易相似度基本保持在10%以上，说明中国与泰国进口互补性较强；中国对越南的进口相似度越来越高，从2000年的6.18%上升到2016年的38.49%，约增长了5.3倍。

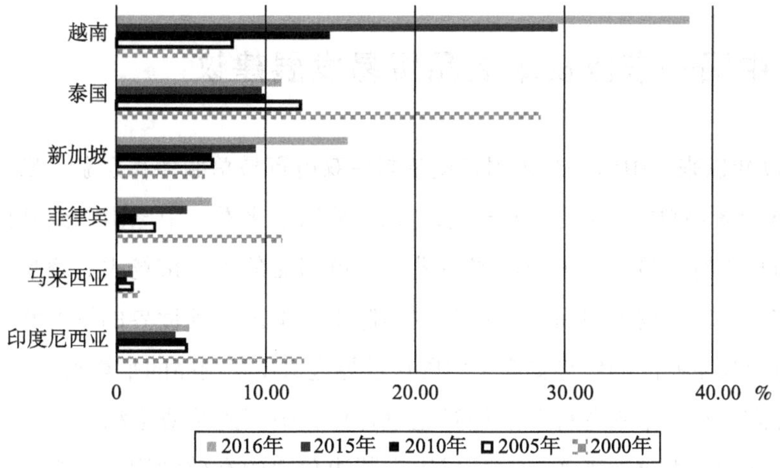

图 12.14　中国对东盟各国进口贸易相似度

五、中国—东盟皮革制品贸易技术壁垒分析

东南亚国家为保护本国皮革制品产业和提高本国皮革制品的国际化能力，保护本国市场和消费者的权益，各自出台了一些技术法规。但由于各国技术法规的实施各不相同，故对我国的出口影响有所不同。

（一）越南

据越南《投资报》报道，近日，越南农业农村发展部建议越南海关总局和越南制鞋制革协会允许从中国非疫区进口皮革。

据此，凡从中国无猪链球菌地区进口的皮革制品须经高温或化学处理；2005 年 8 月 5 日前进口的皮革制品以及已进口到口岸的皮革制品，若是从中国四川省进口的，必须先进行消毒处理方可进口。

（二）泰国

泰国是出口导向型经济体，除通过出口登记、许可证、配额、出口税、出口禁令或其他限制措施加以控制的产品外，大部分产品可以自由出口。受出口控制的产品大约有 45 种，其中征收出口税的有皮毛皮革、动物皮革等。

六、中国—东盟皮革制品贸易发展建议

自2000年以来，中国—东盟国家皮革制品双边贸易总额增长迅猛，贸易规模不断扩大，2016年贸易总额达到了24.39亿美元。从国家来看，中国出口到越南的皮革制品的出口市场占有率最高，中国从越南进口皮革制品的进口市场占有率也最高。中国对出口到东盟国家的皮革制品的优势基本都低于中国出口到世界的平均水平，但是中国从越南进口皮革制品的优势要高于中国从世界进口皮革制品的平均水平。

中国和东盟在皮革制造行业上相互竞争合作，中国皮革协会秘书长陈占光介绍了未来制革行业的几大重点工作：一是促进皮革边角料的有效利用，促进制革企业与食用明胶企业的共同规范，确保鞣前边角料安全的处置与利用，规范皮革废料资源利用途径，拓宽含铬皮革废料资源利用范围。二是规范原料皮贸易，组织编制原料皮采购合同，对原料皮质量、标准、数量等条款做进一步规范，保障原料皮贸易公平公正。三是建立清洁生产评价指标体系，结合我国近年来制革最新的行业发展、资源能源消耗、污染物产生以及企业环境管理等状况，对其加以补充调整。四是固定污染源排污许可管理，在制革、制鞋被列入管理名录后，编制相关行业排污许可技术规范。五是关注环保政策动向，因为法律法规和政策越来越完善，执行越来越有针对性和效率性。六是争取有利于行业发展的相关政策支持。

第十三章　木材

随着“一带一路”建设的推进，中国—东盟在林业领域的合作正从单一的木材贸易逐步转向森林资源综合开发、木材加工及林业科技交流等多领域、全方位合作，双方共谋林业产能合作发展。

基于中国与东盟国家木材进出口贸易的实际情况，本章将利用第一篇介绍的贸易指数计算中国—东盟木材的进出口贸易结构、产品比较优势、市场竞争性和产品互补性等指数，以期通过对中国—东盟木材贸易竞争性与互补性进行深入分析，提出改进中国与东盟在木材贸易上的国际分工和贸易关系的建议。

第九类木材具体包括以下三类商品：木材、木制品和木炭（第 44 类）；软木塞（第 45 类）；稻草、秸秆或其他编织材料的制品，篮子和柳条（第 46 类）。

一、中国—东盟木材贸易概况

自 2000 年以来，中国—东盟国家木材双边贸易总额增长迅猛，贸易规模不断扩大。2000 年中国—东盟的木材贸易总额为 8.10 亿美元；2010 年贸易总额增长到了 21.59 亿美元；2016 年贸易总额则达到了 42.71 亿美元，较 2000 年增长了约 4.27 倍。

在我国与东盟的贸易总体处于逆差地位的情况下，我国在木材贸易上也处于逆差地位。2000 年木材的贸易逆差为 6.83 亿美元；2010 年贸易逆差达到 10.80 亿美元；2016 年贸易逆差为 22.44 亿美元。

（一）中国对东盟各国的木材出口分析

从图 13.1 可以看出，印度尼西亚、马来西亚、菲律宾、新加坡、泰国和越南从中国进口木材增长迅速。马来西亚从 2000 年的 0.19 亿美元，增长到 2016 年的 1.52 亿美元；菲律宾从 2000 年的 0.04 亿美元，增长到 2016 年的 1.90 亿美元；越南从 2000 年的 0.01 亿美元，增长到 2016 年的 2.57 亿美元。

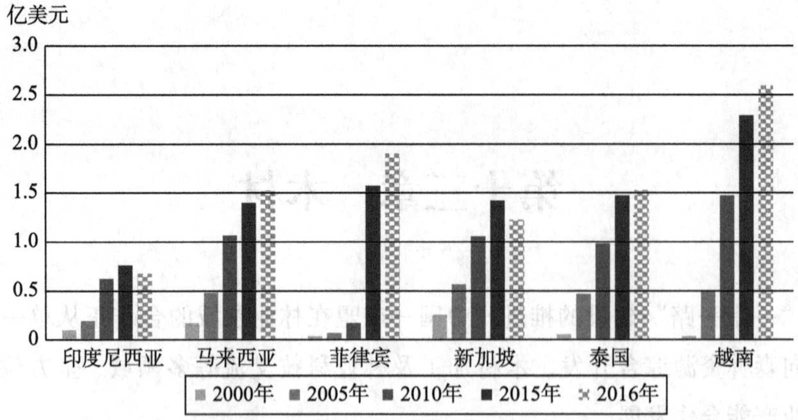

图 13.1　中国对印度尼西亚、马来西亚、菲律宾、新加坡、泰国和越南出口的木材总额

（二）中国对东盟各国的木材进口分析

东盟国家中，印度尼西亚、新加坡、泰国和越南的木材的生产和出口都具有一定的规模。其中，中国自泰国进口的木材是东盟十国中最多的。如图 13.2 所示，泰国出口到中国的木材从 2000 年的 0.26 亿美元增长至 2016 年的 13.55 亿美元；越南从 2000 年的 0.12 亿美元增长到了 2016 年的 8.43 亿美元，

东盟国家中，中国从文莱、柬埔寨、老挝、马来西亚、缅甸和菲律宾进口的木材总额均不高，大多不超过 1 亿美元。

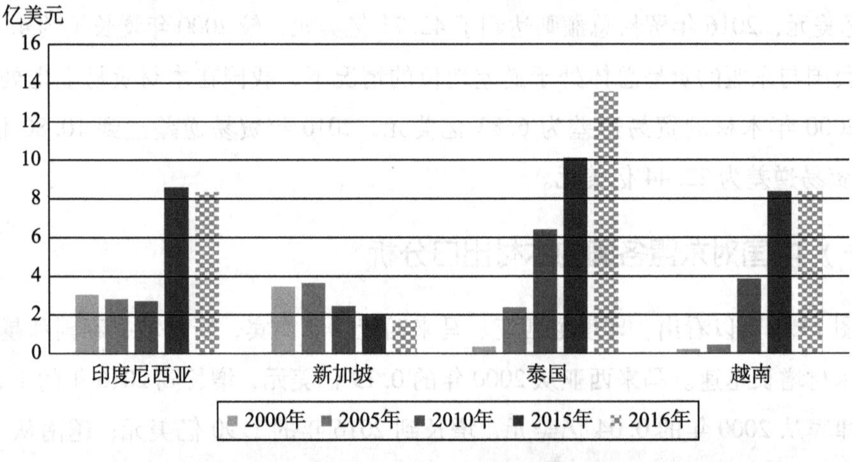

图 13.2　中国从印度尼西亚、新加坡、泰国和越南进口的木材总额

二、中国—东盟木材贸易市场占有率分析

（一）中国—东盟木材贸易市场占有率分析

从图 13. 3 可以看出，中国对东盟出口的木材占中国出口到世界该类产品的比重逐年上升，从 2000 年的 2. 39%增长到了 2016 年的 6. 54%，增长明显。

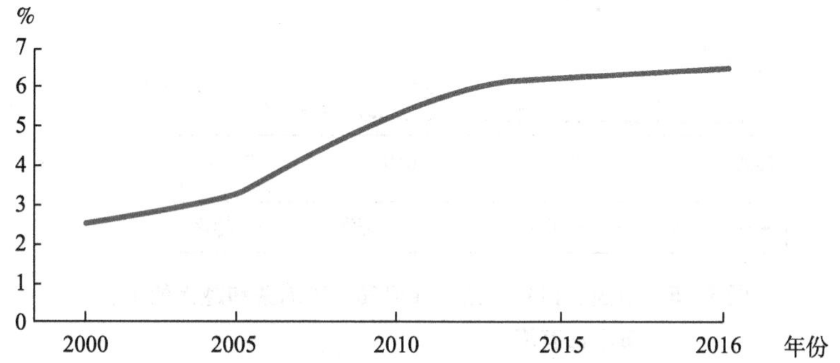

图 13. 3 中国对东盟整体的出口市场占有率

同时，中国从东盟进口的木材占中国从世界进口该类产品的比重先下降后回升，其中，从 2000 年的 19. 96% 降至 2010 年的 13. 97%，再增长到 2016 年的 16. 43%，如图 13. 4 所示。

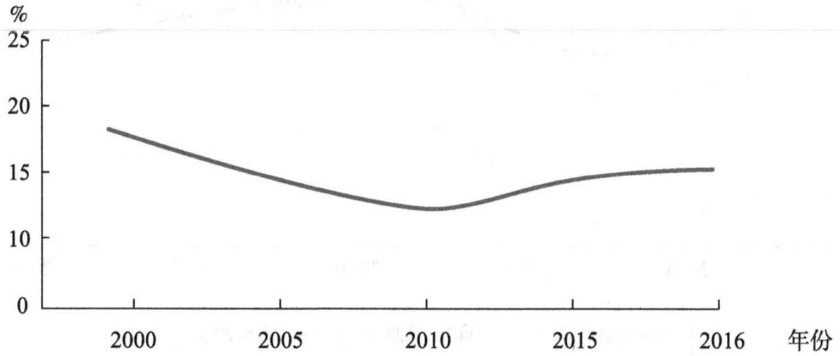

图 13. 4 中国对东盟整体的进口市场占有率

（二）中国出口到东盟的木材市场占有率分析

从国家来看，东盟中的部分国家从中国进口的木材的份额几乎为 0，如柬埔寨和文莱；如图 13. 5 所示，2000—2016 年，菲律宾、泰国和越南所占份额逐年上升，并且越

南的增长幅度最大，从 2000 年的几乎为 0 的份额增长到 2016 年的 1.71%左右，这说明越南也许能成为中国木材的主要出口目的地；柬埔寨自 2010 年有轻微的上涨。

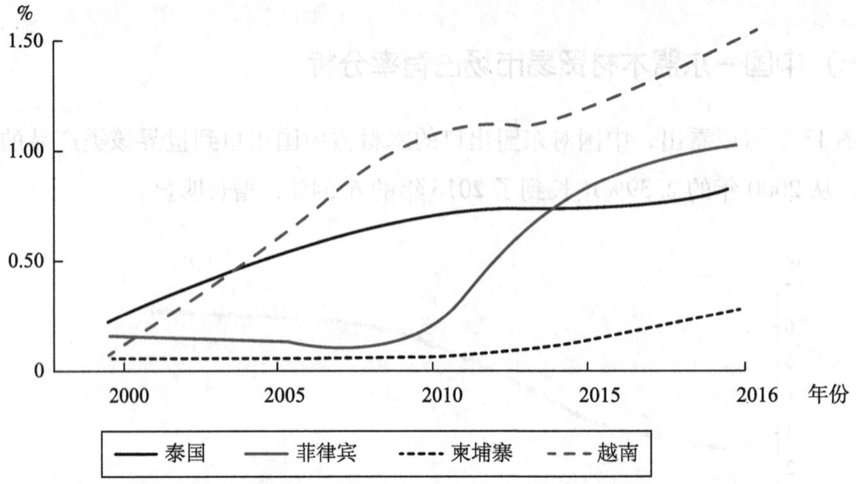

图 13.5 中国出口到泰国、菲律宾、柬埔寨和越南的木材市场占有率

东盟十国中，中国出口到新加坡和马来西亚的木材市场占有率基本稳定在 0.80%—1.00%；印度尼西亚稳定在 0.40%，如图 13.6 所示。

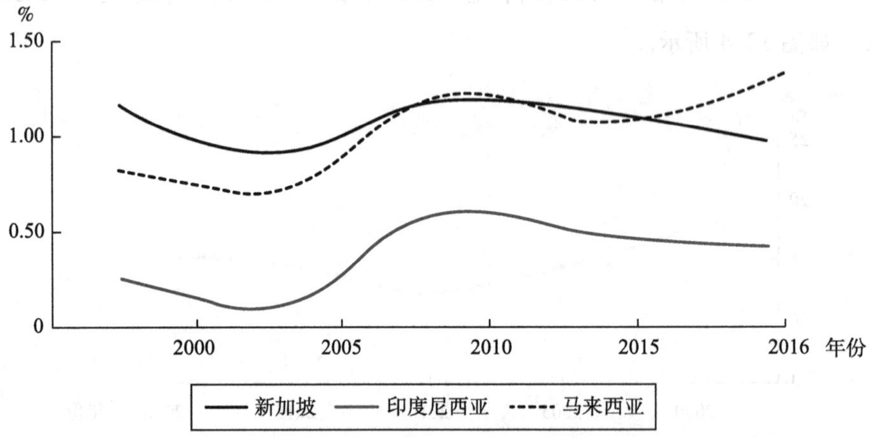

图 13.6 中国出口到新加坡、印度尼西亚和马来西亚的木材市场占有率

（三）中国从东盟进口的木材市场占有率分析

从国家来看，东盟国家中，中国从菲律宾、文莱、柬埔寨和新加坡进口的木材的份额近似为0；如图13.7所示，泰国和越南自2000年逐年递增，尤其是泰国从2000年的0.58%增长到2016年的6.88%左右；越南从2000年的0.33%增长到2016年的4.29%左右。

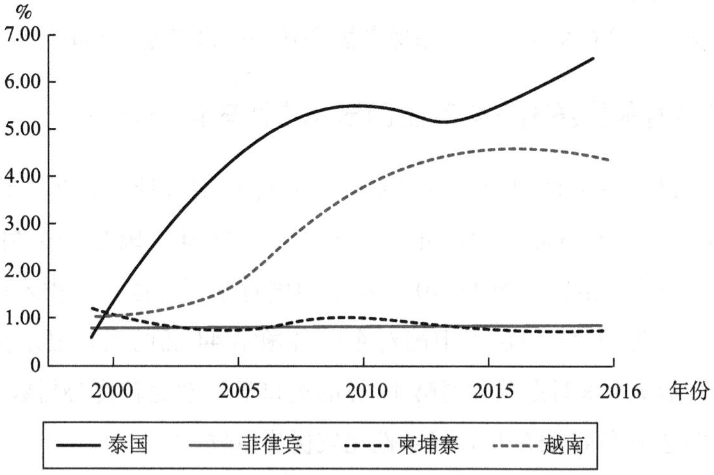

图13.7　中国从泰国、菲律宾、柬埔寨和越南进口的木材市场占有率

东盟国家中，如图13.8所示，印度尼西亚和马来西亚都呈现下降趋势，马来西亚从2000年的9.37%降至2016年的0.89%，印度尼西亚从2000年的8.18%降至2010年的2.36%后，在2016年又增长至4.20%。

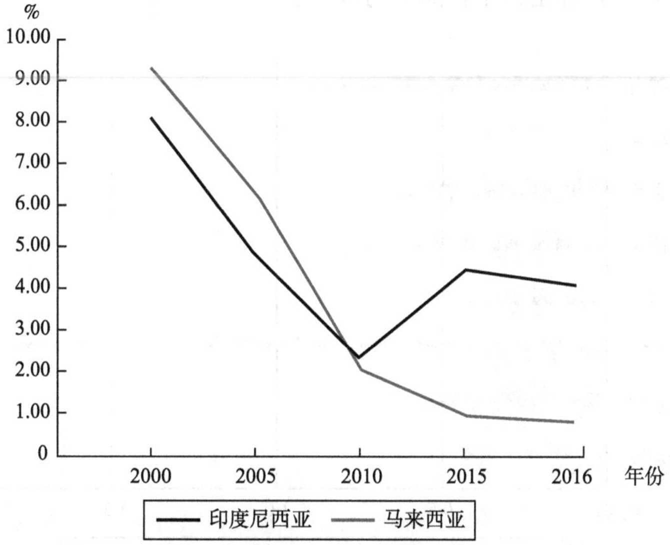

图13.8　中国从印度尼西亚、马来西亚进口的木材市场占有率

三、中国—东盟木材贸易比较优势分析

本节我们将通过计算中国—东盟各国在木材双边贸易的出口显示性比较优势和进口显示性比较优势来分析中国出口到东盟各国和从各国进口是否具有比较优势。

（一）中国对东盟各国木材的出口显示性比较优势分析

基于中国出口到东盟各国的木材显示性比较优势指数计算结果，我们绘制了图 13.9 来展示 2000 年、2005 年、2010 年、2015 年和 2016 年中国对东盟各国第九类木材的出口显示性比较优势指数。图 13.10 展示了中国对东盟各国第九类木材的进口显示性比较优势指数，图 13.11 展示了中国对东盟各国第 44 类的出口显示性比较优势指数，图 13.12 展示了中国对东盟各国第 44 类的进口显示性比较优势指数，图 13.13 展示了中国—东盟各国第 45 类的出口显示性比较优势指数。

由图 13.9 可以看出，2015 年和 2016 年中国对菲律宾的出口显示性比较优势大于 1，2016 年中国对柬埔寨的出口显示性比较优势也大于 1，说明近年中国向菲律宾和柬埔寨出口木材的优势要高于中国向世界出口木材的平均水平；可认为近年来中国对菲律宾和柬埔寨的出口地位在不断上升；中国对越南、文莱、马来西亚、印度尼西亚、泰国和新加坡的出口显示性比较优势小于 1，这说明中国向这些东盟国家出口木材的优势要低于中国向世界出口木材的平均水平。

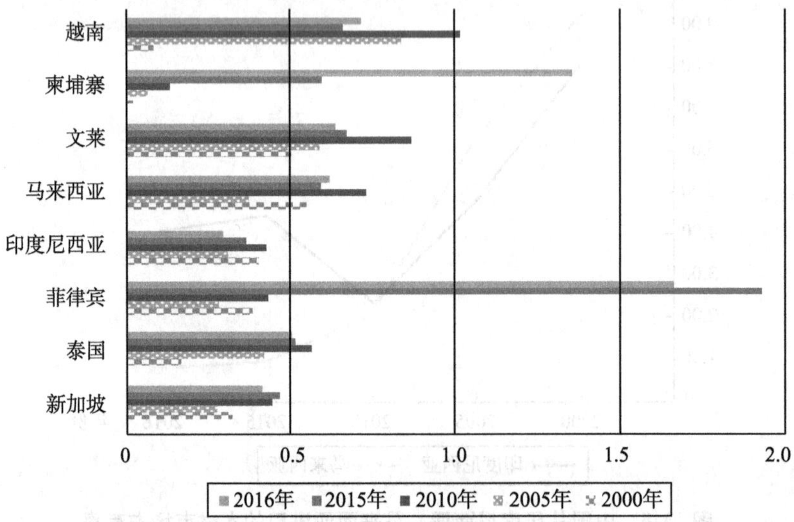

图 13.9　中国对东盟各国第九类木材出口显示性比较优势

（二）中国对东盟第九类木材的进口显示性比较优势分析

通过图 13. 10 可以看出，中国对越南、印度尼西亚和泰国的进口显示性比较优势普遍大于 1，这说明这些国家出口到中国的木材具有一定的优势；而中国进口东盟其他国家，如文莱、马来西亚、菲律宾和新加坡的木材则不具有比较优势；其中，马来西亚的进口显示性比较优势从 2000 年的 6. 96 降至 2016 年的 0. 59，从优势转变为劣势。

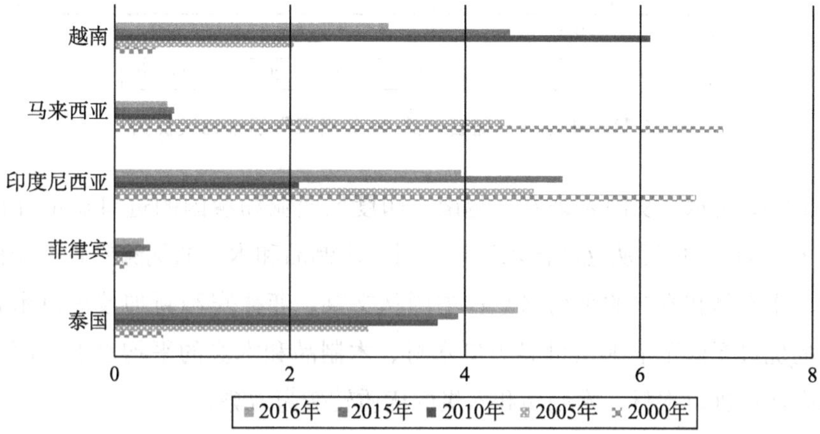

图 13. 10　中国对东盟各国第九类木材进口显示性比较优势

（三）中国对东盟第 44 类的显示性比较优势分析

第 44 类产品包括木材、木制品和木炭，如图 13. 11 所示，从国家来看，自 2015 年来中国对菲律宾出口木材、木制品和木炭的出口显示性比较优势大于 1，2016 年中国对柬埔寨的出口显示性比较优势也大于 1，这说明近年中国对菲律宾和柬埔寨出口木材、木制品和木炭的优势要高于中国向世界出口木材、木制品和木炭的平均水平。中国向东盟大部分国家，如越南、文莱、马来西亚、印度尼西亚、泰国和新加坡出口木材、木制品和木炭的优势要普遍低于中国向世界出口木材、木制品和木炭的平均水平。

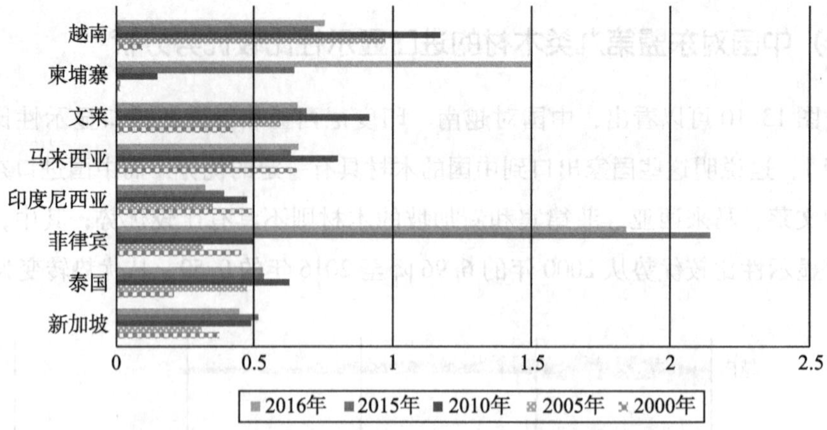

图 13.11　中国对东盟各国第 44 类出口显示性比较优势

如图 13.12 所示，从国家来看，越南、印度尼西亚和泰国的进口显示性比较优势普遍大于 1，这说明中国从这些国家进口木材、木制品和木炭的优势要高于中国从世界进口木材、木制品和木炭的平均水平；中国从文莱、菲律宾和新加坡进口木材、木制品和木炭的优势要低于中国从世界进口木材、木制品和木炭的平均水平；而中国从柬埔寨和马来西亚进口木材、木制品和木炭的优质转变为劣势。

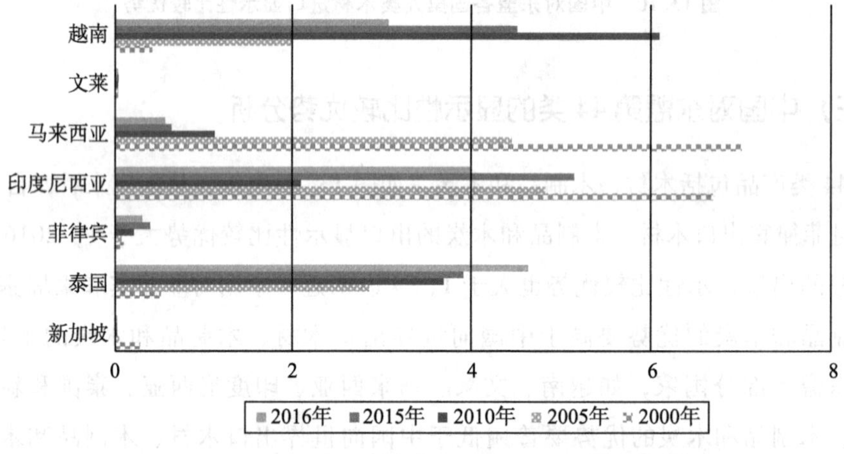

图 13.12　中国对东盟各国第 44 类进口显示性比较优势

（四）中国对东盟各国第 45 类的显示性比较优势分析

第 45 类产品包括软木塞，如图 13.13 所示，从国家来看，中国出口到印度尼西亚和菲律宾的显示性比较优势普遍大于 1，这说明中国向印度尼西亚和菲律宾出口软木塞的优势要远高于中国向世界出口软木塞的平均水平；而其他国家，如越南、文莱、马来西亚和泰国的数值普遍都小于1，这说明中国对这些国家软木塞的出口优势还不大；近年中国向新加坡的出口显示性比较优势大于1，这说明近年来中国软木塞在新加坡有了一定的发展。

然而，中国从东盟国家进口软木塞的显示性比较优势基本都小于1，这说明东盟国家的软木塞在中国不具有优势。

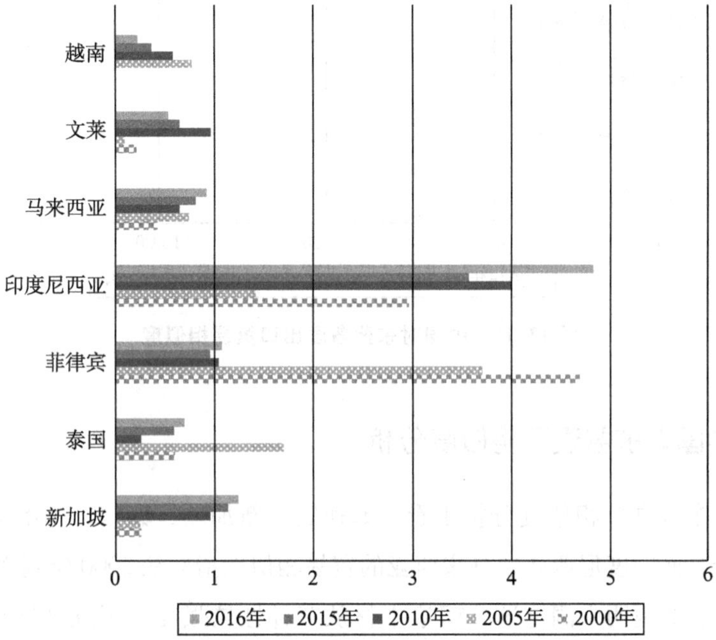

图 13.13　中国对东盟各国第 45 类出口显示性比较优势

四、中国—东盟木材贸易结构相似度分析

自2000年以来，经过了17年的经贸往来和发展，中国和东盟木材的商品结构也有了一定的变化，图13.14与图13.15反映了2000年、2005年、2010年、2015年和2016年中国对东盟的出口贸易相似度和进口贸易相似度。通过不同年份进出口贸易相似度的变化，可以发现中国—东盟国家在木材贸易结构上的改变。

（一）中国对东盟出口相似度分析

从中国对东盟出口相似度分析来看，如图13.14所示，越南与中国的贸易互补程度较高，有一定程度的上升，从2000年的5.90%增加到了2016年的11.96%；而印度尼西亚、马来西亚、菲律宾、新加坡和泰国的贸易相似性指数从2000年到2016年都有着很明显的下降，这说明中国与这些国家的木材从互补性较强变成了互补性较弱，体现了一定程度上结构的改变。

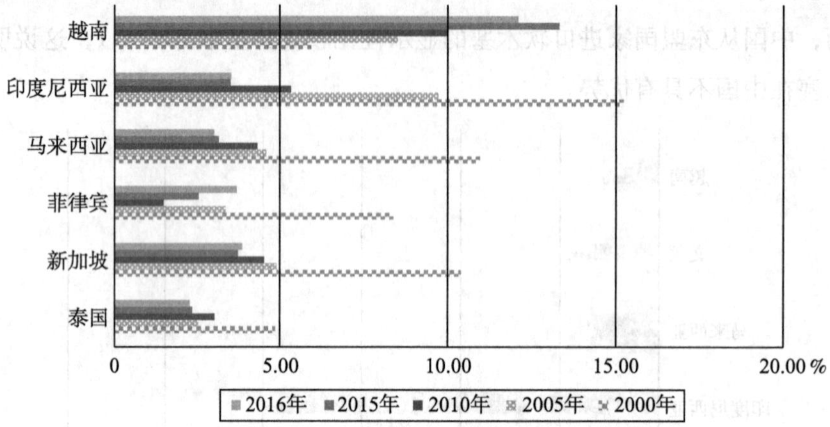

图 13.14　中国对东盟各国出口贸易相似度

（二）中国对东盟进口相似度分析

从中国对东盟进口相似度分析来看，菲律宾、新加坡、泰国、越南与中国的贸易互补程度较低；而印度尼西亚、马来西亚的贸易相似性指数从2000年到2016年都有着很明显的下降，这说明中国与这些国家木材从互补性较强变成了互补性较弱，体现了一定程度上结构的改变。

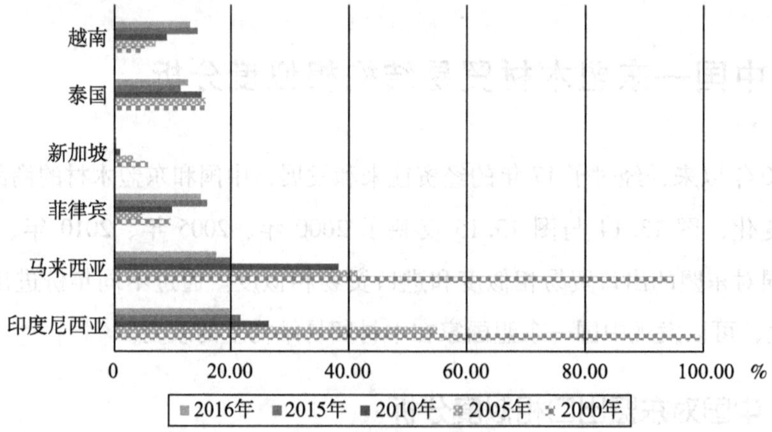

图 13.15　中国对东盟各国进口贸易相似度

五、中国—东盟木材贸易技术壁垒分析

东南亚国家为保护本国木材产业和提高本国木材的国际化能力，保护本国市场和消费者的权益，各自出台了一些技术法规。但由于各国技术法规的实施各不相同，故对我国的出口影响有所不同。

（一）越南

据越南《经济时报》2015 年 3 月 4 日报道，越南农业与农村发展部日前颁发第 187 号通知。根据该通知，自 2015 年 3 月 29 日起，越南将禁止出口部分农林产品，具体是自然森林的原木和木料；珍稀野生动植物物种；珍珠、鹦鹉鱼、珊瑚、海豚、鲸鱼、海龟、玳瑁等珍稀海水产品。

（二）老挝

据老挝《经济社会报》2016 年 11 月 26 日报道，自 2016 年 5 月 13 日老挝总理第 15 号关于禁止原木等木材出口的政令出台以来，通过招标没收的非法木材为政府增加了 500 多亿基普（约 4000 万人民币）的收入，目前已关停未达标木材加工厂 952 处，全国还剩木材加工厂 1150 处，老挝政府将对其进一步加强整顿和管理。

六、中国—东盟木材贸易发展建议

自 2000 年以来，中国—东盟国家木材双边贸易总额增长迅猛，贸易规模不断扩大。2016 年贸易总额达到 42.71 亿美元，较 2000 年增长了近 5.27 倍。中国出口到东盟木材的市场占有率逐年上升，从东盟进口木材的市场占有率在先下降后有一点回升。从国家来看，中国出口到越南和马来西亚木材的市场占有率较高，中国从马来西亚进口的木材的市场占有率呈现下降趋势。中国出口到菲律宾的木材的优势要高于中国出口到世界的平均水平，中国从越南、印度尼西亚、泰国进口木材的优势要高于中国从世界进口木材的平均水平。

充分利用“一带一路”倡议，促进中国—东盟在林业方面的紧密合作，加快推进中国—东盟自由贸易区的建设，加深我国与东盟国家的友好睦邻关系，建设中国—东盟林业合作新机制，共同推进中国—东盟林业投资、商贸和科技合作，构建中国—东盟林业合作新格局。

第一，加强林业执法和行政管理合作。东盟与中国同意加强政府林业部门高层往来，加强林业立法、执法、行政管理方面的交流与合作，规范木材和林产品贸易，提高各国森林资源管理水平，推动森林可持续经营，促进对生态遗传资源与传统技术应用的平等受益。

第二，加强林业经济合作。东盟与中国同意充分发挥市场的互补性，促进双方林业经贸关系发展，积极鼓励林业企业开展林产品加工、贸易和林木种植等领域的合作。

第三，加强森林资源保护领域的合作。东盟与中国同意探讨建立边境地区森林火灾联防机制，加强边境火源管理和地区居民的森林防火教育，积极预防森林火灾。加强野生动物保护，打击边境走私野生动物的行为。

第四，加强林业科技合作。东盟与中国同意加强在林木引种、林木种植、森林保护、森林利用、林产品加工和生物技术等方面的科技交流与合作。

第五，建立磋商机制。东盟与中国同意加强对区域和全球森林问题的协调。

第十四章　木制品

木制品是以木材为原材料的，经过加工制作所形成的商品。中国已经成为世界上最大的木材及木材制品的生产国和消费国，木材和木制品行业也成为中国和东盟国家之间非常重要的合作领域。

基于中国与东盟国家木制品进出口贸易的实际情况，本章将利用第一篇介绍的贸易指数计算中国—东盟木制品的进出口贸易结构、产品比较优势、市场竞争性和产品互补性等指数，以期通过对中国—东盟木制品贸易竞争性与互补性进行深入分析，提出改进中国与东盟在木制品贸易上的国际分工和贸易关系的建议。

第十类木制品具体包括以下三类商品：木材或其他纤维状纤维素材料的纸浆、回收（废物和废料）纸或纸板（第 47 类）；纸浆、纸或纸板（第 48 类）；印刷行业的印刷书籍、报纸、图片等产品，手稿、打字稿和计划（第 49 类）。

一、中国—东盟木制品贸易概况

自 2000 年以来，中国—东盟国家木制品双边贸易总额增长迅猛，贸易规模不断扩大。2000 年中国—东盟的木制品贸易总额为 8.62 亿美元；2010 年贸易总额增长到 22.43 亿美元；2016 年贸易总额则达到 43.09 亿美元，较 2000 年增长近 4.00 倍。

在我国与东盟的贸易总体处于逆差地位的情况下，我国木制品贸易在 2000 年的贸易逆差地位，到 2010 年取得了略微顺差的地位，一直到 2016 年都处于顺差地位。2000 年木制品的贸易逆差为 6.27 亿美元；2010 年贸易顺差达到了 0.35 亿美元；2016 年贸易顺差为 8.32 亿美元。

（一）中国对东盟各国的木制品出口分析

从图 14.1 可以看出，印度尼西亚、马来西亚、菲律宾、新加坡、泰国和越南从中国进口木制品增长迅速。马来西亚从 2000 年的 0.29 亿美元，增长到 2016 年的 4.93 亿美元；泰国从 2000 年的 0.14 亿美元，增长到 2016 年的 4.04 亿美元；越南从 2000 年的 0.08 亿美元，增长到 2016 年的 5.72 亿美元。

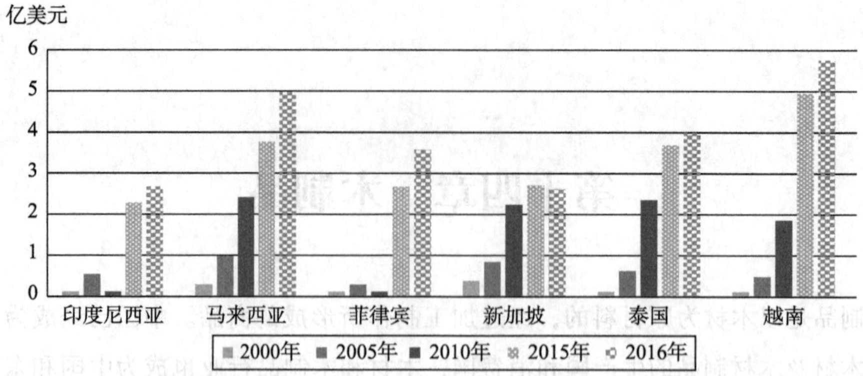

图 14.1　中国对印度尼西亚、马来西亚、菲律宾、新加坡、泰国和越南出口的木制品总额

（二）中国对东盟各国的木制品进口分析

东盟国家中，印度尼西亚的木制品生产和出口都具有一定的规模。其中，中国自印度尼西亚进口的木制品是东盟十国中最多的。如图 14.2 所示，印度尼西亚出口到中国的木制品从 2000 年的 5.61 亿美元增长至 2015 年的 12.48 亿美元，2016 年为 11.33 亿美元，有了些许下降；新加坡从 2000 年的 0.44 亿美元增长到 2016 年的 4.17 亿美元；从泰国进口木制品的进口贸易额为 1 亿~2 亿美元。然而，中国从其他东盟国家，如文莱、柬埔寨、老挝、马来西亚、菲律宾和越南进口的木制品总额均不高，大多不超过 1 亿美元。

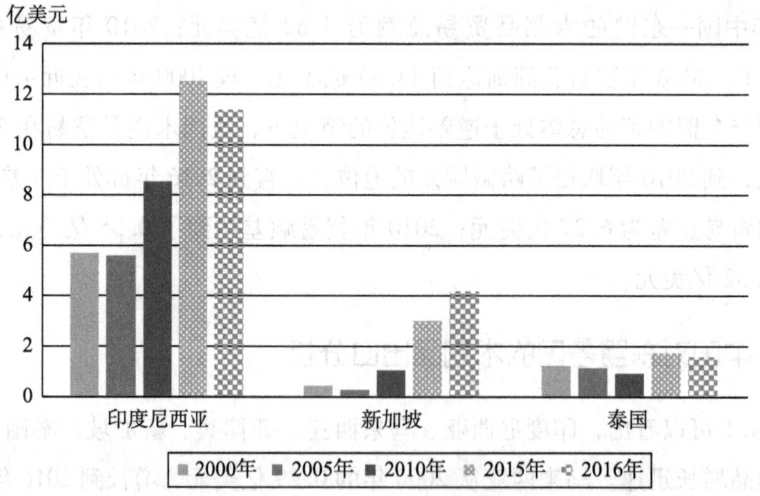

图 14.2　中国从印度尼西亚、新加坡和泰国进口的木制品总额

二、中国—东盟木制品贸易市场占有率分析

（一）中国—东盟木制品贸易市场占有率分析

从图 14.3 可以看出，中国对东盟出口的木制品占中国出口到世界该类产品的比重逐年上升，从 2000 年的 6.37%增长到了 2016 年的 11.51%，增长明显。

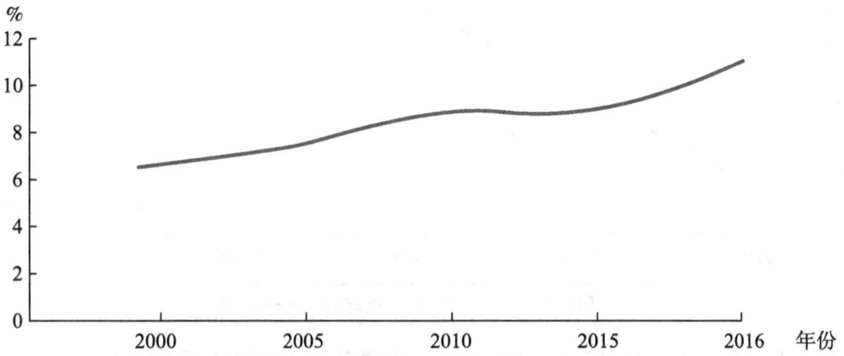

图 14.3 中国对东盟整体的出口市场占有率

同时，中国从东盟进口的木制品占中国从世界进口该类产品的比重在先下降后回升，如图 14.4 所示，从 2000 年的 10.69%降至 2010 年的 5.49%，再增长到 2016 年的 7.62%。

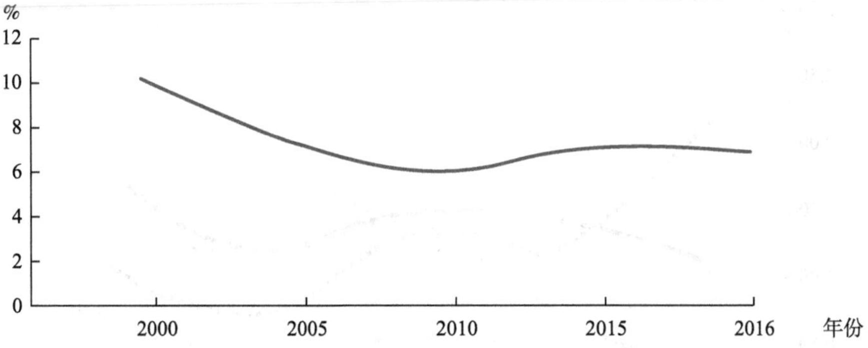

图 14.4 中国对东盟整体的进口市场占有率

（二）中国出口到东盟的木制品市场占有率分析

从国家来看，如图 14.5 所示，东盟中的部分国家从中国进口木制品的份额几乎为

0，如柬埔寨和文莱；2000—2016 年，菲律宾和越南所占份额逐年上升，并且越南的增长幅度最大，从 2000 年的 0.45%增长到 2016 年的 2.68%左右，这说明越南也许能成为中国木制品的主要出口目的地；柬埔寨自 2010 年有轻微的上涨。

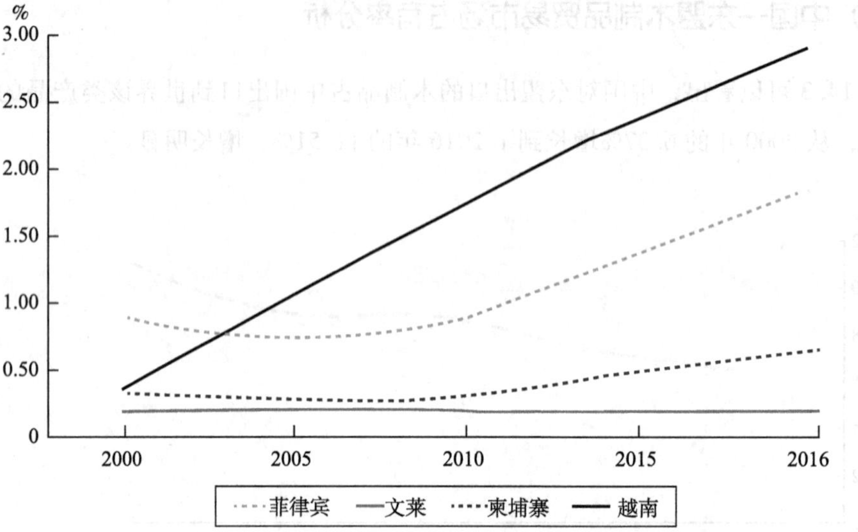

图 14.5　中国出口到菲律宾、文莱、柬埔寨和越南的木制品市场占有率

东盟十国中，如图 14.6 所示，中国出口到泰国、印度尼西亚和马来西亚的市场占有率波动比较大，整体呈上升趋势，且均在 2015 年有了些许的下降；中国对新加坡的出口市场占有率呈现逐年递减的趋势，从 2000 年的 2.13%降至 2016 年的 1.22%。

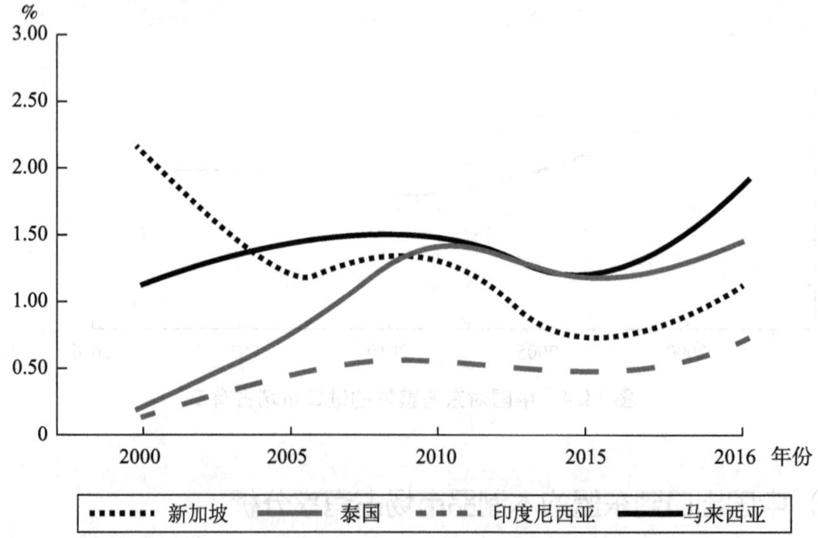

图 14.6　中国出口到新加坡、泰国、印度尼西亚和马来西亚的木制品市场占有率

（三）中国从东盟进口的木制品市场占有率分析

从国家来看，东盟国家中，中国从菲律宾、文莱、柬埔寨、越南和马来西亚进口的木制品的份额近似为0；印度尼西亚所占份额最多，但是自2000年以来呈现下降趋势，如图14.7所示，从2000年的8.06%降至2016年的4.97%，并且自2005年以来一直维持在5%左右。

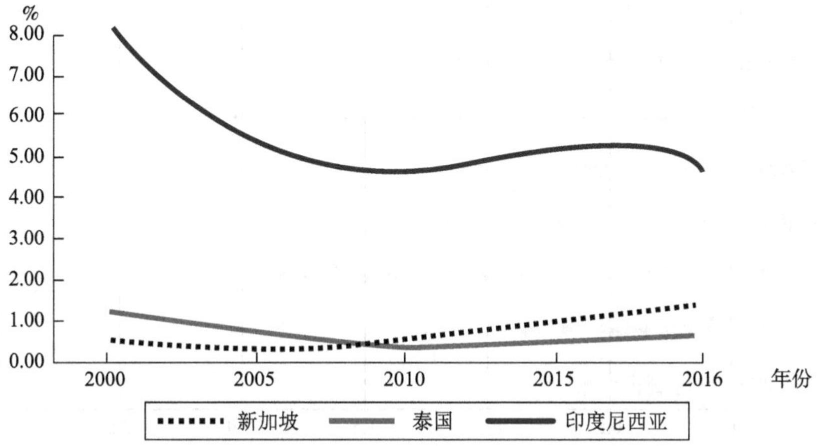

图14.7 中国从新加坡、泰国和印度尼西亚进口木制品的市场占有率

三、中国—东盟木制品贸易比较优势分析

本节我们将通过计算中国—东盟各国在木制品双边贸易的出口显示性比较优势和进口显示性比较优势来分析中国出口到东盟各国和从各国进口是否具有比较优势。

（一）中国对东盟木制品的出口显示性比较优势分析

基于中国出口到东盟各国的木制品显示性比较优势指数计算结果，我们绘制了图14.8来展示2000年、2005年、2010年、2015年和2016年中国对东盟各国第十类木制品的出口显示性比较优势指数。图14.9展示了中国对东盟各国第十类木制品的进口显示性比较优势指数，图14.10展示了中国对东盟各国第47类的出口显示性比较优势指数，图14.11展示了中国对东盟各国第47类的进口显示性比较优势指数，图14.12展示了中国对东盟各国第48类的出口显示性比较优势指数，图14.13展示了中国对东盟各国第48类的进口显示性比较优势指数，图14.14展示了中国对东盟各国第49类的出口显示性比较优势指数。

由图 14. 8 可以看出，中国对菲律宾、马来西亚、文莱、柬埔寨和越南的出口显示性比较优势普遍大于 1，说明中国对这些国家出口木制品的优势要高于中国向世界出口木制品的平均水平；中国对新加坡、泰国和印度尼西亚的出口显示性比较优势普遍小于 1，说明中国向这些东盟国家出口木制品的优势要低于中国向世界出口木制品的平均水平。

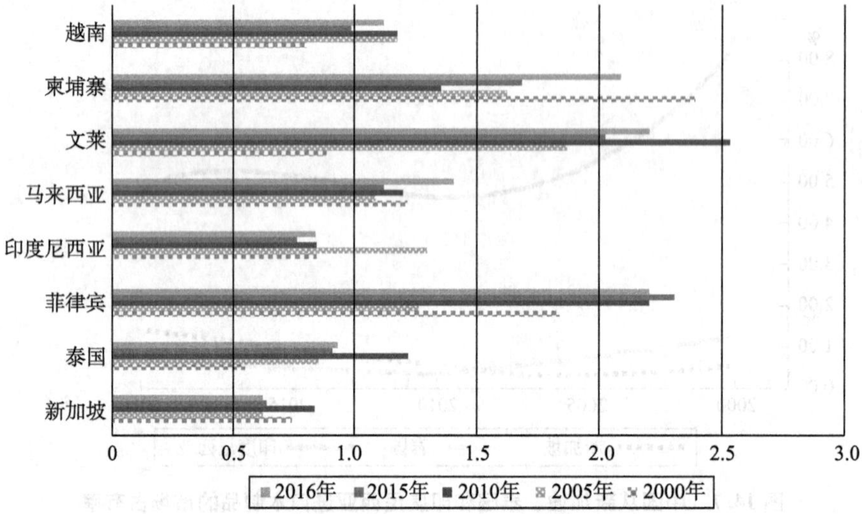

图 14. 8　中国对东盟各国第十类木制品出口显示性比较优势

（二）中国对东盟各国第十类木制品的进口显示性比较优势分析

通过图 14. 9 可以看出，东盟国家中，中国只有对印度尼西亚的进口显示性比较优势远大于 1，这说明印度尼西亚出口到中国的木制品具有较大的优势，其木制品在中国取得了一定的发展；而中国进口东盟其他国家，如越南、柬埔寨、文莱、马来西亚、菲律宾、泰国和新加坡的木制品则不具有比较优势；其中，泰国的进口显示性比较优势从 2000 年的 1. 35 降至 2016 年的 0. 47，从优势转变为劣势。

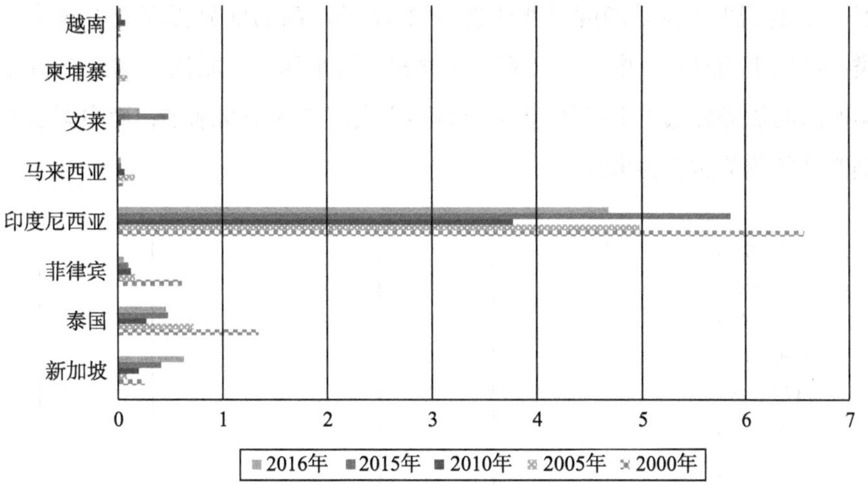

图 14.9　中国对东盟各国第十类木制品进口显示性比较优势

（三）中国对东盟各国第 47 类的显示性比较优势分析

第 47 类产品包括木材或其他纤维状纤维素材料的纸浆、回收（废物和废料）纸或纸板，如图 14.10 所示，从国家来看，中国对印度尼西亚、泰国和菲律宾出口第 47 类产品的出口显示性比较优势普遍大于 1，这说明中国对这些国家出口第 47 类产品的优势要高于中国向世界出口第 47 类产品的平均水平。中国向东盟大部分国家，如越南、文莱、马来西亚和新加坡出口第 47 类产品的优势要普遍低于中国向世界出口第 47 类产品的平均水平；其中，中国对越南的出口显示性比较优势从 2000 年的 6.08 降到 2016 年的 0.05，从优势转变成劣势。

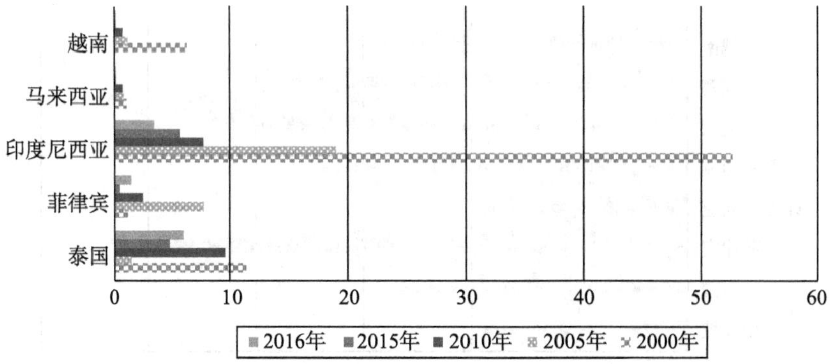

图 14.10　中国对东盟各国第 47 类出口显示性比较优势

如图 14.11 所示，从国家来看，东盟国家中，只有印度尼西亚的进口显示性比较优势大于1，这说明中国从印度尼西亚进口第47类产品的优势要高于中国从世界进口第47类产品的平均水平；中国从文莱、菲律宾、马来西亚、泰国、越南和新加坡进口第47类产品的优势要低于中国从世界进口第47类产品的平均水平；而中国从泰国进口第47类产品的优势转变为劣势。

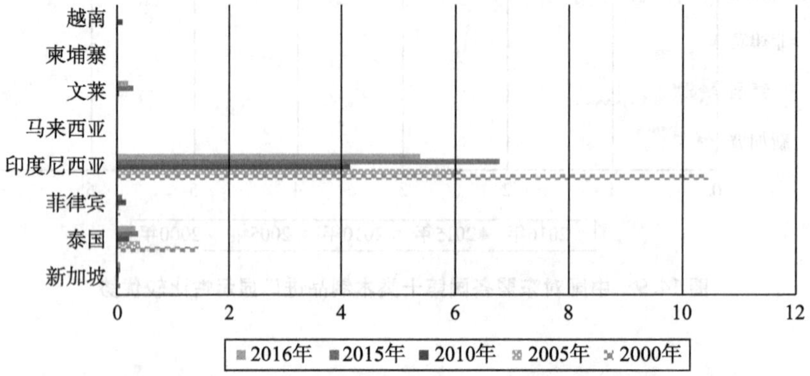

图 14.11　中国对东盟各国第 47 类进口显示性比较优势

（四）中国对东盟第48类的显示性比较优势分析

第48类产品包括纸和纸板、纸浆、纸或纸板。如图14.12所示，从国家来看，中国出口到越南、柬埔寨、文莱、马来西亚、菲律宾的出口显示性比较优势普遍大于1，这说明中国向这些国家出口第48类产品的优势要远高于中国向世界出口第48类产品的平均水平；泰国的数值位于1左右，具有一定的优势；而印度尼西亚和新加坡的数值普遍小于1，这说明中国对这些国家第48类产品的出口优势还不大。

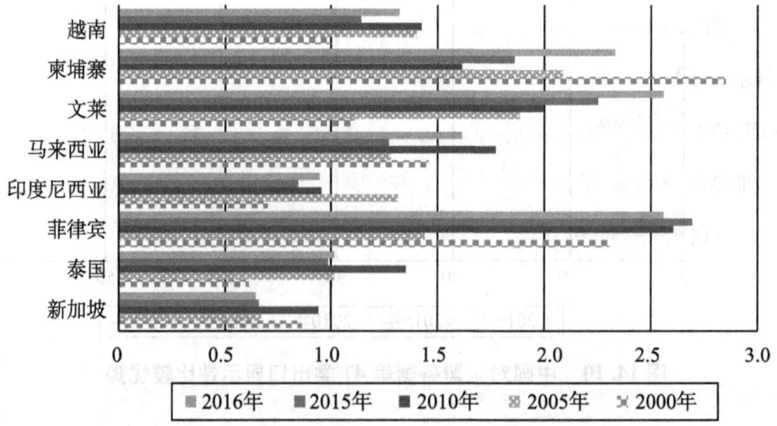

图 14.12　中国对东盟各国第 48 类出口显示性比较优势

如图 14.13 所示，东盟国家中，中国从印度尼西亚进口第 48 类产品的进口显示性比较优势远大于 1，说明中国从印度尼西亚进口第 48 类产品的优势要远大于中国从世界进口第 48 类产品的平均水平；泰国自 2000 年以来，大多数年份的进口显示性比较优势也大于 1；而其他国家，例如越南、柬埔寨、文莱、马来西亚、菲律宾和新加坡的数值都小于 1，说明中国从这些国家进口第 48 类产品的优势要低于中国从世界进口第 48 类产品的平均水平。

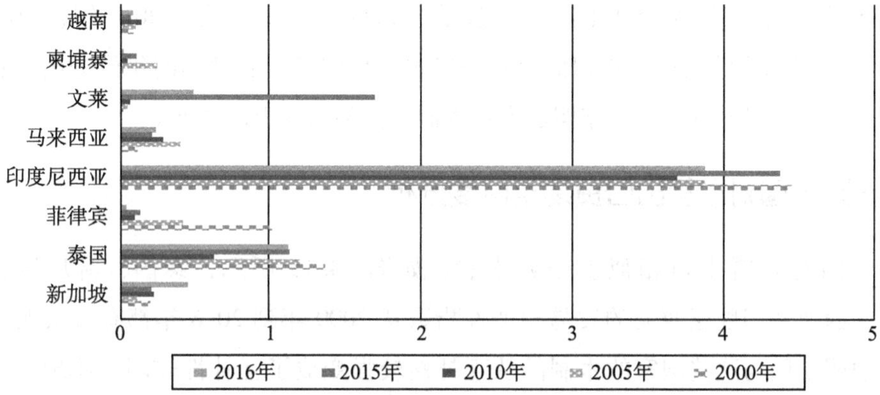

图 14.13　中国对东盟各国第 48 类进口显示性比较优势

（五）中国对东盟第 49 类的显示性比较优势分析

第 49 类产品包括印刷行业的印刷书籍、报纸、图片等产品，以及手稿、打字稿和计划。如图 14.14 所示，从国家来看，中国出口到东盟国家的第 49 类产品的出口显示性比较优势都小于 1，说明中国出口到东盟国家的第 49 类产品的优势要低于中国出口到世界的平均水平。

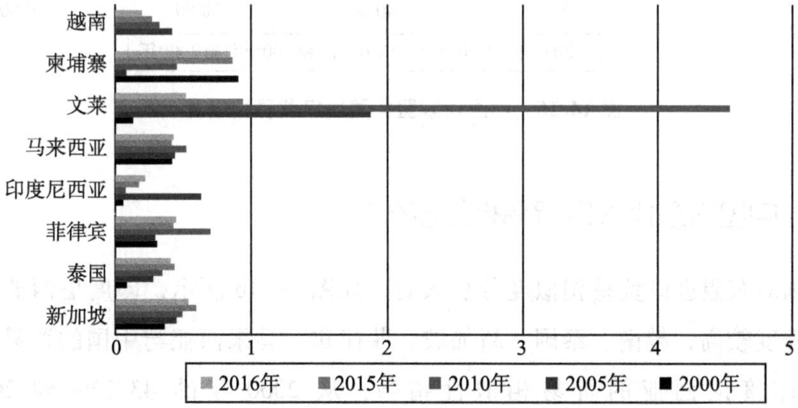

图 14.14　中国对东盟各国第 49 类出口显示性比较优势

然而，中国从新加坡进口的第49类产品的显示性比较优势要大于1，其他国家均小于1。

四、中国—东盟木制品贸易结构相似度分析

自2000年以来，经过了17年的经贸往来和发展，中国和东盟木制品的商品结构也有了一定的变化，图14.15与图14.16反映了2000年、2005年、2010年、2015年和2016年中国对东盟的出口贸易相似度和进口贸易相似度。通过不同年份进出口贸易相似度的变化，可以发现中国—东盟国家在木制品贸易结构上的改变。

（一）中国对东盟出口贸易相似度分析

从中国对东盟出口相似度分析来看，如图14.15所示，泰国、新加坡、菲律宾、马来西亚和印度尼西亚的贸易相似性指数从2000年到2016年都有着很明显的下降，这说明中国与这些国家的木制品从互补性较强变成了互补性较弱，体现了一定程度上结构的改变；其中，印度尼西亚从2000年的75.46%降至2016年的12.96%，马来西亚从2000年的73.97%降至2016年的9.77%。

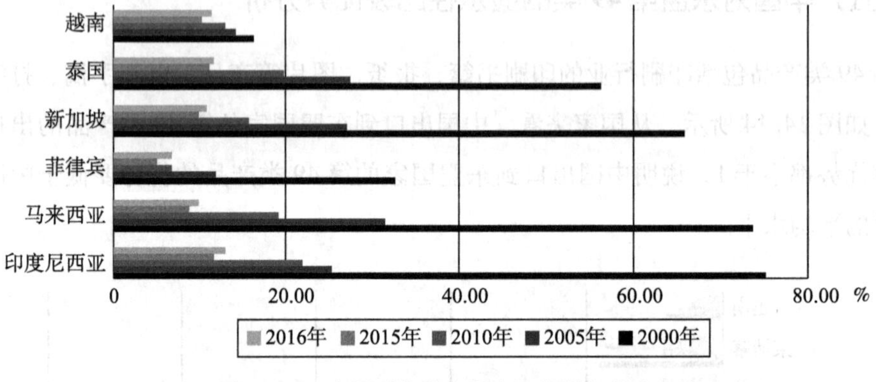

图14.15　中国对东盟各国出口贸易相似度

（二）中国对东盟进口贸易相似度分析

从中国对东盟进口贸易相似度分析来看，如图14.16所示，印度尼西亚与中国贸易的互补程度较高，越南、泰国、新加坡、菲律宾、马来西亚与中国的贸易互补程度较低；而印度尼西亚的贸易相似性指数，从2000年的43.12%到2016年的

21.94%，有着很明显的下降，体现了一定程度上结构的改变。

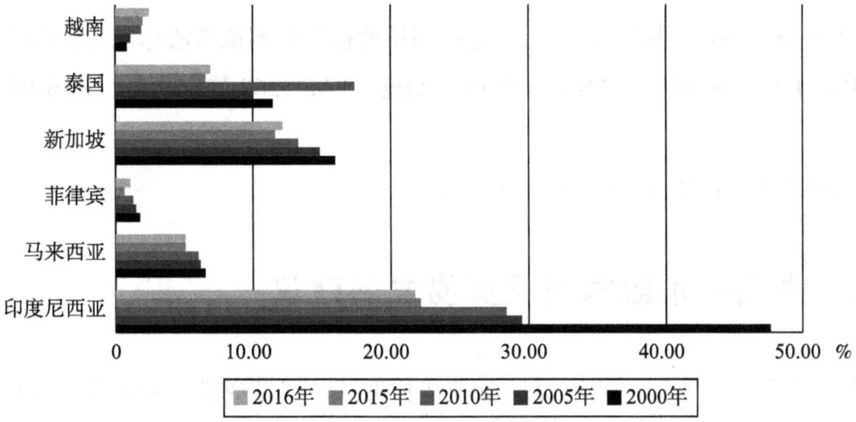

图 14.16 中国对东盟进口贸易相似度

五、中国—东盟木制品贸易技术壁垒分析

东南亚国家为保护本国木制品产业和提高本国木制品的国际化能力，保护本国市场和消费者的权益，各自出台了一些技术法规。但由于各国技术法规的实施各不相同，故对我国的出口影响有所不同。

（一）缅甸

缅甸联邦政府于 2011 年 9 月 1 日发布第 33/2011 号令，取消木、竹、藤制品出口贸易税，内容如下：①联邦政府为鼓励商品出口，根据贸易税法第八条第 D 款，取消对木、竹、藤制品出口所得征收的贸易税；②上述税收免除不含国有企业；③本命令有效期自 2011 年 9 月 1 日起至 2012 年 2 月 14 日止。

（二）越南

据《越南经济时报》2010 年 6 月 2 日报道，为帮助木制品生产企业克服困难，近日越南工贸部下发决定将海关税号为 44.07 的木制品进出口关税由 10%下调至 0%。

（三）菲律宾

2011 年 6 月 25 日，菲律宾贸易工业部产品标准局在官网上正式发布了菲律宾国家标准第 G/TBT/N/PHL/160 号通报《纸、纸板和纸浆、挂面纸板标准草案》。该标准草案 DPNS 167：2012 规定了组合板式结构生产中使用的挂面纸板要求，并且修订了 PNS 167：2000 标准。对挂面纸板进行取样和测试所依据的标准分别是挂面纸板的取样应依照标准 PNS ISO 186；同时对挂面纸板进行测试所依据的测试方法标准为：PNS ISO 187 调节、PNS ISO 536 克数、PNS ISO 2758 耐磨度、PNS 1268 静定指数、PNS ISO 535 水吸性。

该标准的生效日期为 2011 年 7 月 11 日。

六、中国—东盟木制品贸易发展建议

中国—东盟国家木制品双边贸易总额增长迅猛，贸易规模不断扩大，合作不断加强。中国出口到东盟木制品的市场占有率逐年上升，从东盟进口木制品的市场占有率在先下降后有一定回升。从国家来看，中国出口到越南和马来西亚木制品的市场占有率较高，中国从印度尼西亚进口的木制品的市场占有率虽呈现下降趋势，相较于东盟其他国家较高。中国出口到菲律宾、马来西亚、文莱、柬埔寨和越南的木制品的优势要高于中国出口到世界木制品的平均水平，中国从印度尼西亚进口的木制品高于中国从世界进口木制品的平均水平。

木制品产业是劳动密集型产业，随着发达国家劳动力成本的高企，木制品产业逐渐转向劳动力成本低廉的发展中国家。发展中国家大力推进工业化、城镇化进程，为当地劳动密集型的木制品产业的发展提供了机遇。凭借低廉的劳动力成本与丰富的土地和森林资源，东盟成为全球主要的木制品贸易地区之一。

分析当前木制品技术性贸易措施的趋势，首先，各国越来越重视木制品技术性贸易措施问题，纷纷出台法规、标准等保护本国人民的安全和健康，技术性贸易措施体系在不断完善；其次，技术指标要求越来越严格，从长远来看将有助于整体产业发展水平的提高，然而在短期内必将对国家贸易产生一定影响，还需要从贸易策略、市场选择、技术层面等加以克服；最后，技术性贸易措施与发达国家越来越接轨，标准大量采用发达国家标准或国际标准，随着经济水平的提高，各国的环保意识也在不断增强，对木材来源合法性的管理也在加强。除传统的技术性贸易壁垒外，知识产权壁垒已成为影响木制品出口的一种重要形式，尤其是木地板出口。目前地板锁扣安装专利被两家拥有核心技术的 Valinge 和 Unilin 公司垄断，我国企业一贯忽视知识产权保护，创新意识不足，知识产权已经成为限制我国木地板产业的“瓶颈”，导致企业利润降低，出口竞争力下降。

第十五章　纺织品

纺织品是中国和东盟诸国的传统重要产业，在很长的一段时间里是两个经济体出口总额的重要组成部分，也是两个经济体产业结构交集的重要一项。随着中国—东盟自由贸易区的正式成立，纺织行业作为双方同样比较强势的产业，在拥有广阔市场前景的同时必将伴随着激烈的竞争与合作。

基于中国与东盟国家纺织进出口贸易的实际情况，本章将利用第一篇介绍的贸易指数计算中国—东盟纺织品的进出口贸易结构、产品比较优势、市场进争性和产品互补性等指数，以期通过对中国—东盟纺织品贸易竞争性与互补性进行深入分析，提出改进中国与东盟在纺织品贸易上的国际分工和贸易关系的建议。

第十一类纺织品具体包括以下十四类商品：丝（第 50 类）；羊毛、细毛或粗毛动物毛，马毛纱和机织布（第 51 类）；棉（第 52 类）；其他蔬菜纺织纤维、纸纱和纸纱织造布（第 53 类）；人造丝（第 54 类）；人造短纤维（第 55 类）；填料、毡和无纺布，特殊纱线，绳索和电缆及其制品（第 56 类）；地毯等纺织地板（第 57 类）；特种织物、簇绒纺织品、花边、挂毯、下脚料和刺绣（第 58 类）；浸渍、涂层、覆盖或层压织物，适合工业用途的纺织制品（第 59 类）；针织或钩编织物（第 60 类）；服装和服装配件，针织或钩编（第 61 类）；服装和服饰配件，非针织或钩编织物（第 62 类）；其他纺织制品、套、穿着的衣服和磨损的纺织品、碎布（第 63 类）。

一、中国—东盟纺织品贸易概况

自 2000 年以来，中国—东盟国家纺织品双边贸易总额增长迅猛，贸易规模不断扩大。2000 年中国—东盟的纺织品贸易总额为 19. 14 亿美元；2010 年贸易总额增长到了 98. 82 亿美元；2016 年贸易总额则达到了 228. 53 亿美元，较 2000 年增长了近 10. 94 倍。

在我国与东盟的贸易总体处于逆差地位的情况下，我国纺织品贸易从贸易顺差转为贸易逆差。2000 年纺织品的贸易顺差为 7. 22 亿美元；2010 年转变为贸易逆差，达到 3. 51 亿美元；2016 年贸易逆差为 31. 16 亿美元。

（一）中国对东盟各国的纺织品出口分析

从图 15.1 可以看出，柬埔寨、印度尼西亚、马来西亚、新加坡、泰国和越南从中国进口纺织制品增长迅速。东盟其他国家，如文莱、老挝和缅甸从中国的进口额基本不超过 3 亿美元。其中，柬埔寨从 2000 年的 0.54 亿美元，增长到 2016 年的 26.93 亿美元；印度尼西亚从 2000 年的 2.15 亿美元，增长到 2016 年的 28.70 亿美元；马来西亚从 2000 年的 1.98 亿美元，增长到 2016 年的 19.09 亿美元；越南从 2000 年的 0.84 亿美元，增长到 2016 年的 71.63 亿美元，增长幅度最大。

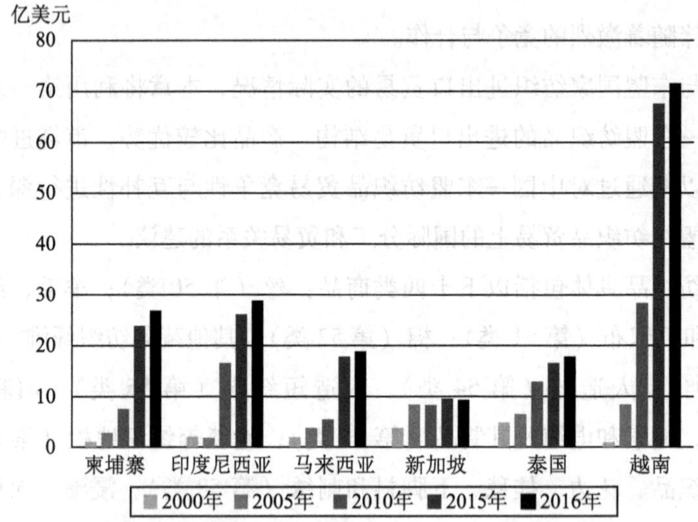

图 15.1　中国对柬埔寨、印度尼西亚、马来西亚、新加坡、泰国和越南出口的纺织品总额

（二）中国对东盟各国的纺织品进口分析

东盟国家中，印度尼西亚、马来西亚、泰国和越南的纺织品的生产和出口都具有一定的规模。其中，中国自越南进口的纺织品是东盟十国中最多的。如图 15.2 所示，越南出口到中国的纺织品从 2000 年的 0.11 亿美元增长至 2016 年的 25.87 亿美元，增长了约 234.18 倍；印度尼西亚从 2000 年的 0.53 亿美元增长到了 2015 年的 6.69 亿美元，2016 年下降到了 6.22 亿美元，降幅约为 7%。

东盟国家中，中国从文莱、柬埔寨、老挝、缅甸、菲律宾和新加坡进口的纺织品总额均不高，大多不超过 1 亿美元或者在 1 亿美元左右。

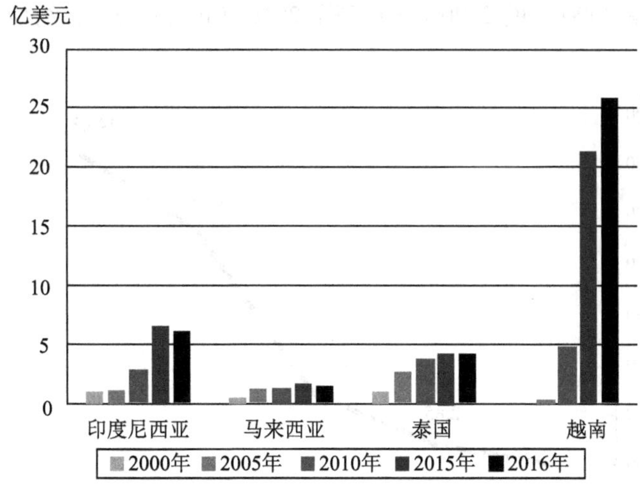

图 15.2　中国从印度尼西亚、马来西亚、泰国和越南进口的纺织品总额

二、中国—东盟纺织品贸易市场占有率分析

（一）中国—东盟纺织品贸易市场占有率分析

从图 15.3 可以看出，中国对东盟出口的纺织品占中国出口到世界该类产品的比重逐年上升，从 2000 年的 3.15%增长到了 2016 年的 7.14%，增长明显。

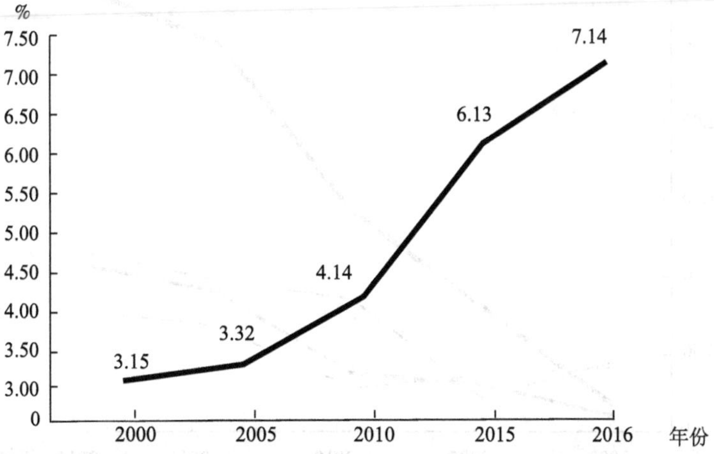

图 15.3　中国对东盟整体的出口市场占有率

同时，如图 15.4 所示，中国从东盟进口的纺织品占中国从世界进口该类产品的比

重也逐年上升，从 2000 年的 2. 20%增长到了 2016 年的 14. 43%，约增长了 5. 56 倍。

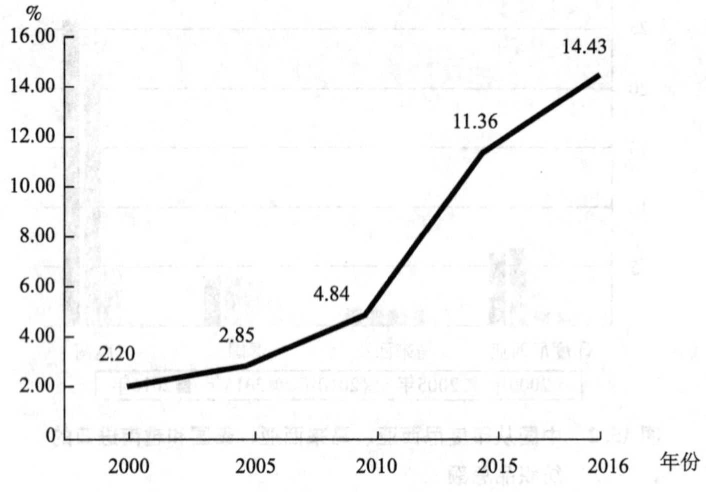

图 15. 4 中国对东盟整体的进口市场占有率

（二）中国出口到东盟的纺织品市场占有率分析

从国家来看，2000—2016 年，菲律宾、印度尼西亚和越南所占份额逐年上升，并且越南的增长幅度最大，如图 15. 5 所示，从 2000 年的 0. 17%增长到 2016 年的 2. 83%左右，这说明其也许能成为中国纺织品的主要出口目的地；柬埔寨有轻微的上涨。

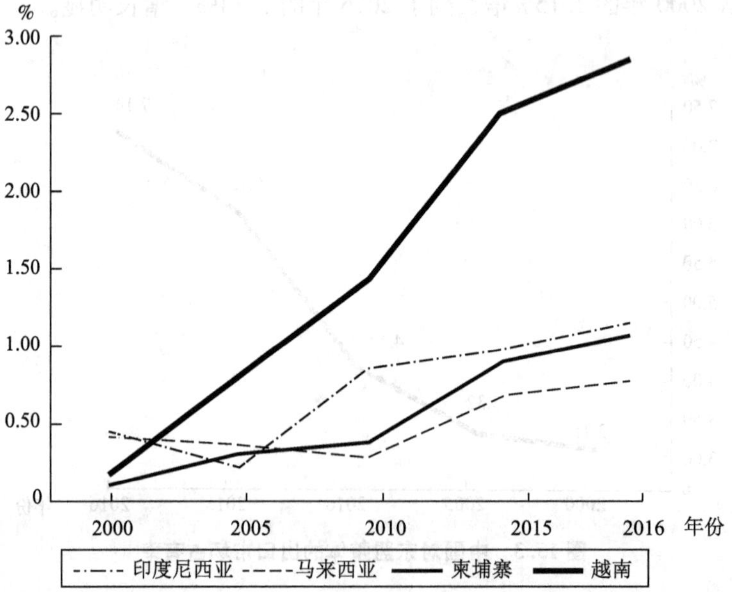

图 15. 5 中国出口到印度尼西亚、马来西亚、柬埔寨、越南的纺织品市场占有率

东盟十国中的部分国家从中国进口的纺织品的份额几乎为0，例如菲律宾和文莱；中国出口到泰国和新加坡的纺织品所占份额基本呈现出逐年下降的趋势，其中，如图15.6所示，新加坡从2000年的0.82%降至2016年的0.37%，泰国有轻微的下降。

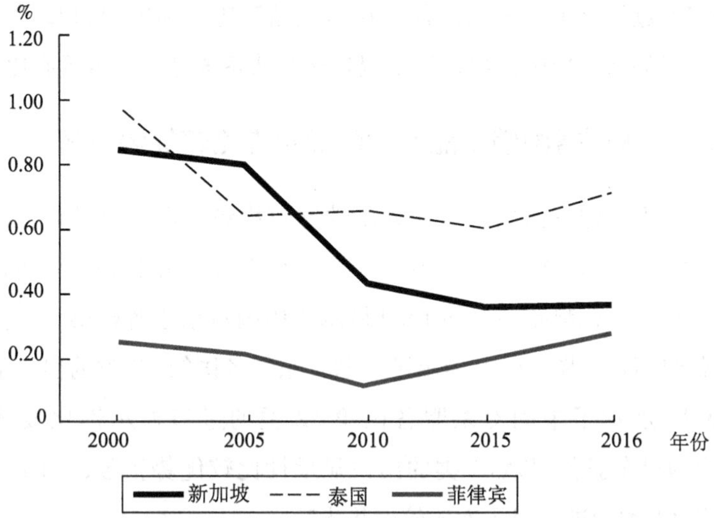

图15.6　中国出口到新加坡、泰国和菲律宾的纺织品市场占有率

（三）中国从东盟进口的纺织品市场占有率分析

从国家来看，东盟国家中，中国从菲律宾、文莱、柬埔寨、新加坡和马来西亚进口的纺织品的份额近似为0；泰国、印度尼西亚和越南所占份额逐年上升，如图15.7所示，其中越南所占份额最多，从2000年的0.07%升至2016年的9.12%，增长明显。

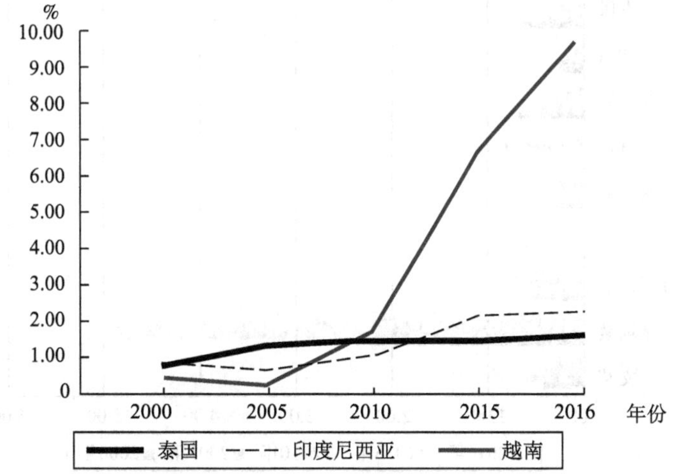

图15.7　中国从泰国、印度尼西亚和越南进口的纺织品市场占有率

三、中国—东盟纺织品贸易比较优势分析

本节我们将通过计算中国—东盟各国在纺织品双边贸易的出口显示性比较优势和进口显示性比较优势来分析中国出口到东盟各国和从各国进口是否具有比较优势。

（一）中国对东盟各国纺织品的出口显示性比较优势分析

基于中国出口到东盟各国的纺织品显示性比较优势指数计算结果，我们绘制了图15.8来展示2000年、2005年、2010年、2015年和2016年中国对东盟各国第十一类纺织品的出口显示性比较优势指数。图15.9展示了中国对东盟各国第十一类纺织品的进口显示性比较优势指数，图15.10展示了中国对东盟各国第52类的出口显示性比较优势指数，图15.11展示了中国对东盟各国第52类的进口显示性比较优势指数，图15.12展示了中国对东盟各国第61类的出口显示性比较优势指数，图15.13展示了中国对东盟各国第61类的进口显示性比较优势指数。

由图15.8可以看出，中国对柬埔寨自2000年的出口显示性比较优势一直大于1，对越南的出口显示性比较优势自2005年以来大于1，这说明中国向这些东盟国家出口纺织品的优势要高于中国向世界出口纺织品的平均水平，可认为近年来中国对柬埔寨、越南的出口地位也在不断上升；中国对东盟其他国家的出口显示性比较优势均小于1，这说明中国向这些东盟国家出口纺织品的优势要低于中国向世界出口纺织品的平均水平。

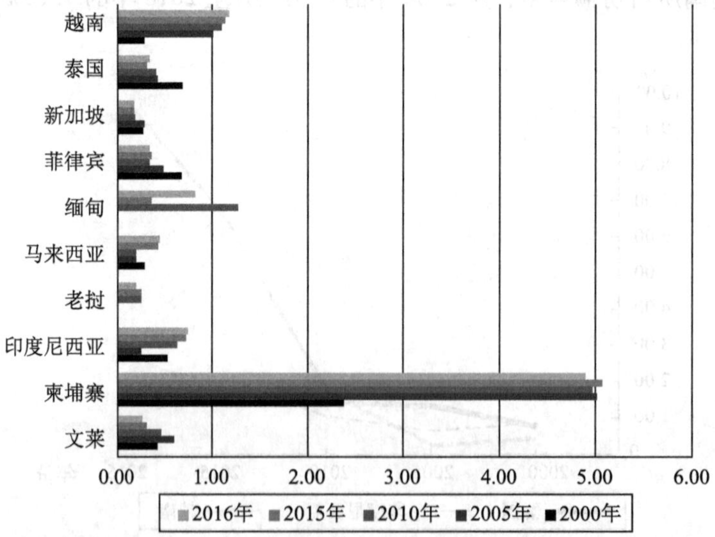

图15.8 中国对东盟各国第十一类纺织品出口显示性比较优势

（二）中国对东盟各国第十一类纺织品的进口显示性比较优势分析

通过图 15.9 可以看出，中国对柬埔寨和越南的进口显示性比较优势普遍大于 1，这说明这些国家出口到中国的纺织品具有一定的优势；印度尼西亚从 2000 年的 0.58 增长到 2016 年的 2.07，从劣势转变为优势；而中国进口东盟其他国家的纺织品则不具有比较优势。

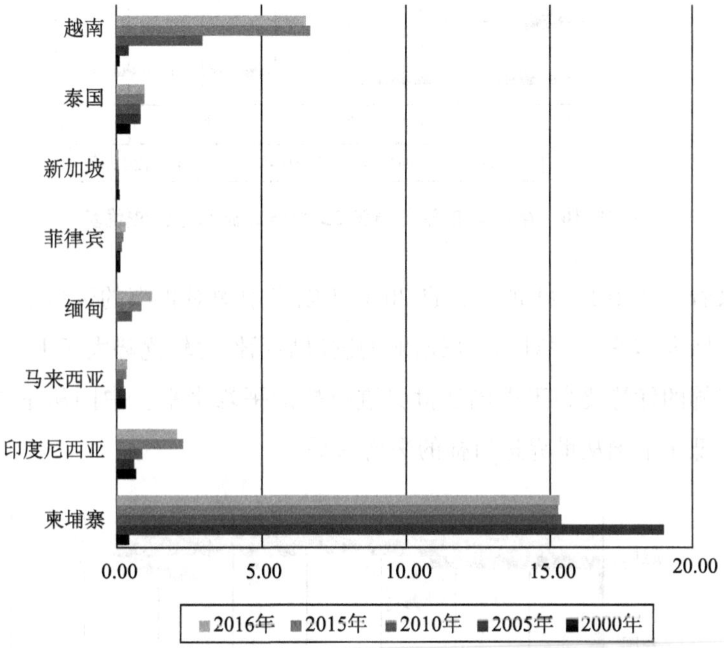

图 15.9　中国对东盟各国第十一类纺织品进口显示性比较优势

（三）中国对东盟各国第 52 类的显示性比较优势分析

第 52 类产品包括棉，从国家来看，如图 15.10 所示，自 2005 年以来柬埔寨、印度尼西亚和越南的出口显示性比较优势大于 1，这说明中国向这些国家出口棉的优势要高于中国向世界出口棉的平均水平；其中，印度尼西亚从 2000 年的 4.62 降到了 2016 年的 2.21，仍然大于1,但是优势减弱了。中国向文莱、老挝、缅甸、马来西亚和新加坡出口棉的优势要低于中国向世界出口棉的平均水平。

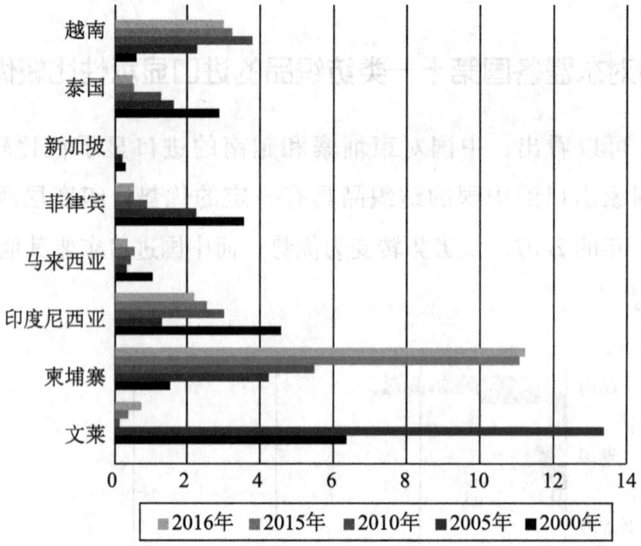

图 15.10　中国对东盟各国第 52 类出口显示性比较优势

从国家来看，如图 15.11 所示，自 2010 年以来中国对越南的进口显示性比较优势大于 1，自 2015 年以来中国对印度尼西亚的进口显示性比较优势大于 1，这说明中国从这些国家进口棉的优势要高于中国从世界进口棉的平均水平。中国从东盟其他国家进口棉的优势要低于中国从世界进口棉的平均水平。

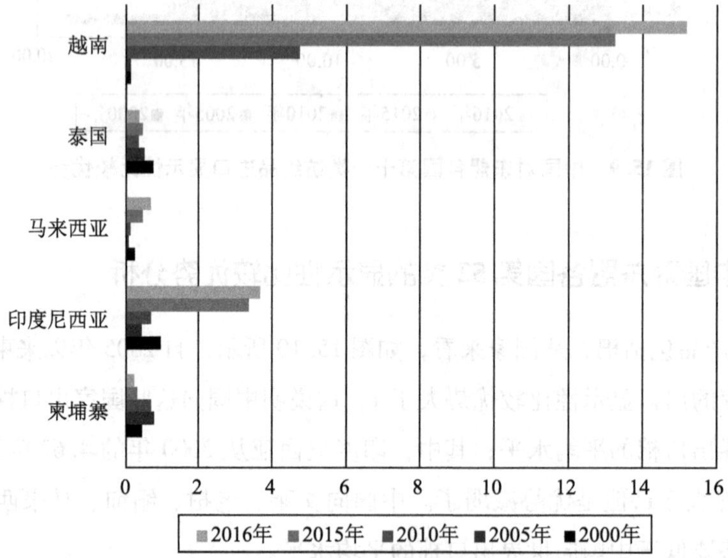

图 15.11　中国对东盟各国第 52 类进口显示性比较优势

（四）中国对东盟各国第61类的显示性比较优势分析

第61类产品包括服装和服装配件，针织或钩编，从国家来看，如图15.12所示，东盟国家的出口显示性比较优势均低于1，中国向东盟国家出口服装和服装配件，针织或钩编的优势要低于中国向世界出口服装和服装配件，针织或钩编的平均水平。

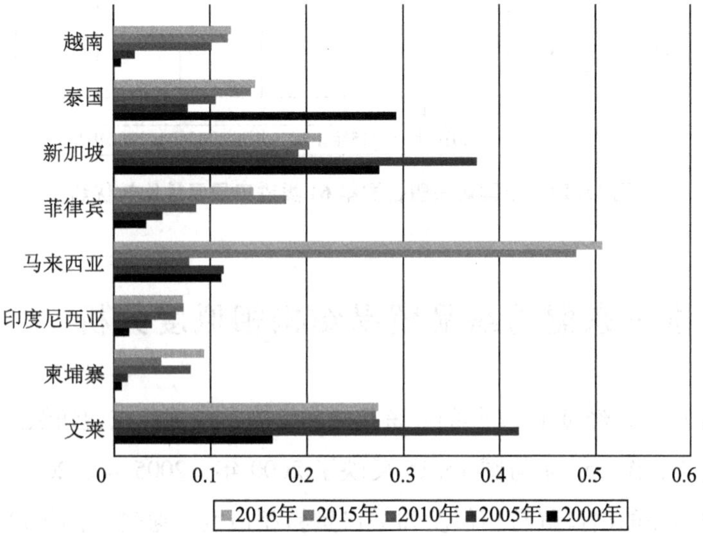

图15.12　中国对东盟各国第61类出口显示性比较优势

从国家来看，如图15.13所示，自2005年以来越南、泰国和印度尼西亚的进口显示性比较优势大于1，这说明中国从这些国家进口服装和服装配件，针织或钩编的优势要高于中国从世界进口服装和服装配件，针织或钩编的平均水平；菲律宾从2000年的4.32降低到2016年的0.78，由优势转变为了劣势；中国从东盟其他国家进口服装和服装配件，针织或钩编的优势要低于中国从世界进口服装和服装配件，针织或钩编的平均水平。

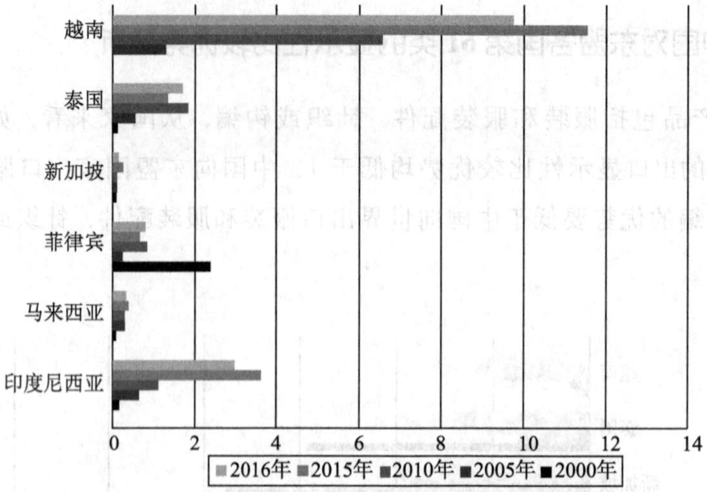

图 15.13 中国对东盟各国第 61 类进口显示性比较优势

四、中国—东盟纺织品贸易结构相似度分析

自 2000 年以来，经过了 17 年的经贸往来和发展，中国—东盟纺织品的商品结构也有了一定的变化，图 15.14 与图 15.15 反映了 2000 年、2005 年、2010 年、2015 年和 2016 年中国对东盟的出口贸易相似度和进口贸易相似度。通过不同年份进出口贸易相似度的变化，可以发现中国—东盟国家在纺织品贸易结构上的改变。

（一）中国对东盟出口贸易相似度分析

如图 15.14 所示，从中国对东盟出口贸易相似度分析来看，文莱、老挝和缅甸与中国的贸易互补程度较低；而印度尼西亚、马来西亚、菲律宾、新加坡和泰国的贸易相似性指数从 2000 年到 2016 年有着很明显的下降，这说明中国与这些国家的纺织品从互补性较强变成了互补性较弱，体现了一定程度上结构的改变；柬埔寨和越南则有一定程度的上升，柬埔寨从 2000 年的 1.00%增加到了 2016 年的 1.67%；越南从 2000 年的 4.06%增加到了 2016 年的 6.34%。

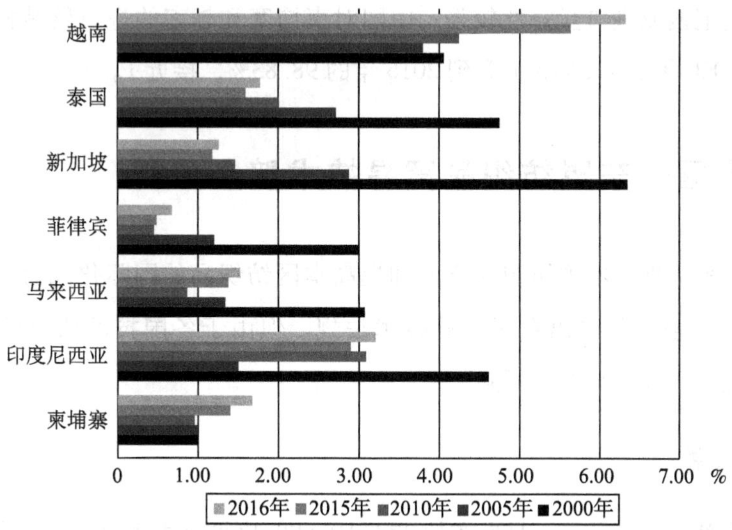

图 15.14 中国对东盟出口贸易相似度

（二）中国对东盟进口贸易相似度分析

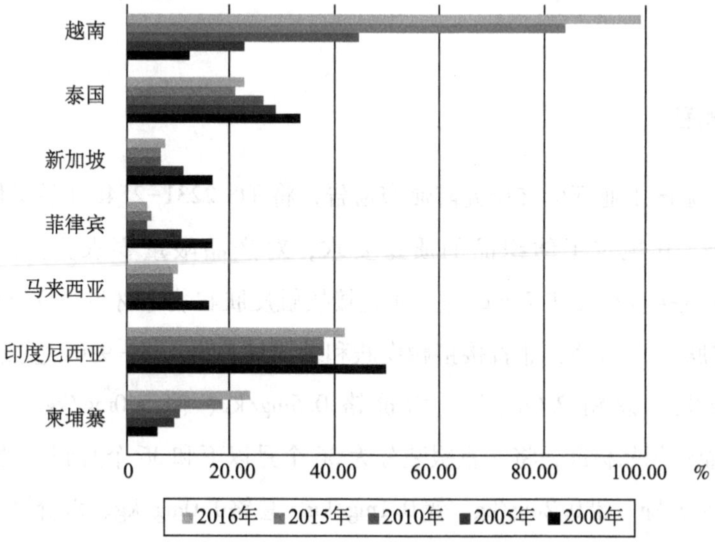

图 15.15 中国对东盟进口贸易相似度

从中国对东盟进口贸易相似度分析来看，如图 15.15 所示，印度尼西亚、马来西亚、菲律宾、新加坡和泰国的贸易相似性指数从 2000 年到 2016 年有着很明显的下降，这说明中国与这些国家纺织品从互补性较强变成了互补性较弱，体现了一定程度上结构的改变；其中，中国与印度尼西亚的进口贸易相似度基本保持在 35%以上，说明中国与印度尼西亚进口互补性较强；中国对柬埔寨和越南的进口贸易相似度越来越高，越南从2000年的12.68%上升到2016年的98.83%，接近1。

五、中国—东盟纺织品贸易技术壁垒分析

东南亚国家为保护本国纺织品产业和提高本国纺织品的国际化能力，保护本国市场和消费者的权益，各自出台了一些技术法规。但由于各国技术法规的实施各不相同，故对我国的出口影响有所不同。

（一）越南

越南工商部于2015年11月发布的37/2015/TT-BCT公告规定，在越南市场上销售的纺织品，除未经完整处理的纱及毛线坯料外，供36个月以下儿童使用的纺织品，甲醛残留量应≤30mg/kg（毫克/千克）；与皮肤直接接触的纺织品，甲醛残留量应≤75mg/kg；非皮肤接触的纺织品，甲醛残留量应≤300mg/kg；纺织品中芳香胺的残留量不得超过30mg/kg。在2016年11月发布的23/2016/TT-BCT通报对37/2015/TT-BCT公告进行了废除。

（二）泰国

2006年，泰国工业部标准研究院颁布通告，将TIS 2231-2548（后又修正2007版）作为强制标准。其规定了纺织品的质量要求，对产品限量要求为：禁用偶氮染料30mg/kg，甲醛直接接触皮肤75mg/kg、非直接接触皮肤和装饰材料为300mg/kg，pH值中直接接触皮肤4.5—7.5、非直接接触皮肤和装饰材料为4.5—9.0、重金属铅1.0mg/kg、镉0.1mg/kg、总铬2.0mg/kg、六价铬0.5mg/kg、铜5.0mg/kg。后又颁布TIS 2435-2552儿童纺织品标准，将儿童服装分为36个月以下和36个月到14岁，36个月以下要求甲醛20mg/kg、铅0.2mg/kg、镉0.1mg/kg、总铬1.0mg/kg、六价铬0.5mg/kg、铜2mg/kg，其余要求及36个月到14岁的服装要求与TIS 2231-2548直接接触皮肤要求相同，另外还对小零件拉力进行限制。2017年1月，泰国工业标准协会（Thai Industrial Standards Institute，TISI）简化了产品认证审批程序。泰国政府要求强制性认证的产品共有60个大类，涉及8个领域，包含了儿童服装。如果销售不符合标准的产品，最高可判监禁1个月及罚款5万泰铢（合9860元人民币）；进口商则最高可判监禁2年及罚款100万泰铢（合197200元人民币）。

（三）印度尼西亚

2012 年 7 月，印度尼西亚工业部通过法规 No. 72/M-IND/PER/7/2012，婴幼儿服饰应符合其国家标准 SNI 7617：2010 有关婴儿和儿童服装面料偶氮颜料和甲醛的规定。2013 年 3 月，工业部又发布通报：要求纺织品部分指标满足国家标准 SNI 7617：2013 强制要求，生效后取代政令 No. 72/M-IND/PER/7/2012。标准要求“零”甲醛要求（少于 20ppm 的结果在报告中可以写为“未检出”）适用于 36 个月龄或以下婴幼儿的服装，而 75ppm 的要求则适用于 36 个月龄以上的童装面料，可释放出禁用芳香胺类物质的偶氮染料儿童服装禁用，重金属限量（Cd 0.1mg/kg、Cu 0.25mg/kg、Pb 0.2mg/kg、Ni 1mg/kg）；生产商必须在产品上施加 SNI-SP 标识以证明产品通过产品认证满足 SNI 要求。

该国的纺织品的技术法规与泰国相似，以采用国际通用标准为主，但对纺织品中含有的可萃取重金属也引入强制性法规，增加了我国出口到该国的纺织品的检测成本，认证程序复杂，只能在其本国实验室认证，增加了认证成本和难度。

六、中国—东盟纺织品贸易发展建议

自 2000 年以来，中国—东盟国家纺织品双边贸易总额增长迅猛，贸易规模不断扩大。2016 年贸易总额达到了 228.53 亿美元，较 2000 年增长了近 15.07 倍。中国对东盟出口的纺织品占中国出口到世界该类产品的比重逐年上升，中国从东盟进口的纺织品占中国从世界进口该类产品的比重也持续上升。从国家来看，中国出口到菲律宾、印度尼西亚和越南的纺织品的市场占有率逐年上升，并且越南的增长幅度最大，中国从越南进口的纺织品的市场占有率最大。中国出口到越南的纺织品的优势要高于中国出口到世界的纺织品的平均水平，中国从越南和柬埔寨进口纺织品的优势要高于中国从世界进口纺织品的平均水平。

在中国—东盟自由贸易区背景下，首先，中国应提高纺织业的竞争力，提高纺织服装产品的附加值，尽早实现出口产品的结构转换。在当今全球经济一体化的进程中，各种商品的竞争不仅取决于价格因素，更取决于包括价格、质量和其他非价格因素在内的各种无形因素，如产品的技术、文化、品牌等。其次，中国应加强与东盟的合作，可能合作的领域有：纺织原料、加工品和技术合作。

第十六章　鞋帽

我国是世界主要的鞋帽类产品消费市场，近年来我国鞋帽类消费额稳步增长。在国内所有出口行业中，目前纺织服装鞋帽制造业的国际市场份额最高，而其承受转型升级的压力也最大。我国纺织服装鞋帽制造业综合竞争力长期居于全球领先地位，在国内所有出口行业中，纺织服装鞋帽制造业的国际市场份额最高。然而，作为传统劳动密集型行业，纺织服装鞋帽制造业也是率先承受转型升级压力的行业。

基于这种背景，本章将基于贸易指数对中国—东盟在鞋帽行业的进出口贸易结构、产品比较优势、市场竞争性和产品互补性方面进行分析，探析中国—东盟在鞋帽行业贸易上的竞争性、互补性及其深层原因，提出改进中国—东盟在鞋帽领域的国际分工和贸易关系的建议。

第十二类鞋帽具体包括以下四类商品：鞋类、鞋子等（第64类）；头饰及其部分（第65类）；雨伞、太阳伞、手杖、座椅棒、鞭子、骑马作物及其部分（第66类）；羽毛和羽毛制成的物品、人造花、人类头发的物品（第67类）。

一、中国—东盟鞋帽贸易概况

自2000年以来，中国—东盟国家鞋帽双边贸易总额增长迅猛，贸易规模不断扩大。2000年中国—东盟的鞋帽贸易总额为2.07亿美元；2010年贸易总额增长到了12.21亿元美元；2016年贸易总额则达到了32.37亿美元，较2000年增长了近15.64倍。

在我国与东盟的贸易总体处于逆差地位的情况下，我国在鞋帽贸易上一直到2016年都处于顺差地位。2000年鞋帽的贸易顺差为1.87亿美元；2010年贸易顺差达到了7.16亿美元；2016年贸易顺差为4.45亿美元。

（一）中国对东盟各国的鞋帽出口分析

从图16.1可以看出，印度尼西亚、马来西亚、菲律宾、新加坡、泰国和越南从中国进口鞋帽增长迅速。印度尼西亚从2000年的0.22亿美元，增长到2016年的2.75亿美元；马来西亚从2000年的0.35亿美元，增长到2016年的3.76亿美元；越南从2000

年的0.16亿美元，增长到2016年的4.39亿美元。

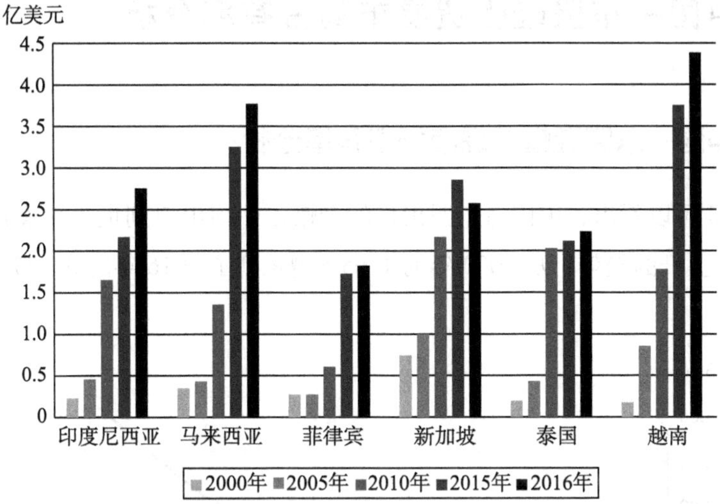

图16.1　中国对印度尼西亚、马来西亚、菲律宾、新加坡、泰国和越南出口的鞋帽总额

（二）中国对东盟各国的鞋帽进口分析

东盟国家中，越南的鞋帽生产和出口都具有一定的规模。其中，中国自越南进口的鞋帽是东盟十国中最多的。如图16.2所示，越南出口到中国的鞋帽从2000年的0.04亿美元增长至2016年的9.36亿美元；印度尼西亚从2000年的0.04亿美元增长到2016年的3.93亿美元。然而，中国从其他东盟国家，如文莱、柬埔寨、老挝、缅甸、马来西亚、菲律宾和泰国进口的鞋帽总额均不高，大多不超过1亿美元。

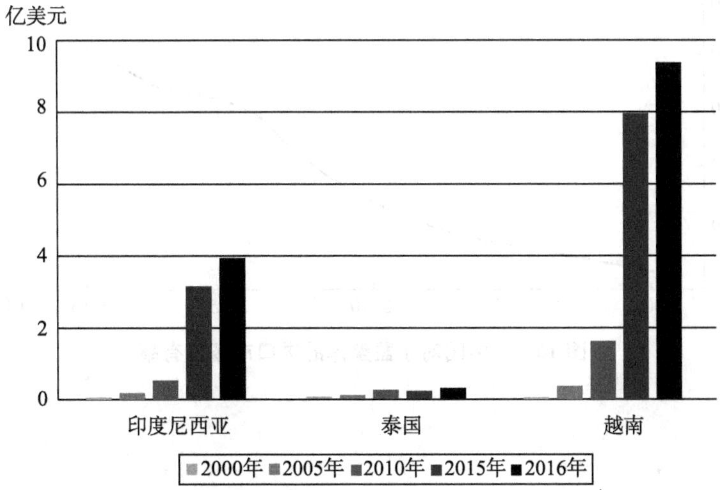

图16.2　中国从印度尼西亚、泰国和越南进口的鞋帽总额

二、中国—东盟鞋帽贸易市场占有率分析

（一）中国—东盟鞋帽贸易市场占有率分析

从图 16.3 可以看出，中国对东盟出口的鞋帽占中国出口到世界该类产品的比重基本呈现出逐年上升的趋势，从 2000 年的 1.65%增长到了 2016 年的 3.03%，增长明显。

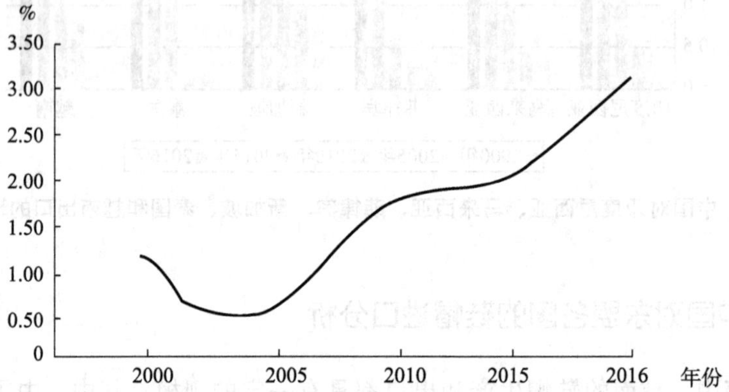

图 16.3　中国对东盟整体的出口市场占有率

同时，如图 16.4 所示，中国从东盟进口的鞋帽占中国从世界进口该类产品的比重逐年上升，从 2000 年的 2.45%增长到 2016 年的 41.45%，增加了约 15.92 倍。

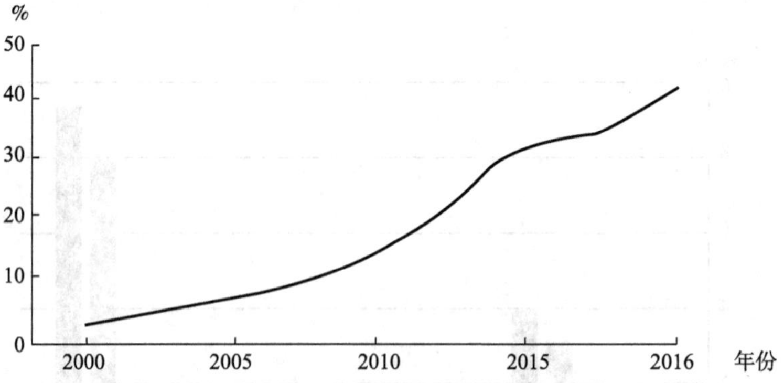

图 16.4　中国对东盟整体的进口市场占有率

（二）中国出口到东盟的鞋帽市场占有率分析

从国家来看，东盟中的部分国家从中国进口的鞋帽的份额几乎为 0，如柬埔寨和文莱；2000—2016 年，如图 16.5 所示，马来西亚和越南所占份额基本逐年上升，并且越南的增长幅度最大，从 2000 年的 0.14%增长到 2016 年的 0.74%左右，这说明越南也许能成为中国鞋帽的主要出口目的地；马来西亚从 2000 年的 0.30%增长到 2016 年的 0.63%。

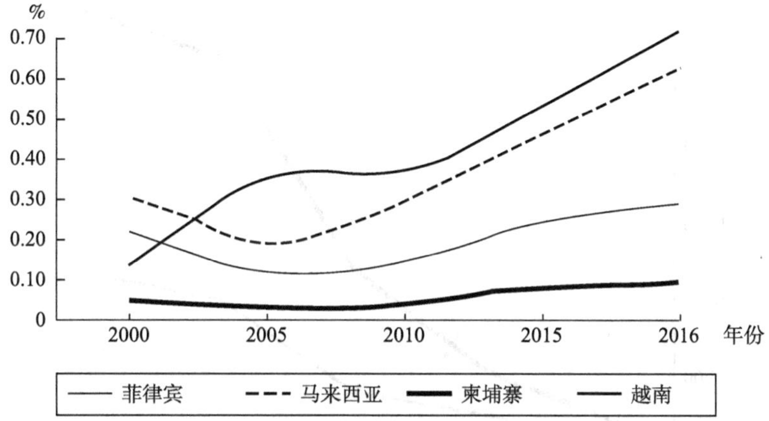

图 16.5 中国出口到菲律宾、马来西亚、柬埔寨和越南的鞋帽市场占有率

东盟十国中，如图 16.6 所示，中国出口到泰国、印度尼西亚的市场占有率波动比较大，整体呈上升趋势，且均在 2015 年有了些许的下降；中国对新加坡的出口市场占有率呈现出逐年递减的趋势，从 2000 年的 0.62%降至 2016 年的 0.43%。

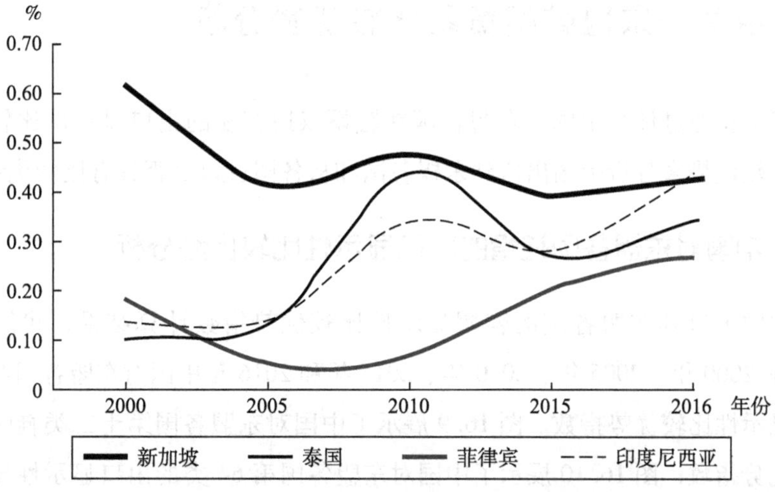

图 16.6 中国出口到新加坡、泰国、菲律宾和印度尼西亚的鞋帽市场占有率

（三）中国从东盟进口的鞋帽市场占有率分析

从国家来看，东盟国家中，中国从菲律宾、文莱、柬埔寨和马来西亚进口的鞋帽的份额近似为0；泰国所占份额最多，如图16.7所示，从2000年的0.88%增至2016年的27.89%，增长明显。

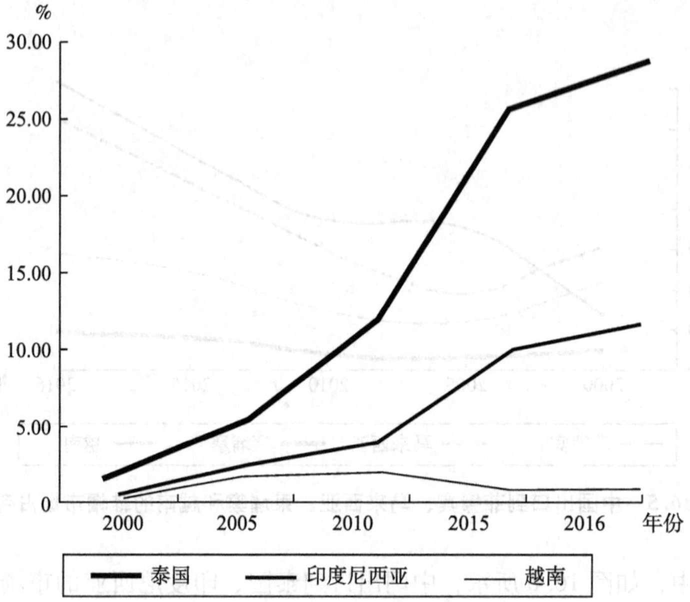

图16.7 中国从泰国、印度尼西亚和越南进口鞋帽的市场占有率

三、中国—东盟鞋帽贸易比较优势分析

本节我们将通过计算中国—东盟各国在鞋帽双边贸易的出口显示性比较优势和进口显示性比较优势来分析中国出口到东盟各国和从各国进口是否具有比较优势。

（一）中国对东盟各国鞋帽的出口显示性比较优势分析

基于中国出口到东盟各国的鞋帽显示性比较优势指数计算结果，我们绘制了图16.8来展示2000年、2005年、2010年、2015年和2016年中国对东盟各国第十二类鞋帽的出口显示性比较优势指数。图16.9展示了中国对东盟各国第十二类鞋帽的进口显示性比较优势指数，图16.10展示了中国对东盟各国第64类的出口显示性比较优势指数，图16.11展示了中国对东盟各国第64类的进口显示性比较优势指数，图16.12展示了中国对东盟各国第 65 类的出口显示性比较优势指数，图 16. 13 展示了中国对东盟各国第 65 类的进口显示性比较优势指数，图 16. 14 展示了中国对东盟各国第 66 类的出口显示性比较优势指数。

由图 16. 8 可以看出，中国对东盟国家的出口显示性比较优势都小于 1，这说明中国向东盟国家出口鞋帽的优势要低于中国向世界出口鞋帽的平均水平。

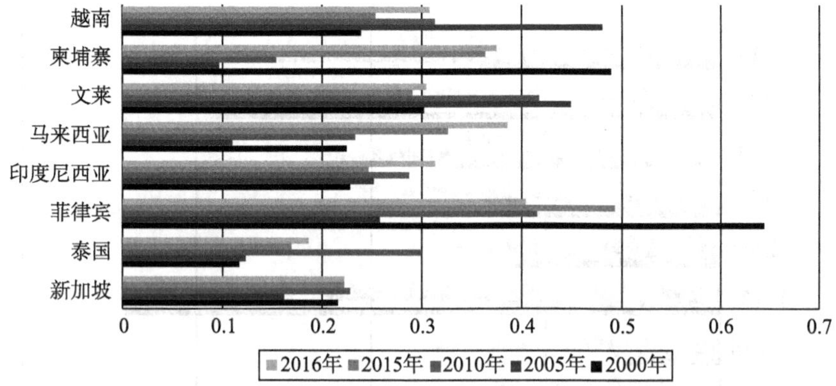

图 16. 8　中国对东盟各国第十二类鞋帽出口显示性比较优势

（二）中国对东盟各国第十二类鞋帽的进口显示性比较优势分析

通过图 16. 9 可以看出，东盟国家中，中国对越南、柬埔寨和印度尼西亚的进口显示性比较优势普遍大于 1，这说明中国从这些国家进口鞋帽具有较大的优势，其鞋帽在中国取得了一定的发展；其中，印度尼西亚的进口显示性比较优势从 2000 年的 0. 70 增长至 2016 年的 11. 08，从劣势转变为优势；而中国进口东盟其他国家，如文莱、马来西亚、菲律宾、泰国和新加坡的鞋帽则不具有比较优势。

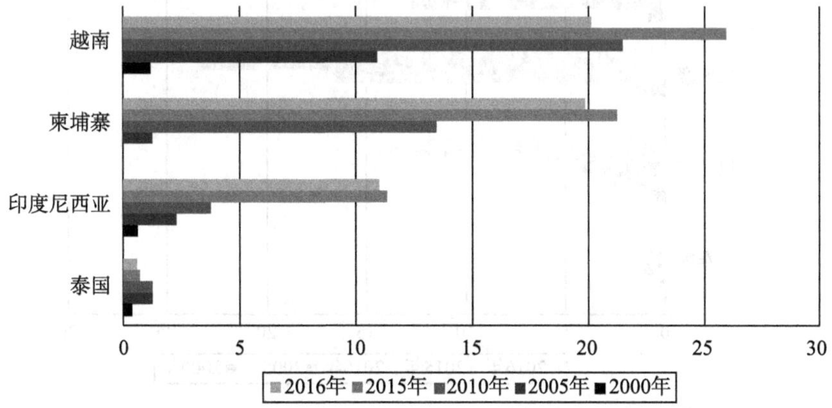

图 16. 9　中国对东盟各国第十二类鞋帽进口显示性比较优势

（三）中国对东盟各国第 64 类的显示性比较优势分析

第 64 类产品包括鞋类、鞋子等，从国家来看，如图 16.10 所示，中国对东盟国家出口第 64 类产品的出口显示性比较优势都小于 1，这说明中国向东盟大部分国家出口第 64 类产品的优势要普遍低于中国向世界出口第 64 类产品的平均水平。

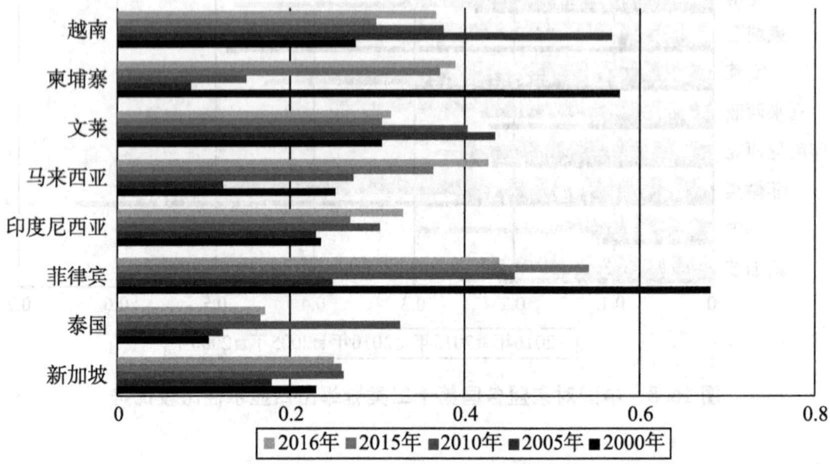

图 16.10　中国对东盟各国第 64 类出口显示性比较优势

从国家来看，如图 16.11 所示，东盟国家中，中国对越南、柬埔寨和印度尼西亚的进口显示性比较优势普遍大于 1，这说明中国从这些国家进口第 64 类产品的优势要高于中国从世界进口第 64 类产品的平均水平；中国从文莱、菲律宾、马来西亚、泰国和新加坡进口第 64 类产品的优势要低于中国从世界进口第 64 类产品的平均水平。

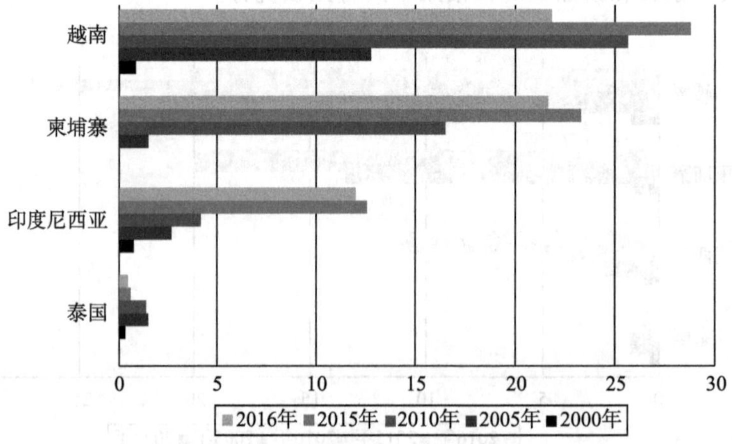

图 16.11　中国对东盟各国第 64 类进口显示性比较优势

（四）中国对东盟各国第 65 类的显示性比较优势分析

第 65 类产品包括头饰及其部分。从国家来看，如图 16.12 所示，中国出口到东盟国家的出口显示性比较优势都小于 1，这说明中国向这些国家出口第 65 类产品的优势要低于中国向世界出口第 65 类产品的平均水平。

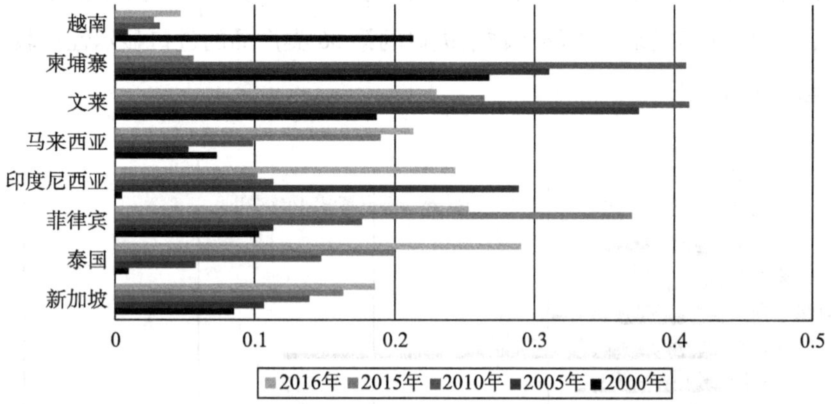

图 16.12　中国对东盟各国第 65 类出口显示性比较优势

东盟国家中，如图 16.13 所示，中国从越南进口第 65 类产品的进口显示性比较优势远大于 1，说明中国从越南进口第 65 类产品的优势要远大于中国从世界进口第 65 类产品的平均水平；印度尼西亚的进口显示性比较优势从 2005 年的 1.55 降到了 2016 年的 0.54，从优势转变成劣势；而其他国家，如柬埔寨、文莱、马来西亚、菲律宾、泰国和新加坡的数值普遍小于 1，说明中国从这些国家进口第 65 类产品的优势要低于中国从世界进口第 65 类产品的平均水平。

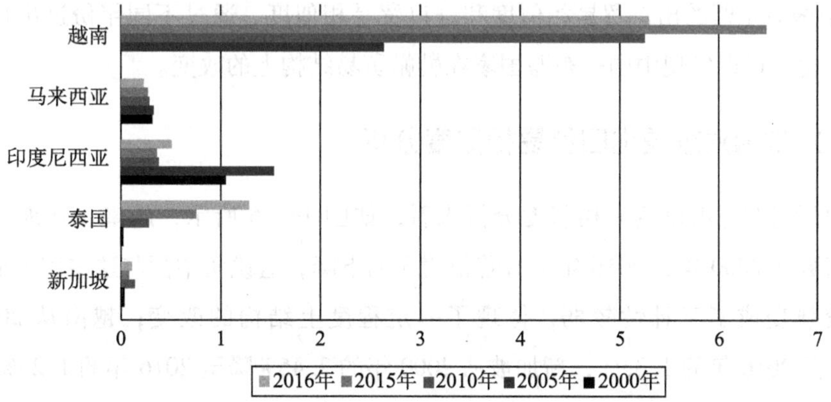

图 16.13　中国对东盟各国第 65 类进口显示性比较优势

（五）中国对东盟各国第 66 类的显示性比较优势分析

第 66 类产品包括雨伞、太阳伞、手杖、座椅棒、鞭子、骑马作物及其部分。从国家来看，如图 16.14 所示，中国出口到东盟国家的第 66 类产品的出口显示性比较优势都小于 1，说明中国出口到东盟国家的第 66 类产品的优势要低于中国出口到世界的平均水平；其中，柬埔寨从 2000 年的 0.02 增长到 2016 年的 1.39，从劣势转变为优势。

然而，自 2015 年以来，中国从越南进口的第 66 类产品的进口显示性比较优势要大于 1，其他国家均小于 1。

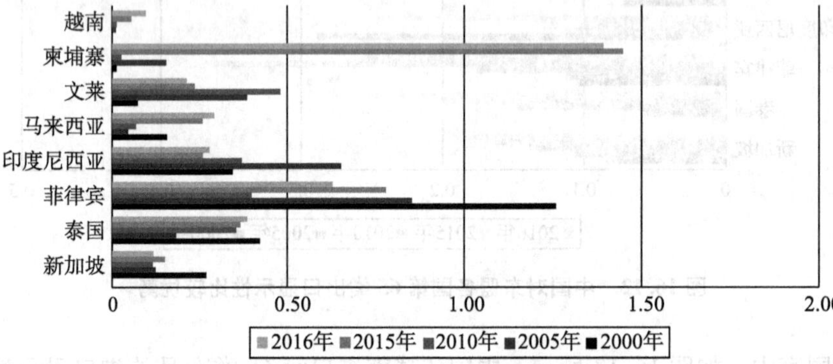

图 16.14　中国对东盟各国第 66 类出口显示性比较优势

四、中国—东盟鞋帽贸易结构相似度分析

自 2000 年以来，经过了 17 年的经贸往来和发展，中国和东盟鞋帽的商品结构也有了一定的变化，图 16.15 与图 16.16 反映了 2000 年、2005 年、2010 年、2015 年和 2016 年中国对东盟的出口贸易相似度和进口贸易相似度。通过不同年份进出口贸易相似度的变化，可以发现中国—东盟国家在鞋帽贸易结构上的改变。

（一）中国对东盟出口贸易相似度分析

从中国对东盟出口贸易相似度分析来看，如图 16.15 所示，越南、新加坡的贸易相似性指数从 2000 年到 2016 年都有着很明显的下降，这说明中国与这些国家的鞋帽从互补性较强变成了互补性较弱，体现了一定程度上结构的改变；越南从 2000 年的 2.58%降至 2016 年的 1.33%，新加坡从 2000 年的 2.45%降至 2016 年的 1.23%。

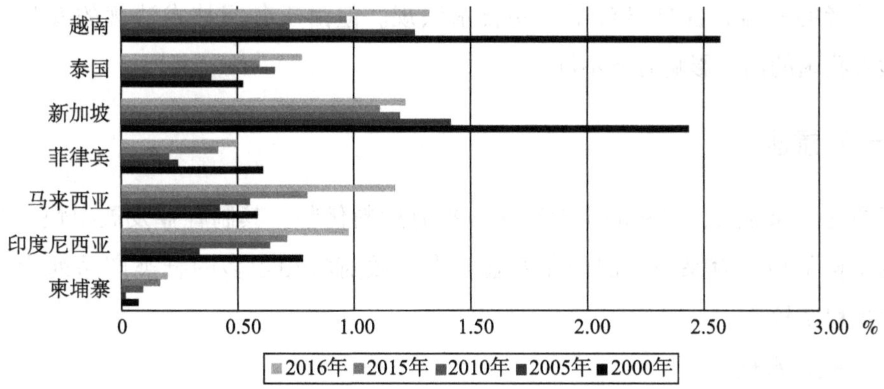

图 16.15 中国对东盟出口贸易相似度

(二)中国对东盟进口贸易相似度分析

从中国对东盟进口贸易相似度分析来看，如图 16.16 所示，泰国、印度尼西亚与中国贸易的互补程度较高，越南、新加坡、菲律宾、马来西亚、柬埔寨与中国的贸易互补程度较低；其中，印度尼西亚的贸易相似性指数从 2000 年的 22.99%到 2016 年的 66.21%，有着很明显的上升，体现了一定程度上结构的改变。

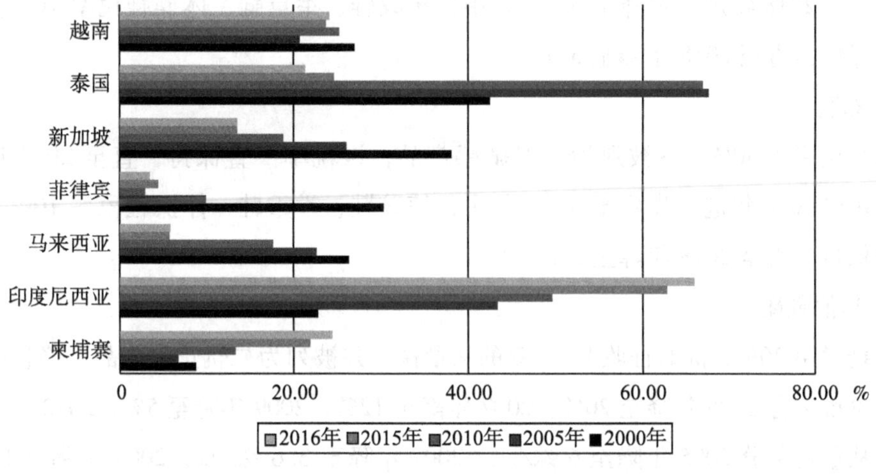

图 16.16 中国对东盟进口贸易相似度

五、中国—东盟鞋帽贸易技术壁垒分析

东南亚国家为保护本国鞋帽产业和提高本国鞋帽产品的国际化能力，保护本国市场和消费者的权益，各自出台了一些技术法规。但由于各国技术法规的实施各不相同，故对我国的出口影响有所不同。

（一）泰国

泰国是全球橡胶、塑料的主要产区，拥有原料优势，其制鞋业发展很快，已成为新兴的制鞋基地。为保护其国内制鞋业，泰国政府将相当多的鞋类产品列为敏感产品，保护程度较高。

1. 水鞋、水靴

泰国水鞋、水靴的实施税率为 30%，并被列为一般敏感产品，该税率一直保持，直至 2012 年降至 20%，并在 2018 年进一步降至 5%。

2. 橡胶、塑料鞋靴

该类产品税率为 30%，并被列为一般敏感产品，该税率一直保持，直至 2012 年降至 20%，并在 2018 年进一步降至 5%。其中摔跤鞋税率 10%，该税率一直保持，直至 2018 年降至 5%。

3. 皮鞋

皮鞋税率均为 30%，并被列为一般敏感产品，该税率一直保持，直至 2012 年降至 20%，并在 2018 年进一步降至 5%。其中，摔跤鞋、举重鞋、体操鞋税率 10%，该税率一直保持，直至 2018 年降至 5%。

4. 布鞋

布鞋税率为 30%，并被列为一般敏感产品，该税率一直保持，直至 2012 年降至 20%，并在 2018 年进一步降至 5%。其中，摔跤鞋、举重鞋、体操鞋税率 10%，该税率一直保持，直至 2018 年降至 5%。

5. 其他鞋靴

皮鞋税率 30%，同时征收 9 铢/双的从量税，并被列为二轨正常产品。降税模式如下：从价税部分 2005 年降至 20%，2007 年降至 12%，2009 年降至 5%，2012 年实现零关税；从量税部分 2005 年降至 6 铢/双，2007 年降至 3. 6 铢/双，2009 年降至 1. 5 铢/双，2012 年实现零关税。

布鞋税率为 40%，同时征收 12 铢/双的从量税，并被列为二轨正常产品。降税模式与上述皮鞋相同；其中，以羊毛法兰绒制鞋底和鞋面的税率 37%，从量税为 11. 1 铢/双，降税模式也与皮鞋相同。

6. 鞋靴零件

税率均为 10%，并被列为二轨正常产品。2005 年保持该税率，2007 年降至

8%，2009 年降至 5%，2012 年实现零关税。

（二）印度尼西亚

印度尼西亚工业部金属、机械、纺织及多种行业司 2008 年 10 月 15 日发布了第 G/TBT/N/IDN/20 号通报，标题为“工业部关于注塑成型聚氨酯和热塑塑料鞋底安全皮鞋印度尼西亚强制国家标准的法令草案”。SNI：12-7079-2005；固特异沿条安全皮鞋的质量和检验方法 SNI：12-7037-2004；硫化成型橡胶鞋底安全皮鞋 SNI：12-0111-1987。

法令草案宣布了在该国国内生产或进口、在国内分销及销售的安全鞋应满足的 SNI 要求。生产商或进口商应具备使用 SNI 标志的产品认证并且应符合 SNI 要求。SNI 标志的产品认证应由印度尼西亚国家认可机构 KAN 认可或工业部指定的产品认证机构通过以下程序颁发：SNI 的安全鞋质量合格检验；QMS（质量管理系统）SNI：19-9001-2001/ISO9001-2000 及其修订的实施审核。检验和 QMS 审核可转包给检验实验室和 KAN 认可或与 KAN 签署了相互承认协定（MRA）及与印度尼西亚有双边或多边技术协定的外国认可机构认可的印度尼西亚 QMS 认证机构。工业部金属、机械、纺织及多种行业司是负责执行此法令的机构并且为法令提供技术指导，包括产品认证程序和 SNI 标志。在其国内市场分销的国内生产及进口安全鞋应符合 SNI：12-7079-2005，HS：6403. 40. 00. 00；SNI：12 - 7037 - 2004，HS：6403. 40. 00. 00；No. SNI：12 - 0111 - 1987，HS：6403. 40. 00. 003 等 3 个标准组成的安全鞋要求。这些标准规定了范围、术语和定义、鞋的设计和部件、质量要求、取样、检验方法、验收、标志要求。

该法令拟批准日期：通报之后 2 个月。拟生效日期：批准之后 6 个月。提意见截止日期：自通报之日起 60 天。

六、中国—东盟鞋帽贸易发展建议

中国—东盟国家鞋帽双边贸易总额增长迅猛，贸易规模不断扩大，合作不断加强。中国出口到东盟鞋帽产品的市场占有率基本呈现出逐年上升的趋势，从东盟进口鞋帽的市场占有率逐年上升。从国家来看，中国出口到越南和马来西亚鞋帽的市场占有率较高，中国从越南进口鞋帽的市场占有率较高。中国出口到东盟国家鞋帽的优势都要低于中国出口到世界东盟的平均水平，中国从越南、柬埔寨和印度尼西亚进口鞋帽的优势普遍高于中国从世界进口鞋帽的平均水平。

我国鞋帽类企业产能比较充足。制鞋、帽业是典型的劳动密集型产业，由于我国人口众多，劳动力成本较低，制鞋、帽业早已成为我国的传统产业。东盟零关税市场发展契机良好。2010 年 1 月 1 日，中国—东盟自贸区全面建成，东盟对中国鞋类产品进口实行零关税政策。

我国鞋帽类企业应对挑战的对策：①防止低价竞销带来的贸易摩擦风险。所谓低价竞销是指外贸企业之间在出口时，相互竞价、自压价格、国家遭受损失、外商从中渔利的现象。低价竞销不仅使我国的外汇收入减少、贸易条件恶化，也使汇率的调节机制难以发挥，更主要的是低价竞销易引起贸易摩擦。鞋企应该吸取在美国、欧盟等传统市场上频遭反倾销的教训，企业之间实现理性竞争，从产品的质量、设计上入手，而不是从价格上进行恶性竞争。②创建国际知名鞋类品牌。鞋企要创建自主品牌，提升自主品牌的国际竞争力，东盟零关税给鞋企带来了产品升级转型的机会。③适当采取国际直接投资形式。在我国国内劳动力成本攀升、供不应求的情况下，鞋帽企业应充分利用东盟当地大量的劳动力、丰富的土地资源和现有的鞋帽类产能，进行国际直接投资，在当地设厂。成本比较高的，和东盟当地企业展开合作。④加强行业协会的服务力度。在鞋企面对东盟这个零关税的新兴市场时，行业协会应积极行动起来。

第十七章　石材水泥

近十年来，我国石材工业发展迅速，不仅应用上更加广泛，而且在中国政策的拉动下，石材消费需求量加大，目前年产量已超过千万吨，成为全球最大的石材生产大国。

基于中国与东盟国家石材水泥进出口贸易的实际情况，本章将利用第一篇介绍的贸易指数计算中国—东盟石材水泥的进出口贸易结构、产品比较优势、市场竞争性和产品互补性等指数，以期通过对中国—东盟石材水泥贸易竞争性与互补性进行深入分析，提出改进中国与东盟在石材水泥贸易上的国际分工和贸易关系的建议。

第十三类石材水泥具体包括以下三类商品：石材、石膏、水泥、石棉、云母或类似材料（第 68 类）；陶瓷制品（第 69 类）；玻璃和玻璃器皿（第 70 类）。

一、中国—东盟石材水泥贸易概况

自 2000 年以来，中国—东盟国家石材水泥双边贸易总额增长迅猛，贸易规模不断扩大。2000 年中国—东盟的石材水泥贸易总额为 2. 83 亿美元；2010 年贸易总额增长到了 20. 58 亿美元；2016 年贸易总额则达到了 44. 10 亿美元，较 2000 年增长了约 14. 58 倍。

在我国对东盟的贸易总体处于逆差地位的情况下，我国在石材水泥贸易上一直到 2016 年都处于顺差地位。2000 年石材水泥的贸易顺差为 1. 41 亿美元；2010 年贸易顺差达到了 15. 38 亿美元；2016 年贸易顺差为 37. 74 亿美元。

（一）中国对东盟各国的石材水泥出口分析

从图 17. 1 可以看出，印度尼西亚、马来西亚、菲律宾、新加坡、泰国和越南从中国进口石材水泥增长迅速。越南从 2000 年的 0. 21 亿美元，增长到 2016 年的 7. 74 亿美元；马来西亚从 2000 年的 0. 38 亿美元，增长到 2016 年的 7. 30 亿美元；泰国从 2000 年的 0. 27 亿美元，增长到 2016 年的 7. 31 亿美元。

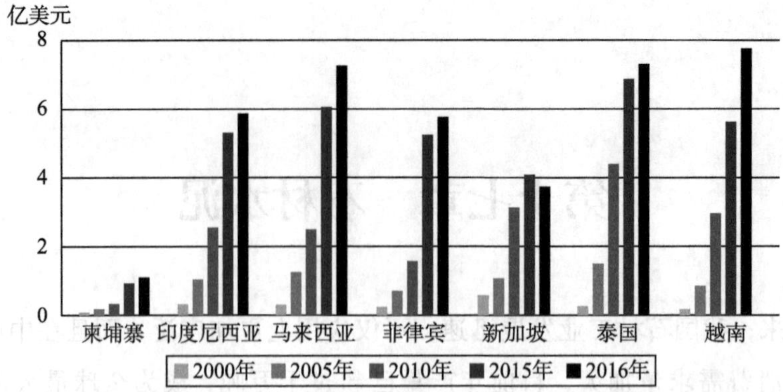

图 17.1　中国对柬埔寨、印度尼西亚、马来西亚、菲律宾、新加坡、泰国和越南出口的石材水泥总额

（二）中国对东盟各国的石材水泥进口分析

东盟国家中，马来西亚、泰国和越南的石材水泥生产和出口都具有一定的规模。其中，中国自马来西亚进口的石材水泥是东盟十国中最多的。如图 17.2 所示，马来西亚出口到中国的石材水泥从 2000 年的 0.17 亿美元增长至 2016 年的 1.05 亿美元；泰国从 2000 年的 0.14 亿美元增长到 2016 年的 0.77 亿美元。然而，中国从其他东盟国家，如文莱、柬埔寨、马来西亚、菲律宾和新加坡进口的石材水泥总额均不高。

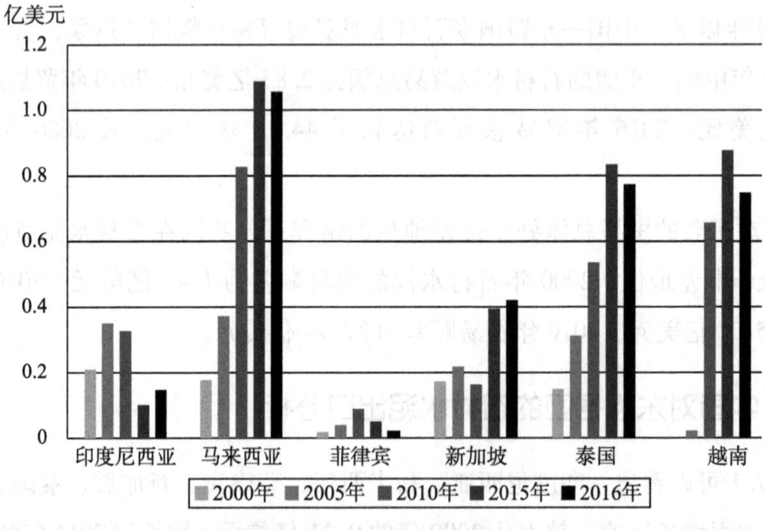

图 17.2　中国从印度尼西亚、马来西亚、菲律宾、新加坡、泰国和越南进口的石材水泥总额

二、中国—东盟石材水泥贸易市场占有率分析

（一）中国—东盟石材水泥贸易市场占有率分析

从图 17.3 可以看出，中国对东盟出口的石材水泥占中国出口到世界该类产品的比重基本呈现逐年上升的趋势，从 2000 年的 5.28%增长到了 2016 年的 8.81%，增长明显。

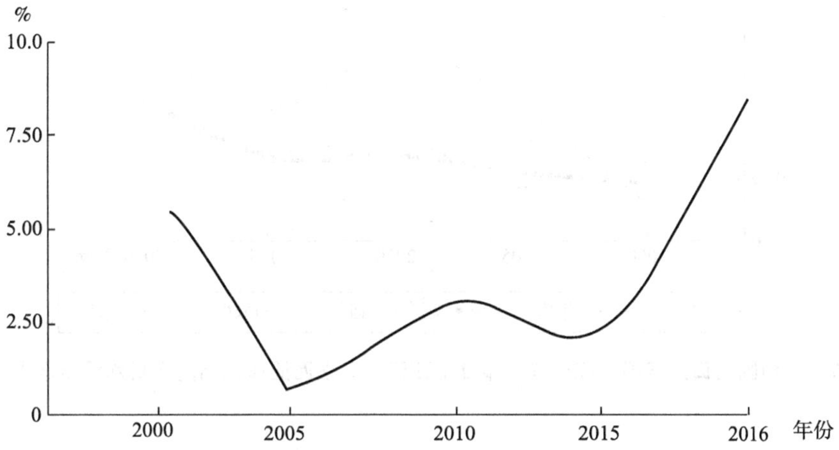

图 17.3　中国对东盟整体的出口市场占有率

同时，如图 17.4 所示，中国从东盟进口的石材水泥占中国从世界进口该类产品的比重逐年下降，从 2000 年的 4.01%下降到 2016 年的 3.44%，下降幅度不大。

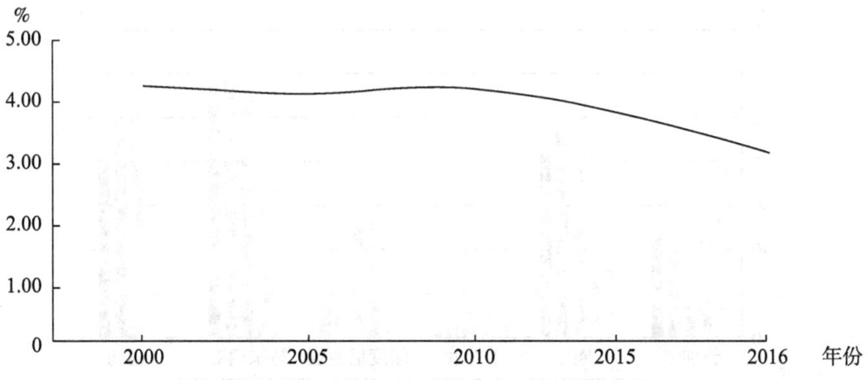

图 17.4　中国对东盟整体的进口市场占有率

（二）中国出口到东盟的石材水泥市场占有率分析

从国家来看，东盟中的部分国家从中国进口石材水泥的份额几乎为0，如柬埔寨和文莱；2000—2016年，如图17.5所示，泰国、菲律宾、印度尼西亚、马来西亚和越南所占份额基本逐年上升，并且越南的增长幅度最大，从2000年的0.52%增长到2016年的1.75%左右，这说明其也许能成为中国石材水泥的主要出口目的地；马来西亚从2000年的1.05%增长到2016年的1.65%。

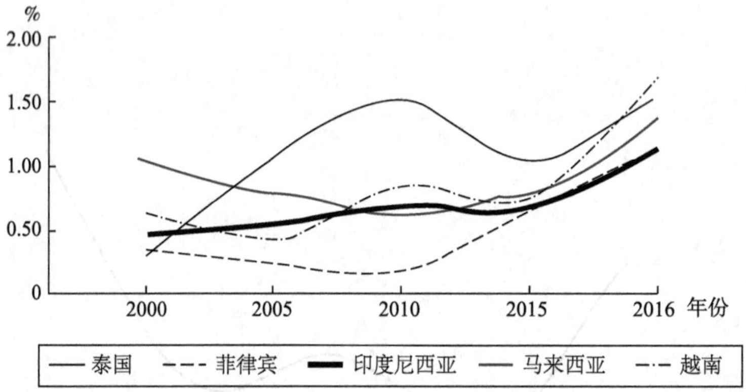

图17.5　中国出口到泰国、菲律宾、印度尼西亚、马来西亚和越南的石材水泥市场占有率

（三）中国从东盟进口的石材水泥市场占有率分析

从国家来看，东盟国家中，中国从菲律宾、文莱和柬埔寨进口的石材水泥的份额近似为0；如图17.6所示，马来西亚所占份额普遍较高，维持在1%左右。

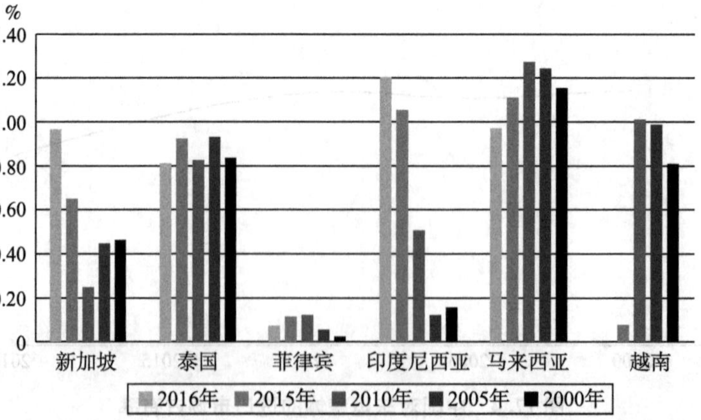

图17.6　中国从新加坡、泰国、菲律宾、印度尼西亚、马来西亚和越南进口石材水泥的市场占有率

三、中国—东盟石材水泥贸易比较优势分析

本节我们将通过计算中国—东盟各国在石材水泥双边贸易的出口显示性比较优势和进口显示性比较优势来分析中国出口到东盟各国和从各国进口是否具有比较优势。

（一）中国对东盟各国石材水泥的出口显示性比较优势分析

基于中国出口到东盟各国的石材水泥显示性比较优势指数计算结果，我们绘制了图 17.7 来展示 2000 年、2005 年、2010 年、2015 年和 2016 年中国对东盟各国第十三类石材水泥的出口显示性比较优势指数。图 17.8 展示了中国对东盟各国第十三类石材水泥的进口显示性比较优势指数，图 17.9 展示了中国对东盟各国第 68 类的出口显示性比较优势指数，图 17.10 展示了中国对东盟各国第 68 类的进口显示性比较优势指数，图 17.11 展示了中国对东盟各国第 69 类的出口显示性比较优势指数，图 17.12 展示了中国对东盟各国第 69 类的进口显示性比较优势指数，图 17.13 展示了中国对东盟各国第 70 类出口显示性比较优势指数，图 17.14 展示了中国对东盟各国第 70 类进口显示性比较优势指数。

由图 17.7 可以看出，中国对柬埔寨、文莱和菲律宾的出口显示性比较优势都大于 1，这说明中国向这些国家出口石材水泥的优势要高于中国向世界出口石材水泥的平均水平；而东盟其他国家，如越南、马来西亚、印度尼西亚、泰国和新加坡的出口显示性比较优势都小于 1，这说明中国向这些国家出口石材水泥的优势要低于中国向世界出口石材水泥的平均水平。

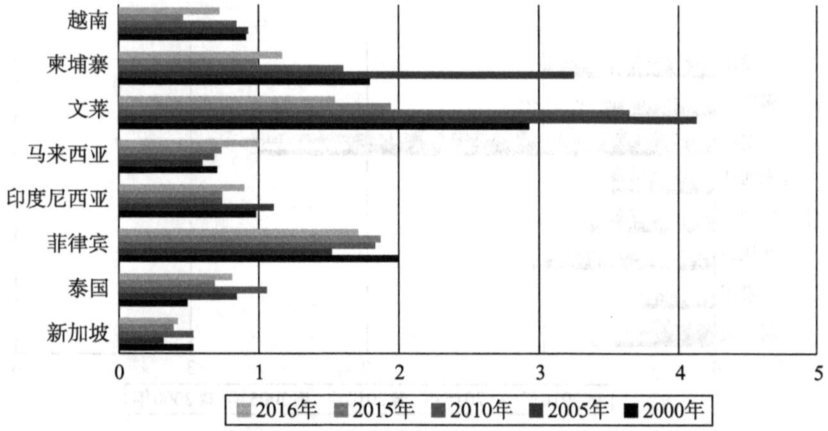

图 17.7　中国对东盟各国第十三类石材水泥出口显示性比较优势

（二）中国对东盟各国第十三类石材水泥的进口显示性比较优势分析

通过图 17.8 可以看出，中国对东盟国家的进口显示性比较优势普遍小于 1，这说明中国从这些国家进口石材水泥的优势要低于中国从世界进口石材水泥的平均水平；其中，越南的进口显示性比较优势从 2010 年的 1.81 降至 2016 年的 0.59，从优势转变为劣势。

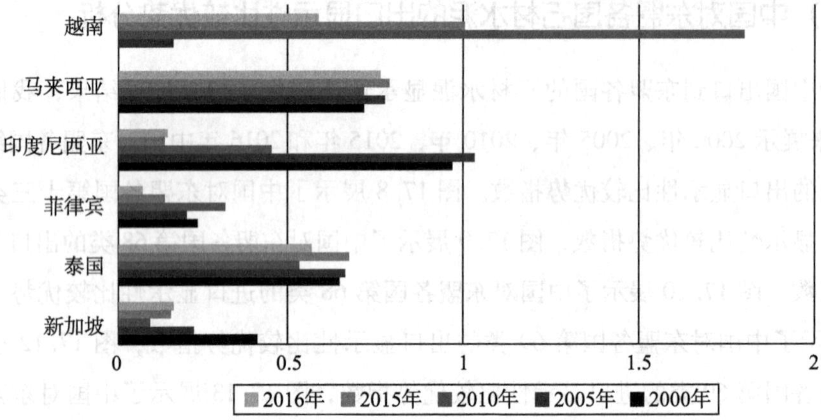

图 17.8 中国对东盟各国第十三类石材水泥进口显示性比较优势

（三）中国对东盟各国第 68 类的显示性比较优势分析

第 68 类产品包括石材、石膏、水泥、石棉、云母或类似材料，从国家来看，如图 17.9 所示，中国对文莱出口第 68 类产品的出口显示性比较优势大于 1，这说明中国向文莱出口第 68 类产品的优势要高于中国向世界出口第 68 类产品的平均水平；而中国向东盟其他国家出口第 68 类产品的出口显示性比较优势普遍小于 1。

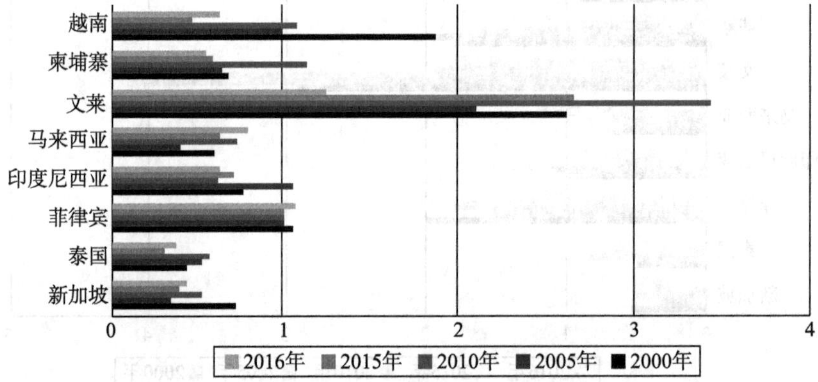

图 17.9 中国对东盟各国第 68 类出口显示性比较优势

从国家来看，如图 17.10 所示，中国对东盟国家的进口显示性比较优势普遍小于1，这说明中国从东盟国家进口第 68 类产品的优势要低于中国从世界进口第 68 类产品的平均水平；其中，中国从印度尼西亚进口第 68 类产品的进口显示性比较优势从 2005 年的 1.28 降到 2016 年的 0.29，从优势转变成劣势。

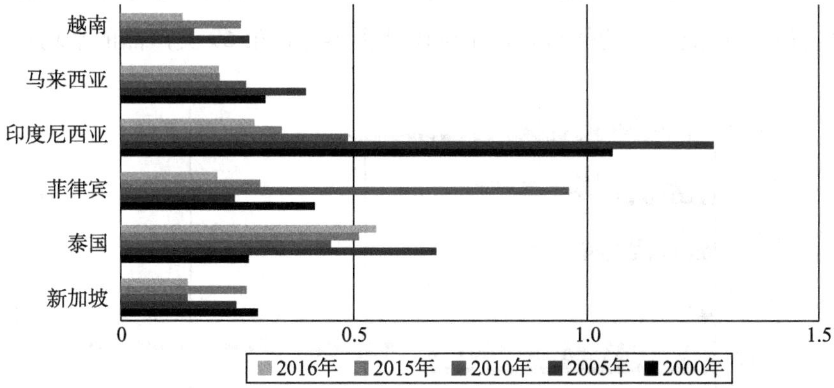

图 17.10 中国对东盟各国第 68 类进口显示性比较优势

（四）中国对东盟各国第 69 类的显示性比较优势分析

第 69 类产品包括陶瓷制品。从国家来看，如图 17.11 所示，中国出口到柬埔寨、文莱和菲律宾的出口显示性比较优势都大于 1，这说明中国向这些国家出口第 69 类产品的优势要高于中国向世界出口第 69 类产品的平均水平；而越南、马来西亚、印度尼西亚、泰国和新加坡的出口显示性比较优势普遍小于 1，这说明中国向这些国家出口第 69 类产品的优势要低于中国向世界出口第 69 类产品的平均水平。

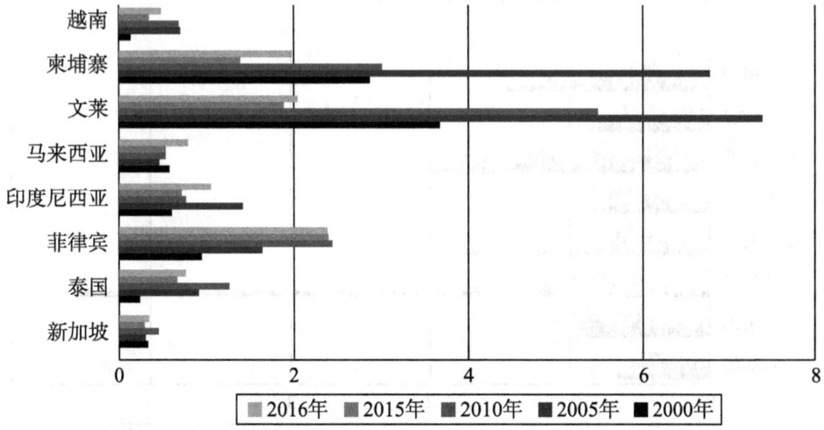

图 17.11 中国对东盟各国第 69 类出口显示性比较优势

自2010年以来，如图17.12所示，中国从泰国进口第69类产品的进口显示性比较优势大于1，说明中国从越南进口第69类产品的优势要大于中国从世界进口第69类产品的平均水平，泰国的第69类产品在中国有了一定的发展；越南的进口显示性比较优势从2005年的1.32降到了2016年的0.46，从优势转变成劣势；而其他国家，例如柬埔寨、文莱、马来西亚、印度尼西亚、菲律宾和新加坡的数值普遍小于1，说明中国从这些国家进口第69类产品的优势要低于中国从世界进口第69类产品的平均水平。

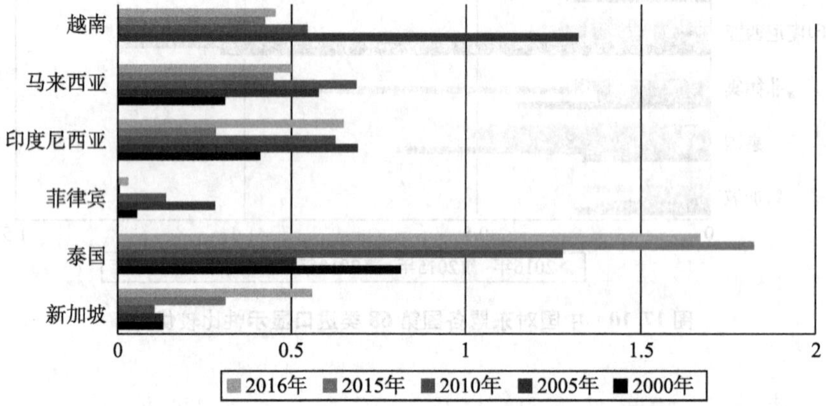

图17.12 中国对东盟各国第69类进口显示性比较优势

（五）中国对东盟各国第70类的显示性比较优势分析

第70类产品包括玻璃和玻璃器皿。从国家来看，如图17.13所示，中国出口到文莱、菲律宾的第70类产品的出口显示性比较优势大于1，说明中国出口到这些国家的第70类产品的优势要高于中国出口到世界的平均水平；其中，菲律宾从2000年的4.55下降到2016年的1.39，有了明显的下降。

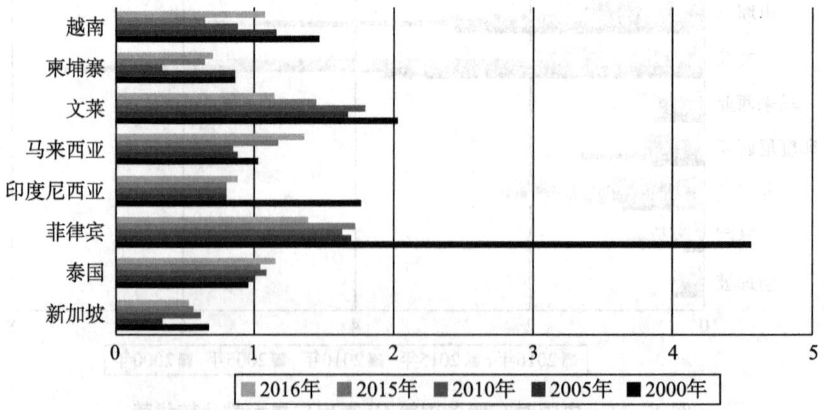

图17.13 中国对东盟各国第70类出口显示性比较优势

如图 17.14 所示，中国从东盟国家进口第 70 类产品的进口显示性比较优势普遍小于 1，这说明中国从东盟国家进口第 70 类产品的优势要低于中国从世界进口第 70 类产品的平均水平；其中，越南的进口显示性比较优势从 2010 年的 2.32 降至 2016 年的 0.70，从优势变成劣势。

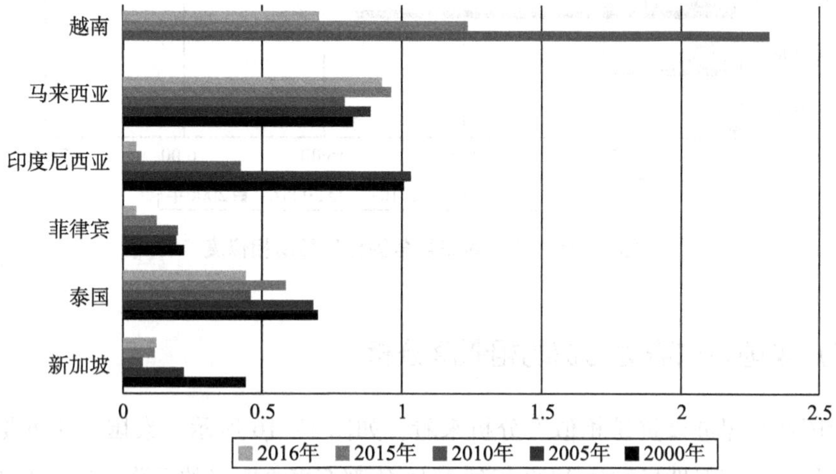

图 17.14 中国对东盟各国第 70 类进口显示性比较优势

四、中国—东盟石材水泥贸易结构相似度分析

自 2000 年以来，经过了 17 年的经贸往来和发展，中国和东盟石材水泥的商品结构也有了一定的变化，图 17.15 与图 17.16 反映了 2000 年、2005 年、2010 年、2015 年和 2016 年中国对东盟的出口贸易相似度和进口贸易相似度。通过不同年份进出口贸易相似度的变化，可以发现中国—东盟国家在石材水泥贸易结构上的改变。

（一）中国对东盟出口贸易相似度分析

从中国对东盟出口贸易相似度分析来看，泰国、新加坡和马来西亚的贸易相似性指数从 2000 年到 2016 年都有着很明显的下降，这说明中国与这些国家的石材水泥从互补性较强变成了互补性较弱，体现了一定程度上结构的改变；新加坡从 2000 年的 21.62%降至 2016 年的 4.11%，马来西亚从 2000 年的 13.95%降至 2016 年的 3.56%。

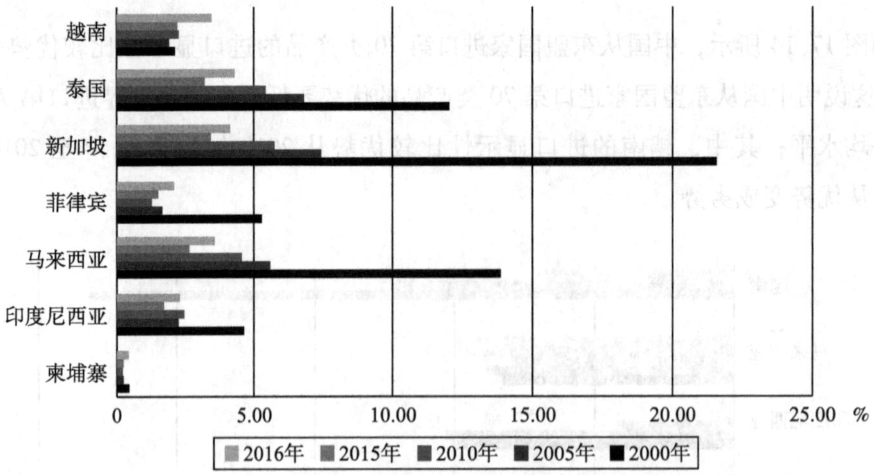

图 17.15　中国对东盟各国出口贸易相似度

(二) 中国对东盟进口贸易相似度分析

从中国对东盟进口贸易相似度分析来看，如图 17.16 所示，泰国、印度尼西亚和马来西亚的贸易相似性指数从 2000 年到 2016 年都有着很明显的下降，这说明中国与这些国家的石材水泥从互补性较强变成了互补性较弱；其中，泰国的贸易相似性指数从 2000 年的 47.75%降到 2016 年的 19.96%，体现了一定程度上结构的改变。

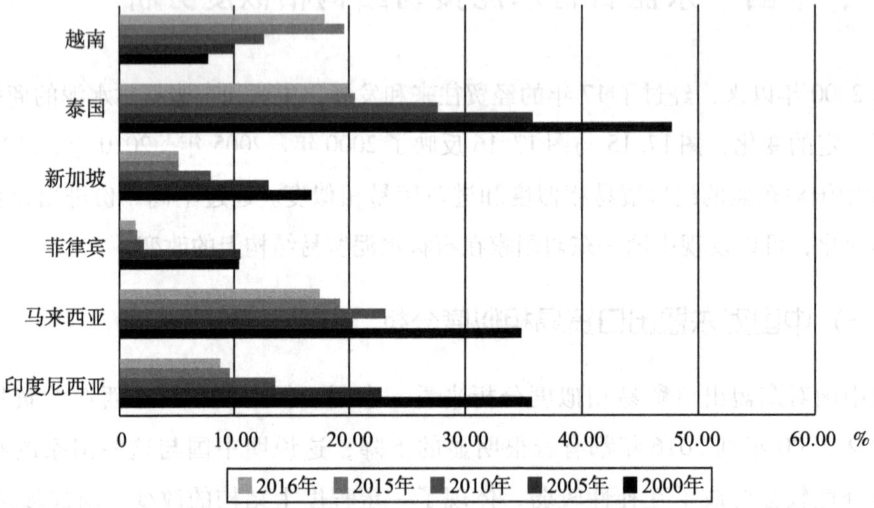

图 17.16　中国对东盟各国进口贸易相似度

五、中国—东盟石材水泥贸易技术壁垒分析

东南亚国家为保护本国石材水泥产业和提高本国石材水泥产品的国际化能力，保护本国市场和消费者的权益，各自出台了一些技术法规。但由于各国技术法规的实施各不相同，故对我国的出口影响有所不同。

（一）菲律宾

2008 年 5 月 8 日，菲律宾贸易工业部产品标准局发布国家标准（DPNS）270：2008——水泥包装规范草案。草案规定了打算供水泥包装用的多层牛皮纸袋或可延伸的牛皮纸袋以及聚丙烯袋的要求。

（二）泰国

2010 年 2 月 24 日，泰国总理办公厅消费者健康办公室发布泰国标签委员会制定的《2009 年 9 月 29 日标签委员会通报（No. 27）2009，关于含石棉产品强制性标签》（泰文，WTO/TBT 通报号 G/TBT/N/THA/333）。该文件属于泰国《消费者保护法》下面的通报类技术法规，该法规规定了含石棉产品应具有强制性规定的重要信息要求的标签，即指示（如如何使用，使用时和之后的保护等）、警告［适当字符大小（不小于 15 毫米）的标志和讯息］及其他信息，如名称、商标名称、照片、设备、图片及其他有关资料，附加到产品的标志和警告讯息。该通报覆盖的石棉是指作为摩擦材料使用的石棉产品，如刹车、离合器以及建筑行业产品，如含有石棉的屋面瓦、乙烯塑料地板、合成木制墙壁和水管。通报定于 2010 年 3 月 24 日生效实施。

六、中国—东盟石材水泥贸易发展建议

中国—东盟国家石材水泥双边贸易总额增长迅猛，贸易规模不断扩大，合作不断加强。中国出口到东盟的石材水泥产品的市场占有率基本呈现出逐年上升的趋势，从东盟进口石材水泥的市场占有率逐年下降。从国家来看，中国出口到印度尼西亚石材水泥的市场占有率较高，中国从马来西亚进口石材水泥的市场占有率较高。中国出口到柬埔寨、文莱和菲律宾石材水泥的优势都要高于中国出口到世界的平均水平，中国从东盟国家进口的石材水泥普遍低于中国从世界进口石材水泥的平均水平。

东盟是中国重要的国外工程承包市场。从全球水泥消费和经济发展的关系看，东

盟地区的水泥市场正处于快速发展上升阶段。随着住宅、公路、电站等基础设施建设项目的不断上马，东南亚经济快速增长，对我国水泥行业来说无疑是一个新的发展契机。另外，东南亚水泥市场在亚洲处于领先地位，整体市场需求稳定，各国已逐步形成了良性竞争格局，具体表现为行业集中度高，大企业市场控制力强。我们应狠抓产品结构调整和节能减排工作，强化成本控制和内部管理，努力挖掘潜力，夯实内功，提高竞争实力，不断拓展市场，使行业生产经营保持良好的增长势头。

第十八章　贵金属及其制品

缅甸、泰国、柬埔寨等东盟国家是世界翡翠、红宝石、蓝宝石、尖晶石、金履宝石、琥珀等宝玉石的主要产区，且珠宝产业在缅甸、泰国等国家中占有很高的地位，加之我国仍将继续实行有利于经济社会发展的各项税收政策，更加重视扩大内需，必将促进消费市场更加活跃。

基于中国与东盟国家贵金属及其制品进出口贸易的实际情况，本章将利用第一篇介绍的贸易指数计算中国—东盟贵金属及其制品的进出口贸易结构、产品比较优势、市场竞争性和产品互补性等指数，以期通过对中国—东盟贵金属及其制品贸易竞争性与互补性进行深入分析，提出改进中国与东盟在贵金属及其制品贸易上的国际分工和贸易关系的建议。

第十四类贵金属及其制品具体包括天然或养殖珍珠、宝石或半宝石、贵金属及其制品、仿首饰、硬币（第 71 类）。

一、中国—东盟贵金属及其制品贸易概况

自 2000 年以来，中国—东盟国家贵金属及其制品双边贸易进出口总额有所上涨；在 2016 年之前，中国与东盟国家之间的贵金属及其制品的贸易处于顺差状态，然而在 2016 年，中国对东盟产生了近 15 亿美元的贸易逆差，这说明中国由一开始向东盟国家出口贵金属及其制品转变为从东盟国家进口贵金属及其制品。

中国向东盟出口从 2000 年的 2979. 26 万美元，增长到 2016 年的 7. 89 亿美元，增长了十多倍，在 2015 年甚至达到了 10. 17 亿美元的贸易额；中国从东盟进口的贸易额从 2000 年以来一直不断地攀升，从 2000 年的 2486. 09 万美元，增长到了 2016 年的 22. 75 亿美元，可谓发生了翻天覆地的变化。

（一）中国对东盟各国的贵金属及其制品的出口分析

中国的贵金属及其制品主要出口到马来西亚、新加坡和泰国。在 2000 年，中国向马来西亚出口贵金属及其制品的贸易额仅为 119. 63 万美元，而在 2016 年，中国向马来西亚出口了 1. 20 亿美元的贵金属及其制品，增长了 100 多倍；如图 18. 1 所示，新加坡

从2000年的1061.70万美元，增长到了2016年的3.29亿美元；泰国从2000年的1745.98万美元，增长到了2016年的2.94亿美元，都在成倍增长。

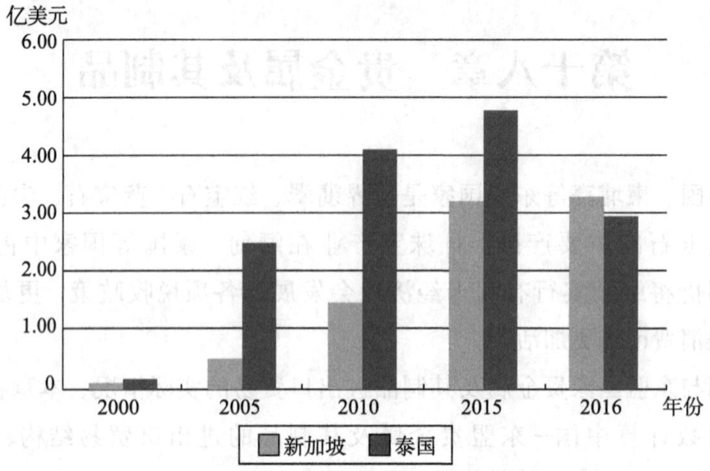

图18.1 中国对新加坡、泰国出口贵金属及其制品的贸易额

如图18.2所示，中国出口到越南的贵金属及其制品的贸易额有了很大的提高，从2005年的151.72万美元，增长到2016年的2367.56万美元；中国出口到印度尼西亚的贵金属及其制品的贸易额也增长了不少，从2000年的50.45万美元，增长到2016年的1487.16万美元；但是出口到文莱、柬埔寨、老挝、缅甸和菲律宾的贵金属及其制品的贸易额较少，均未超过1000万美元，有的国家甚至未超过100万美元。

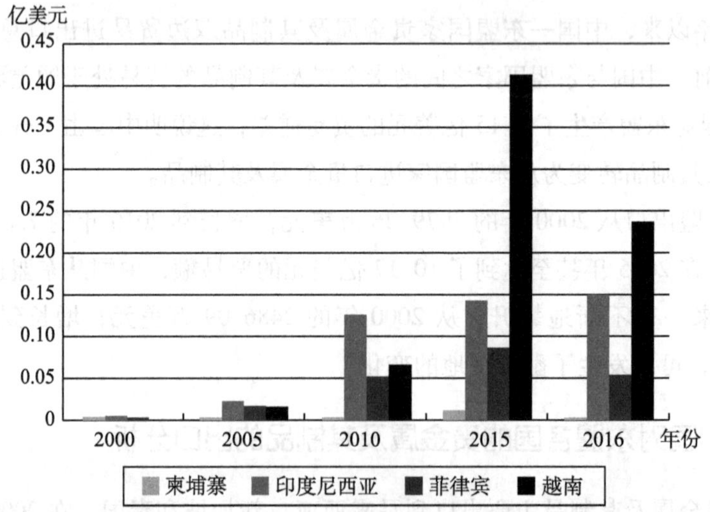

图18.2 中国对柬埔寨、印度尼西亚、菲律宾和越南出口贵金属及其制品的贸易额

（二）中国对东盟各国贵金属及其制品的进口分析

在东盟国家中，缅甸、新加坡和泰国是中国贵金属及其制品的主要进口国。在2016年，中国从缅甸进口了2.62亿美元的贵金属及其制品；如图18.3所示，新加坡也从2000年的1057.40万美元，增长到了2016年的18.12亿美元。

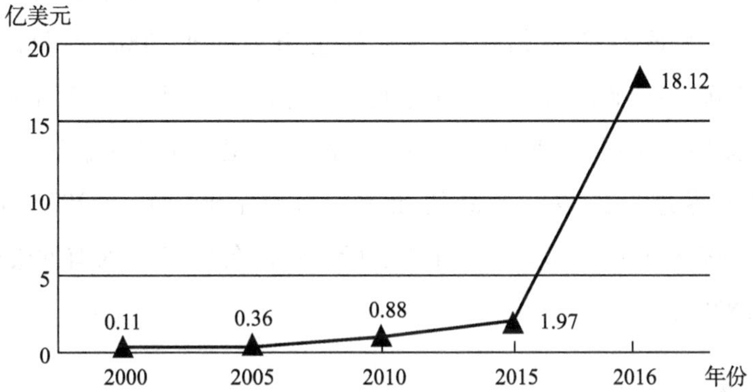

图18.3　中国从新加坡进口贵金属及其制品的贸易额

如图18.4所示，泰国从2000年的587.29万美元，增长到了2016年的1.52亿美元。相比而言，文莱、柬埔寨、印度尼西亚、菲律宾和越南出口到中国的贵金属及其制品相对较少。

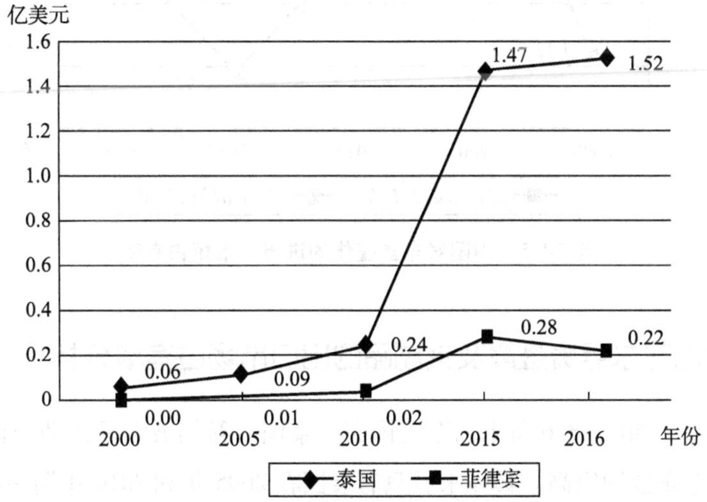

图18.4　中国从泰国、菲律宾进口贵金属及其制品的贸易额

二、中国—东盟贵金属及其制品贸易市场占有率分析

（一）中国—东盟贵金属及其制品贸易市场占有率概述

从2000—2016年，如图18.5所示，前五年里中国出口到东盟的贵金属及其制品占中国出口到世界的该类产品的比重一直在上升，并于2005年前后达到了峰值5.79%，而从2005年开始，出口所占比重有所下降，在2015年时有回暖的迹象。

与出口市场占有率相同，2000—2016年，前五年里中国从东盟进口的贵金属及其制品占中国从世界进口的该类产品的比重一直在上升，并于2005年达到了峰值3.12%，而从2005年开始，出口所占比重有所下降，在2015年时有回暖的迹象，并在2016年达到2.87%。

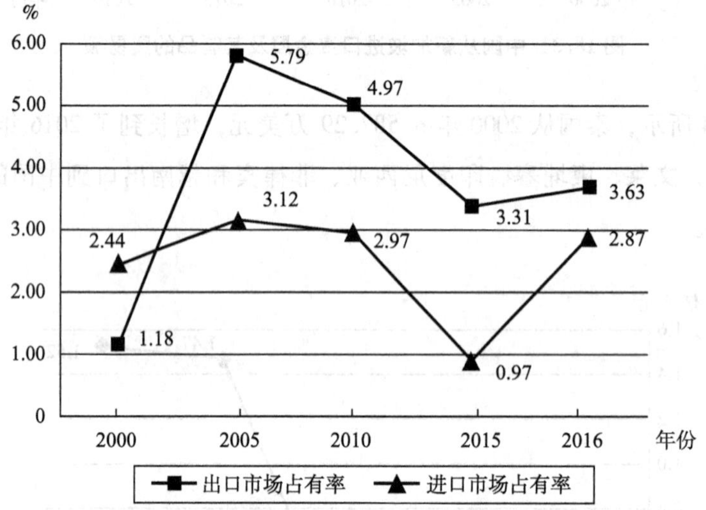

图18.5　中国对东盟整体的进出口市场占有率

（二）中国对东盟贵金属及其制品的出口市场占有率分析

从国家来看，如图18.6所示，东盟国家中泰国、新加坡和马来西亚的出口市场占有率较其他几个东盟国家高。具体来看只有泰国在2005年和2010年期间出口市场占有率超过了3.00%，其他时间段中，中国对东盟国家的出口市场占有率都在1.00%左右，有些国家甚至几乎为0，这说明其他东盟国家尚未成为中国出口贵金属及其制品的主要目的国。

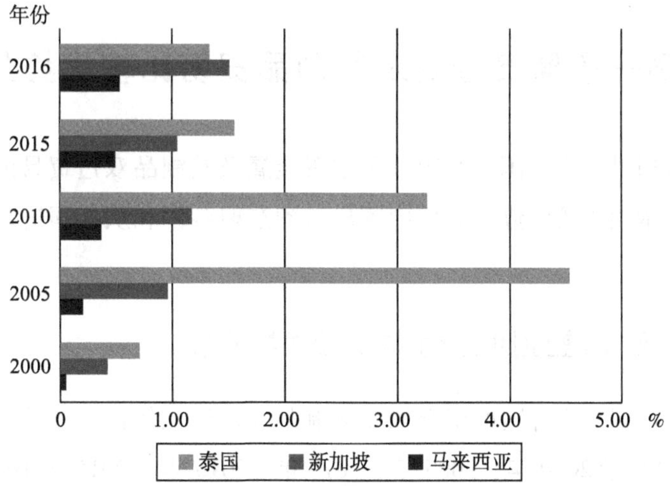

图 18.6　中国对泰国、新加坡和马来西亚贵金属及其制品的出口市场占有率

（三）中国对东盟贵金属及其制品的进口市场占有率分析

从国家来看，如图 18.7 所示，中国对新加坡的进口市场占有率在 2016 年达到了 2.28%，自 2000 年以来，中国对新加坡的进口市场占有率就一直保持在 1%左右，中国对其他东盟国家的进口市场占有率普遍不高，这说明东盟国家尚未成为中国进口贵金属及其制品的主要来源国。

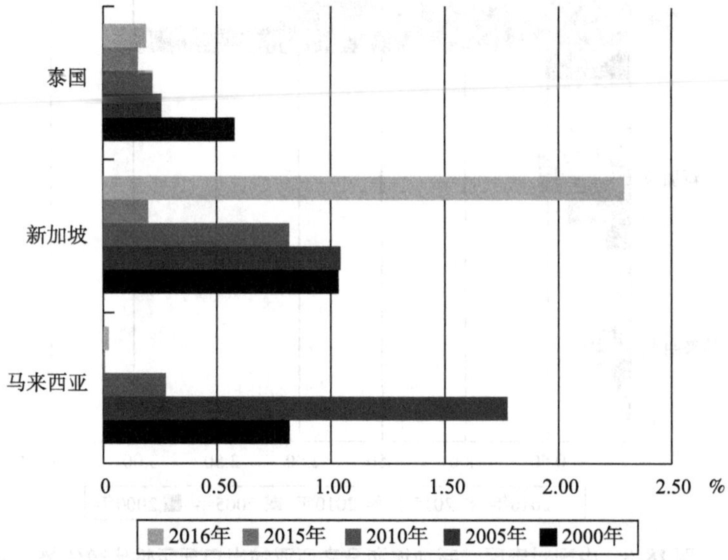

图 18.7　中国对泰国、新加坡和马来西亚贵金属及其制品的进口市场占有率

三、中国—东盟贵金属及其制品贸易比较优势分析

本节我们将通过计算中国—东盟各国在贵金属及其制品双边贸易的出口显示性比较优势和进口显示性比较优势来分析中国出口到东盟各国和从各国进口是否具有比较优势。

（一）中国对东盟的出口显示性比较优势分析

基于中国出口到东盟各国的贵金属及其制品显示性比较优势指数计算结果，我们绘制了图 18.8 来展示 2000 年、2005 年、2010 年、2015 年和 2016 年中国对部分东盟国家第十四类贵金属及其制品的出口显示性比较优势指数。图 18.9 展示了中国对部分东盟国家第十四类贵金属及其制品的进口显示性比较优势指数。

从图 18.8 可以看出，除了泰国个别年份的数值大于 1，其他年份东盟国家的数值都小于 1，这说明中国出口到东盟国家的贵金属及其制品尚未具有比较优势，中国向这些东盟国家出口贵金属及其制品的优势要低于中国向世界出口贵金属及其制品的平均水平。

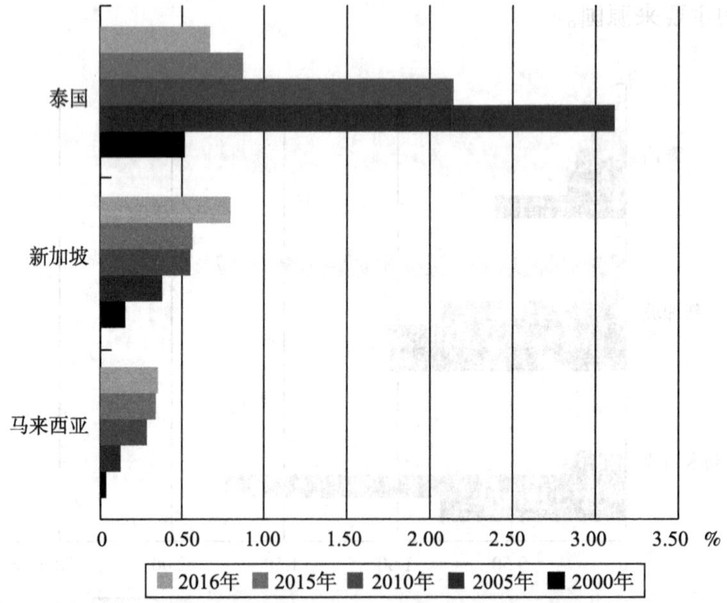

图 18.8　中国对泰国、新加坡和马来西亚的出口显示性比较优势

（二）中国对东盟的进口显示性比较优势分析

自2010年以来，中国对缅甸的进口比较优势指数一直大于1，这说明中国从缅甸进口贵金属及其制品具有比较优势，2010年后中国从缅甸进口贵金属及其制品的优势要高于中国从世界进口贵金属及其制品的平均水平。如图18.9所示，其他东盟国家的进口比较优势指数均小于1，甚至接近0。这说明中国从其他东盟国家进口的贵金属及其制品尚未具有比较优势，中国从这些东盟国家进口贵金属及其制品的优势要低于中国从世界进口贵金属及其制品的平均水平。

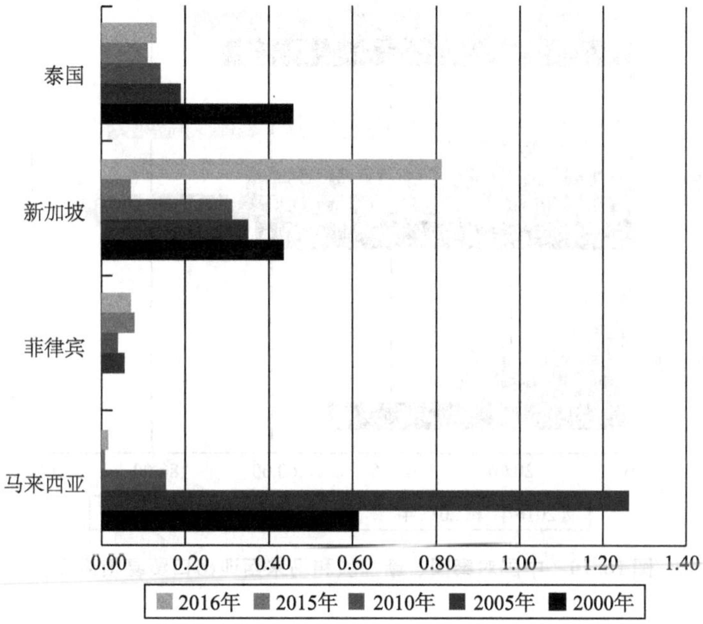

图18.9 中国对泰国、新加坡、菲律宾和马来西亚的进口显示性比较优势

四、中国—东盟贵金属及其制品贸易结构相似度分析

自2000年以来，经过了17年的经贸往来与发展，中国—东盟贵金属及其制品贸易的商品结构也有了一定的变化，图18.10、图18.11以及图18.12反映了2000年、2005年、2010年、2015年和2016年中国对东盟的出口贸易相似度和进口贸易相似度。通过不同年份进出口贸易相似度的变化，可以发现中国—东盟国家在贵金属及其制品贸易结构上的改变。

（一）中国对东盟出口贸易相似度分析

从出口贸易相似度来看，如图 18.10 所示，新加坡和泰国一直保持着很高的贸易相似度，从 1995 年到 2016 年均在 30%以上，这说明中国出口贵金属及其制品与新加坡和泰国进口贵金属及其制品上具有很强的互补性；马来西亚在 2010 年之前一直保持着很高的贸易相似度，然而近年出口贸易相似度有所下降。

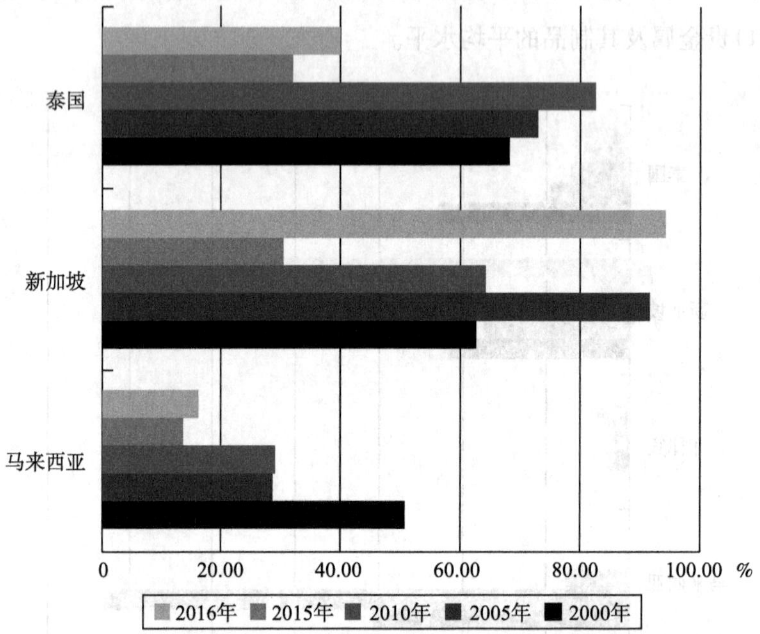

图 18.10　中国对泰国、新加坡和马来西亚出口贸易相似度

如图 18.11 所示，其他东盟国家的出口贸易相似度指数几乎未超过 10%，除了越南在 2005 年的时候达到了 16.20%，这说明其他东盟国家尚未与中国在贵金属及其制品上具有很强的贸易互补性。

（二）中国对东盟进口贸易相似度分析

从进口贸易相似度指数来看，如图 18.12 所示，印度尼西亚、马来西亚、新加坡和泰国在一定的时间段内具有很大的数值。具体来看，新加坡在 2000 年和 2005 年分别达到了 93.25% 和 86.59%，泰国在 2005 年和 2010 年分别达到了 92.52% 和 93.09%，这说明在这些年份里，中国从新加坡、泰国进口贵金属及其制品与新加坡、泰国出口贵金属及其制品具有很强的互补性。对文莱、柬埔寨、老挝和缅甸来说与中国的贸易互补性较弱。

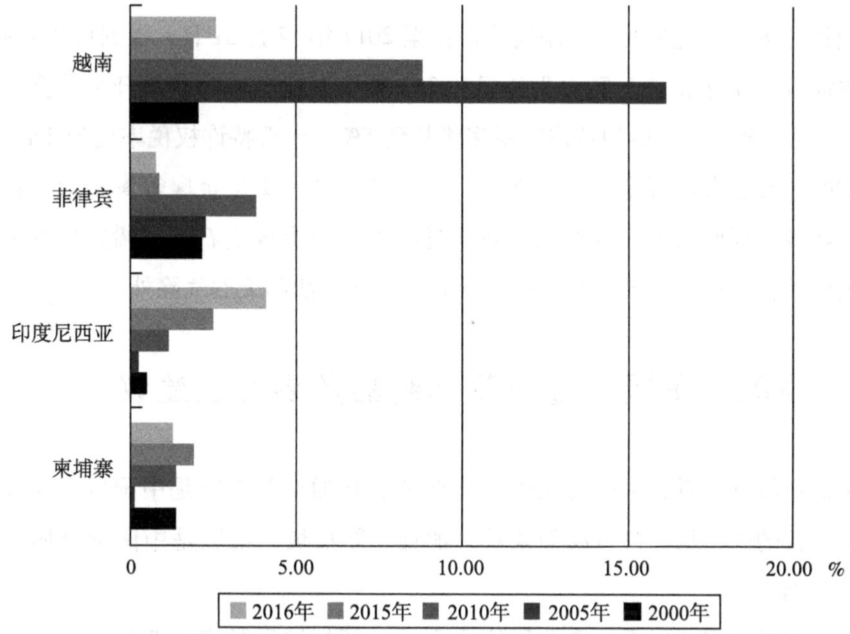

图 18.11 中国对越南、菲律宾、印度尼西亚和柬埔寨出口贸易相似度

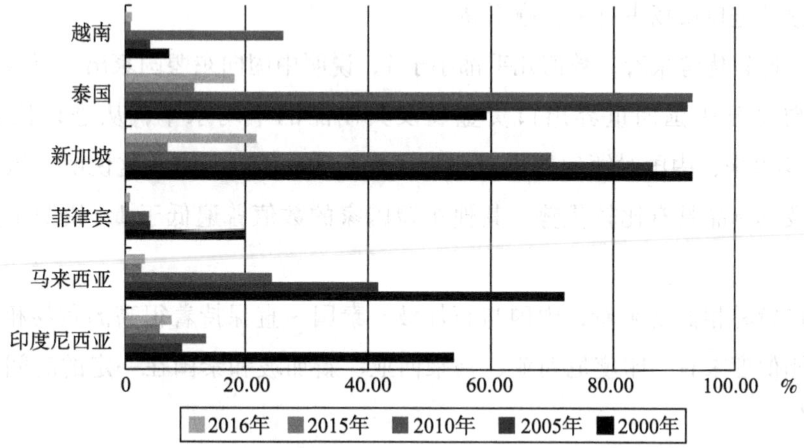

图 18.12 中国对越南、泰国、新加坡、菲律宾、马来西亚和印度尼西亚的进口贸易相似度

五、中国—东盟贵金属及其制品贸易技术性壁垒分析

东南亚国家为保护本国贵金属及其制品产业和提高本国贵金属及其制品的国家化能力，保护本国市场和消费者的权益，各自出台了一些技术法规。但由于各国技术法

规的实施各有不同，故对我国的出口影响不同。

在缅甸，黄金一直被列为限制商品。截至 2017 年 12 月 31 日，根据自然资源和环境保护部的资料，仅有五家大型矿业公司和 350 家小型黄金矿商获准开采黄金。2015 年《矿业法》规定金、铂、铀的特许权税率增长到 5%，宝石特许权税率变为 2%。

老挝的外资法直接规定石油、能源、矿藏及矿产、贵重金属等属于为维护国家安全、社会经济和环境而进行专控的行业；越南外资法也规定石油、稀贵矿开采加工属于限制投资项目。柬埔寨禁止开发自然资源，勘探石油和天然气除外。

六、中国—东盟贵金属及其制品贸易发展建议

从出口贸易额来看，东盟国家中马来西亚、新加坡与泰国是中国贵金属及其制品的主要出口目的国；从进口贸易额来看，缅甸、新加坡、泰国是中国贵金属及其制品的主要进口国。

从出口市场占有率来看，东盟国家中泰国、新加坡和马来西亚的出口市场占有率较其他几个东盟国家高；从进口市场占有率来看，除了新加坡稍微高一点，中国对其他东盟国家的进口市场占有率普遍不高。

从出口比较优势来看，数值几乎都小于 1，说明中国向东盟国家出口贵金属及其制品的优势要低于中国向世界出口贵金属及其制品的平均水平；从进口比较优势来看，2010 年以来，中国对缅甸的进口比较优势指数一直大于 1，这说明中国从缅甸进口贵金属及其制品具有比较优势，其他东盟国家的数值普遍低于 1，说明不具有比较优势。

从出口贸易相似度来看，中国与新加坡、泰国一直保持着很高的贸易相似度；从进口贸易相似度来看，印度尼西亚、马来西亚、新加坡和泰国在一定的时间段内具有很大的数值。

加强与东盟国家在贵金属技术方面的合作，建立起有效的谈话机制，进一步加强在贵金属及其制品的贸易、投资等方面的合作，实现双赢以及可持续发展。东盟国家市场前景广、基础设施差、投资时机好，为国内黄金企业“走出去”提供了重要机遇。随着科技的不断进步，铂金在不同的行业和市场有更多的用途和更高的价值，近年其投资价值也日益凸显，中国和东盟市场的铂金投资者将进一步扩大现货铂金需求量。

第十九章　贱金属及其制品

在矿产资源方面，东盟国家由于得天独厚的地理环境和地质条件，拥有十分丰富的矿产资源。各种矿产特别是铜、铁、锡、铅、锌等的储量都十分丰富。随着工业化进程的加快，我国对矿产资源的需求量也成倍增加。

基于中国与东盟国家贱金属及其制品进出口贸易的实际情况，本章将利用第一篇介绍的贸易指数计算中国—东盟贱金属及其制品的进出口贸易结构、产品比较优势、市场竞争性和产品互补性等指数，以期通过对中国—东盟贱金属及其制品贸易竞争性与互补性进行深入分析，提出改进中国与东盟在贱金属及其制品贸易上的国际分工和贸易关系的建议。

第十五类贱金属及其制品具体包含以下十一类商品：钢和铁（第 72 类）；钢铁制品（第 73 类）；铜及其制品（第 74 类）；镍及其制品（第 75 类）；铝及其制品（第 76 类）；铅及其制品（第 78 类）；锌及其制品（第 79 类）；锡及其制品（第 80 类）；其他贱金属、金属陶瓷及其制品（第 81 类）；贱金属工具、餐具等（第 82 类）；贱金属杂项（第 83 类）。

一、中国—东盟贱金属及其制品贸易概况

自 2000 年以来，我国一直保持着对东盟国家贱金属及其制品的贸易顺差；从中国出口贱金属及其制品的贸易量来看，在 2000 年，中国出口到东盟国家的贱金属及其制品的贸易额仅为 14.41 亿美元，而到了 2016 年，达到了 307.35 亿美元，增长了 20 多倍。从中国进口贱金属及其制品的贸易量来看，在 2000 年，中国从东盟国家进口的贱金属及其制品的贸易额仅为 4.82 亿美元，而到了 2016 年，达到了 44.06 亿美元，增长了近 10 倍。

（一）中国对东盟各国的贱金属及其制品的出口分析

从国家来看，如图 19.1 所示，中国出口到泰国的贱金属及其制品从 2000 年的 3.19 亿美元增加到了 2016 年的 70.09 亿美元；越南从 2000 年的 1.45 亿美元增加到了 2016 年的 79.23 亿美元；印度尼西亚、马来西亚、菲律宾和新加坡等国家也有着不同程度的增

长；然而中国出口到文莱和柬埔寨的贱金属及其制品的贸易额较少，均未到5亿美元。

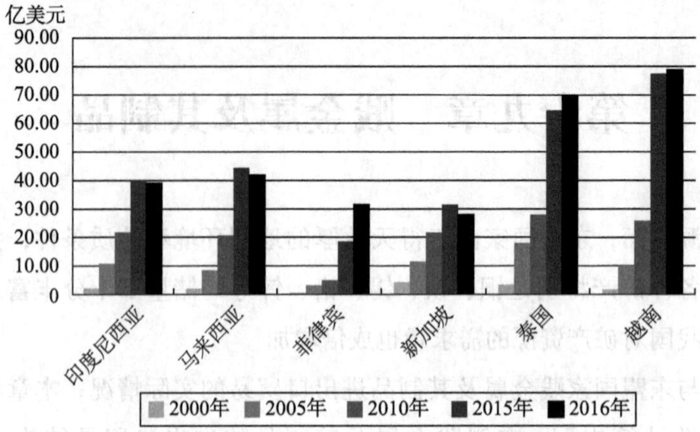

图19.1　中国对印度尼西亚、马来西亚、菲律宾、新加坡、泰国和越南出口贱金属及其制品的贸易额

（二）中国对东盟各国贱金属及其制品的进口分析

从国家来看，东盟国家尚未成为中国进口贱金属及其制品的主要来源国。具体分析，如图19.2所示，新加坡在2010年保持着10亿美元左右的贸易额；印度尼西亚也在2016年增长到了12.35亿美元；马来西亚在近年来也保持在10亿美元左右的贸易额；其他东盟国家均未超过10亿美元，贸易额较少。

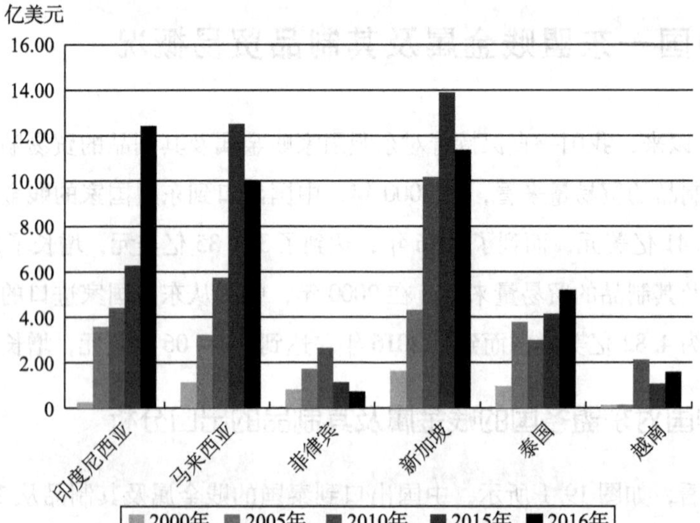

图19.2　中国从印度尼西亚、马来西亚、菲律宾、新加坡、泰国和越南进口贱金属及其制品的贸易额

二、中国—东盟贱金属及其制品贸易市场占有率分析

（一）中国—东盟贱金属及其制品贸易市场占有率概述

自 2000—2016 年，中国对东盟国家整体出口市场占有率呈现出一直上升的趋势，如图 19.3 所示，从 2000 年的 8.68%，上升到了 2016 年的 19.91%。说明中国出口到东盟国家的贱金属及其制品比重较高。

中国对东盟国家的进口市场占有率，几乎呈现出和出口市场占有率相同的趋势，并于 2016 年达到了最大值 5.58%。

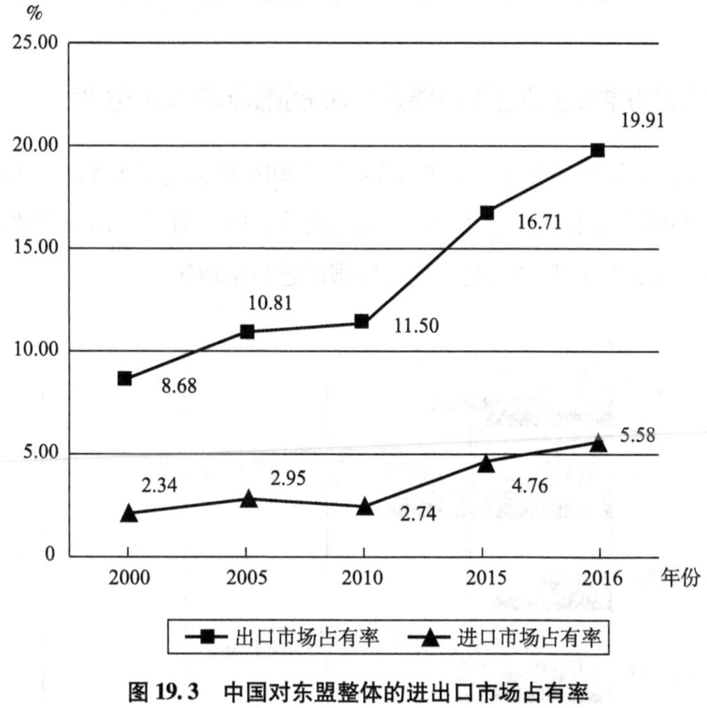

图 19.3　中国对东盟整体的进出口市场占有率

（二）中国出口到东盟的贱金属及其制品市场占有率分析

从国家来看，东盟国家中，如图 19.4 所示，中国对印度尼西亚、马来西亚、新加坡、泰国和越南的出口市场占有率在 2%左右，尤其是近两年泰国和越南的占有率超过了 3%，均在 4%左右。

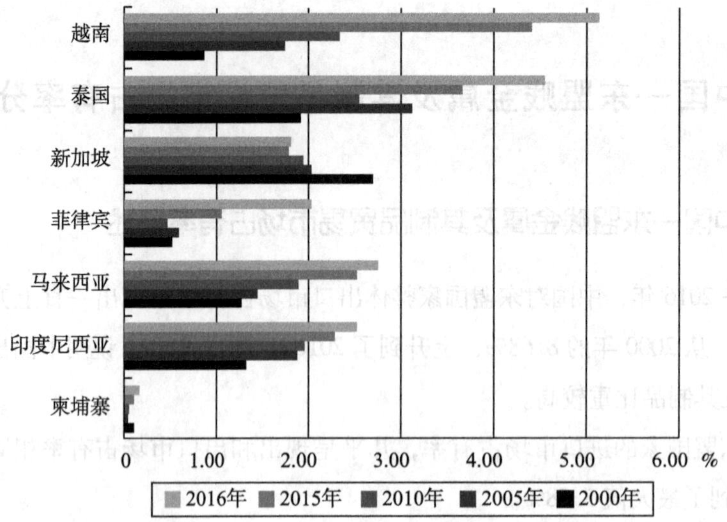

图 19.4　中国出口到东盟十国（除文莱、老挝、缅甸）的贱金属及其制品的市场占有率

（三）中国从东盟进口的贱金属及其制品市场占有率分析

从国家来看，如图 19.5 所示，印度尼西亚在 2016 年达到了 1.56%，马来西亚与新加坡在 2015 年和 2016 年也分别超过了 1%，除此之外，中国对其他国家的进口市场占有率均低于 1%，这说明这些东盟国家尚未成为中国的进口来源国。

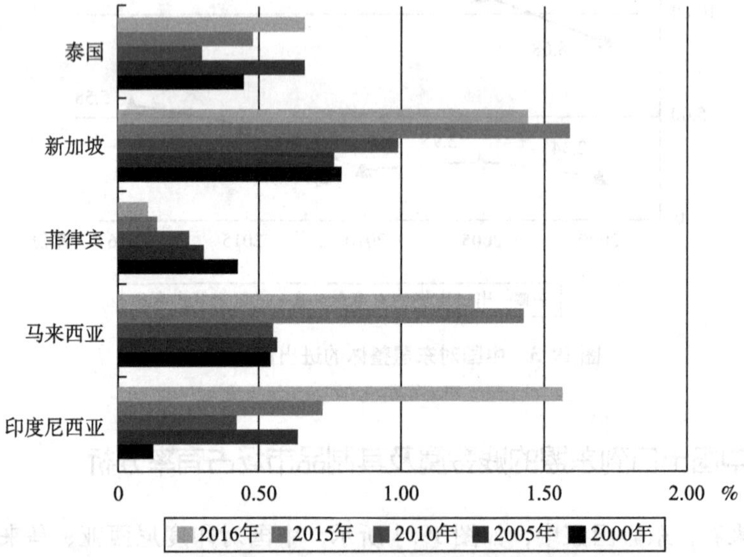

图 19.5　中国从泰国、新加坡、菲律宾、马来西亚和印度尼西亚进口的贱金属及其制品的市场占有率

三、中国—东盟贱金属及其制品贸易比较优势分析

本节我们将通过计算中国—东盟各国在贱金属及其制品双边贸易的出口显示性比较优势和进口显示性比较优势来分析中国出口到东盟各国和从各国进口是否具有比较优势。

（一）中国对东盟的出口显示性比较优势分析

基于中国出口到东盟各国的贱金属及其制品显示性比较优势指数计算结果，我们绘制了图 19.6 与图 19.7 来展示 2000 年、2005 年、2010 年、2015 年和 2016 年中国对东盟各国的出口显示性比较优势指数以及进口显示性比较优势指数。

通过图 19.6 可以看出，中国对东盟十国的出口显示性比较优势普遍大于 1，这说明中国出口到东盟国家的贱金属及其制品具有比较优势。

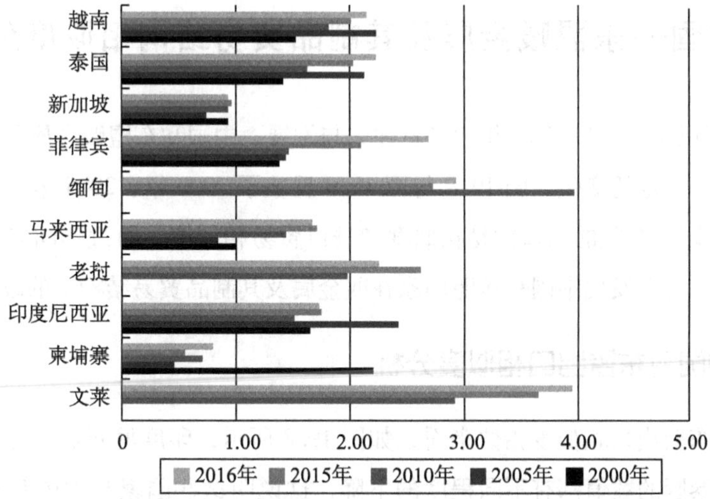

图 19.6　中国对东盟十国出口显示性比较优势

（二）中国对东盟的进口显示性比较优势分析

通过图 19.7 可以看出中国从东盟国家进口的贱金属及其制品并不具有比较优势。印度尼西亚在 2016 年的时候超过了 1，这说明在 2016 年，中国从印度尼西亚进口的贱金属及其制品具有比较优势。

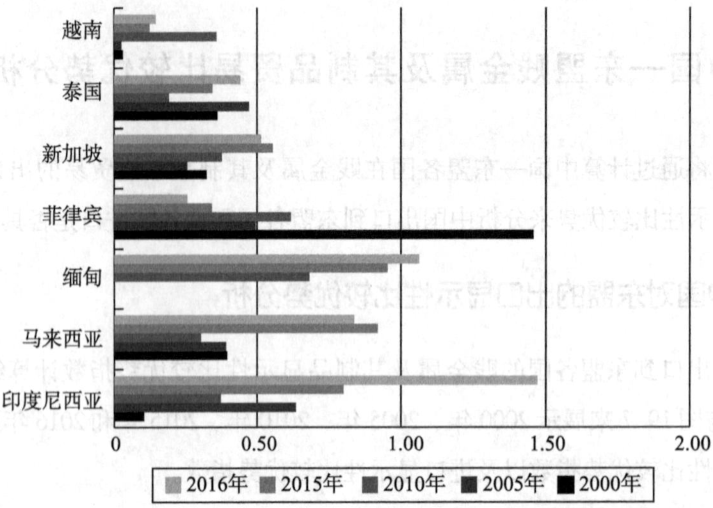

图 19.7 中国对东盟（除文莱、柬埔寨、老挝）进口显示性比较优势

四、中国—东盟贱金属及其制品贸易结构相似度分析

自 2000 年以来，经过了 17 年的经贸往来与发展，中国和东盟贱金属及其制品贸易的商品结构也有了一定的变化，图 19.8 与图 19.9 反映了 2000 年、2005 年、2010 年、2015 年和 2016 年中国对东盟的出口贸易相似度和进口贸易相似度。通过不同年份进出口贸易相似度的变化，可以发现中国—东盟国家在贱金属及其制品贸易结构上的改变。

（一）中国对东盟出口相似度分析

从中国对东盟出口相似度指数来看，如图 19.8 所示，印度尼西亚、马来西亚、菲律宾、新加坡和泰国的数值都有不同程度的下降，这说明这些国家与中国互补性减弱。文莱、柬埔寨、老挝和缅甸的出口相似度指数均低于 2%，这说明这些国家与中国互补性不强。

（二）中国对东盟进口相似度分析

从中国对东盟进口相似度指数来看，如图 19.9 所示，印度尼西亚、新加坡的数值都有不同程度的下降，这说明这些国家与中国互补性减弱。泰国的数值总体是上升的，说明互补性越来越强。文莱、柬埔寨、老挝和缅甸的出口相似度指数均低于 2%，这说明这些国家与中国互补性不强。

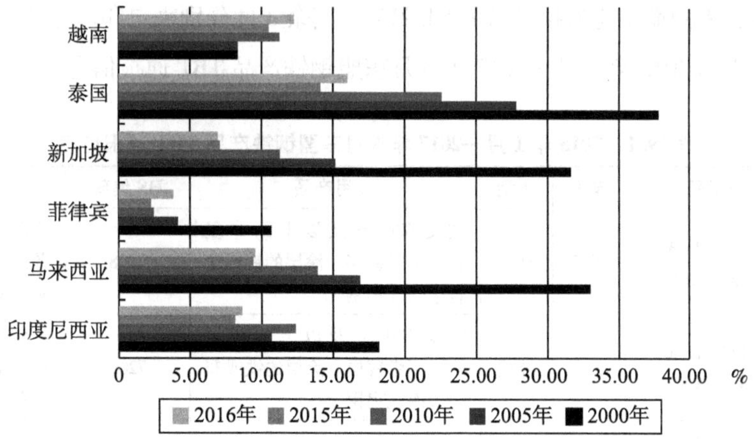

图 19.8　中国对越南、泰国、新加坡、菲律宾、马来西亚和印度尼西亚出口贸易相似度

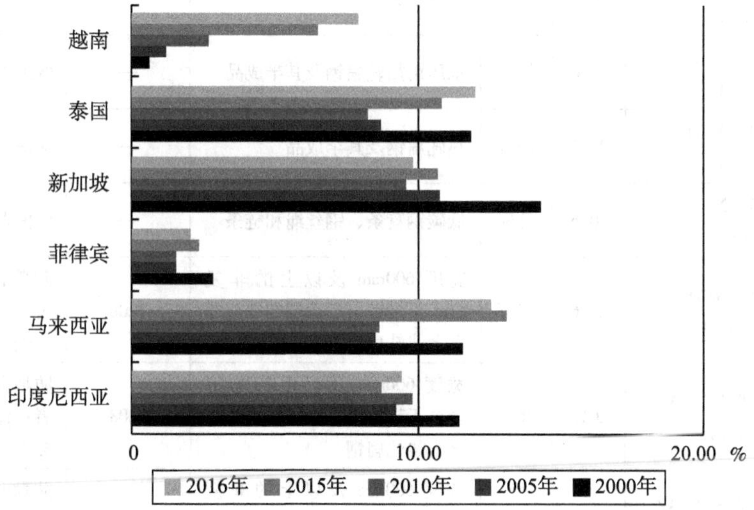

图 19.9　中国对越南、泰国、新加坡、菲律宾、马来西亚和印度尼西亚进口贸易相似度

五、中国—东盟贱金属及其制品贸易技术性壁垒分析

从 WTO 网站查询到，2015 年 1 月—2017 年 6 月，东盟发布 271 件 TBT 通报，其中，钢铁产品通报 19 件，约占通报总数的 7.01%。由此可见，钢铁产品在东盟 TBT 通报中所占比重并不高。

从时间来看，2015 年、2016 年和 2017 年 1—6 月，东盟发布的钢铁产品 TBT 通报数量分别为 3 件、13 件和 3 件，可见这一时期，东盟发布的钢铁产品 TBT 通报主要集中在 2016 年。从国家来看，2015 年 1 月—2017 年 6 月，东盟钢铁产品 TBT 通报主要来自泰国，共16件，占同期东盟通报总数的84.21%，其余3件分别来自印度尼西亚、越南和菲律宾。表19.1为2015年1月—2017年6月东盟钢铁产品TBT通报信息。

表19.1　2015年1月—2017年6月东盟钢铁产品TBT通报信息

通报国	通报号	年份	类型	适用产品	HS编码	通报理由
泰国	G/TBT/N/THA/217/Rev.1/Add. 1	2017	补遗	宽度600mm及以上的非复合、不带镀层、涂层的铁或非合金热轧扁钢	7208	防欺诈；保护消费者；保护人类健康或安全
泰国	C/TBT/N/THA/42/Rev.1/Add.1	2017	补遗	宽度600mm及以上的非复合、不带镀层、涂层的铁或非合金冷轧扁钢	7209	防欺诈；保护消费者；保护人类健康或安全
泰国	G/TBT/N/THA/465/Add.1	2016	补遗	热轧结构钢	—	—
泰国	C/TBT/N/THA/464/Add.1	2016	补遗	扁钢及其半成品	—	保护人类健康或安全
泰国	G/TBT/N/THA/57/Rev.1	2016	修订	承压用热轧扁钢及其半成品	—	保护人类健康或安全
泰国	G/TBT/N/THA/55/Rev.1	2016	修订	热轧扁钢及其半成品	—	保护人类健康或安全
泰国	C/TBT/N/THA/489	2016	常规	低碳钢盘条、钢丝绳和链条	—	保护人类健康或安全
泰国	C/TBT/N/THA/217/Rev. 1	2016	修订	宽度600mm及以上的非复合、不带镀层、涂层的铁或非合金热轧扁钢	7208	防欺诈；保护消费者；保护人类健康或安全
泰国	C/TBT/N/THA/149/Rev.1	2016	修订	宽度600mm及以上的非复合、不带镀层、涂层的铁或非合金热轧扁钢	7208	防欺诈；保护消费者；保护人类健康或安全
泰国	G/TBT/N/THA/42/Rev.1	2016	修订	宽度600mm及以上的非复合、不带镀层、涂层的铁或非合金冷轧扁钢	7209	防欺诈；保护消费者；保护人类健康或安全
泰国	G/TBT/N/THA/453/Rev.1	2016	修订	未进一步锻造、热轧、热拔或热挤压加工的，但包括轧制后形成螺纹的其他铁或非合金钢棒及棒材	7214	防欺诈；保护消费者；保护人类健康或安全
泰国	C/TBT/N/THA/452/Rev.1	2016	修订	未进一步锻造、热轧、热拔或热挤压加工的，但包括轧制后形成螺纹的其他铁或非合金钢棒及棒材	7214	防欺诈；保护消费者；保护人类健康或安全
泰国	C/TBT/N/THA/465	2016	常规	热轧结构钢	—	—
泰国	C/TBT/N/THA/464	2016	常规	扁钢及其半成品	—	保护人类健康或安全

续表

通报国	通报号	年份	类型	适用产品	HS 编码	通报理由
泰国	C/TBT/N/THA/453	2015	常规	未进一步锻造、热轧热拔或热挤压加工的，但包括轧制后形成螺纹的其他铁或非合金钢棒及棒材	7214	防欺诈；保护消费者；保护人类健康或安全
泰国	G/TBT/N/THA/452	2015	常规	未进一步锻造、热轧、热拔或热挤压加工的，但包括轧制后形成螺纹的其他铁或非合金钢棒及棒材	7214	防欺诈；保护消费者；保护人类健康或安全
越南	C/TBT/N/VNM/Add. 1	2015	补遗	铁或非合金钢制热轧盘条	721310	防欺诈；保护消费者；保护人类健康或安全
印度尼西亚	G/TBT/N/IDN/111	2017	常规	冷轧不锈钢薄板钢卷（721932 - 厚度 3—4. 75mm；721933 - 厚度 1—3mm；721934 - 厚度 0. 5—1mm；721935 - 厚度小于 0. 5mm；721990-其他：722090-其他）	721932；721933；721934；721935；721990；722090	防欺诈；保护消费者；质量要求
菲律宾	G/TBT/N/PHL/195	2016	常规	钢管；螺纹钢；半成品钢棒；等边角钢	—	防欺诈；保护消费者；保护人类健康或安全

由表 19. 2 可见，东盟钢铁的认证主要有泰国 TISI 认证、马来西亚 SIRIM 认证、印度尼西亚 SNI 认证、新加坡 FPC 认证和菲律宾 ICC 认证。此外，印度尼西亚规定进口钢铁需要实施装船前检验；马来西亚则规定，对于建筑用钢，进口时需要从建筑工业发展局获得 COA 证书，以便清关时使用。

表 19. 2　东盟国家进口钢铁产品检验认证情况

国家	名称	涉及产品	实施机构	有效期
泰国	TISI 认证	钢绞线、螺纹钢等	TISI	永久（年度审核）
马来西亚	SIRIM 认证	线材、螺纹钢	SIRIM	4 年（年度审核）
印度尼西亚	KSO 装运前检验	合金钢	印度尼西亚 KSOSUCOFINDO 公司	每票订单都须检验
印度尼西亚	SNI 认证	冷轧钢板和带钢、螺纹钢等	标准总局	4 年
新加坡	FPC 认证	结构钢	建设总局	3 年（年度审核）
菲律宾	ICC 认证	建筑用钢	产品标准局	3 年

六、中国—东盟贱金属及其制品贸易发展建议

自2000年以来，我国一直保持着对东盟国家贱金属及其制品的贸易顺差；从中国出口贱金属及其制品的贸易量来看，在2000年，中国出口到东盟国家的贱金属及其制品的贸易额仅为14.41亿美元，而到了2016年，达到了307.35亿美元，增长了20多倍。从中国进口贱金属及其制品的贸易量来看，在2000年，中国从东盟国家进口的贱金属及其制品的贸易额仅为4.82亿美元，而到了2016年，达到了44.06亿美元，增长了9倍多。

2000—2016年，中国对东盟国家整体出口市场占有率呈现出一直上升的趋势，从2000年的8.68%，上升到了2016年的19.91%，这说明中国出口到东盟国家的贱金属及其制品比重较高。

中国对东盟十国的出口显示性比较优势普遍大于1，这说明中国出口到东盟国家的贱金属及其制品具有比较优势；中国从东盟国家进口的贱金属及其制品并不具有比较优势。

从中国对东盟出口相似度指数来看，印度尼西亚、马来西亚、菲律宾、新加坡和泰国的数值都有不同程度的下降，这说明这些国家与中国互补性减弱。文莱、柬埔寨、老挝和缅甸的出口相似度指数均低于2%，这说明这些国家与中国互补性不强。

在贱金属及其制品上更好地利用东盟自然资源丰富、与我国地缘相近等优势，在进口多元化战略中更好地发挥东盟的作用，扩大资源进口的来源地，进一步分散风险。在战略进口中，尽可能使进口来源地多元化，避免把鸡蛋放在同一个篮子里，对于我国保持经济平稳发展、避免市场风险具有十分重要的战略意义。

第二十章　机械设备及其附件

2002 年，中国—东盟十国签署《中国—东盟全面经济合作框架协议》，并正式启动中国—东盟自由贸易区建设进程。2010 年中国—东盟自由贸易区建成，中国—东盟国家在贸易过程中的关税以及非关税贸易壁垒减少，中国—东盟国家关系得到进一步的加强。机械设备及其附件一直是中国—东盟国家重点发展行业，近十几年来一直占据中国—东盟国家进出口重要的位置。作为双方贸易中占比最大几类之一的行业，机械及其附件产业近年来也得到了很大的发展。

基于这种背景，本章将运用东盟十个国家的数据，基于贸易指数对中国—东盟在机械设备及其附件的进出口贸易结构、产品比较优势、市场竞争性和产品互补性方面进行分析，探析中国—东盟在机械设备及其附件贸易上的竞争性、互补性及其深层次原因，提出改进中国—东盟在机械设备及其附件上的国际分工和贸易关系的建议。

第十六类机械设备及其附件具体包含以下两类商品：核反应堆、锅炉、机械设备及其部分（第 84 类）；电机、录音机、电视机及其零件和配件（第 85 类）。

一、中国—东盟机械设备及其附件贸易概况

自 2000 年以来，中国—东盟国家机械设备及其附件双边贸易总额增长迅猛，贸易规模不断扩大。2000 年中国—东盟的机械设备及其附件贸易总额为 109.71 亿美元；2010 年贸易总额增长到了 860.90 亿美元，增长了约 6.85 倍；2016 年贸易总额则达到了 1309.96 亿美元。

在我国与东盟的贸易总体处于逆差地位的情况下，我国机械设备及其附件在贸易上处于顺差地位。2000 年机械设备及其附件的贸易顺差为 20.57 亿美元；2010 年贸易顺差达到了 200.12 亿美元；2016 年贸易顺差为 480.06 亿美元，较 2000 年增长了约 22.34 倍。

（一）中国对东盟各国的机械设备及其附件出口分析

从图 20.1 可以看出印度尼西亚、新加坡、泰国和越南从中国进口机械设备及其附

件增长迅速。印度尼西亚从2000年的2.68亿美元增长到2016年的137.00亿美元；新加坡从2000年的42.44亿美元增长到2016年的244.23亿美元；泰国从2000年的16.07亿美元增长到2016年的200.77亿美元；越南从2000年的1.75亿美元增长到2016年的222.87亿美元。

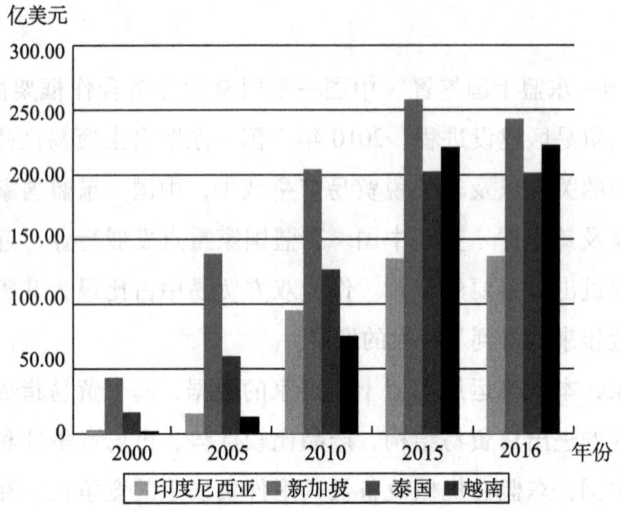

图20.1　中国对印度尼西亚、新加坡、泰国和越南出口机械设备及其附件总额

从图20.2可以看出，除了菲律宾从2000年的2.04亿美元增长到了2016年的53.38亿美元，增长了约25.17倍，中国向文莱、柬埔寨、老挝和缅甸出口机械设备及其附件的贸易额均未超过20亿美元。

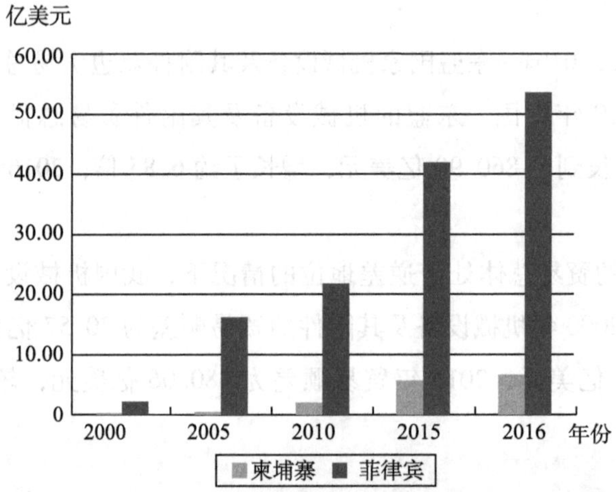

图20.2　中国对柬埔寨、菲律宾出口机械设备及其附件总额

（二）中国自东盟各国进口机械设备及其附件的总量分析

东盟国家中，菲律宾、新加坡、泰国和越南的机械设备及其附件的生产和出口都具有一定的规模，其中中国自新加坡进口的机械设备及其附件是东盟十国中最多的。如图 20. 3 所示，新加坡出口到中国的机械设备及其附件从 2000 年的 30. 43 亿美元增长到 2016 年的 237. 41 亿美元，增长了约 6. 80 倍。

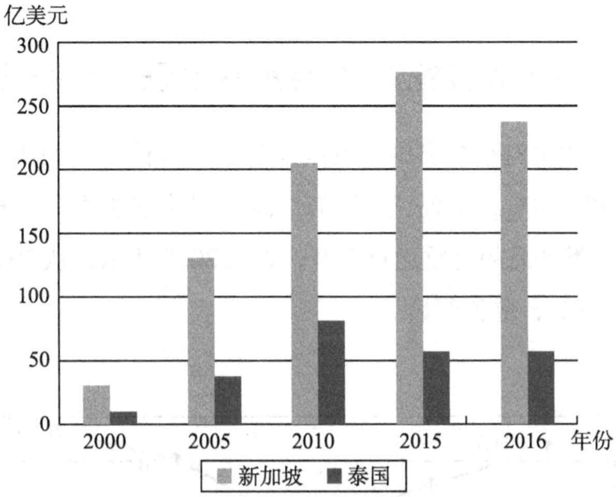

图 20. 3 中国自新加坡、泰国进口机械设备及其附件总额

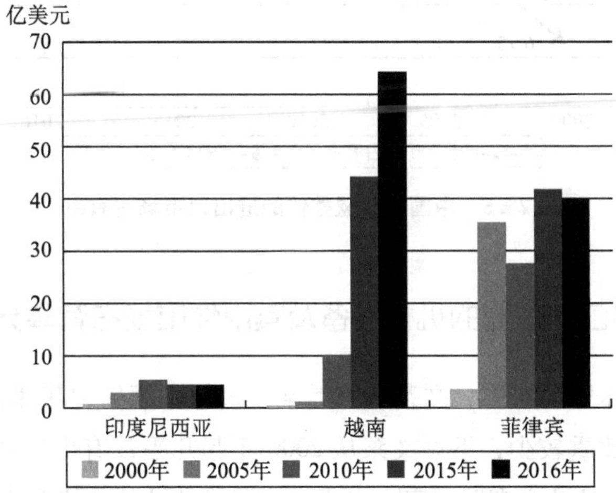

图 20. 4 中国自印度尼西亚、越南和菲律宾进口机械设备及其附件总额

中国自印度尼西亚、越南和菲律宾进口机械设备及其附件总额如图 20. 4 所示。越南从 2000 年的 0. 07 亿美元增长到了 2016 年的 64. 34 亿美元，增长了约 918. 14 倍，发生了翻天覆地的变化，这可能是因为中国与越南之间存在复出口现象，即中国出口到越南机械设备及其附件，利用越南当地更为廉价的劳动力进行加工，然后再被中国进口。东盟国家中，中国从文莱、柬埔寨、印度尼西亚、老挝和缅甸进口机械设备及其附件较少，均未超过10亿美元，大部分都在1亿美元左右。

二、中国—东盟机械设备及其附件贸易市场占有率分析

（一）中国—东盟机械设备及其附件贸易市场占有率概述

2000—2016年，中国对东盟出口的机械设备及其附件占中国出口到世界该类产品的比重一直保持在10%左右，呈现“V”形；而中国从东盟进口的机械设备及其附件占中国从世界进口该类产品的比重逐年上升，如图20.5所示，从2000年的6.75%，增长到了2016年的9.19%，增长明显。

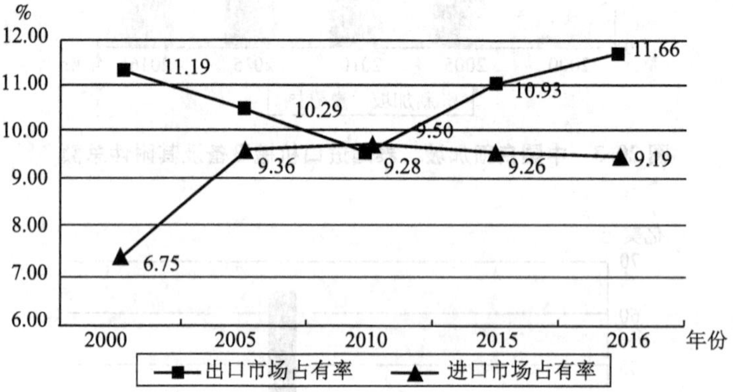

图20.5 中国对东盟整体的进出口市场占有率

（二）中国出口到东盟的机械设备及其附件市场占有率分析

从国家来看，东盟国家中，文莱、柬埔寨、老挝、缅甸和菲律宾出口到中国的机械设备及其附件的比重较少，不过文莱从2000年起几乎没有出口增长，到2016年占0.60%左右，这说明这几个东盟国家尚未成为中国机械设备及其附件产品的主要出口目的国；东盟国家中，新加坡、马来西亚、印度尼西亚、越南和泰国出口所占的比重较其他几个国家为多。如图20.6所示，新加坡和马来西亚从2000年到2016年有着不同程度的下降趋势，新加坡从2000年的5.82%下降到了2016年的2.48%；马来西亚从2005年的2.82%下降到了2016年的1.80%。

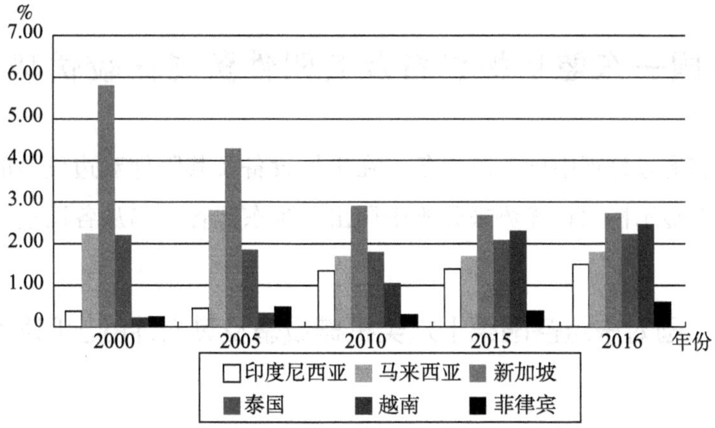

图 20.6　中国出口到印度尼西亚、马来西亚、新加坡、泰国、越南和菲律宾的机械设备及其附件的市场占有率

（三）中国从东盟进口的机械设备及其附件市场占有率分析

从国家来看，东盟部分国家对中国出口机械设备及其附件的份额几乎为 0，包括文莱、柬埔寨、老挝和缅甸；在东盟十国中，新加坡所占份额最高，从 2005 年开始一直维持在 5%左右；越南从 2010 年开始所占份额也开始有所上升，达到了 1.15%，在近年有所发展。马来西亚、菲律宾和泰国也维持在 1%和 2%之间的份额，如图 20.7 所示。

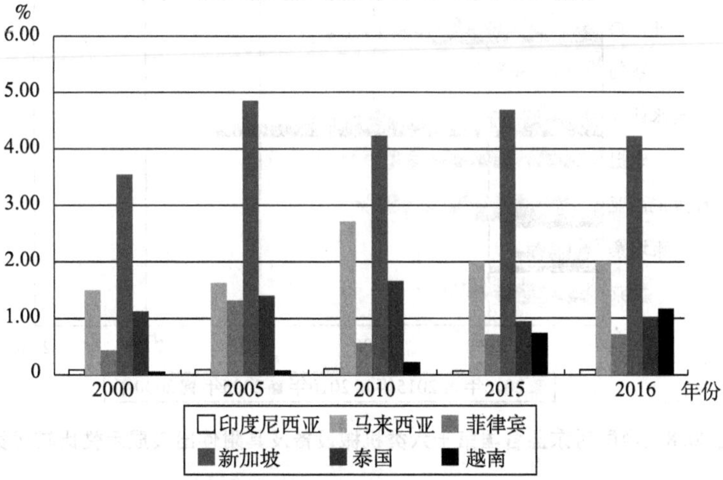

图 20.7　中国进口印度尼西亚、马来西亚、菲律宾、新加坡、泰国和越南的机械设备及其附件的市场占有率

三、中国—东盟机械设备及其附件贸易比较优势分析

本节我们将通过计算中国—东盟各国在机械设备及其附件双边贸易的出口显示性比较优势和进口显示性比较优势来分析中国出口到东盟各国和从各国进口是否具有比较优势。

（一）中国对东盟各国第十六类机械设备及其附件的出口显示性比较优势分析

基于中国出口到东盟各国的机械设备及其附件显示性比较优势指数计算结果，我们绘制了图 20. 8 来展示 2000 年、2005 年、2010 年、2015 年和 2016 年中国对东盟各国第十六类机械设备及其附件的出口显示性比较优势指数。图 20. 9 展示了中国对东盟各国第十六类机械设备及其附件的进口显示性比较优势指数，图 20. 10 展示了中国对东盟各国第 84 类出口显示性比较优势指数，图 20. 11 展示了中国对东盟各国第 84 类进口显示性比较优势指数，图 20. 12 展示了中国对东盟各国第 85 类出口显示性比较优势指数，图 20. 13 展示了中国对东盟各国第 85 类进口显示性比较优势指数。

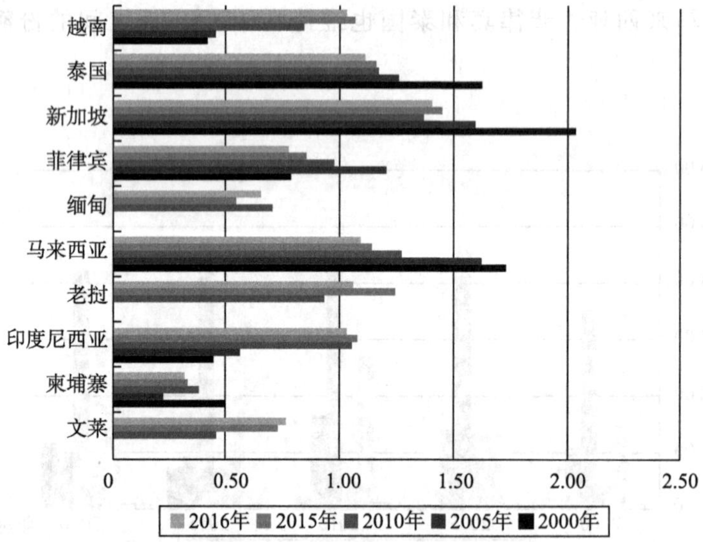

图 20. 8　中国对东盟各国第十六类机械设备及其附件出口显示性比较优势

由图 20. 8 可以看出，中国对印度尼西亚、马来西亚、新加坡和泰国的出口显示性比较优势一直大于 1，这说明中国向这些东盟国家出口机械设备及其附件的优势要高于中国向世界出口机械设备及其附件的平均水平；近年来中国对老挝和越南的出口显示

性比较优势也都在 1 左右，这说明近年来中国对这些地方的出口的地位也在不断地上升；中国对文莱、柬埔寨和缅甸的出口显示性比较优势小于 1，这说明中国向这些东盟国家出口机械设备及其附件的优势要低于中国向世界出口机械设备及其附件的平均水平。

（二）中国对东盟各国第十六类机械设备及其附件的进口显示性比较优势分析

通过图 20.9 可以看出，中国对马来西亚、菲律宾、新加坡的进口显示性比较优势普遍大于 1，这说明这些国家出口到中国的机械设备及其附件具有一定的优势；而中国进口东盟其他国家的机械设备及其附件则不具有比较优势。

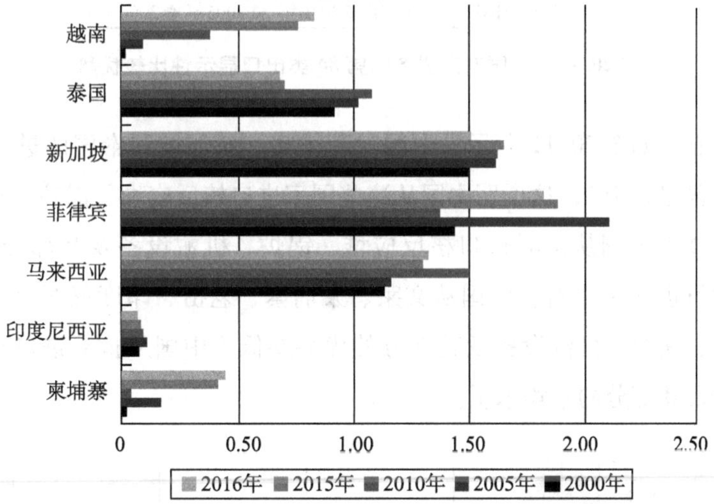

图 20.9 中国对东盟各国第十六类机械设备及其附件进口显示性比较优势

（三）中国对东盟各国第 84 类的显示性比较优势分析

第 84 类产品包括核反应堆、锅炉、机械设备及其部分，从国家来看，如图 20.10 所示，马来西亚、新加坡和泰国的数值一直大于 1，这说明中国向这些国家出口核反应堆、锅炉、机械设备及其部分的优势要高于中国向世界出口核反应堆、锅炉、机械设备及其部分的平均水平。越南、印度尼西亚和菲律宾的数值也在 1 左右。中国向文莱、柬埔寨、老挝和缅甸出口核反应堆、锅炉、机械设备及其部分的优势要低于中国向世界出口核反应堆、锅炉、机械设备及其部分的平均水平。

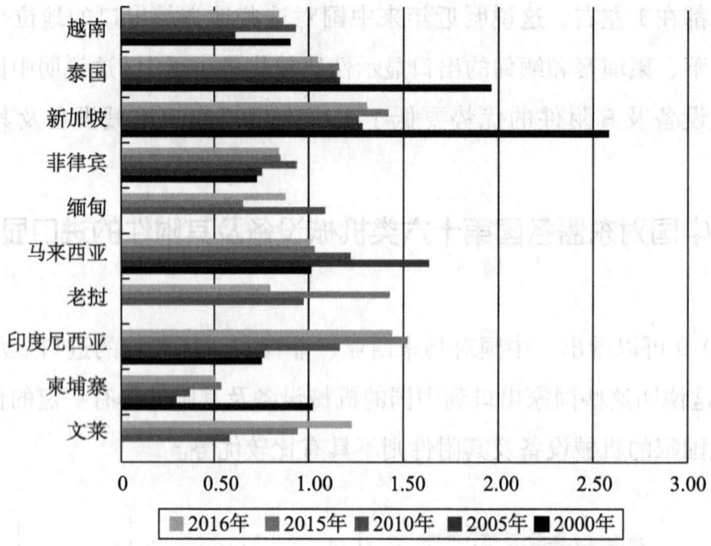

图 20.10 中国对东盟各国第 84 类出口显示性比较优势

从国家来看，如图 20.11 所示，中国对菲律宾、新加坡和泰国的进口显示性比较优势指数数值普遍大于 1，这说明中国从这些国家进口核反应堆、锅炉、机械设备及其部分的优势要高于中国从世界进口核反应堆、锅炉、机械设备及其部分的平均水平。马来西亚的数值也在 1 左右。中国从文莱、柬埔寨、老挝、印度尼西亚、缅甸和越南进口核反应堆、锅炉、机械设备及其部分的优势要低于中国从世界进口核反应堆、锅炉、机械设备及其部分的平均水平。

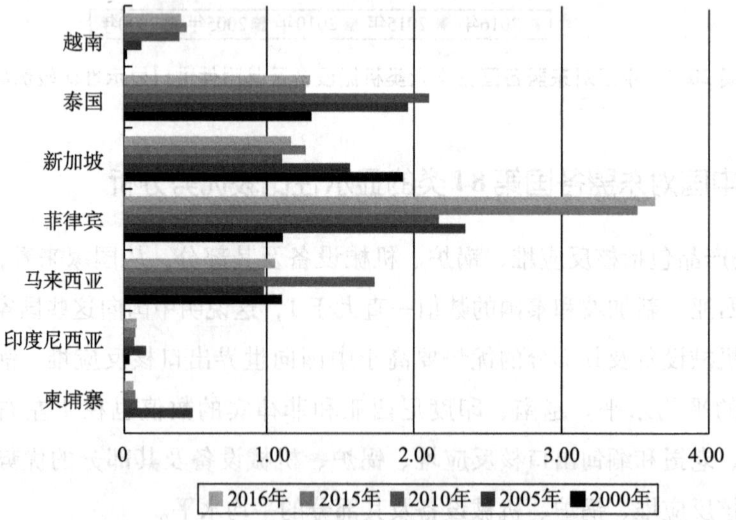

图 20.11 中国对东盟各国第 84 类进口显示性比较优势

（四）中国对东盟各国第 85 类的显示性比较优势分析

第 85 类产品包括电机、录音机、电视机及其零件和配件，从国家来看，如图 20.12 所示，马来西亚、新加坡和泰国的数值一直大于 1，这说明中国向这些国家出口电机、录音机、电视机及其零件和配件的优势要高于中国向世界出口电机、录音机、电视机及其零件和配件的平均水平。越南从 2000 年的 0.15 增长到 2016 年的 1.16，这说明中国向越南出口电机、录音机、电视机及其零件和配件由劣势转变为优势。菲律宾的数值也在 1 左右。中国向文莱、柬埔寨、印度尼西亚和缅甸出口电机、录音机、电视机及其零件和配件的优势要低于中国向世界出口电机、录音机、电视机及其零件和配件的平均水平。

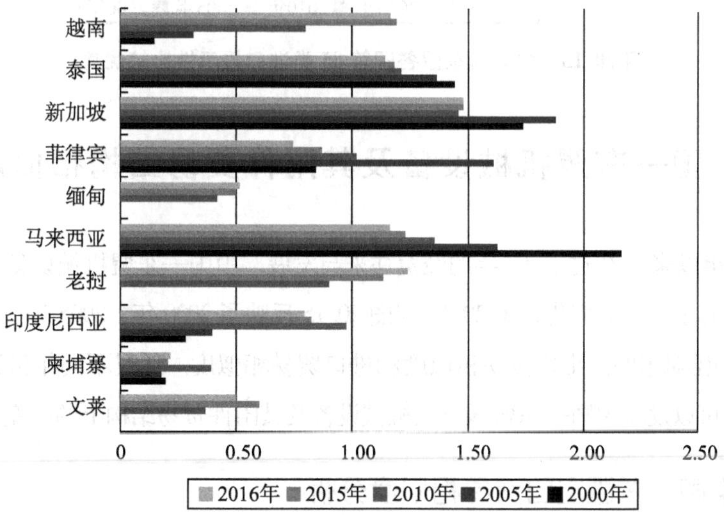

图 20.12　中国对东盟各国第 85 类出口显示性比较优势

从国家来看，如图 20.13 所示，马来西亚、新加坡和菲律宾的数值一直大于 1，这说明中国从这些国家进口电机、录音机、电视机及其零件和配件的优势要高于中国从世界进口电机、录音机、电视机及其零件和配件的平均水平。越南从 2000 年的 0.01 增长到 2016 年的 0.98，这说明中国从越南进口电机、录音机、电视机及其零件和配件由劣势转变为优势。中国从文莱、柬埔寨、印度尼西亚、老挝、缅甸、泰国进口电机、录音机、电视机及其零件和配件的优势要低于中国从世界进口电机、录音机、电视机及其零件和配件的平均水平。

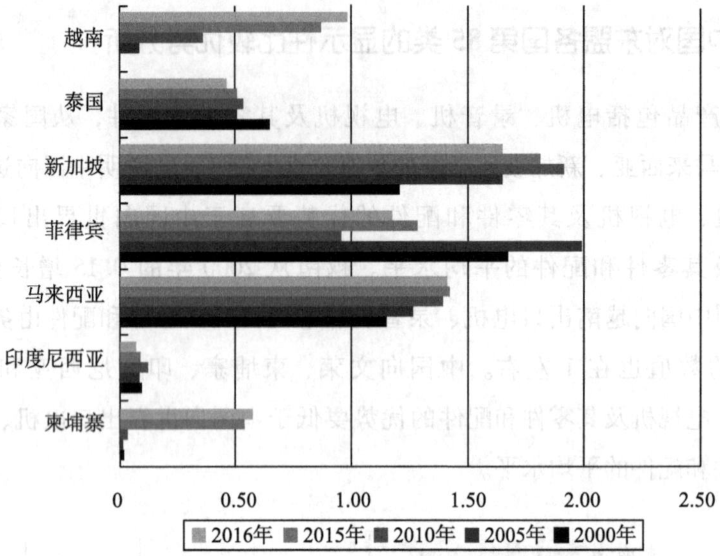

图 20.13　中国对东盟各国第 85 类进口显示性比较优势

四、中国—东盟机械设备及其附件贸易结构相似度分析

自 2000 年以来，经过了 17 年的经贸往来与发展，中国—东盟机械设备及其附件贸易的商品结构也有了一定的变化，图 20.14 与图 20.15 反映了 2000 年、2005 年、2010 年、2015 年和 2016 年中国对东盟的出口贸易相似度和进口贸易相似度。通过不同年份进出口贸易相似度的变化，可以发现中国—东盟国家在机械设备及其附件贸易结构上的改变。

（一）中国—东盟出口贸易相似度分析

从中国—东盟出口贸易相似度分析来看，如图 20.14 所示，印度尼西亚、马来西亚、菲律宾、新加坡和泰国的贸易相似性指数从 2000 年到 2016 年都有着很明显的下降，这说明中国与这些国家的机械设备及其附件的互补性减弱，体现了一定程度上结构的改变；越南则有一定程度的上升，从 2000 年的 6.22% 增加到了 2016 年的 15.09%。

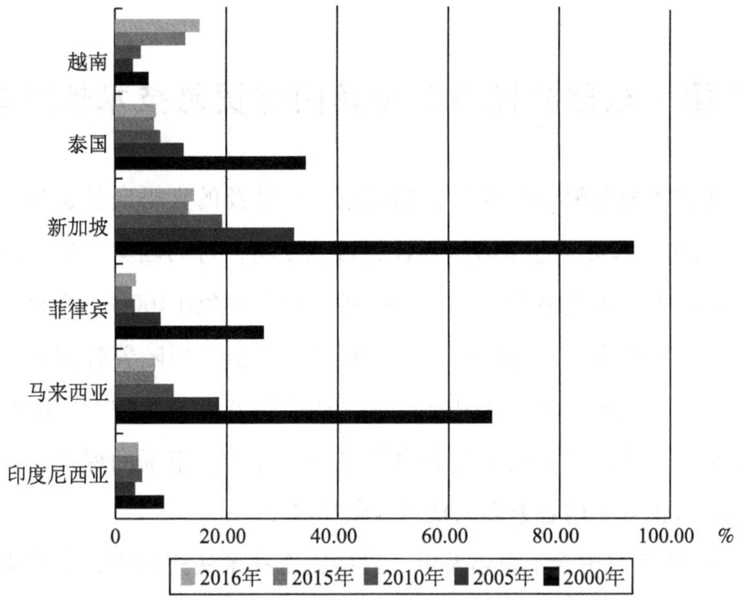

图 20.14　中国对东盟出口贸易相似度

（二）中国对东盟进口贸易相似度分析

从中国对东盟进口贸易相似度分析来看，如图 20.15 所示，马来西亚、菲律宾和泰国的贸易相似性指数从 2000 年到 2016 年都有着很明显的下降，这说明中国与这些国家的机械设备及其附件互补性减弱，体现了一定程度上结构的改变；而中国与新加坡的进口贸易相似度一直保持在 25%以上，说明中国与新加坡进口互补性较强；中国对越南的进口相似度越来越高，在 2016 年超过了 10%。

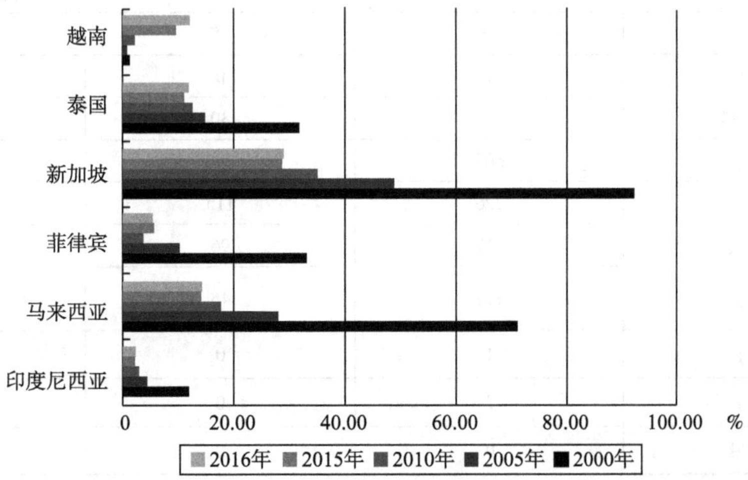

图 20.15　中国对东盟进口贸易相似度

五、中国—东盟机械设备及其附件贸易技术性壁垒分析

泰国是实施技术贸易壁垒最为严格的国家，所涉及的大类商品超过十二类，截至2008年，所通报的技术贸易壁垒措施累计超过300项，对第四类、第十六类和第二十类的商品所实施的壁垒措施最为严格，多数两项指标均达到100%。在机械电子等设备方面，虽然东盟在这些方面的进口量一直占据很大比例，但随着各国政府大力发展相关产业，通过对外的技术交流，尤其在电子、通信等方面开始在国际市场上具备竞争力，出口水平大大提升，因此出于对国内优势产业及国内市场的保护，各国往往对此类组别的商品进口设置了内容繁多的技术性贸易壁垒。

越南于2009年7月出台了电器及电子设备安全技术法规草案，本技术法规要求生产、进口和/或交易法规附录规定的电子设备及电子设备供应商必须具备由第三方认证机构颁发的符合法规技术要求的合格证明。产品应符合的技术要求由与国际电工技术委员会（International Electro-technical Commission，IEC）标准等效的越南相关国家标准确定。2018年7月出台了国家联合收割机安全技术法规草案，法规草案规定了农业生产中收割水稻的自行式联合收割机的技术和安全要求。

中国和东盟WTO-TBT通报数量统计如表20.1所示。

表20.1 中国和东盟WTO-TBT通报数量统计（截至2017年8月20日）

国家、区域	WTO-TBT通报总数量（件）	WTO-TBT机电产品相关通报数量（件）	WTO-TBT通报中机电产品相关通报数量百分比（%）
新加坡	43	25	58.14
文莱	1	0	—
马来西亚	83	30	36.14
泰国	603	290	48.09
印度尼西亚	226	115	50.88
菲律宾	219	96	43.84
越南	117	45	38.46
老挝	1	0	—
缅甸	2	0	—
柬埔寨	0	0	—

六、中国—东盟机械设备及其附件贸易发展建议

从中国出口来看，印度尼西亚、新加坡、泰国和越南从中国进口机械设备及其附件贸易额增长迅速；东盟国家中，菲律宾、新加坡、泰国和越南的机械设备及其附件生产和出口都具有一定的规模，其中中国自新加坡进口的机械设备及其附件是东盟十国中最多的。

中国对印度尼西亚、马来西亚、新加坡和泰国的出口显示性比较优势一直大于1，这说明中国向这些东盟国家出口机械设备及其附件的优势要高于中国向世界出口机械设备及其附件的平均水平；中国对马来西亚、菲律宾、新加坡和泰国的进口显示性比较优势普遍大于1，这说明这些国家进口到中国的机械设备及其附件具有一定的优势；而中国进口东盟其他国家的机械设备及其附件则不具有比较优势。

中国—东盟国家的进出口贸易相似程度都不是很高。

随着中国—东盟自由贸易区的建成，贸易创造和贸易转移效应逐渐显现，原来的对外区域贸易也将有一部分转为区域内贸易。我们应该充分加强交流，加强双边的经贸合作，在充分发挥政策作用的基础之上，拓宽合作渠道，努力降低和消除双边贸易壁垒，促进双边产业合作由产业间贸易向产业内贸易的转变。

第二十一章　运输设备

运输设备产业也是中国—东盟国家重点发展的行业，近十几年来与机械设备一同占据中国—东盟国家进出口第一的位置。作为双方贸易占比最大的部门之一，运输设备具有前所未有的发展机会。

基于中国与东盟国家运输设备进出口贸易的实际情况，本章将利用第一篇介绍的贸易指数计算中国—东盟运输设备的进出口贸易结构、产品比较优势、市场竞争性和产品互补性等指数，以期通过对中国—东盟运输设备贸易竞争性与互补性进行深入分析，提出改进中国与东盟在运输设备贸易上的国际分工和贸易关系的建议。

第十七类运输设备具体包含以下四类商品：铁路等车辆及其固定装置、零件和交通信号设备等（第 86 类）；其他车辆及其零件及附件（第 87 类）；飞机、航天器及其部件（第 88 类）；船、船和浮动结构（第 89 类）。

一、中国—东盟运输设备贸易概况

2000—2016 年，中国—东盟运输设备进出口总额从 7.73 亿美元增长到了 93.11 亿美元，并在 2015 年达到峰值 106.49 亿美元。

我国在与东盟的运输产品贸易上处于顺差地位，2000 年的顺差达到了 5.32 亿美元；2010 年达到了 21.93 亿美元；2016 年则达到了 37.34 亿美元，较 2015 年的 60.46 亿美元下降了约 38.24%。

（一）中国对东盟各国运输设备出口分析

近年来，中国出口至印度尼西亚、菲律宾、新加坡、泰国和越南的运输设备增长迅速。如图 21.1 所示，印度尼西亚从 2000 年的 1.03 亿美元增长到 2016 年的 7.73 亿美元，增长了约 6.50 倍；菲律宾从 2000 年的 0.13 亿美元增长到 2016 年的 6.59 亿美元；新加坡从 2000 年的 0.60 亿美元增加到 2016 年的 6.14 亿美元；泰国从 2000 年的 0.17 亿美元增加到 2016 年的 14.21 亿美元；越南从 2000 年的 4.30 亿美元增加到 2016 年的 10.80 亿美元。

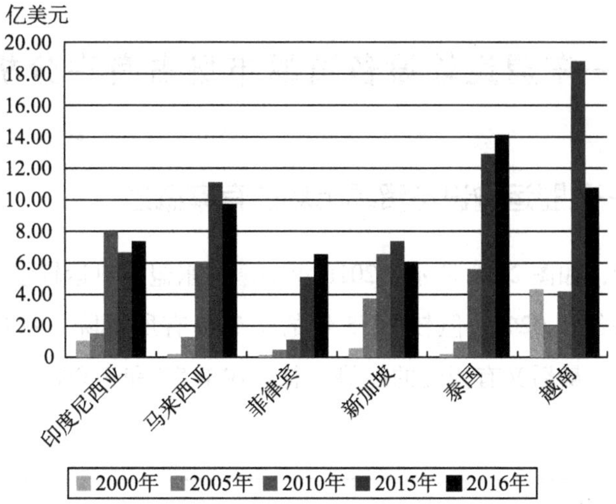

图 21.1　中国对印度尼西亚、马来西亚、菲律宾、新加坡、泰国和越南出口的运输设备总额

中国对文莱、柬埔寨、老挝、缅甸出口运输设备总额较低，除了越南和泰国在2015 年和 2016 年超过了 10 亿美元，其他均未超过 10 亿美元。

（二）中国从东盟各国进口运输设备的总量分析

中国从东盟各国进口运输设备的总量较少，如图 21.2 所示，中国在 2015 年从新加坡进口了 13.16 亿美元的运输设备，在 2016 年从新加坡进口了 12.41 亿美元的运输设备；中国在 2016 年从泰国进口了 8.37 亿美元的运输设备；中国从其他国家进口运输设备的总额都在 1 亿美元左右。

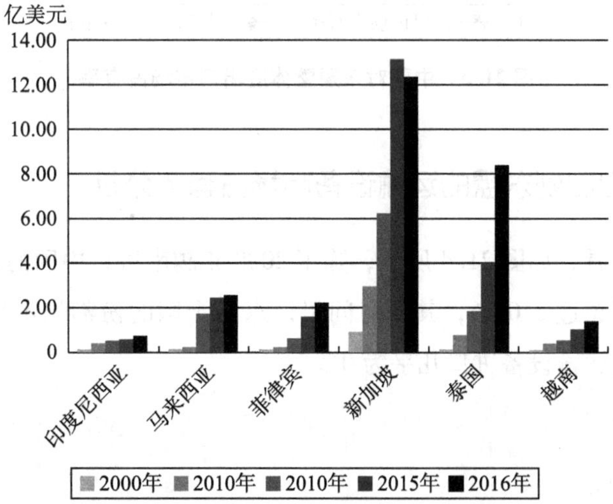

图 21.2　中国从印度尼西亚、马来西亚、菲律宾、新加坡、泰国和越南进口的运输设备总额

二、中国—东盟运输设备贸易市场占有率分析

（一）中国—东盟运输设备贸易市场占有率概述

从整体上来看，如图21.3所示，2016年中国向东盟出口运输设备的份额达到了向世界出口运输设备的7.02%，但较2015年的7.79%有所下降；从进口市场占有率来看，先上升再下降，最后又有回暖的趋势，总体在1.5%和3.0%之间来回波动。

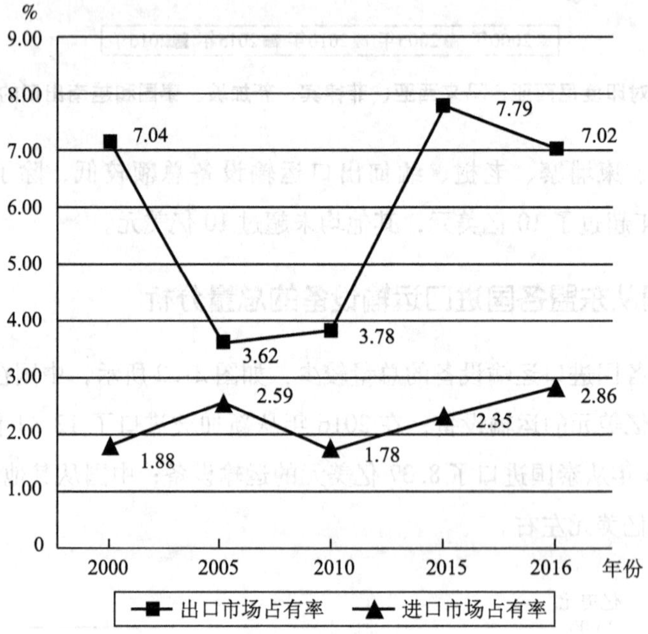

图21.3　中国对东盟整体进出口市场占有率

（二）中国出口到东盟的运输设备市场占有率分析

从各个国家来看，如图21.4所示，除了2000年越南进口中国的运输设备占中国出口运输设备的份额超过2.00%，其他时间里，东盟十国的份额均不超过2.00%，尤其是文莱，对中国的运输设备进口几乎为0。

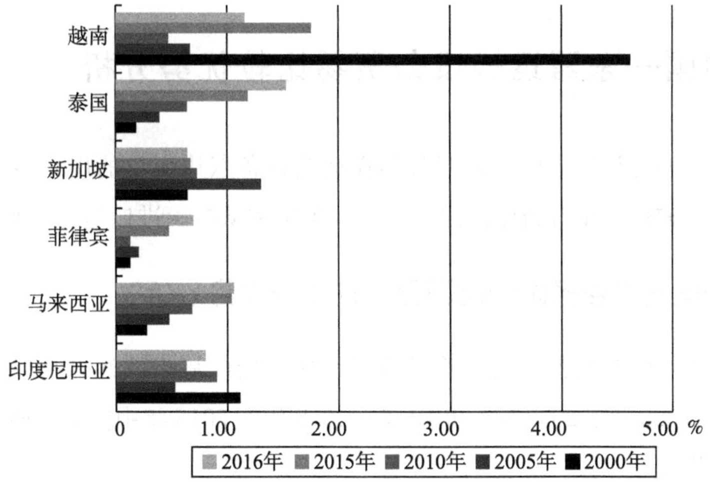

图 21.4　中国对越南、泰国、新加坡、菲律宾、马来西亚和印度尼西亚的运输设备的出口市场占有率

（三）中国进口东盟的运输设备市场占有率分析

从各个国家来看，如图 21.5 所示，新加坡到 2010 年有着明显的下降趋势，中国从新加坡进口的运输设备占中国从世界进口的运输设备的比重逐年下降而后又逐渐上升；泰国的比重随着时间的推移上升，但份额依旧不是很高；文莱、柬埔寨、老挝和缅甸四个国家出口到中国的运输设备几乎为 0。

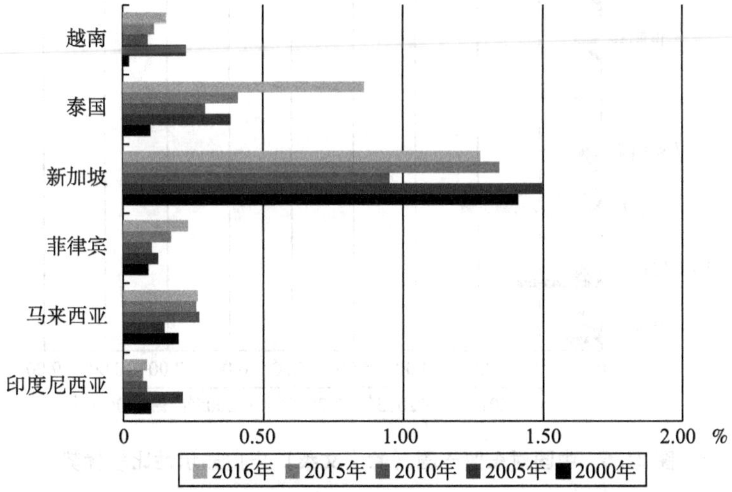

图 21.5　中国对印度尼西亚、马来西亚、菲律宾、新加坡、泰国和越南的运输设备的进口市场占有率

三、中国—东盟运输设备贸易比较优势分析

本节我们将通过计算中国—东盟各国在运输设备双边贸易的出口显示性比较优势和进口显示性比较优势来分析中国出口到东盟各国和从各国进口是否具有比较优势。

（一）中国对东盟各国的出口显示性比较优势分析

基于中国出口到东盟各国的运输设备显示性比较优势指数计算结果，我们绘制了图 21. 6 来展示 2000 年、2005 年、2010 年、2015 年和 2016 年中国对东盟各国的出口显示性比较优势指数。

可以看出，自 2010 年以来，中国对缅甸、老挝的出口比较优势一直大于 1，也就是说中国出口到缅甸、老挝的运输设备更具有比较优势；2015 年和 2016 年中，中国对菲律宾的出口比较优势也接近 1，较前几年有了很大进步；中国对文莱、柬埔寨、印度尼西亚、马来西亚、新加坡、泰国和越南的出口显示性比较优势均小于 1，这说明中国出口到这些国家的运输设备并不占有优势地位。

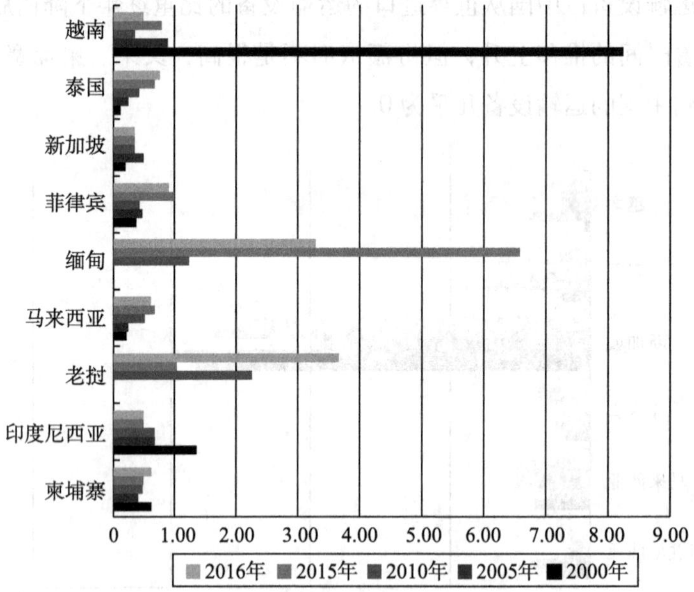

图 21. 6　中国对东盟十国（除了文莱）出口显示性比较优势

（二）中国对东盟各国的进口显示性比较优势分析

通过图 21.7 可以看出中国对东盟国家的进口显示性比较优势指数小于 1，换句话说，东盟十国出口到中国的运输设备并不能在中国市场上占有领先地位。

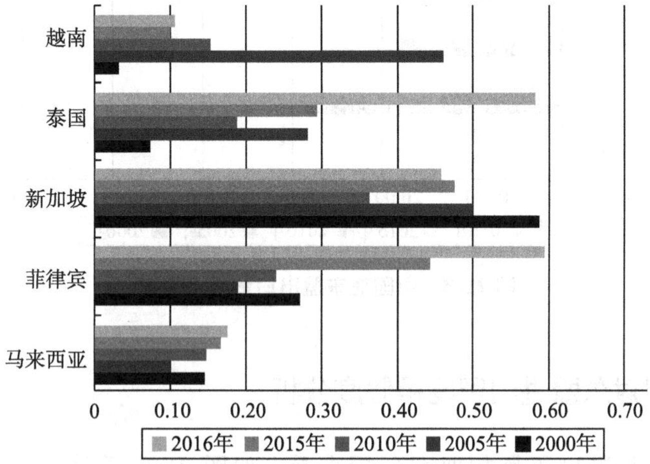

图 21.7　中国对东盟各国进口显示性比较优势

四、中国—东盟运输设备贸易结构相似度分析

自 2000 年以来，经过了 17 年的经贸往来与发展，中国—东盟运输设备贸易的商品结构也有了一定的变化，图 21.8 与图 21.9 反映了 2000 年、2005 年、2010 年、2015 年和 2016 年中国对东盟的出口贸易相似度和进口贸易相似度。通过不同年份进出口贸易相似度的变化，可以发现中国—东盟国家在运输设备贸易结构上的改变。

（一）中国对东盟出口贸易相似度分析

从中国对东盟出口贸易相似度分析来看，如图 21.8 所示，文莱、老挝、柬埔寨、缅甸和越南与中国的贸易互补程度较低；而印度尼西亚、马来西亚、新加坡和泰国的贸易相似性指数从 2000 年到 2016 年都有着很明显的下降，这说明中国与这些国家的运输设备互补性减弱，体现了一定程度上结构的改变。

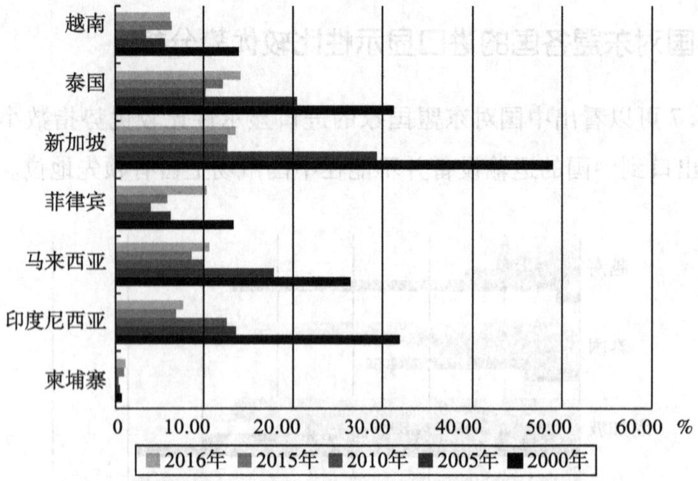

图 21.8　中国对东盟出口贸易相似度

(二) 中国对东盟进口贸易相似度分析

从中国对东盟进口贸易相似度分析来看，如图 21.9 所示，文莱、柬埔寨、老挝、缅甸、菲律宾和越南与中国的贸易互补程度较低；而马来西亚、新加坡的贸易相似性指数从 2000 年到 2016 年都有着很明显的下降，这说明中国与这些国家的运输设备互补性有所减弱，体现了一定程度上结构的改变；而中国与泰国的进口贸易相似度一直保持在 25%以上，说明中国与泰国进口互补性较强。

图 21.9　中国对东盟进口贸易相似度

五、中国—东盟运输设备贸易技术性壁垒分析

中国—东盟多数成员国的产业竞争优势都集中在消费类电子产品、电子元件、服装等劳动密集型产品上，且竞争力基本接近；而在运输设备、非电子类机械等资本或技术密集型产品方面，各成员国普遍缺乏竞争优势。

2018 年 6 月 26 日，柬埔寨集中通报第 G/TBT/N/KHM/4-18 号共 15 项车辆及其零部件技术法规草案，负责机构为柬埔寨标准局。草案分别规定了车辆制动系统、儿童座椅安全固定装置、安全带系统、座椅固定装置、头枕装置、充气轮胎、速度表、尾气排放、噪声、安全玻璃、后视镜等领域的技术标准要求，均留有 60 天的评议期。

2018 年 5 月 14 日，泰国发布第 G/TBT/N/THA/512 号通报，通报摩托车安全要求规范草案，负责机构为泰国工业部工业标准协会。草案规定了摩托车气体污染物排放等级、污染控制装置耐用性有关的安全要求，还规定了质量要求、标志标签和测试标准，适用于内燃机驱动的摩托车。草案留有 60 天的评议期。

2018 年 4 月 24 日，越南发布第 G/TBT/N/VNM/122 号通报，通报公交车无障碍技术法规标准草案，负责机构为越南交通部。草案规定了公交车无障碍测试要求，包括部件管理、检验和质量认证，适用于制造和进口上述产品的组织和个人。草案留有 60 天的评议期。

六、中国—东盟运输设备贸易发展建议

2000—2016 年，中国—东盟运输设备进出口总额从 7.73 亿美元增长到了 93.11 亿美元，并在 2015 年达到峰值 106.49 亿美元。

从整体上来看，2016 年中国向东盟出口运输设备的份额达到了向世界出口运输设备的 7.02%，但较 2015 年的 7.79%有所下降；从进口市场占有率来看，先上升再下降，最后又有回暖的趋势，总体在 1.5%和 3.0%之间来回波动。

可以看出，自 2010 年以来，中国对缅甸、老挝的出口比较优势一直大于 1，也就是说中国出口到缅甸、老挝的运输设备更具有比较优势；2015 年和 2016 年，中国对菲律宾的出口比较优势也接近 1，较前几年有了很大进步；中国对文莱、柬埔寨、印度尼西亚、马来西亚、新加坡、泰国和越南的出口显示性比较优势均小于 1，这说明中国出口到这些国家的运输设备并不占有优势地位。中国对东盟国家的进口显示性比较优势指数均小于 1，换句话说，东盟十国出口到中国的运输设备并不能在中国市场上占有领

先地位。

进出口贸易相似性指数从2000年到2016年都有着很明显的下降，这说明中国与这些国家从运输设备互补性较强变成了互补性较弱，体现了一定程度上结构的改变。

在未来，中国—东盟国家应当扩大免税产品范围，加大对工业制成品减税、免税力度。中国—东盟国家在运输设备行业上有着比较优势，占据了双方工业制成品贸易中的重要地位，应当增加对该类产品互相减免关税的力度。同时双方政府应当充分保证关税政策的实施，营造良好的贸易环境。

第二十二章　精密仪器及其附件

与东盟产品相比，中国的精密仪器、钟表手表等产品具有潜在优势，1995 年至今东盟大量增加了上述产品的进口，增长速度大大高于东盟同类产品的总进口增长率，因此，在东盟市场上这些产品的份额将会继续增加。伴随着双边贸易的增长，贸易结构也将进一步优化，各国具有比较优势的产品相互出口增多，机电产品特别是高新技术产品的比重将会有明显增大。

基于中国与东盟国家精密仪器及其附件进出口贸易的实际情况，本章将利用第一篇介绍的贸易指数计算中国—东盟精密仪器及其附件的进出口贸易结构、产品比较优势、市场竞争性和产品互补性等指数，以期通过对中国—东盟精密仪器及其附件贸易竞争性与互补性进行深入分析，提出改进中国与东盟在精密仪器及其附件贸易上的国际分工和贸易关系的建议。

第十八类精密仪器及其附件具体包含以下三类商品：光学仪器等及其零件和附件（第 90 类）；钟表及其部件（第 91 类）；乐器及其零件和配件（第 92 类）。

一、中国—东盟精密仪器及其附件贸易概况

2000—2015 年，我国一直保持着对东盟国家精密仪器及其附件的贸易顺差；而在 2015 年和 2016 年中国对东盟国家精密仪器及其设备转为逆差。从中国出口精密仪器及其附件的贸易量来看，在 2000 年，中国出口到东盟国家的精密仪器及其附件的贸易额为 5.06 亿美元，而到了 2016 年，达到了 51.43 亿美元，增长了 9 倍多。从中国进口精密仪器及其附件的贸易量来看，在 2000 年，中国从东盟国家进口的精密仪器及其附件的贸易额仅为 2.69 亿美元，而到了 2016 年，达到了 68.75 亿美元，增长了 20 多倍。

（一）中国对东盟各国的精密仪器及其附件出口分析

从国家来看，如图 22.1 所示，中国出口到越南的精密仪器及其附件从 2000 年的 698.70 万美元增加到了 2016 年的 6.93 亿美元；印度尼西亚从 2000 年的 1479.95 万美元增加到了 2016 年的 4.74 亿美元；缅甸、菲律宾、新加坡和泰国等国家也有着不同程

度的增长；然而中国出口到文莱和老挝的精密仪器及其附件的贸易额较少，均未超过1000万美元。

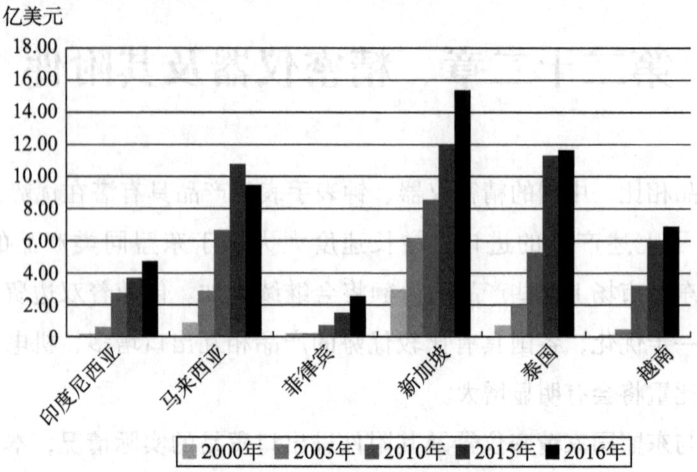

图 22.1　中国对印度尼西亚、马来西亚、菲律宾、新加坡、泰国和越南出口精密仪器及其附件的贸易额

（二）中国自东盟各国进口精密仪器及其附件分析

从国家来看，东盟中新加坡、泰国和越南逐渐成为中国进口精密仪器及其附件的主要来源国。具体分析，如图22.2所示，中国自新加坡进口从2000年的1.55亿美元增长到2016年的24.50亿美元；中国从泰国进口也在2016年增长到了16.76亿美元；中国从越南进口精密仪器及其附件从2005年的88.64万美元增加到了2016年的16.65亿美元；中国从文莱、柬埔寨进口的精密仪器及其附件较少，贸易额不超过20万美元。

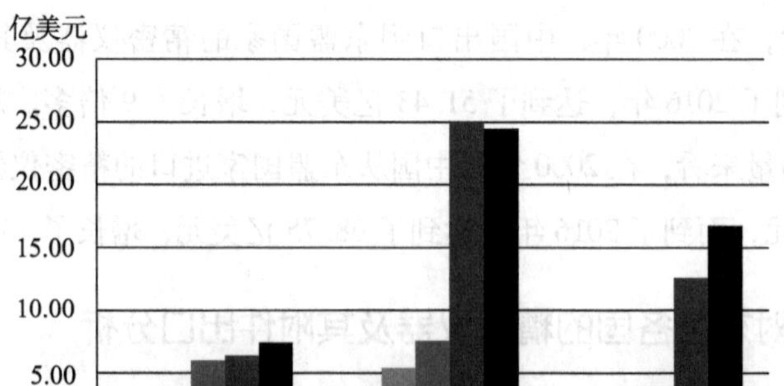

图 22.2　中国从马来西亚、新加坡和泰国进口精密仪器及其附件的贸易额

二、中国—东盟精密仪器及其附件贸易市场占有率分析

（一）中国—东盟精密仪器及其附件贸易市场占有率概述

2000—2016 年，如图 22.3 所示，中国对东盟国家整体出口市场占有率呈现出先下降、再上升的趋势，在 2005 年下降到了 4.40%，最终上升到 2016 年的 6.91%，这说明中国出口到东盟国家的精密仪器及其附件比重较高。

中国对东盟国家的进口市场占有率几乎呈现出和出口市场占有率相同的趋势，从 2000 年的 3.28%下降到 2005 年的 1.83%，并于 2016 年达到了最大值 7.15%。

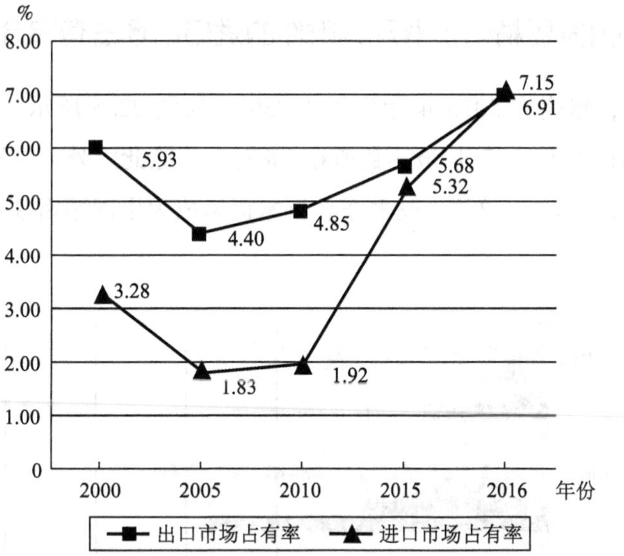

图 22.3　中国对东盟整体的进出口市场占有率

（二）中国对东盟的精密仪器及其附件的出口市场占有率分析

从国家来看，在东盟国家中，如图 22.4 所示，中国对新加坡的出口市场占有率在 2%左右，中国对马来西亚、泰国的出口市场占有率在 1%左右，中国对印度尼西亚、菲律宾和越南的出口市场占有率在 1%以下；而对文莱、柬埔寨、老挝和缅甸的占有率几乎为 0，这说明这些东盟国家并不是中国出口精密仪器及其附件的主要目的国。

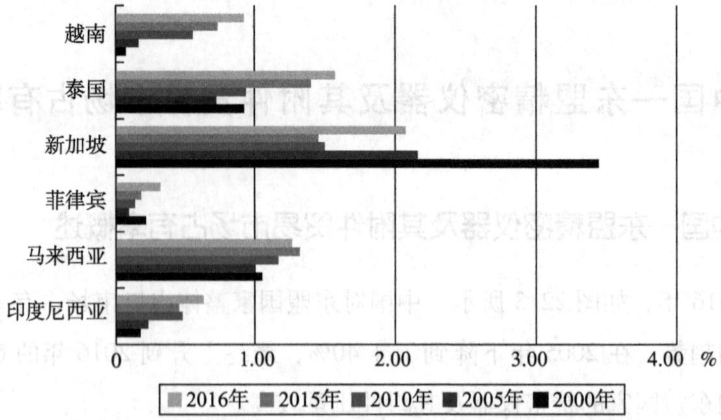

图 22.4　中国对越南、泰国、新加坡、菲律宾、马来西亚和印度尼西亚精密仪器及其附件的出口市场占有率

（三）中国对东盟精密仪器及其附件的进口市场占有率分析

从国家来看，越南在 2016 年达到了 1.73%，如图 22.5 所示，泰国在 2015 年和 2016 年也分别超过了 1%，新加坡的数值在 1%左右；除此之外，中国对其他国家的进口市场占有率均低于 1%，这说明这些东盟国家尚未成为中国精密仪器及其附件的主要进口来源国。

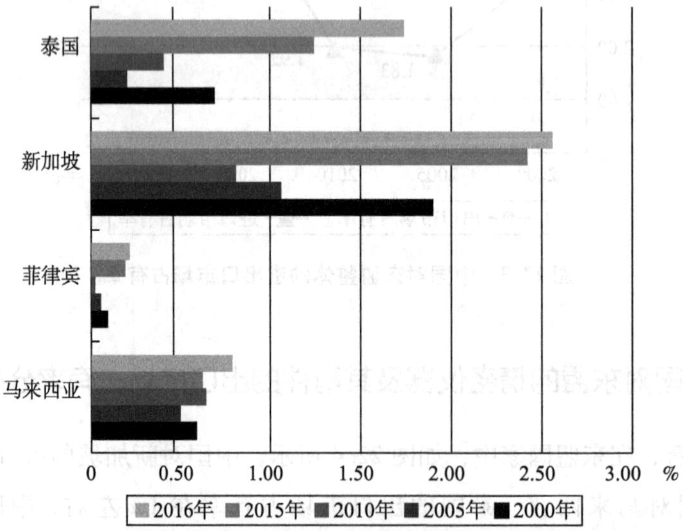

图 22.5　中国对泰国、新加坡、菲律宾和马来西亚精密仪器及其附件的进口市场占有率

三、中国—东盟精密仪器及其附件贸易比较优势分析

本节我们将通过计算中国—东盟各国在精密仪器及其附件双边贸易的出口显示性比较优势和进口显示性比较优势来分析中国出口到东盟各国和从各国进口是否具有比较优势。

（一）中国对东盟各国的出口显示性比较优势分析

基于中国出口到东盟各国的精密仪器及其附件显示性比较优势指数计算结果，我们绘制了图 22.6 来展示 2000 年、2005 年、2010 年、2015 年和 2016 年中国对东盟各国第十八类精密仪器及其附件的出口显示性比较优势指数。图 22.7 展示了中国对东盟部分国家第十八类精密仪器及其附件进口显示性比较优势指数，图 22.8 展示了中国对东盟各国第 90 类的出口显示性比较优势指数，图 22.9 展示了中国对东盟部分国家第 90 类的进口显示性比较优势指数，图 22.10 展示了中国对东盟部分国家第 91 类的出口显示性比较优势指数，图 22.11 展示了中国对泰国第 91 类的进口显示性比较优势指数。

通过图 22.6 可以看出，中国对东盟十国的出口显示性比较优势普遍小于 1，这说明中国出口到东盟国家的精密仪器及其附件不具有比较优势，中国向这些东盟国家出口精密仪器及其附件的优势要低于中国向世界出口精密仪器及其附件的平均水平；具体来看，马来西亚和新加坡的数值在 1 左右，在东盟国家中还是有优势的。

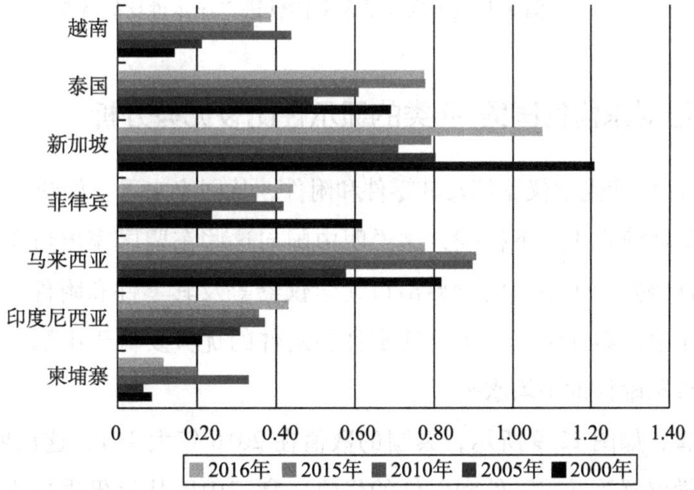

图 22.6　中国对东盟各国第十八类精密仪器及其附件出口显示性比较优势

（二）中国对东盟各国的进口显示性比较优势分析

通过图 22.7 可以看出，中国从东盟国家进口的精密仪器及其附件并不具有比较优势，这说明中国从东盟国家进口精密仪器及其附件的优势要低于中国从世界进口精密仪器及其附件的平均水平。中国对泰国、越南的进口显示性比较优势指数在 2016 年大于 1，说明在 2016 年中国从泰国、越南进口的精密仪器及其附件具有比较优势，从泰国、越南进口精密仪器及其附件的优势要高于中国从世界进口精密仪器及其附件的平均水平。

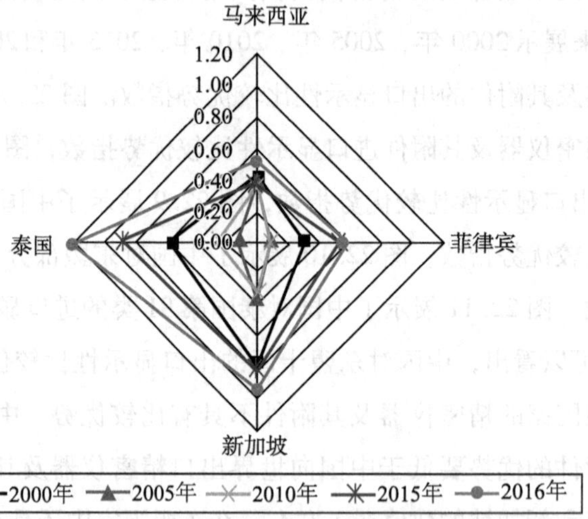

图 22.7　中国对泰国、新加坡、菲律宾和马来西亚第十八类精密仪器及其附件进口显示性比较优势

（三）中国对东盟各国第 90 类的显示性比较优势分析

第 90 类产品包括光学仪器等及其零件和附件，从国家来看，如图 22.8 所示，马来西亚、新加坡的数值在 1 上下徘徊，这说明中国向这些东盟国家出口光学仪器等及其零件和附件的优势要高于中国向世界出口光学仪器等及其零件和附件的平均水平。中国向其他东盟国家出口光学仪器等及其零件和附件的优势要低于中国向世界出口光学仪器等及其零件和附件的平均水平。

从国家来看，如图 22.9 所示，泰国的数值在 2016 年大于 1，这说明 2016 年中国从泰国进口光学仪器等及其零件和附件的优势要高于中国从世界进口光学仪器等及其零件和附件的平均水平。中国从其他东盟国家进口光学仪器等及其零件和附件的优势要低于中国从世界进口光学仪器等及其零件和附件的平均水平。

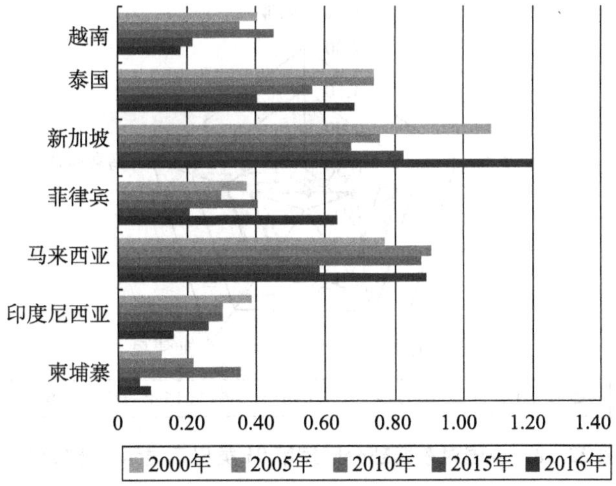

图 22.8　中国对东盟各国第 90 类出口显示性比较优势

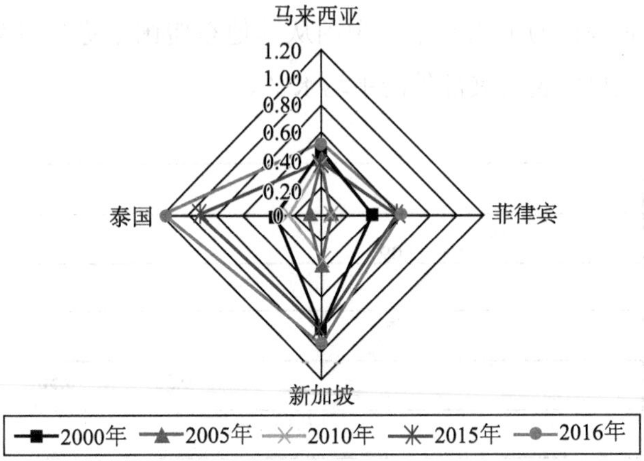

图 22.9　中国对泰国、新加坡、菲律宾和马来西亚第 90 类进口显示性比较优势

（四）中国对东盟各国第 91 类的显示性比较优势分析

第 91 类产品包括钟表及其部件，从国家来看，如图 22.10 所示，自 2010 年以来，新加坡、泰国的数值一直大于 1，这说明中国向这些国家出口钟表及其部件的优势要高于中国向世界出口钟表及其部件的平均水平。马来西亚、菲律宾近年来也在 1 附近徘徊，这说明中国向马来西亚和菲律宾出口钟表及其部件由劣势转变为优势。中国向其他东盟国家出口钟表及其部件的优势要低于中国向世界出口钟表及其部件的平均水平。

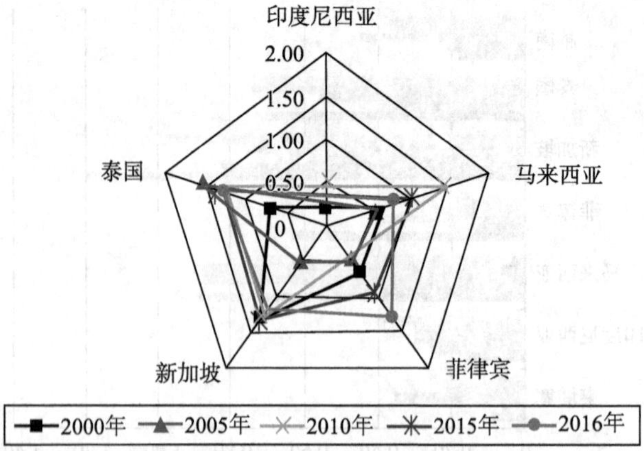

图 22.10　中国对东盟部分国家第 91 类出口显示性比较优势

从国家来看，如图 22.11 所示，泰国在 2000 年和 2005 年达到了 2.53 和 2.09，均大于 1，这说明中国 2000 年到 2005 年前后从泰国进口钟表及其部件的优势要高于中国从世界进口钟表及其部件的平均水平。中国从其他东盟国家进口钟表及其部件的优势要低于中国从世界进口钟表及其部件的平均水平。

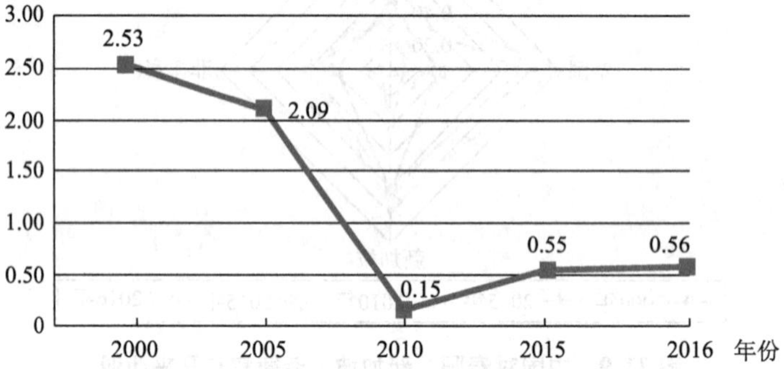

图 22.11　中国对泰国第 91 类进口显示性比较优势

四、中国—东盟精密仪器及其附件贸易结构相似度分析

自 2000 年以来，经过了 17 年的经贸往来与发展，中国—东盟精密仪器及其附件贸易的商品结构也有了一定的变化，图 22.12 与图 22.13 反映了 2000 年、2005 年、2010 年、2015 年和 2016 年中国对东盟的出口贸易相似度和进口贸易相似度。通过不同年份进出口贸易相似度的变化，可以发现中国—东盟国家在精密仪器及其附件贸易结构上的改变。

（一）中国对东盟出口贸易相似度分析

从中国对东盟出口贸易贸易相似度指数来看，如图 22.12 所示，印度尼西亚、马来西亚、菲律宾、新加坡和泰国的数值都有不同程度的下降，这说明这些国家与中国的互补性减弱。文莱、柬埔寨、老挝和缅甸的出口相似度指数均低于 1%，这说明这些国家与中国的互补性不强；越南的数值从 2000 年的 2.42% 上升到 2016 年的 6.39%，这说明越南与中国的精密仪器及其附件的互补性有所增强；新加坡一直保持着较高的互补性。

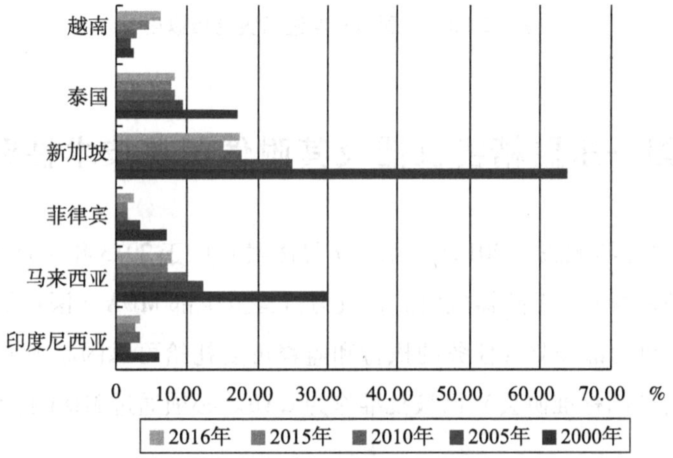

图 22.12 中国对东盟出口贸易相似度

（二）中国对东盟进口贸易相似度分析

从中国对东盟进口相似度指数来看，如图 22.13 所示，印度尼西亚、马来西亚、菲律宾、新加坡和泰国的数值都有不同程度的下降，这说明这些国家与中国的互补性减弱。文莱、柬埔寨、老挝和缅甸的进口相似度指数均低于 1%，这说明这些国家与中国的互补性不强；越南的数值从 2000 年的 0.52%上升到 2016 年的 4.59%，这说明越南出口的精密仪器及其附件与中国进口的精密仪器及其附件的互补性有所增强；新加坡一直保持着较高的互补性。

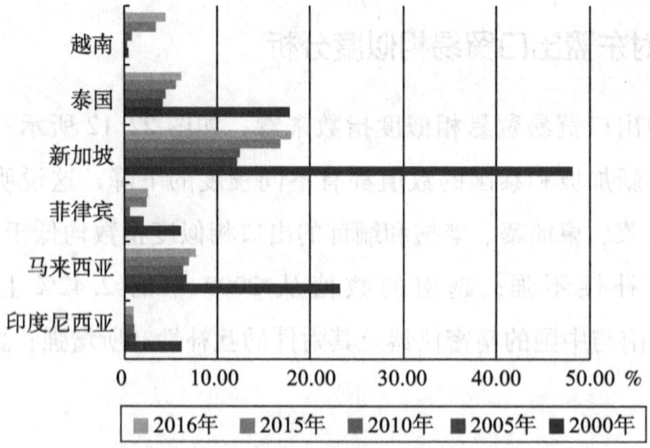

图 22.13　中国对东盟进口贸易相似度

五、中国—东盟精密仪器及其附件贸易技术性壁垒分析

《马来西亚医疗器械法案 2012》（第 737 号法案）已于 2013 年 7 月 1 日在马来西亚全面实施。在马来西亚，医疗器械由监管权力机构卫生部 MDA（医疗器械管理局）进行监管。该监管机构部分监管任务的执行和监督可委托给可靠的私人 CAB（符合性评估机构）。BSI（英国标准协会）已被批准作为 CAB。必须通过 MDA 批准才能进入马来西亚。

1990 年 6 月，泰国正式建立食品药品监督管理局 FDA（医疗器械控制部）作为医疗器械的监管当局。泰国对禁止进口的产品做出了规定：被产品制造国或所有国所禁止的；一般医疗器械，定制过程没有通过 FDA 批准的；在有效性和安全性上有问题并且没有技术证据证明，FDA 可能没有发布批准的；没有许可的需许可类医疗器械；没有通知的需通知的医疗器械；伪造器械；低于标准要求的器械；已坏的器械；不安全的器械，包括有效性值得怀疑的器械。

菲律宾几乎进口所有的医疗器械，如可出口的注射器、人工假牙及配件、导管等简单器械及部分按摩器械和诊断试剂等，不同于药品、食品添加剂和一次性用品，进口医疗器械并不需要 BFAD（食品和药品管理局）或产品服务局事先批准。此外，医疗器械没有进口限额，包括被使用过的和翻新的医疗器械。外国供应商通常会指定一个地方代理商，代理商必须先在 BFAD 登记。

六、中国—东盟精密仪器及其附件贸易发展建议

从出口市场占有率来看，东盟国家尚未成为中国精密仪器及其附件的主要出口目的国，从进口市场占有率来看，除了越南在2016年达到了1.73%，其他国家普遍低于1%，这说明这些东盟国家尚未成为中国进口精密仪器及其附件的主要来源国。

中国对东盟十国的出口显示性比较优势普遍小于1，这说明中国出口到东盟国家的精密仪器及其附件不具有比较优势，中国向这些东盟国家出口精密仪器及其附件的优势要低于中国向世界出口精密仪器及其附件的平均水平；中国从东盟国家进口的精密仪器及其附件也不具有比较优势。

从中国对东盟进出口贸易相似度指数来看，印度尼西亚、马来西亚、菲律宾、新加坡和泰国的数值都有不同程度的下降。

建立具有战略意义的中国—东盟自由贸易区恰恰有利于整合资源，提高竞争力，可以将双方的竞争转为一种积极的合作型竞争。中国—东盟自由贸易区建立后，通过区域内各国之间的协调机制，可以在区域内建立良好的协作分工体系，充分发挥各国的优势，实现有序竞争，解决产品结构雷同的问题。

第二十三章　杂项制品

2015 年 11 月 22 日，在李克强总理和东盟十国领导人的共同见证下，时任中国商务部部长高虎城与东盟十国部长代表中国政府和东盟十国政府，在吉隆坡正式签署中国—东盟自贸区升级谈判成果文件——《中华人民共和国与东南亚国家联盟关于修订〈中国—东盟全面经济合作框架协议〉及项下部分协议的议定书》，在这次升级谈判中，双方同意对 46 个章节的绝大部分工业品同时适用“4 位税目改变”和“区域价值百分比 40%”标准，涉及 3000 多种产品，其中就包含杂项制品。

基于中国与东盟国家杂项制品进出口贸易的实际情况，本章将利用第一篇介绍的贸易指数计算中国—东盟杂项制品的进出口贸易结构、产品比较优势、市场竞争性和产品互补性等指数，以期通过对中国—东盟杂项制品贸易竞争性与互补性进行深入分析，提出改进中国与东盟在杂项制品贸易上的国际分工和贸易关系的建议。

第二十类杂项制品具体包含以下三类商品：家具和床上用品等（第 94 类）；玩具、游戏和运动用品等（第 95 类）；杂项制品（第 96 类）。

一、中国—东盟杂项制品贸易概况

自 2000 年以来，我国一直保持着对东盟国家杂项制品的贸易顺差；从中国出口杂项制品的贸易量来看，在 2000 年，中国出口到东盟国家的杂项制品的贸易额仅为 3.75 亿美元，而到了 2016 年，达到了 49.33 亿美元，增长了约 12 倍。从中国进口杂项制品的贸易量来看，在 2000 年，中国从东盟国家进口的杂项制品的贸易额仅为 3125.21 万美元，而到了 2016 年，增长到了 6.53 亿美元。

（一）中国对东盟各国的杂项制品出口分析

从国家来看，如图 23.1 所示，中国出口到越南的杂项制品从 2000 年的 536 万美元增加到了 2016 年的 6.75 亿美元；印度尼西亚、马来西亚、菲律宾、新加坡和泰国也都是中国杂项制品的主要出口国，均超过了 5 亿美元；而中国出口到文莱、老挝和缅甸的杂项制品的贸易额较少，均未到 1 亿美元，文莱甚至未超过 2000 万美元。

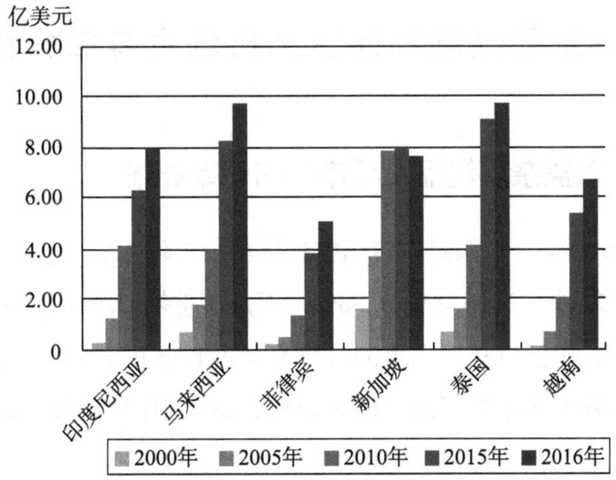

图 23.1　中国对印度尼西亚、马来西亚、菲律宾、新加坡、泰国和越南出口杂项制品的贸易额

（二）中国自东盟各国进口杂项制品分析

从国家来看，如图 23.2 所示，东盟国家中越南、泰国逐渐成为中国进口杂项制品的主要来源国。具体分析，泰国从 2000 年出口到中国 249.36 万美元，增加到 2016 年出口到中国 1.39 亿美元；越南也在 2016 年增长到了 2.76 亿美元；而文莱、柬埔寨、老挝和缅甸贸易额较少，均未超过 1000 万美元。

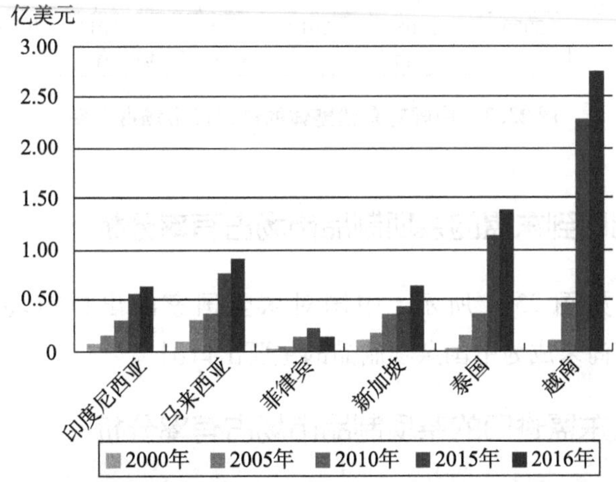

图 23.2　中国从印度尼西亚、马来西亚、菲律宾、新加坡、泰国和越南进口杂项制品的贸易额

二、中国—东盟杂项制品贸易市场占有率分析

（一）中国—东盟杂项制品贸易市场占有率概述

从2000年到2016年，中国对东盟国家整体出口市场占有率呈现出上升的趋势，从2000年的2.11%上升到了2016年的3.38%。不过比重依旧不是很高。

如图23.3所示，中国对东盟国家的进口市场占有率几乎呈现出和出口市场占有率相同的趋势，并于2016年达到了最大值8.69%，说明中国从东盟国家进口的杂项制品较多。

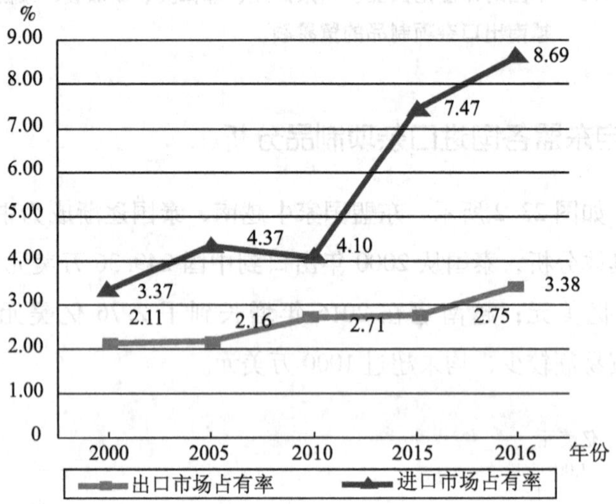

图23.3　中国对东盟整体的进出口市场占有率

（二）中国出口到东盟的杂项制品市场占有率分析

从国家来看，如图23.4所示，中国对东盟国家的出口市场占有率普遍低于1%，说明东盟国家尚未成为中国杂项制品的主要出口国。

（三）中国从东盟进口的杂项制品市场占有率分析

从国家来看，如图23.5所示，越南在2015年和2016年达到了3.07%和3.67%，马来西亚和泰国在2015年和2016年也分别超过了1%，除此之外，中国对其他国家的进口市场占有率均低于1%，这说明越南逐渐成为中国的进口来源国。

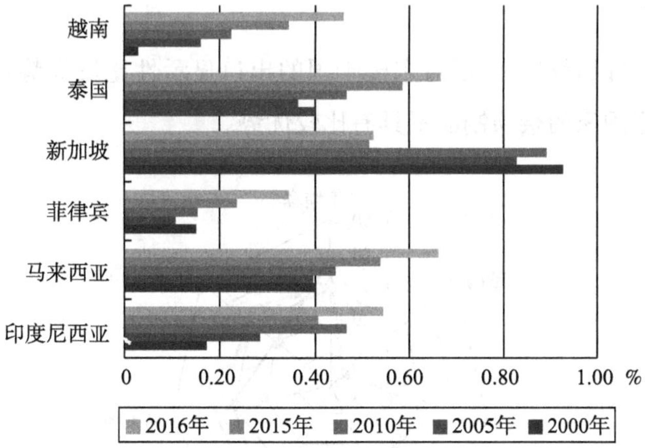

图 23.4 中国出口到越南、泰国、新加坡、菲律宾、马来西亚和印度尼西亚的杂项制品的市场占有率

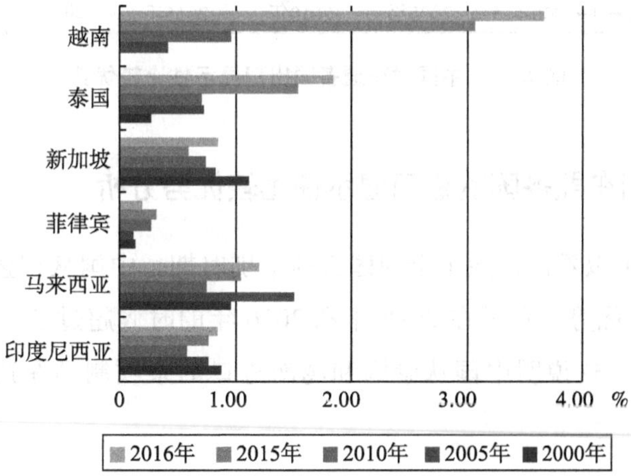

图 23.5 中国从越南、泰国、新加坡、菲律宾、马来西亚和印度尼西亚进口的杂项制品的市场占有率

三、中国—东盟杂项制品贸易比较优势分析

本节我们将通过计算中国—东盟各国在杂项制品双边贸易的出口显示性比较优势和进口显示性比较优势来分析中国出口到东盟各国和从各国进口是否具有比较优势。

（一）中国对东盟各国的出口显示性比较优势分析

基于中国出口到东盟各国的杂项制品显示性比较优势指数计算结果，我们绘制了图 23.6 来展示 2000 年、2005 年、2010 年、2015 年和 2016 年中国对东盟各国的出口显示性比较优势指数。

通过图 23.6 可以看出，中国对东盟十国的出口显示性比较优势普遍小于 1，这说明中国出口到东盟国家的杂项制品不具有比较优势。

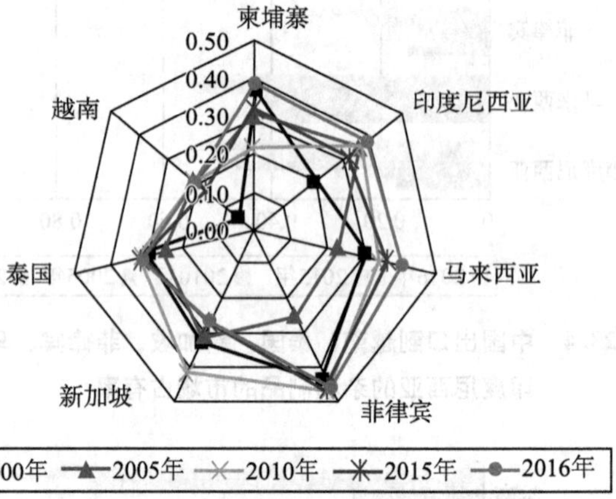

图 23.6　中国对东盟各国出口显示性比较优势

（二）中国对东盟各国的进口显示性比较优势分析

通过图 23.7 可以看出，除了个别国家的个别时期，中国从东盟国家进口的杂项制品并不具有比较优势。泰国在 2015 年和 2016 年的时候超过了 1 以及越南在 2010 年以后也超过了 1，这说明中国从泰国和越南进口的杂项制品在这些时期具有比较优势。

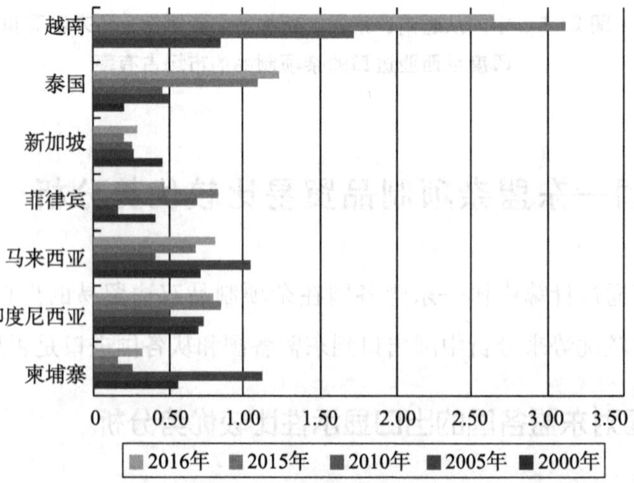

图 23.7　中国对东盟各国进口显示性比较优势

（三）中国对东盟各国第 94 类的显示性比较优势分析

第 94 类产品包括家具和床上用品等，从国家来看，如图 23.8 所示，从 2010 年开始文莱的数值一直在 1 左右，这说明中国向文莱出口家具和床上用品等的优势要高于中国向世界出口家具和床上用品等的平均水平。其他东盟国家的数值均小于 1，这说明中国向其他东盟国家出口家具和床上用品等的优势要低于中国向世界出口家具和床上用品等的平均水平。

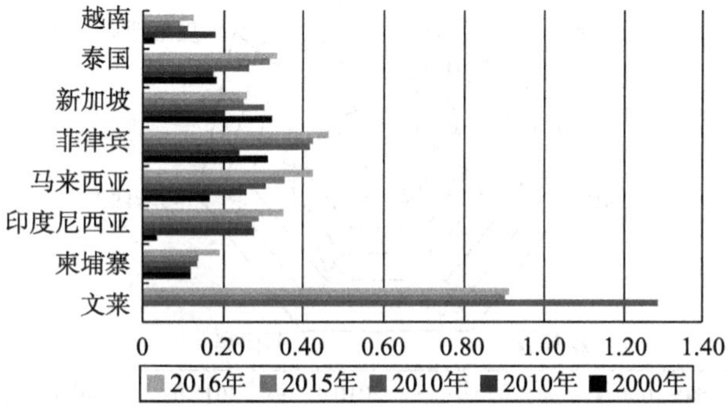

图 23.8　中国对东盟各国第 94 类出口显示性比较优势

从国家来看，如图 23.9 所示，自 2005 年以来，中国对越南的进口显示性比较优势的数值一直大于 1，这说明中国从越南进口家具和床上用品等的优势要高于中国从世界进口家具和床上用品等的平均水平，可能的原因是越南拥有廉价的劳动力，可以加工这些初级产品。2015 年和 2016 年印度尼西亚和泰国也从之前小于 1 增加到大于 1，这说明中国从印度尼西亚和泰国进口家具和床上用品等由劣势转变为优势。中国对其他东盟国家的进口显示性比较优势指数的数值有波动，时而大于 1，时而小于 1。

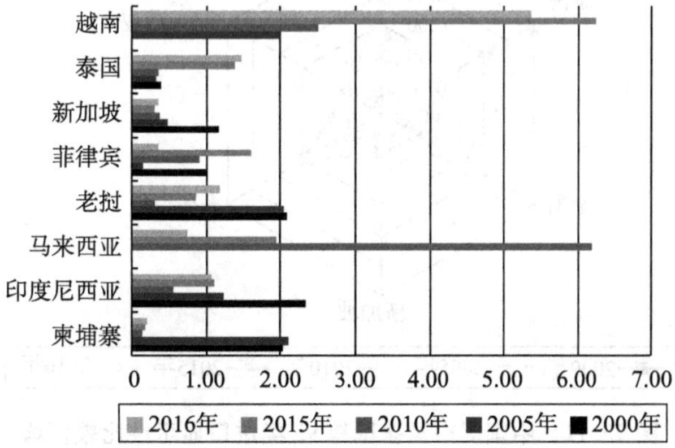

图 23.9　中国对东盟各国第 94 类进口显示性比较优势

（四）中国对东盟各国第 95 类的显示性比较优势分析

第 95 类产品包括玩具、游戏和运动用品等，从国家来看，如图 23. 10 所示，东盟国家的数值大都小于 1，这说明中国向东盟国家出口玩具、游戏和运动用品等的优势要低于中国向世界出口玩具、游戏和运动用品等的平均水平。

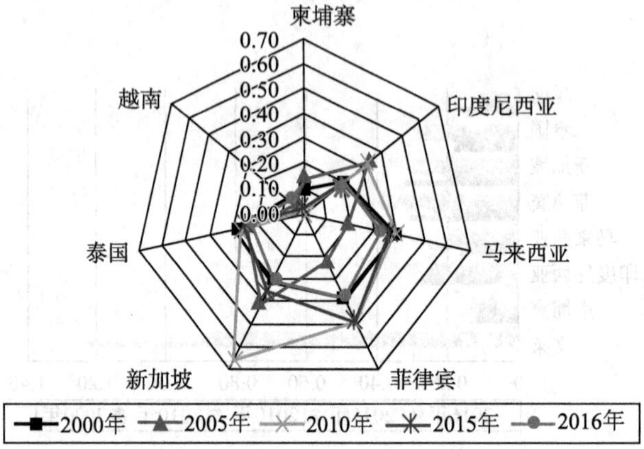

图 23. 10　中国对东盟各国第 95 类出口显示性比较优势

从国家来看，如图 23. 11 所示，越南近年的数值在 1 左右，这说明中国从越南进口玩具、游戏和运动用品等的优势要高于中国从世界进口玩具、游戏和运动用品等的平均水平。其他国家的数值均小于 1，这说明中国从其他东盟国家进口玩具、游戏和运动用品等的优势要低于中国从世界进口玩具、游戏和运动用品等的平均水平。

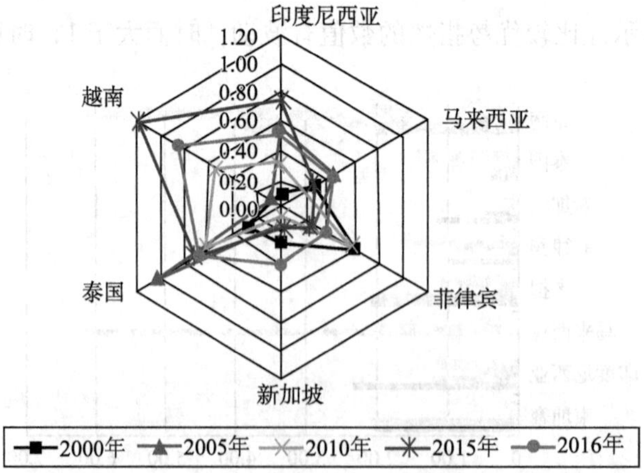

图 23. 11　中国对东盟各国第 95 类进口显示性比较优势

四、中国—东盟杂项制品贸易结构相似度分析

自2000年以来，经过了17年的经贸往来与发展，中国和东盟杂项制品贸易的商品结构也有了一定的变化，图23.12与图23.13反映了2000年、2005年、2010年、2015年和2016年中国对东盟的出口贸易相似度和进口贸易相似度。通过不同年份进出口贸易相似度的变化，可以发现中国—东盟国家在杂项制品贸易结构上的改变。

（一）中国对东盟出口贸易相似度分析

从中国对东盟出口贸易相似度指数来看，如图23.12所示，印度尼西亚、马来西亚、新加坡和泰国的数值都有不同程度的下降，这说明这些国家与中国的互补性减弱。文莱、柬埔寨、老挝和缅甸的出口相似度指数接近0，这说明这些国家与中国的互补性不强。

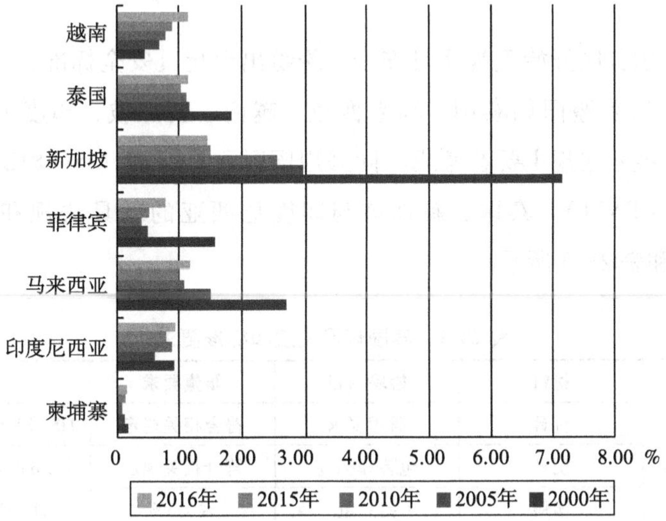

图23.12　中国对东盟出口贸易相似度

（二）中国对东盟进口贸易相似度分析

从中国对东盟进口贸易相似度指数来看，印度尼西亚、马来西亚、泰国和越南的数值均超过30%，这说明这些国家与中国的互补性较强。文莱、柬埔寨、老挝和缅甸的出口相似度指数接近0，这说明这些国家与中国的互补性不强。

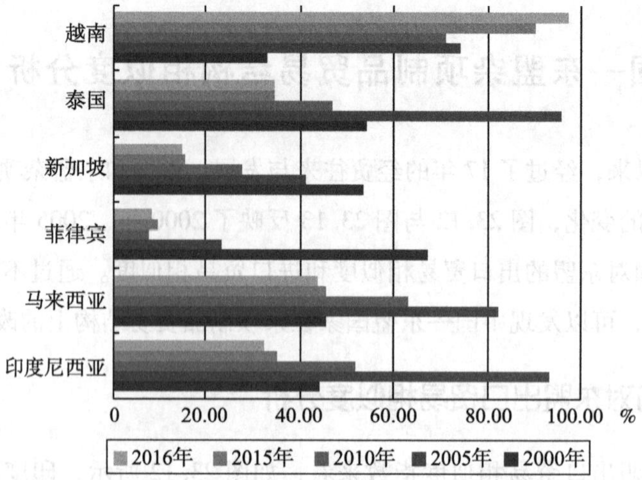

图 23.13 中国对东盟进口贸易相似度

五、中国—东盟杂项制品贸易技术性壁垒分析

近年来，东盟各国开始重视玩具安全，纷纷出台玩具安全标准、认证及标签的法律法规。主要出口东盟国如泰国、马来西亚、越南、新加坡、印度尼西亚、菲律宾等，其玩具相关技术法规主要参考或等同采用国际玩具标准（ISO 8124）和欧盟玩具安全系列标准（EN71）。泰国、新加坡与印度尼西亚的玩具法规和标准要求如表23.1、表23.2和表23.3所示。

表 23.1 泰国玩具法规和标准要求

法规/标准	材料	检验项目	限量要求	检测方法
《工业产品标准法》	玩具	通用要求	符合相关规定	TIS 685 Part 1-2540（1997）
	玩具	包装和标签	符合相关规定	TIS 685 Part2-2540（1997）
	塑料	铅总量	≤0.5%	TIS 122-2518（1975）

表 23.2 新加坡玩具法规和标准要求

法规/标准	材料	检验项目	限量要求	检测方法
《消费者保护（消费品安全）条例 2011》	玩具	儿童玩具类安全要求	符合相关规定	SS 223：1979
	玩具	机械和物理性能	符合相关规定	SS 474-1：2000 ISO 8124-1：2014
	玩具	燃烧性能	符合相关规定	SS 474-2：2000 ISO 8124-2：2014

表 23.3　印度尼西亚玩具法规和标准要求

法规/标准	材料	检验项目	限量要求	检测方法
条例 24/M-IND/PER/4/2013	玩具	机械物理性能	符合相关规定	SNI ISO 8124-1：2012 ISO 8124-1：2014
	玩具	燃烧性能	符合相关规定	SNI ISO 8124-2：2010 ISO 8124-2：2014
	玩具	可迁移元素	符合相关规定	SNI ISO 8124-3：2010 ISO 8124-3：2014

六、中国—东盟杂项制品贸易发展建议

中国对东盟国家的出口市场占有率普遍低于 1%，说明东盟国家尚未成为中国杂项制品的主要出口目的国；从进口市场占有率来看，越南在 2015 年和 2016 年达到了 3.07%和 3.67%，已经逐渐成为中国进口杂项制品的主要来源国。

中国对东盟十国的出口显示性比较优势普遍小于 1，这说明中国出口到东盟国家的杂项制品不具有比较优势；除了个别国家的个别时期，中国从东盟国家进口的杂项制品同样不具有比较优势。

从中国对东盟出口贸易相似度指数来看，印度尼西亚、马来西亚、新加坡和泰国的数值都有不同程度的下降；从中国对东盟进口贸易相似度指数来看，印度尼西亚、马来西亚、泰国和越南的数值均超过 30%，这说明这些国家与中国的互补性较强。

我国竞争力最强的产品是服装、鞋帽、杂品、玩具和家具等劳动密集型产品，即使对于印度尼西亚这样劳动力成本较低的国家仍具有竞争力。中国—东盟各国的经济结构既有互补性又有相似性，互补性能使各方在自由贸易区的便利条件下，依据比较优势理论开展国际分工与国际贸易，最终实现共赢的局面，实现经济实力的增强；而相似性的存在容易带来彼此的竞争与各自的产业调整。中国—东盟之间的贸易结构存在相似性，这在一定程度上导致双方之间的竞争。在初级产品上，马来西亚、泰国和印度尼西亚具有比较优势，尽管中国近年来的相对优势有所下降，但与东盟国家相比并未丧失相对优势。尽管如此，我们应看到，中国—东盟在产品上的竞争并不十分严重，产品的差异在一定程度上对此进行了缓解，双方的互补性依旧突出，尚能促进双方改善经贸关系。而对于区外市场，并不只是中国和东盟互为竞争者，同时还存在其他国家和地区的竞争，如中亚等国家的竞争，中国—东盟的合作，反而能在一定程度上通过区域集团合作机制增强双方的力量。

第二十四章　艺术品

基于中国与东盟国家艺术品进出口贸易的实际情况，本章将利用第一篇介绍的贸易指数计算中国—东盟艺术品的进出口贸易结构、产品比较优势、市场竞争性和产品互补性等指数，以期通过对中国—东盟艺术品贸易竞争性与互补性进行深入分析，提出改进中国与东盟在艺术品贸易上的国际分工和贸易关系的建议。

第二十一类艺术品具体包括以下商品：艺术品、收藏品和古董（第97类）。

一、中国—东盟艺术品贸易概况

自2000年以来，我国一直保持对东盟国家艺术品的贸易顺差，但是在2016年变成了逆差。从中国出口艺术品的贸易量来看，在2000年，中国出口到东盟国家的艺术品的贸易额仅为368.13万美元；而到2016年，达到了2734.61万美元，增长了约6.43倍。从中国进口艺术品的贸易量来看，在2000年，中国从东盟国家进口的艺术品的贸易额仅为32.71万美元；而到2016年，达到了3296.63万美元，增长了近100倍。

（一）中国对东盟各国的艺术品出口分析

从国家来看，如图24.1所示，新加坡从2000年的196.56万美元增加到了2016年的1795.12万美元。而中国出口到文莱、柬埔寨、老挝和缅甸的艺术品的贸易额较少，均未到5万美元。

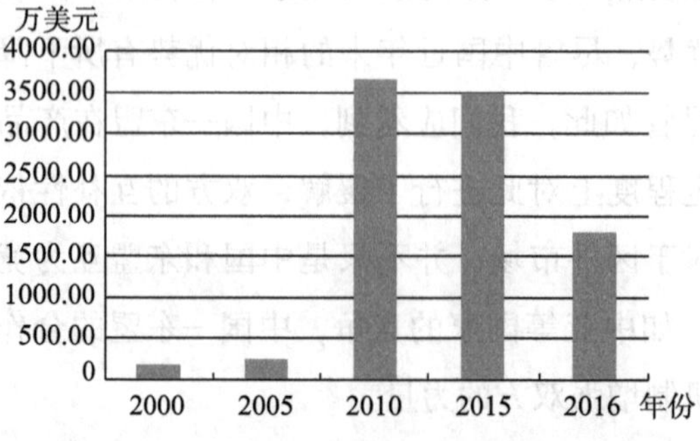

图24.1　中国对新加坡出口艺术品的贸易额

如图 24. 2 所示，中国出口到泰国的艺术品从 2000 年的 0. 58 万美元增加到了 2016 年的 157. 28 万美元；越南从 2005 年的 0. 65 万美元增加到了 2016 年的 436. 73 万美元；马来西亚和菲律宾等国家也有不同程度的增长。

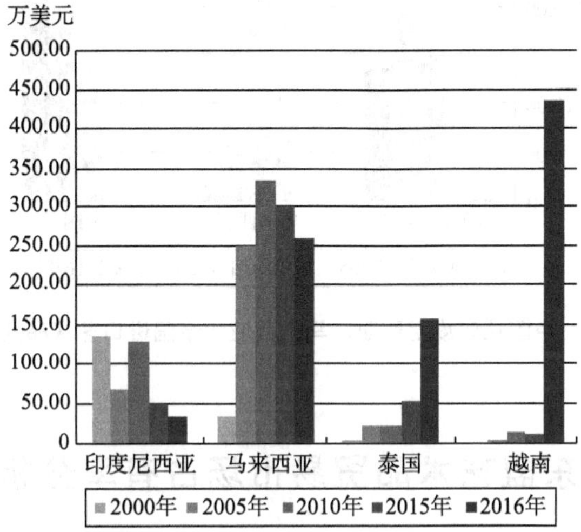

图 24. 2　中国对印度尼西亚、马来西亚、泰国和越南出口艺术品的贸易额

（二）中国自东盟各国进口艺术品分析

从国家来看，新加坡逐渐成为中国进口艺术品的主要来源国。具体分析，如图 24. 3所示，中国从新加坡进口艺术品呈“W”形，在 2016 年达到峰值 3242. 75 万美元；文莱、柬埔寨、老挝、缅甸、菲律宾和越南尚未成为中国进口艺术品的主要来源国，交易量不足。中国从印度尼西亚、马来西亚和泰国进口艺术品的贸易额如图 24. 4 所示。

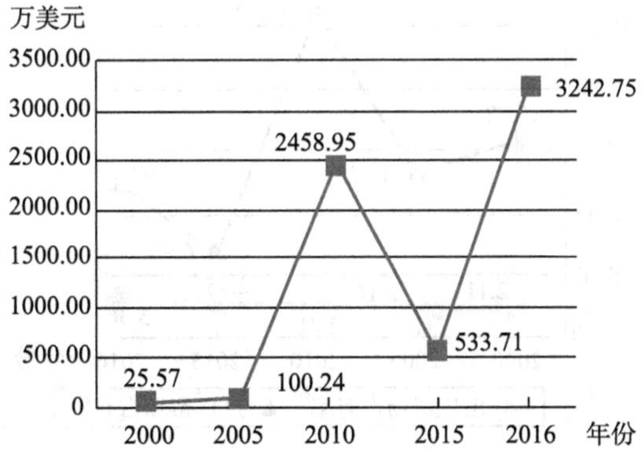

图 24. 3　中国从新加坡进口艺术品的贸易额

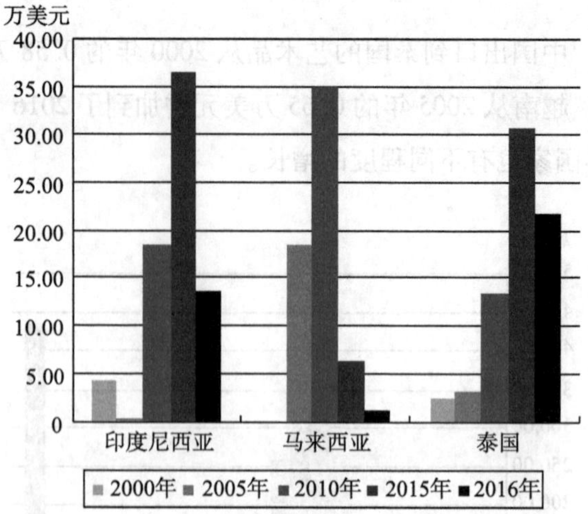

图 24.4　中国从印度尼西亚、马来西亚和泰国进口艺术品的贸易额

二、中国—东盟艺术品贸易市场占有率分析

（一）中国—东盟艺术品贸易市场占有率概述

如图 24.5 所示，从 2000 年到 2016 年，中国对东盟国家整体出口市场占有率变化不大，但一直在上升，上升不是很明显，从 2000 年的 2.11%到 2016 年的 3.38%，说明中国出口到东盟国家的艺术品比重不是很高。

中国对东盟国家的进口市场占有率几乎呈现“W”形趋势，并于 2010 年达到了最大值 26.07%，可以看出东盟国家是中国进口艺术品的主要来源国。

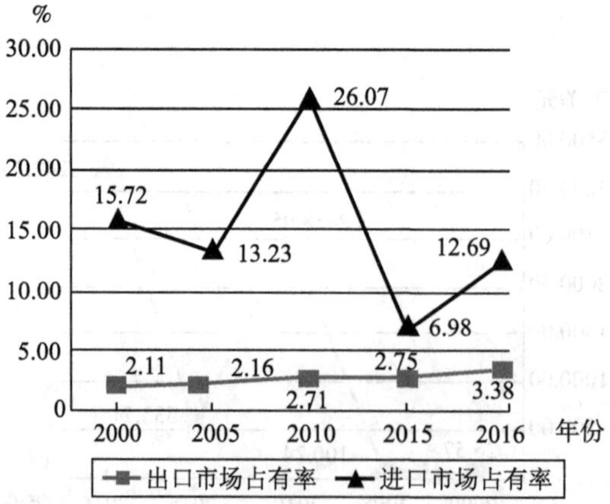

图 24.5　中国对东盟整体的进出口市场占有率

（二）中国出口到东盟的艺术品市场占有率分析

从国家来看，东盟国家中，如图 24.6 所示，中国对东盟各个国家的出口市场占有率均不超过 1%，说明东盟国家尚未成为中国艺术品的出口目的国，尤其是文莱、柬埔寨、老挝和缅甸，其数值几乎为 0。

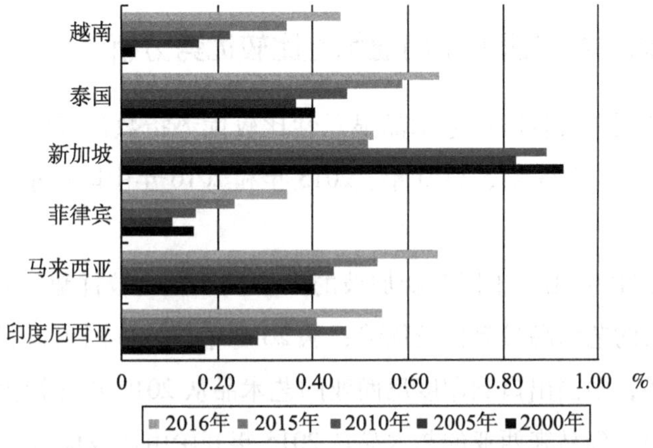

图 24.6　中国出口到越南、泰国、新加坡、菲律宾、马来西亚和印度尼西亚的艺术品的市场占有率

（三）中国从东盟进口的艺术品市场占有率分析

从国家来看，如图 24.7 所示，新加坡从 2000 年到 2016 年的数值一直大于 5%，并在 2010 年达到了 22.89%，说明新加坡逐渐成为中国艺术品的主要进口国。越南从 2000 年几乎未出口艺术品到中国，到 2016 年占有率达到 2.03%，也有了不小的进步。

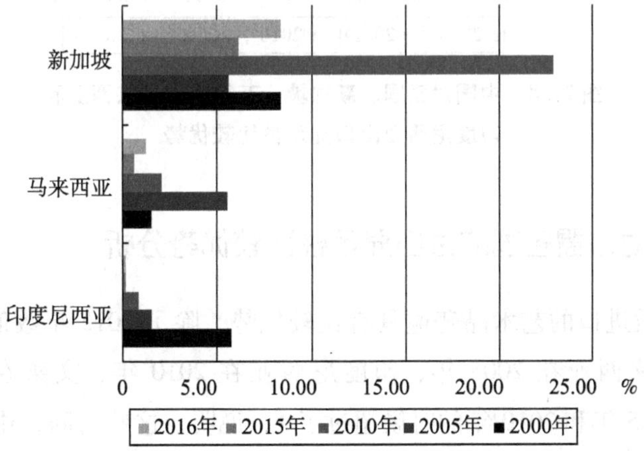

图 24.7　中国从新加坡、马来西亚和印度尼西亚进口的艺术品的市场占有率

三、中国—东盟艺术品贸易比较优势分析

本节我们将通过计算中国—东盟各国在艺术品双边贸易的出口显示性比较优势和进口显示性比较优势来分析中国出口到东盟各国和从各国进口是否具有比较优势。

（一）中国对东盟各国的出口显示性比较优势分析

基于中国出口到东盟各国的艺术品显示性比较优势指数计算结果，我们绘制了图 24.8 来展示 2000 年、2005 年、2010 年、2015 年和 2016 年中国—东盟各国的出口显示性比较优势指数。

通过图 24.8 可以看出，中国对新加坡的出口显示性比较优势一直大于 1，这说明中国出口到新加坡的艺术品具有比较优势；从 2010 年开始中国出口到文莱的艺术品也开始具有比较优势；中国出口到印度尼西亚的艺术品从 2010 年开始由比较优势转变为比较劣势；中国出口到马来西亚的艺术品从 2015 年开始由比较优势转变为比较劣势。

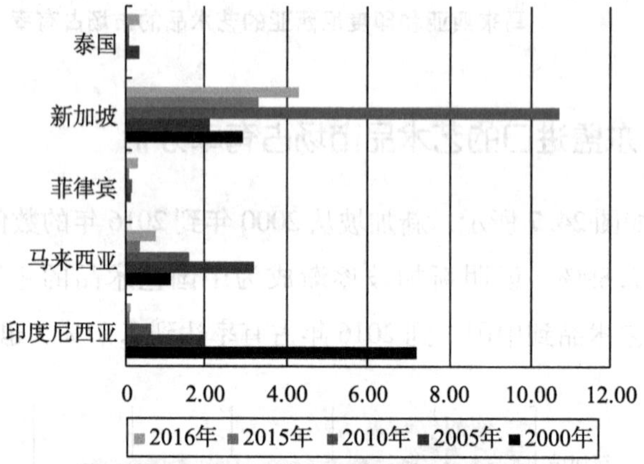

图 24.8　中国对泰国、新加坡、菲律宾、马来西亚和印度尼西亚出口显示性比较优势

（二）中国对东盟各国的进口显示性比较优势分析

中国从新加坡进口的艺术品普遍具有比较优势，除了 2015 年数值低于 1，其他时间均大于 1。马来西亚在 2005 年、印度尼西亚在 2010 年、文莱在 2010 年和 2015 年、柬埔寨在 2005 年和 2010 年的时候超过了 1，说明在这些时间，中国从这些东盟国家进口的艺术品具有比较优势。

四、中国—东盟艺术品贸易结构相似度分析

自2000年以来，经过了17年的经贸往来与发展，中国—东盟艺术品贸易的商品结构也有了一定的变化，图24.9反映了2000年、2005年、2010年、2015年和2016年中国对新加坡的出口贸易相似度，图24.10反映了2000年、2005年、2010年、2015年和2016年中国对东盟部分国家进口贸易相似度。通过不同年份进出口贸易相似度的变化，可以发现中国—东盟国家在艺术品贸易结构上的改变。

（一）中国对东盟出口贸易相似度分析

从中国对东盟出口贸易相似度指数来看，新加坡的数值很高，均超过40%，这说明新加坡与中国的互补性较强。柬埔寨在2005年达到了51.25%，马来西亚于同年达到20.19%，印度尼西亚在2000年时达到21.57%，文莱在2010年的时候达到17.98%，在这些时间，这些东盟国家与中国在艺术品上的互补性还是很强的，在其他时间的表现相对较弱。

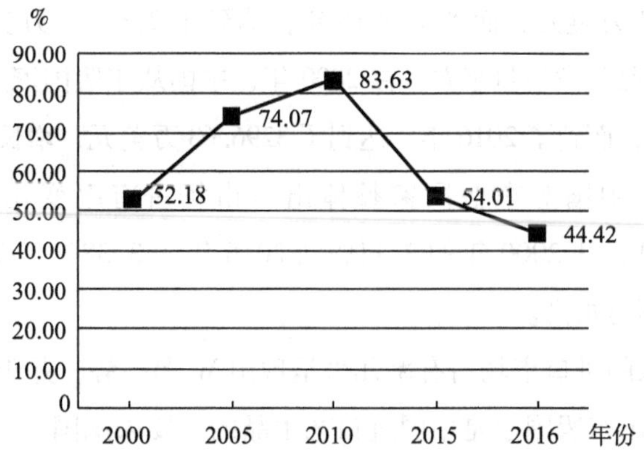

图24.9 中国与新加坡出口贸易相似度

（二）中国—东盟进口贸易相似度分析

与出口贸易相似度类似，新加坡的进口贸易相似度指数数值依旧很可观，如图24.10所示，除了在2005年和2010年低于20%，其他时间均大于30%，甚至在2015年达到92.69%，表现出极高的互补性。2000—2010年，印度尼西亚、马来西亚和越南也保持着相对较高的在艺术品上的互补性。

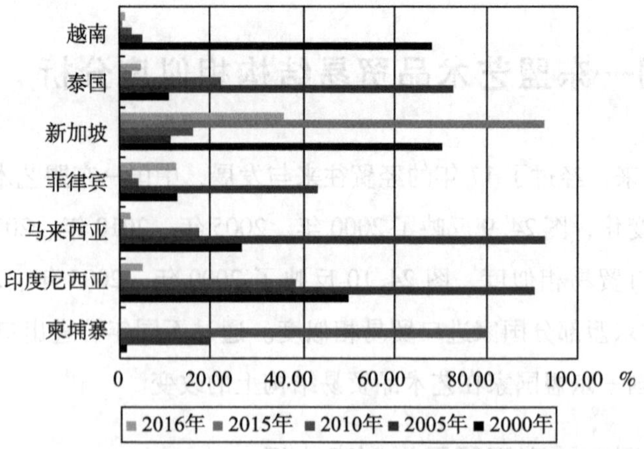

图 24.10　中国对东盟国家（除文莱、老挝和缅甸）进口贸易相似度

五、中国—东盟艺术品贸易发展建议

自2000年以来，我国一直保持着对东盟国家艺术品的贸易顺差，但是在2016年变成了逆差；从中国出口艺术品的贸易量来看，在2000年，中国出口到东盟国家的艺术品的贸易额仅为368.13万美元，而到了2016年，达到了2734.61万美元，增长了约6.43倍。从中国进口艺术品的贸易量来看，在2000年，中国从东盟国家进口的艺术品的贸易额仅为32.71万美元，而到了2016年，达到了3296.63万美元，增长了近100倍。

2000—2016年，中国对东盟国家整体出口市场占有率变化不大，但一直在上升，上升不是很明显，从2000年的2.11%到2016年的3.38%，说明中国出口到东盟国家的艺术品比重不是很高。

中国对东盟国家的进口市场占有率几乎呈现出W形趋势，并于2010年达到了最大值26.07%，可以看出东盟国家是中国进口艺术品的主要来源国。

中国对新加坡的出口显示性比较优势一直大于1，这说明中国出口到新加坡的艺术品具有比较优势；中国从新加坡进口的艺术品也普遍具有比较优势，除了2015年数值低于1，其他时间均大于1。

从中国对东盟进出口贸易相似度指数来看，新加坡的数值很高，这说明新加坡与中国的互补性较强。

增加与东盟国家的艺术交流，扩大艺术品进口的来源地。在战略进口中，尽可能使进口来源地多元化，避免把鸡蛋放在同一个篮子里，接纳和欣赏不同国家和民族的文化艺术。

第三篇

贸易网络

自2002年中国—东盟自由贸易区建设开启以来，中国与东盟的双边贸易经历了“黄金十年”“钻石十年”的快速发展。但随着合作的深入，中国与东盟及各成员国间贸易的“瓶颈”和问题逐渐凸显。本篇用网络分析法来全面描述中国—东盟各个国家间货物贸易关系及其动态变化，揭示中国与东盟国家间贸易的全局性和整体性特征以及中国与东盟各个成员国间的贸易特点，以期为进一步加强中国与东盟成员国双边贸易关系，完善贸易体系、消除非贸易壁垒、促进贸易便利化提供可行性建议，提高我国经济高质量发展水平。

第二十五章　中国—东盟贸易的网络分析

一、网络构建

选取2015—2017年第1季度中国东盟相互间SITC Rev. 4分类标准①所规定的十大类别产品（见表25.1）季度进出口贸易额构建各分类产品的贸易网络，所有数据均来源于联合国产品贸易统计数据库（UN COMTRADE）。在以国家为顶点、两国贸易总额为边权构建的加权网络基础上，设定所有国家两两之间相互贸易总额最大值乘以0.0075为阈值，② 当贸易总额小于此值时，令边权为0，大于或等于此值时，令边权为1。这样，在保留贸易总额特性的基础上，得到各类产品每年无权网络的0-1二值矩阵。

表25.1　SITC Rev. 4分类标准

类别编码	类别名称
SITC 0	食品及主要供食用的活动物
SITC 1	饮料及烟类
SITC 2	燃料以外的非食用粗原料
SITC 3	矿物燃料、润滑油及有关原料
SITC 4	动植物油脂及油脂
SITC 5	未列名化学名及有关产品
SITC 6	主要按原料分类的制成品
SITC 7	机械及运输设备
SITC 8	杂项制品
SITC 9	没有分类的其他产品

以贸易进出口总额为基准构造网络，分析加权和无权度数中心度（Degree Centrality）有直观的经济意义。度数中心度主要从局部刻画某个国家在网络中的重要

① 此处采用国际贸易标准分类（Standard International Trade Classification）第四次修订版，本分类为2006年3月获联合国统计委员会第三十七届会议通过的最新版本。

② 经过尝试，0.0075能使最多一个国家会出现度数为零的情况，且网络出现很好的分层。

性与地位。加权网络的度数中心度又称顶点强度（strength），等于各顶点相连边权之和，对应一国与其他10国双边进出口贸易总额或占比，在中国—东盟贸易加权网络中，顶点强度与区域内贸易体量有关。无权网络的度数中心度是指网络中与一个顶点直接相连的其他顶点的个数，取阈值后的无权网络度数中心度等于各顶点还保留联系的国家数或国家比例。值越大，表明大规模联系越多。在中国—东盟贸易无权网络中，一个国家的度数中心度越高，意味着与该国贸易额高于阈值的国家数越多。

基于无权网络的凝聚子群分析，形象地说就是寻找网络中的小团体，较为正式的名称是“派系”（clique）。与“派系”相似的定义包括“子群”“聚类”“成分”与“圈子”等，这些定义大同小异，基本可以从字面上进行理解。通过凝聚子群分析，我们可以识别出中国—东盟贸易往来中的贸易“小团体”。

二、贸易网络及度数中心度

汇总两年10个品类的数据，构建中国与东盟10个国家总的加权和无权贸易网络，如图25.1（a）和图25.1（b）所示。分别构建各品类两年的加权与无权网络，如图25.2（a）至图25.2（t）所示。各国加权与无权度数中心度占比情况见图25.3（a）和图25.3（b）。

图25.1（a）中，中国与泰国和老挝之间的双边贸易额有较强的联系。同时，泰国与菲律宾之间的边权也很大，表明这些国家间双边贸易占比很大。图25.1（b）中，中国最大，其次是新加坡、马来西亚、印度尼西亚、泰国的4个顶点度数比较大，这些顶点代表的国家占据了贸易网络中相对重要的位置。

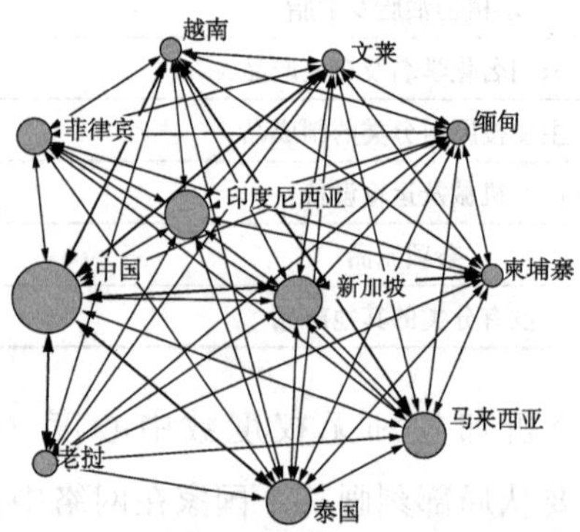

（a）加权网络

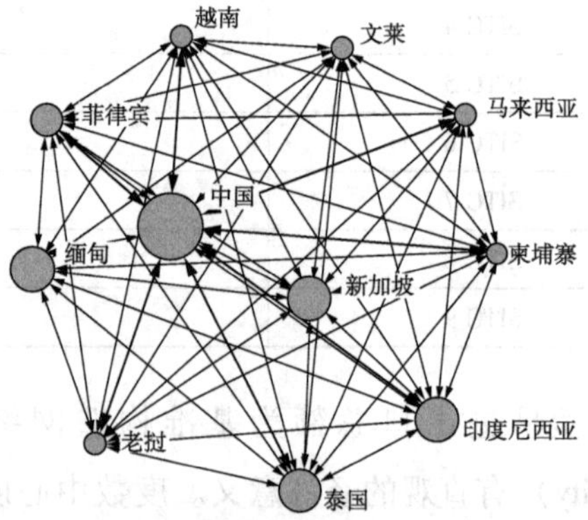

（b）无权网络

图25.1　11国所有品类贸易网络

从图25.2中的加权网络可以看出，每个国家在各品类的双边贸易额中表现有所不同。第 5 类中，除了中国与菲律宾的双边贸易额明显占优之外，泰国与菲律宾、越南和马来西亚之间的双边贸易额也比较突出，而中国与泰国、新加坡之间的双边贸易额却比前 4 类要少，出现了多样性与多边性。第 6 类则是中国与泰国、越南、老挝和柬埔寨之间的双边贸易额更为突出，明显超过其他国家间的双边贸易额。第 7 类，中国与印度尼西亚、中国与新加坡之间的双边贸易额特别突出，此外，印度尼西亚与柬埔寨之间的双边贸易额也比较突出。第 8 类，中国与马来西亚、越南、泰国、老挝和菲律宾之间的双边贸易额十分突出。第 9 类，除马来西亚与越南之间的双边贸易额明显占优之外，同样出现了贸易多边与多样性：菲律宾与泰国、新加坡与菲律宾、菲律宾与越南、泰国与越南之间的双边贸易额都比较大。

图 25.2 中各品类的无权网络主要也表现出中国一家独大的特征，如第 0、第 1、第 2、第 3、第 4、第 6、第 7、第 8 类比较稀疏。从不同顶点大小可以看出，中国在中国—东盟贸易网络中占有绝对地位。

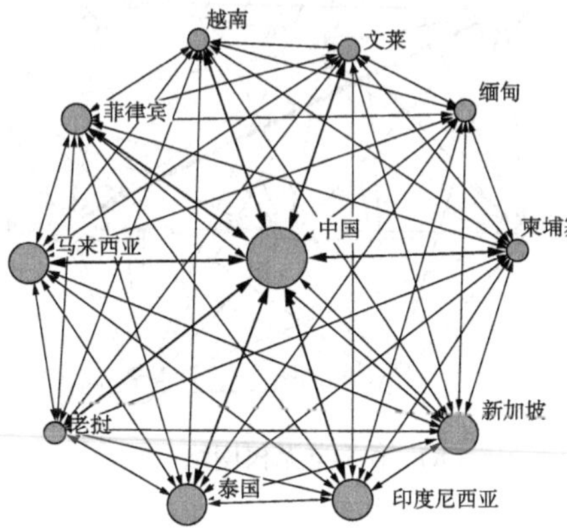

（a）第 0 类加权网络

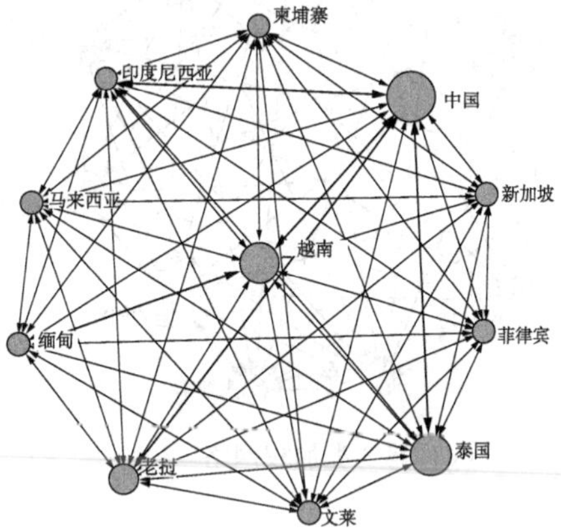

（b）第 0 类无权网络

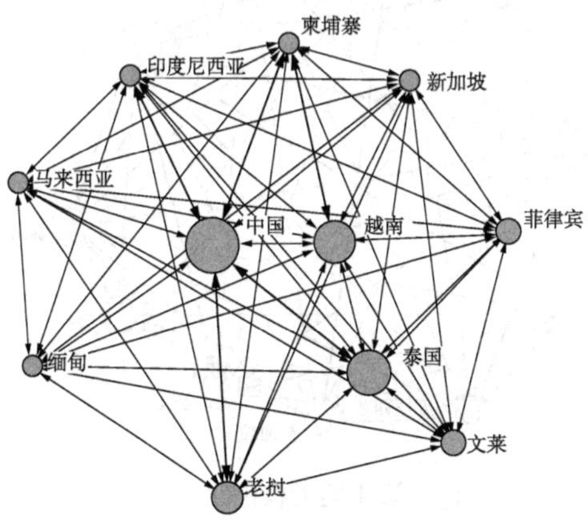

（c）第 1 类加权网络

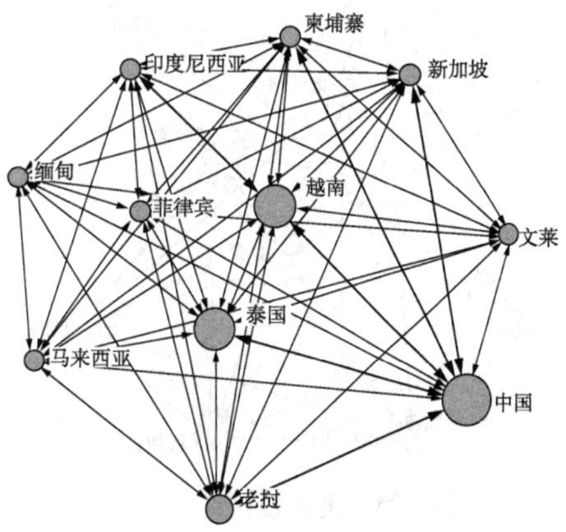

（d）第 1 类无权网络

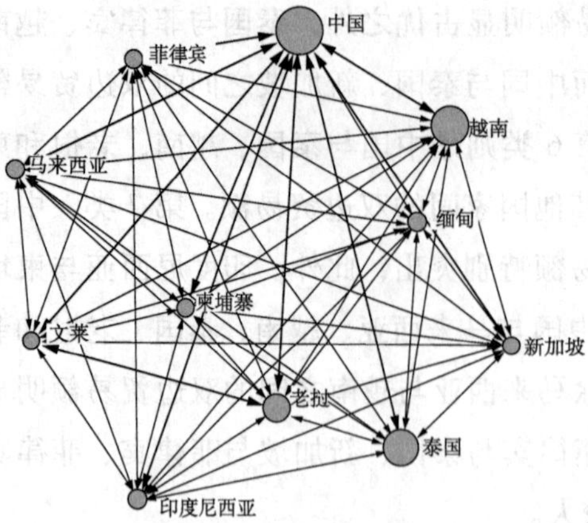

（e）第 2 类加权网络

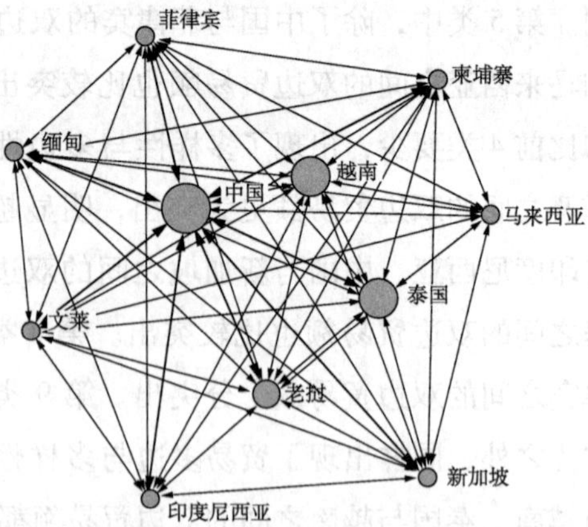

（f）第 2 类无权网络

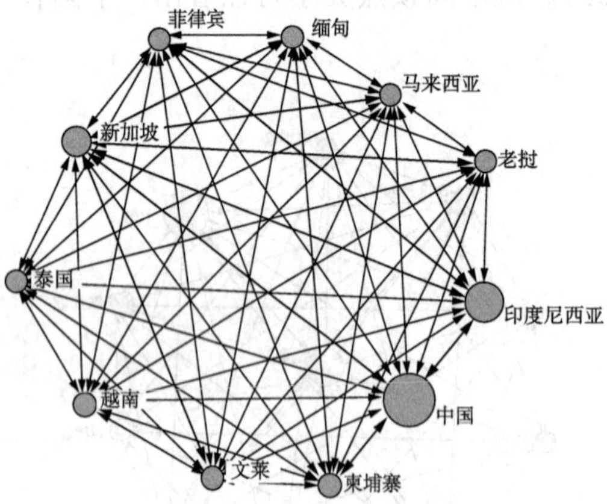

（g）第 3 类加权网络

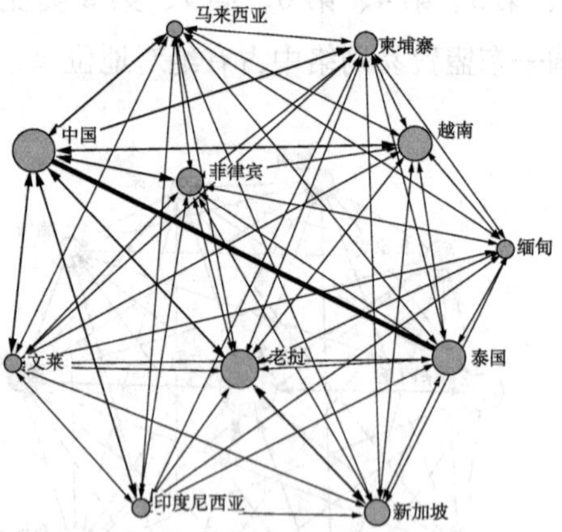

（h）第 3 类无权网络

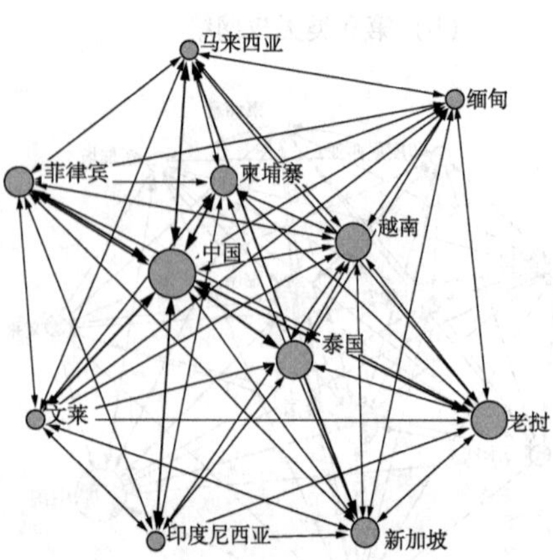

（i）第 4 类加权网络

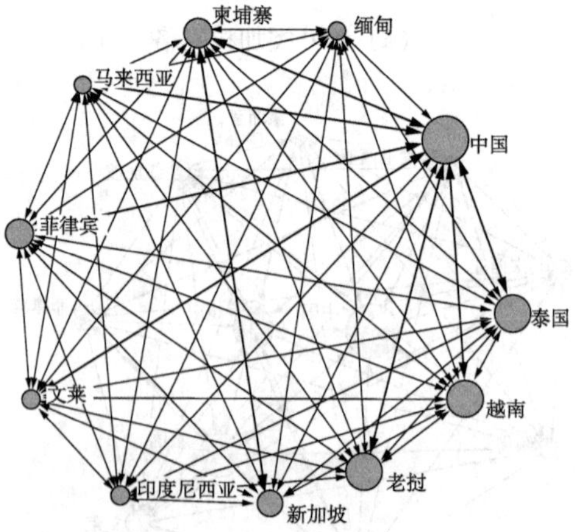

（j）第 4 类无权网络

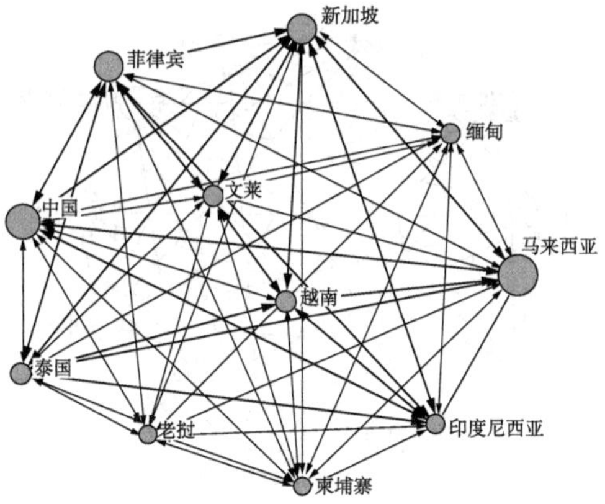

（k）第 5 类加权网络

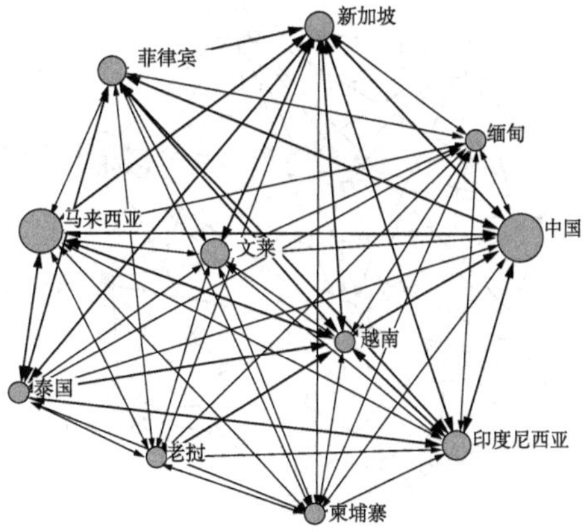

（l）第 5 类无权网络

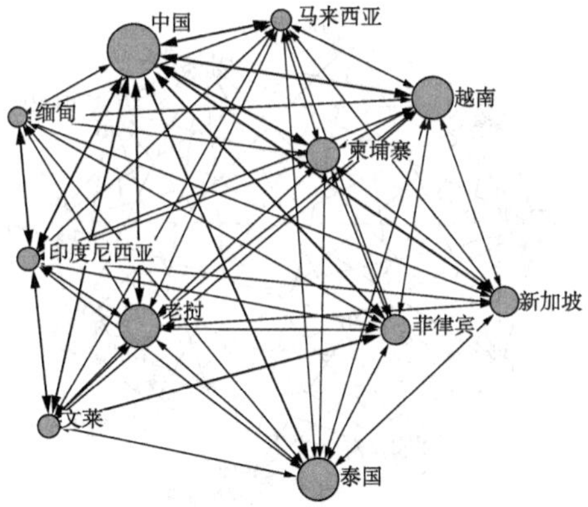

（m）第 6 类加权网络

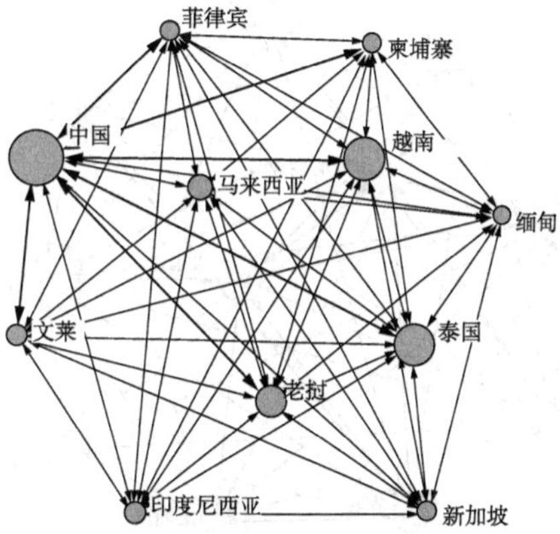

（n）第 6 类无权网络

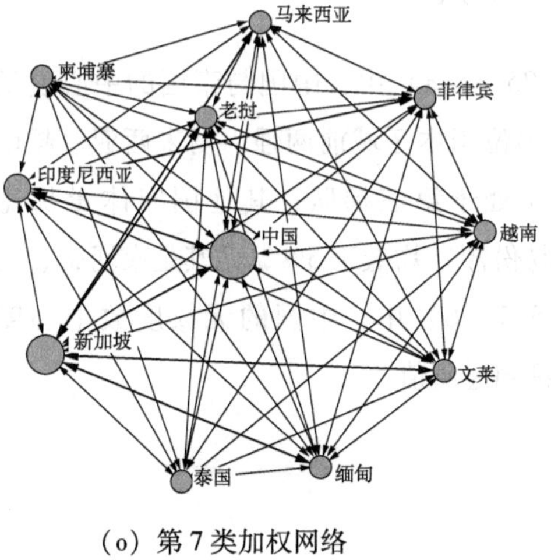

（o）第 7 类加权网络

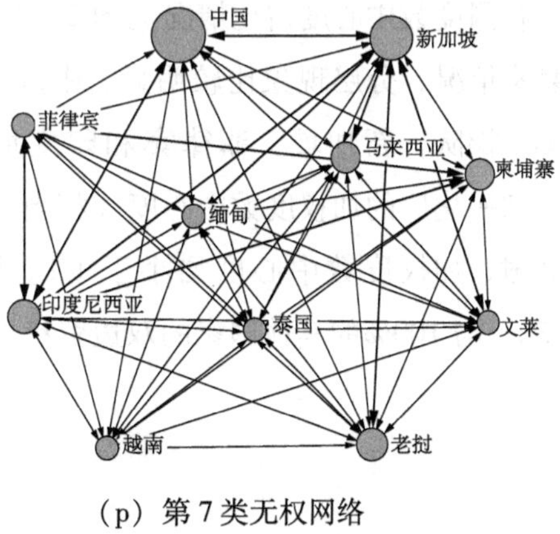

（p）第 7 类无权网络

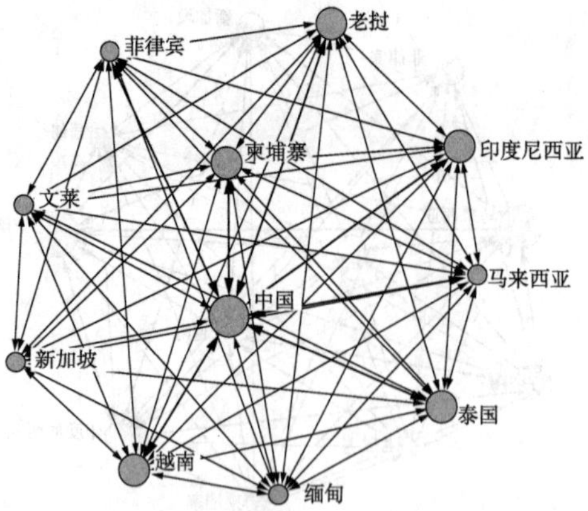

（q）第 8 类加权网络

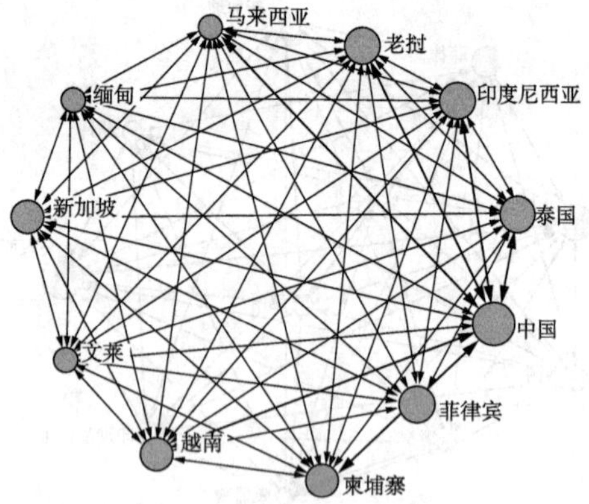

（r）第 8 类无权网络

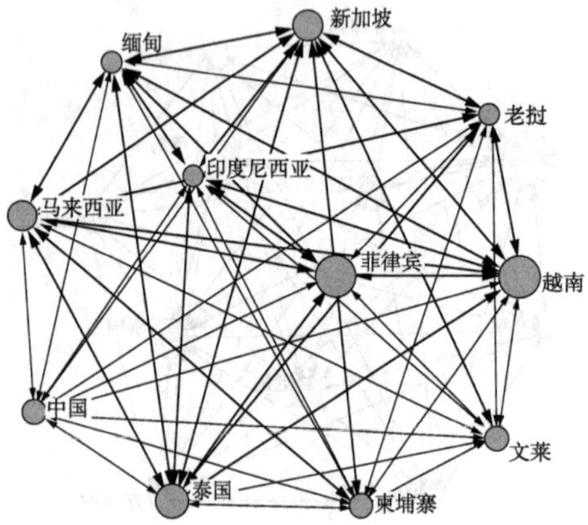

（s）第 9 类加权网络

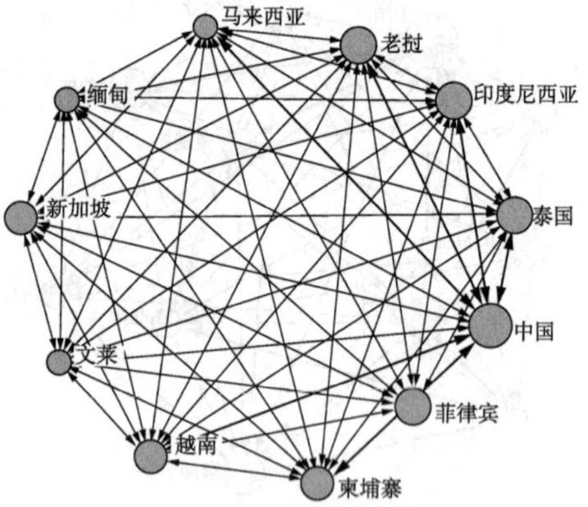

（t）第 9 类无权网络

图 25.2　10 个品类加权与无权网络

各国度数中心度占比情况见图 25.3。图 25.3（a）中，中国与泰国的中心度呈现双寡头情况，分层现象比较明显。中国、泰国位于本区域前两强，马来西亚、越南处于第二梯队，新加坡、菲律宾和印度尼西亚处于第三梯队，其他国家体量都比较小，归一化后的加权度数中心度（相当于贸易份额）均低于 5%，尤其是柬埔寨、文莱和老挝，加权度数中心度均小于 1%。图 25.3（b）中，中国的无权度数中心度为 22.30，与 100%的其他国家的双边贸易总额都超过阈值。

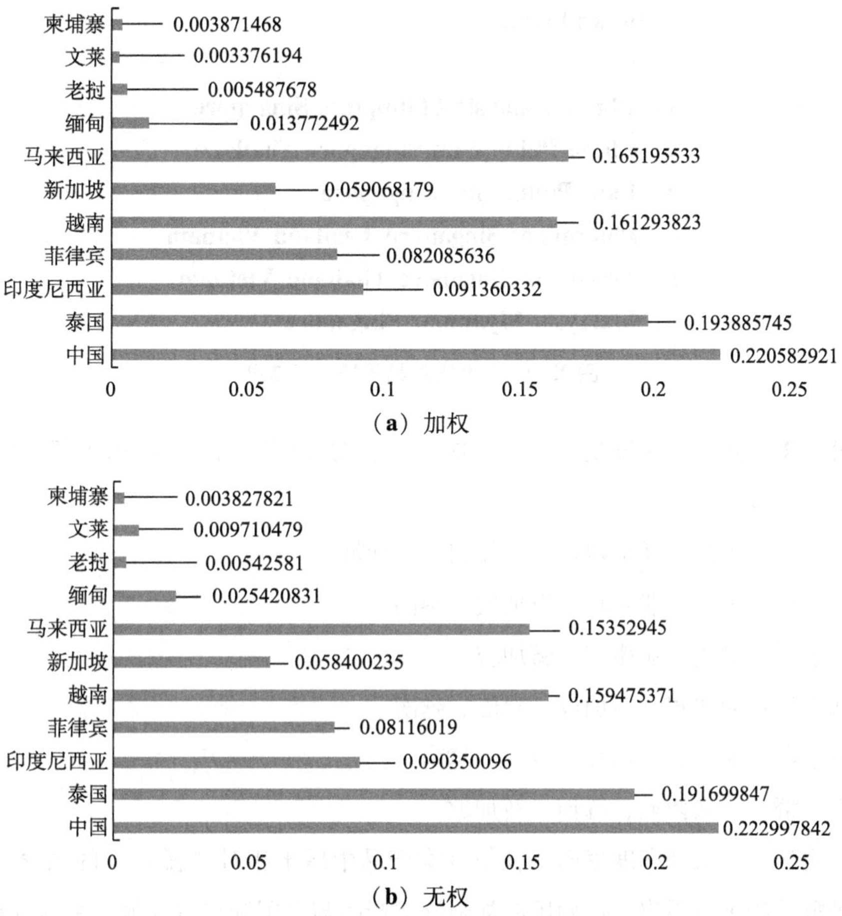

图 25.3　11 个国家贸易网络度数中心度占比

三、凝聚子群分析

对 11 个国家 10 个品类各自的无权贸易网络分别进行凝聚子群分析。由于在凝聚子群分析中，数据必须是 0-1 二值的，所以笔者对贸易数据进行了二值化处理，具体操作如下：设定各年间各品类贸易数据的平均值为参考标准，对数据进行二分，大于该数值的赋值为 1，小于该数值的赋值为 0，从而得到贸易数据的 0-1 二值矩阵，对中国—东盟贸易数据进行凝聚子群分析。具体结果见图 25.4：

6 cliques found.

1：China Malaysia Philippines Singapore
2：China Philippines Singapore Thailand
3：Laos Philippines Singapore
4：Philippines Singapore Thailand Vietnam
5：Myanmar Singapore Thailand Vietnam
6：Malaysia Myanmar Singapore

图 25.4 第 0 类产品子群分析结果

在第 0 类产品中，通过凝聚子群分析，我们发现可以把中国—东盟贸易分为 6 个小子群。分别包括：

第一子群：中国、马来西亚、菲律宾、新加坡

第二子群：中国、菲律宾、新加坡、泰国

第三子群：老挝、菲律宾、新加坡

第四子群：菲律宾、新加坡、泰国、越南

第五子群：缅甸、新加坡、泰国、越南

第六子群：马来西亚、缅甸、新加坡

可以看出，文莱和印度尼西亚在第 0 类产品中属于相对“孤立”的国家，所以通过凝聚子群分析可以看出，这两国应加强该类产品与中国和东盟其他国家的贸易往来。

其余品类的产品子群分析结果如下：

在第 1 类产品中，通过凝聚子群分析，我们发现可以把中国—东盟贸易分为 3 个小子群。分别包括：

第一子群：越南、缅甸、菲律宾、文莱

第二子群：印度尼西亚、新加坡、菲律宾

第三子群：印度尼西亚、泰国、马来西亚、中国

在第 2 类产品中，通过凝聚子群分析，我们发现可以把中国—东盟贸易分为 7 个小子群。分别包括：

第一子群：中国、菲律宾、新加坡、泰国、越南

第二子群：中国、马来西亚、菲律宾、新加坡

第三子群：中国、柬埔寨、马来西亚

第四子群：中国、柬埔寨、泰国

第五子群：老挝、菲律宾、新加坡

第六子群：缅甸、新加坡、泰国、越南

第七子群：马来西亚、缅甸、新加坡

在第3类产品中，通过凝聚子群分析，我们发现可以把中国—东盟贸易分为5个小子群。分别包括：

第一子群：越南、菲律宾、缅甸、文莱

第二子群：印度尼西亚、新加坡、菲律宾

第三子群：印度尼西亚、泰国、菲律宾、中国

第四子群：文莱、泰国、马来西亚、中国、印度尼西亚

第五子群：老挝、泰国、马来西亚、中国

在第4类产品中，通过凝聚子群分析，我们发现可以把中国—东盟贸易分为8个小子群。分别包括：

第一子群：中国、菲律宾、新加坡、泰国、马来西亚

第二子群：中国、马来西亚、菲律宾、新加坡

第三子群：中国、柬埔寨、马来西亚

第四子群：中国、越南、泰国

第五子群：老挝、菲律宾、新加坡

第六子群：缅甸、新加坡、泰国、越南

第七子群：马来西亚、缅甸、新加坡

第八子群：马来西亚、中国、越南、缅甸、新加坡

在第5类产品中，通过凝聚子群分析，我们发现可以把中国—东盟贸易分为3个小子群。分别包括：

第一子群：越南、菲律宾、缅甸

第二子群：新加坡、菲律宾、马来西亚

第三子群：泰国、马来西亚、中国

在第6类产品中，通过凝聚子群分析，我们发现可以把中国—东盟贸易分为5个小子群。分别包括：

第一子群：中国、马来西亚、缅甸、新加坡

第二子群：中国、马来西亚、菲律宾、新加坡

第三子群：中国、柬埔寨、泰国

第四子群：马来西亚、中国、越南、缅甸、新加坡

第五子群：马来西亚、中国、泰国、缅甸、新加坡

在第7类产品中，通过凝聚子群分析，我们发现可以把中国—东盟贸易分为5个

小子群。分别包括：

第一子群：泰国、中国、越南、缅甸

第二子群：新加坡、菲律宾

第三子群：泰国、马来西亚、中国

第四子群：中国、泰国、越南、缅甸、新加坡

第五子群：泰国、中国、缅甸、新加坡、老挝

在第 8 类产品中，通过凝聚子群分析，我们发现可以把中国—东盟贸易分为 3 个小子群。分别包括：

第一子群：中国、马来西亚、缅甸、新加坡、越南、老挝、泰国

第二子群：中国、马来西亚、菲律宾、新加坡

第三子群：中国、柬埔寨、泰国

在第 9 类产品中，通过凝聚子群分析，我们发现可以把中国—东盟贸易分为 5 个小子群。分别包括：

第一子群：马来西亚、中国、越南、缅甸、新加坡

第二子群：马来西亚、菲律宾、新加坡

第三子群：柬埔寨、泰国、中国

第四子群：马来西亚、中国、越南、柬埔寨、新加坡

第五子群：马来西亚、中国、泰国、缅甸、新加坡、老挝

四、发展建议

基于 SITC Rev. 4 分类标准，以 2015—2017 年第一季度中国—东盟各国贸易进出口总额分别构建了加权和无权贸易网络。分别讨论了其加权和无权贸易网络的网络结构和度数中心度，发现在加权网络中，中国、马来西亚、新加坡与泰国和越南在区域贸易中占比较大，马来西亚与越南间双边贸易占比很大；从无权网络中发现中国在 11 国中与所有国家的贸易总额都超过阈值，表现出的贸易广度最大。其次是越南、马来西亚、泰国、新加坡和菲律宾 5 个国家，这 5 个国家在贸易网络中相对更为重要。细化到各子群网络，各分类无权网络占有情况各有不同，值得关注的是在第 2、第 4、第 6、第 8 类子群网络中，中国与部分国家呈现较强的贸易关联，未来应继续保持，同时应留意重视在其他品类网络中与强势国的贸易关联，以争取提升在别的品类网络中的地位。重点关注中国在 10 个品类中的加权与无权网络中心度占比，发现其在第 4 类贸易中明显占优和在第 6 类贸易中贸易合作宽度较贸易总额占比更明显，但其在第 9 类

中表现较差，应引起重视。

中国—东盟之间的贸易和投资在过去 40 年中不断深化和发展。亚洲金融危机后，东盟支持与中国贸易和投资的举措，推动了中国—东盟经济体的融合。加入世界贸易组织后，中国迅速成为东盟经济体的主要贸易伙伴之一。一方面，东盟受益于中国市场对消费品、大宗商品和资本品的需求增长，中国作为区域内制造业特别是电子产品的供应链中心，带动了东盟相关产业的发展；另一方面，中国受益于东盟市场规模不断扩大带来的出口增长，基础设施建设需求增加，以及东盟工业化发展。此外，中国如何凭借“一带一路”倡议之后所打下的良好基础，通过与各国经济合作形成互利共赢的局面，更好地发挥东盟地区的桥梁作用，需要更多的深入研究。

第四篇

服务贸易竞争力

服务贸易在国际贸易中的地位逐步提高，其发展速度已超过货物贸易的发展速度。中国与东盟于2007年签署的《中国—东盟自由贸易区服务贸易协议》促进中国与东盟各国开放相关服务业、实现服务贸易地区自由化发展并加强双边合作。随着世界服务贸易的迅猛发展，服务贸易已成为中国—东盟自由贸易区合作的重要内容。中国与东盟各国在服务行业方面的合作近年来发展迅速，但由于东盟成员国经济发展水平参差不齐，各个服务行业存在着发展不一致的情况。本篇基于可得的数据，对中国与新加坡等国的服务贸易进行重点分析，以期揭示可进一步发展双边服务贸易之处。

第二十六章　中国—新加坡服务贸易竞争力分析

当前全球经济竞争的重点正从货物贸易转向服务贸易，衡量一个国家现代化水平的标准主要就是看服务业与服务贸易的发展水平。随着世界经济的发展，世界服务贸易更上一层，中国—东盟的服务贸易合作自然也蒸蒸日上。商务部专家认为中国—东盟贸易是中国对外贸易的稳定器和领头羊。

自 21 世纪以来，中国—东盟双边服务贸易总额保持高速增长，除受到 2008 年国际金融危机冲击导致后一年的小幅下降之外，中国—东盟的服务贸易进出口总额都以高于 20% 的速度增长。然而，中国—东盟各国大部分都是发展中国家，在某些领域上的相似度虽然是较大的，但是受经济的发展和各方面因素的影响（如国际政治力量影响和地区地理条件差异），中国—东盟国家在服务产业的贸易禀赋上各不相同，在一些领域上的差距还有逐渐加大的趋势。

表 26.1　中国以及东盟十国国际贸易概况

			人均贸易额（美元，2014—2016 年）	贸易额在 GDP 中的占比（2014—2016 年）	世界贸易排名，2016 年			
					货物贸易		服务贸易	
					出口	进口	出口	进口
	中国	China	1601	20.0	1	2	5	2
1	印度尼西亚	Indonesia	694	19.8	30	32	40	32
2	马来西亚	Malaysia	6653	66.9	24	26	31	30
3	菲律宾	Philippines	818	28.4	46	35	34	37
4	新加坡	Singapore	91498	168.5	14	16	9	9
5	泰国	Thailand	3733	63.6	21	23	20	29
6	文莱	Brunei	15148	46.0	104	138	144	118
7	越南	Vietnam	1869	88.9	26	25	52	42
8	老挝	Laos	583	34.3	118	124	132	152
9	缅甸	Myanmar	263	21.9	79	78	80	80
10	柬埔寨	Cambodia	831	71.8	85	87	81	110

注：根据 WTO 数据整理得到。

表 26.1 和表 26.2 列出了中国以及东盟十国的国际贸易概况，包括基于 2014—2016 年数据的人均贸易额（Trade per capita），贸易额在 GDP 中的占比（Trade % GDP），基于 2016 年数据的货物贸易与服务贸易的出口、进口、占比及世界排名（Rank in World Trade）。基于这两张贸易概况表，我们可以发现：无论从世界排名角度还是从与货物贸易相比较的角度来看，中国—东盟各国的服务贸易水平大体上都比较弱。

表 26.2　中国以及东盟十国国际贸易概况

			商业服务贸易，2016 年		商品贸易，2016 年	
			出口（百万美元）在世界总出口额中的占比（%）	进口（百万美元）在世界总进口额中的占比（%）	出口（百万美元）在世界总出口额中的占比（%）	进口（百万美元）在世界总进口额中的占比（%）
	中国	China	207275 4.31	449833 9.58	2098161 13.15	1587431 9.78
1	印度尼西亚	Indonesia	23473 0.49	30593 0.65	144490 0.91	135653 0.84
2	马来西亚	Malaysia	33837 0.70	39094 0.83	189414 1.19	168392 1.04
3	菲律宾	Philippines	31340 0.65	23876 0.51	56313 0.35	86290 0.53
4	新加坡	Singapore	149360 3.11	155356 3.31	329773 2.07	282925 1.74
5	泰国	Thailand	66128 1.38	41882 0.89	215327 1.35	194668 1.20
6	文莱	Brunei	482 0.01	1632 0.03	4960 0.03	3090 0.02
7	越南	Vietnam	12236 0.25	18296 0.39	176785 1.11	174231 1.07
8	老挝	Laos	789（2015 年） 0.02	580（2015 年） 0.01	3020 0.02	4720 0.03
9	缅甸	Myanmar	3800（2015 年） 0.08	2440（2015 年） 0.05	11000 0.07	16600 0.10
10	柬埔寨	Cambodia	3850 0.08	1943 0.04	10040 0.06	12600 0.08

注：根据 WTO 数据整理得到。

作为中国—东盟成员国中最具代表性的发达国家，新加坡由于有比较优越的地理位置（马六甲海峡使其航运方面很发达），其金融业、服务业发展迅速且比较稳定，各方面的竞争力都很强，所以其开放力度很大，政策上积极鼓励自由贸易。在这一篇中我们重点关注中新双边服务贸易，对其竞争力进行分析。

一、中国—新加坡服务贸易规模与发展

（一）中国、新加坡服务贸易的国际地位

由表 26.1 和表 26.2 可知，2016 年中国服务贸易出口 2072.75 亿美元、世界服务贸易占比 4.31%、排名第 5，进口 4498.33 亿美元、世界服务贸易占比 9.58%、排名第 2；新加坡服务贸易出口 1493.60 亿美元、世界服务贸易占比 3.11%、排名第 9，进口 1553.56 亿美元、世界服务贸易占比 3.31%、排名第 9。新加坡的服务贸易进出口比较均衡，而中国的服务贸易逆差巨大。新加坡的服务贸易发展水平领先于它的货物贸易发展，中国的情况与之相反。图 26.1 显示，中国的服务贸易逆差从 2008 年开始逐年增加。

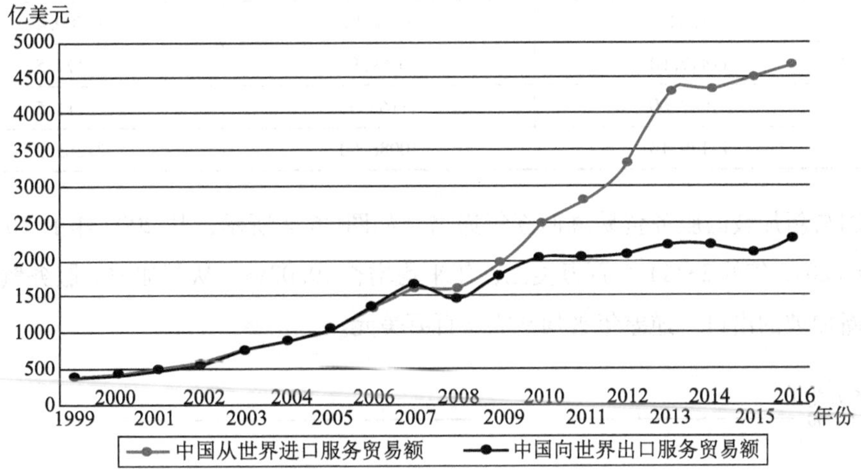

图 26.1　中国服务贸易进出口额

（二）中新双边服务贸易发展情况

表 26.3 列出了中国—新加坡双边服务贸易规模与发展情况，图 26.2 予以直观显示。

表 26.3　中国—新加坡双边服务贸易额

年份	中国从新加坡进口服务贸易额（百万美元）	中国向新加坡出口服务贸易额（百万美元）	中国—新加坡服务贸易额（百万美元）
2000	1042.50	651.9	1694.4
2001	1265.90	770.1	2036.0

续表

年份	中国从新加坡进口服务贸易额（百万美元）	中国向新加坡出口服务贸易额（百万美元）	中国—新加坡服务贸易额（百万美元）
2002	1290.20	876.8	2167.0
2003	1964.20	1401.60	3365.8
2004	2782.20	2228.90	5011.1
2005	3030	2365	5395.0
2006	3480.10	2550.70	6030.8
2007	5127.20	3436.70	8563.9
2008	6053.80	4159.40	10213.2
2009	5706.10	4521.30	10227.4
2010	7814.80	5347.70	13162.5
2011	7146.70	6694.80	13841.5
2012	7578.60	7226.60	14805.2
2013	9362	8247.40	17609.4
2014	11417.60	10759.90	22177.5
2015	11942.60	11168.90	23111.5
2016	11179.10	10086.80	21265.9

中国与新加坡的服务贸易总额逐年递增，如图 26.2 所示，从 2000 年的 1694.4 百万美元到 2015 年的 23111.5 百万美元，年平均增长 19.03%。从新加坡的服务贸易进口高于向新加坡的出口，逆差年平均 922.9 百万美元。

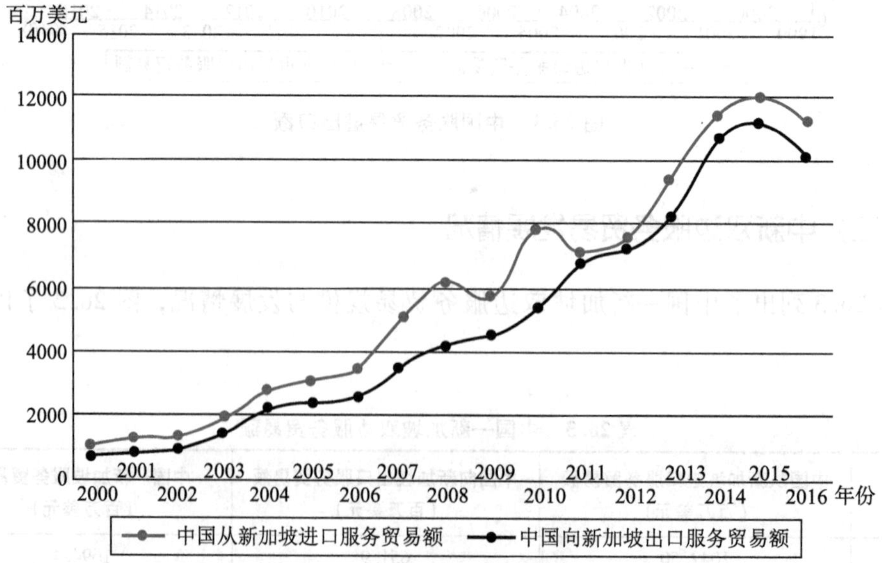

图 26.2　中国—新加坡双边服务贸易额

如表 26.4、图 26.3 所示，中国从新加坡进口服务贸易额的增长率在 2011 年最低约为-8.55%、2003 年最高约为 52.24%，平均约为 17.42%；而向新加坡出口服务贸易额的增长率仅在 2016 年约为-9.69%，其他年份均为正增长，平均约为 19.96%。在服务贸易逆差的情况下，出口稳步增长，平均增速高出口增速约 2.54 个百分点。

表 26.4　中国—新加坡服务贸易增长率

年份	进口增长率（%）	出口增长率（%）
2001	21.42925659	18.13161528
2002	1.919582905	13.85534346
2003	52.2399628	59.8540146
2004	41.64545362	59.02539954
2005	8.90662066	6.106151016
2006	14.85478548	7.852008457
2007	47.32909974	34.73556279
2008	18.07224216	21.028894
2009	-5.74349995	8.70077415
2010	36.95518831	18.27792891
2011	-8.549163126	25.19026871
2012	6.043348678	7.943478521
2013	23.53205077	14.12559156
2014	21.95684683	30.46414628
2015	4.598164238	3.801150568
2016	-6.393080234	-9.688510059

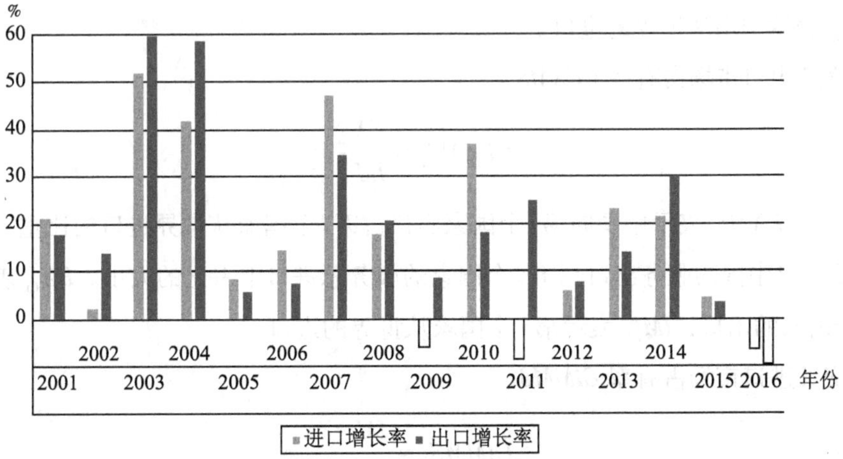

图 26.3　中国—新加坡服务贸易增长率

二、中国—新加坡服务贸易竞争力分析

本章我们将从市场占有率、贸易相似性与显示性比较优势三个方面考察中国—新加坡服务贸易的竞争力，分别计算中国向新加坡出口与从新加坡进口的服务贸易竞争力指数及其活力指数，并据此进行对比分析。

（一）市场占有率

本节分别计算中国—新加坡的服务贸易进口与出口的市场占有率与交叉市场占有率，其含义与计算方法如下。

1. 出口市场占有率 *EXMS*

$$EXMS_i = \frac{EX_{Ci}}{EX_{CW}} \tag{26.1}$$

其中，$EXMS_i$ 表示中国向第 i 个国家出口占中国向世界出口的比重，该指标越大，说明第 i 个国家越有可能成为中国的出口目的地。EX_{Ci} 表示中国向第 i 个国家的出口，EX_{CW} 表示中国向世界的出口。

2. 进口市场占有率 *IMMS*

$$IMMS_i = \frac{IM_{Ci}}{IM_{CW}} \tag{26.2}$$

式中，$IMMS_i$ 表示中国从第 i 个国家进口占中国从世界进口的比重，该指标越大，说明第 i 个国家越有可能成为中国的进口来源国。IM_{Ci} 表示中国从第 i 个国家的进口，IM_{CW} 表示中国从世界的进口。

3. 交叉出口市场占有率 *CEXMS*

$$CEXMS_i = \frac{EX_{Ci}}{IM_{iW}} \tag{26.3}$$

式中，$CEXMS_i$ 表示中国向第 i 个国家出口占第 i 个国家从世界进口的比重，该指标的大小反映出中国的服务出口在第 i 个国家的服务总进口中占比的大小。EX_{Ci} 表示中国向第 i 个国家的出口，IM_{iW} 表示第 i 个国家从世界的进口。

4. 交叉进口市场占有率 *CIMMS*

$$CIMMS_i = \frac{IM_{Ci}}{EX_{iW}} \tag{26.4}$$

式中，$CIMMS_i$ 表示中国从第 i 个国家进口占第 i 个国家向世界出口的比重，该指标

越大，说明中国越有可能成为第 i 个国家的出口目的地。IM_{Ci} 表示中国从第 i 个国家的进口，EX_{iW} 表示第 i 个国家向世界的出口。与市场占有率相比，交叉市场占有率更精确地反映出中国与贸易伙伴国之间双边贸易的竞争力水平。

根据 WTO 与新加坡统计局数据，计算得到 2000—2016 年中国—新加坡服务贸易市场占有率与交叉市场占有率，分别列于表 26.5 和表 26.6，直观显示于图 26.4。

表 26.5　中国—新加坡服务贸易市场占有率

年份	进口市场占有率（%）	出口市场占有率（%）
2000	2.88	1.86
2001	3.22	1.96
2002	2.77	1.90
2003	3.55	2.73
2004	3.83	3.07
2005	3.61	2.81
2006	3.45	2.48
2007	3.94	2.54
2008	3.81	2.55
2009	3.59	3.15
2010	4.04	3.00
2011	2.88	3.33
2012	2.69	3.58
2013	2.83	3.98
2014	2.64	4.91
2015	2.74	5.11
2016	2.47	4.81

进口市场市场占有率在 2.6%和 4.1%之间波动，而出口市场占有率在 1.8%和 5.2%之间波动，2010 年以前进口市场占有率大于出口市场占有率，自 2011 年起，情况发生变化，出口市场占有率开始大于进口市场占有率，差距呈现扩大的趋势。

表 26.6　中国—新加坡服务贸易交叉市场占有率

年份	交叉进口市场占有率（%）	交叉出口市场占有率（%）
2000	1.99	1.46
2001	2.18	1.65
2002	2.11	1.75
2003	2.75	2.58

续表

年份	交叉进口市场占有率（%）	交叉出口市场占有率（%）
2004	3.25	3.26
2005	3.24	3.06
2006	3.30	2.71
2007	4.45	3.07
2008	4.69	3.28
2009	4.66	3.80
2010	5.66	3.89
2011	4.75	4.43
2012	4.51	4.45
2013	4.96	4.60
2014	5.35	5.45
2015	5.21	5.23
2016	4.98	4.62

交叉市场占有率与市场占有率含义不同，能更精确地反映出贸易伙伴之间双边服务贸易的发展水平，表 26.6 显示了中国从新加坡进口服务贸易的交叉市场占有率均大于交叉出口市场占有率，平均来看，每年我国从新加坡进口服务贸易约占其服务贸易出口的 4.00%，而我国向新加坡出口服务贸易占其服务贸易进口的 3.49%。

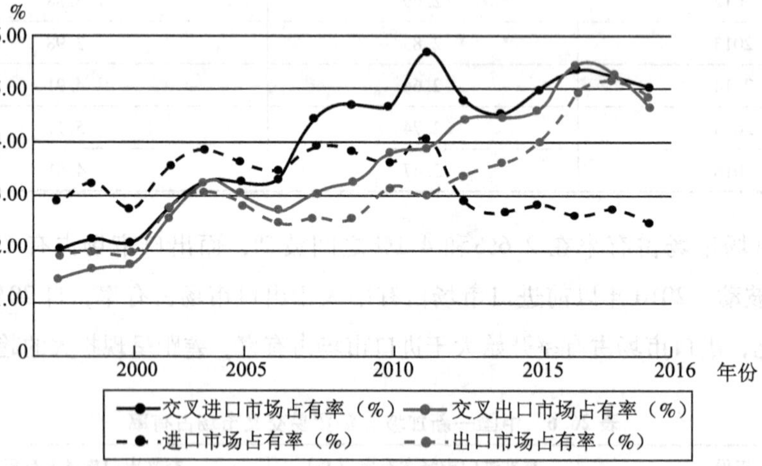

图 26.4　中国—新加坡服务贸易市场占有率

从图 26.4 中可以看到，中国—新加坡服务贸易进口与出口的两种市场占有率分别呈现出基本相同的变化趋势，但是交叉市场占有率高于市场占有率，即用市场占有率来测量双边贸易的市场占有率有低估的可能性。两类服务贸易出口市场占有率均稳步提高，说明中国在逐年扩大在新加坡的服务贸易出口市场；两类服务贸易进口市场占有率均在 2010 年上升到最高点后有所回落，近年来基本稳定，显示中国在连续多年扩大新加坡的服务贸易进口份额后逐渐稳定。

（二）贸易相似性

本节分别计算中国—新加坡的服务贸易出口相似性 *EXTS* 与进口相似性 *IMTS*，其含义与计算方法如下。

$$EXTS_{i,\ t} = \frac{\sum_{k=1}^{9} \min(EX_{k,\ c,\ t},\ IM_{k,\ i,\ t})}{\sum_{k=1}^{9} \max(EX_{k,\ c,\ t},\ IM_{k,\ i,\ t})} \tag{26.5}$$

$$IMTS_{i,\ t} = \frac{\sum_{k=1}^{9} \min(IM_{k,\ c,\ t},\ EX_{k,\ i,\ t})}{\sum_{k=1}^{9} \max(IM_{k,\ c,\ t},\ EX_{k,\ i,\ t})} \tag{26.6}$$

式中，$EXTS_{i,\ t}$ 为第 t 期中国向第 i 个国家出口的贸易相似性指标。$EX_{k,\ c,\ t}$ 为第 t 期中国第 k 类服务的出口额；$IM_{k,\ i,\ t}$ 为第 t 期第 i 个国家第 k 类服务的进口额。$IMTS_{i,\ t}$ 为第 t 期中国从第 i 个国家进口的贸易相似性指标。$IM_{k,\ c,\ t}$ 为第 t 期中国第 k 类服务的进口额；$EX_{k,\ i,\ t}$ 为第 t 期第 i 个国家第 k 类服务的出口额。

$EXTS_{i,t}$介于 0 与 1 之间，当指标值越接近 1，表示中国出口服务结构与第 i 个国家的进口服务结构互补程度越强；当指标值越接近 0，表示中国出口服务结构与第 i 个国家的进口服务结构互补程度越弱。

$IMTS_{i,t}$同样介于 0 与 1 之间，当指标值越接近 1，表示第 i 个国家出口服务结构与中国进口服务结构互补程度越强；当指标值越接近 0，表示第 i 个国家出口服务结构与中国进口服务结构互补程度越弱。

根据 WTO 与新加坡统计局数据，计算得到 2000—2016 年中国—新加坡服务贸易相似性指数，列于表 26.7，直观显示于图 26.5。

表 26.7　中国—新加坡服务贸易相似性指数

年份	出口贸易相似性指数	进口贸易相似性指数
2000	0.29	0.51
2001	0.31	0.54
2002	0.38	0.57
2003	0.42	0.66

续表

年份	出口贸易相似性指数	进口贸易相似性指数
2004	0.45	0.70
2005	0.45	0.68
2006	0.53	0.70
2007	0.56	0.65
2008	0.57	0.63
2009	0.49	0.62
2010	0.51	0.60
2011	0.49	0.51
2012	0.56	0.54
2013	0.66	0.54
2014	0.65	0.59
2015	0.54	0.67
2016	0.56	0.60

由表 26.7 可知，中国—新加坡出口与进口服务贸易相似性指数介于 0.29 和 0.70 之间，出口服务贸易相似性指数与进口服务贸易相似性指数的均值分别约为 0.56 与 0.58。这反映出中国出口服务结构与新加坡的进口服务结构的互补程度、新加坡出口服务结构与中国进口服务结构的互补程度均处于中等水平，进口贸易相似性略高于出口贸易相似性，说明中国进口新加坡的服务贸易比出口新加坡的服务贸易的条件略好一些。

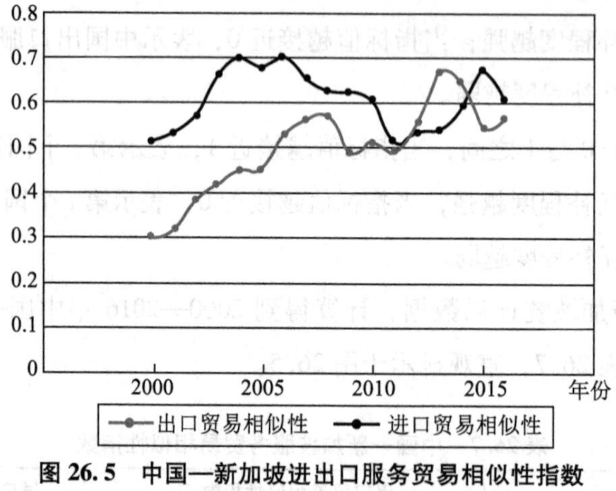

图 26.5　中国—新加坡进出口服务贸易相似性指数

（三）显示性比较优势

本节分别计算中国—新加坡的服务贸易进出口显示性比较优势指数，显示性比较优势由单类服务贸易的显示性比较优势按照它在服务贸易总额中所占比重加权综合得到，其含义与计算方法如下。

1. 出口的显示性比较优势（EXRCA）与进口的显示性比较优势（IMRCA）

单类服务出口显示性比较优势：

$$EXRCA_t^k = \frac{\dfrac{EX_{Ci}^k}{EX_{Ci}}}{\dfrac{IM_{iW}^k}{IM_{iW}}} \tag{26.7}$$

式中，$EXRCA_i^k$ 衡量中国出口第 $k(k=1, 2, \cdots, 21)$ 类服务在他国(第 i 国) 的比较优势，EX_{Ci}^k 表示中国向第 i 个国家出口第 k 类服务的出口额，IM_{iW}^k 表示第 i 个国家从世界进口第 k 类货物的进口额，EX_{Ci} 表示中国向第 i 个国家的服务总出口，IM_{iW} 表示第 i 个国家从全世界进口服务总额。

中国向他国出口的显示性比较优势（EXRCA）：

$$EXRCA_i = \sum_{k=1}^{11} \omega_k ERCA_i^k, \left(\omega_k = \frac{EX_{Ci}^k}{EX_{Ci}}\right) \tag{26.8}$$

式中，$EXRCA_i$ 衡量中国出口服务在第 i 国的比较优势。该指标的中性值为1，即中国出口至他国的服务既无相对优势，也无相对劣势；指标值大于1，表示中国出口至他国的服务具有比较优势，国际竞争力相对较强；指标值小于1，表示中国出口至他国的服务具有比较劣势，国际竞争力相对较弱。

单类服务进口显示性比较优势：

$$IMRCA_i^k = \frac{\dfrac{IM_{Ci}^k}{IM_{Ci}}}{\dfrac{EX_{iW}^k}{EX_{iW}}} \tag{26.9}$$

式中，$IMRCA_i^k$ 衡量中国从第 i 个国家进口第 $k(k=1, 2, \cdots, 21)$ 类服务的比较优势，IM_{Ci}^k 表示中国从第 i 个国家进口第 k 类服务的进口额，EX_{iW}^k 表示第 i 个国家对世界出口第 k 类服务的出口额，IM_{Ci} 表示中国从第 i 个国家的服务进口额，EX_{iW} 表示第 i 个国家对世界的服务出口总额。

中国从他国进口显示性比较优势：

$$IMRCA_i = \sum_{k=1}^{11} \omega_k IRCA_i^k, \left(\omega_k = \frac{IM_{Ci}^k}{IM_{Ci}}\right) \tag{26.10}$$

式中，$IMRCA_i$ 衡量中国进口服务在第 i 国的比较优势。该指标的中性值为1，即中国从他国进口的服务既无相对优势，也无相对劣势；指标值大于1，表示中国从他国进口的服务具有比较优势，国际竞争力相对较强；指标值小于1，表示中国从他国进口的服务具有比较劣势，国际竞争力相对较弱。

2. 交叉出口显示性比较优势（CEXRCA）与交叉进口显示性比较优势（CIMRCA）

单类服务交叉出口显示性比较优势：

$$CEXRCA_i^k = \frac{\dfrac{EX_{Ci}^k}{EX_{Ci}}}{\dfrac{IM_{iW}^k}{IM_{iW}}} \tag{26.11}$$

式中，$CEXRCA_i^k$ 衡量中国向第 i 个国家出口第 $k(k=1, 2, \cdots, 21)$ 类服务占中国向第i个国家出口总值的份额与第i个国家从世界进口第k类服务占中国从世界进口总值的份额的比重，该指标越大，表示中国向第i个国家出口第k类服务的优势越高于第i个国家从世界进口第 k 类服务的平均水平。

中国向第 i 个国家的交叉出口显示性比较优势：

$$CEXRCA_i = \sum_{k=1}^{21} \omega_k CEXRCA_i^k, \left(\omega_k = \frac{EX_{Ci}^k}{EX_{Ci}}\right) \tag{26.12}$$

式中，$CEXRCA_i$ 衡量中国向第 i 个国家出口的交叉显示性比较优势。该指标越大，表示中国向第 i 个国家出口的优势越高于第 i 个国家从世界进口的平均水平。

单类服务交叉进口显示性比较优势：

$$CIMRCA_i^k = \frac{\dfrac{IM_{Ci}^k}{IM_{Ci}}}{\dfrac{EX_{iW}^k}{EX_{iW}}} \tag{26.13}$$

式中，$CIMRCA_i^k$ 衡量中国从第 i 个国家进口第 $k(k=1, 2, \cdots, 21)$ 类服务占中国从第i个国家进口总值的份额与第i个国家向世界出口第k类服务占第i个国家向世界出口总值的份额的比重，该指标越大，表示中国从第 i 个国家进口第 k 类服务的优势越高于第 i 个国家向世界出口第 k 类服务的平均水平。

中国从第 i 个国家的进口交叉显示性比较优势：

$$CIMRCA_i = \sum_{k=1}^{21} \omega_k CIMRCA_i^k, \left(\omega_k = \frac{IM_{Ci}^k}{IM_{Ci}}\right) \tag{26.14}$$

其中，$CIMRCA_i$ 衡量中国从第 i 个国家进口的交叉显示性比较优势。该指标越大，表示中国从第 i 个国家进口服务的优势越高于第 i 个国家向世界出口的平均水平。

根据WTO与新加坡统计局数据，计算得到2005—2016年中国—新加坡服务贸易进出口显示性比较优势指数与交叉进出口显示性比较优势指数，列于表26.8，直观显示于

图 26.6。

表 26.8　中国—新加坡服务贸易显示性优势指数

年份	出口显示性比较优势指数	进口显示性比较优势指数	交叉出口显示性比较优势指数	交叉进口显示性比较优势指数
2005	1.14	1.10	1.83	1.44
2006	1.02	0.98	1.58	1.55
2007	1.11	1.30	1.48	1.40
2008	1.28	1.20	1.56	1.42
2009	1.32	1.32	1.58	1.45
2010	1.37	1.41	1.57	1.50
2011	1.24	2.16	1.66	1.44
2012	1.19	1.60	1.65	1.43
2013	1.18	1.20	1.55	1.41
2014	1.31	1.13	1.54	1.36
2015	1.36	1.80	1.48	1.32
2016	1.40	2.13	1.45	1.36
平均	1.24	1.44	1.58	1.42

由中国—新加坡服务贸易显示性比较优势指数计算结果可知，中国—新加坡服务贸易的四个显示性优势指数年平均值分别为 1.24、1.44、1.58 与 1.42，取值范围介于 0.98 与 2.16 之间。表明中国—新加坡服务贸易具有一定的比较优势，进口比较优势高于出口比较优势。但是交叉出口比较优势高于交叉进口比较优势，表明中国向新加坡出口的优势可能高于新加坡从世界进口的平均水平。

（四）小结

中国目前已经成为东盟第一大贸易伙伴，东盟也已经成为继欧盟和美国之后中国的第三大贸易伙伴，中国—东盟之间的双边贸易已经越来越重要。本章研究以中国与新加坡之间的服务贸易为主要研究对象，分别从进口和出口两个方面，对中国—新加坡服务贸易的贸易额与增长率、市场占有率与交叉市场占有率、贸易相似性、显示性比较优势与交叉显示性比较优势进行计算，并对计算结果进行展示与分析。

中国与新加坡的服务贸易总额逐年递增，2001—2015 年平均增长 19.03%。中国从新加坡的服务贸易进口高于向新加坡的出口，逆差年平均 922.9 百万美元。我国从新加坡进口服务贸易年均约占其服务贸易出口的 4.00%，而我国向新加坡出口服务贸易年平均约占其服务贸易进口的 3.49%。我国的服务贸易进（出）口与新加坡服务贸易

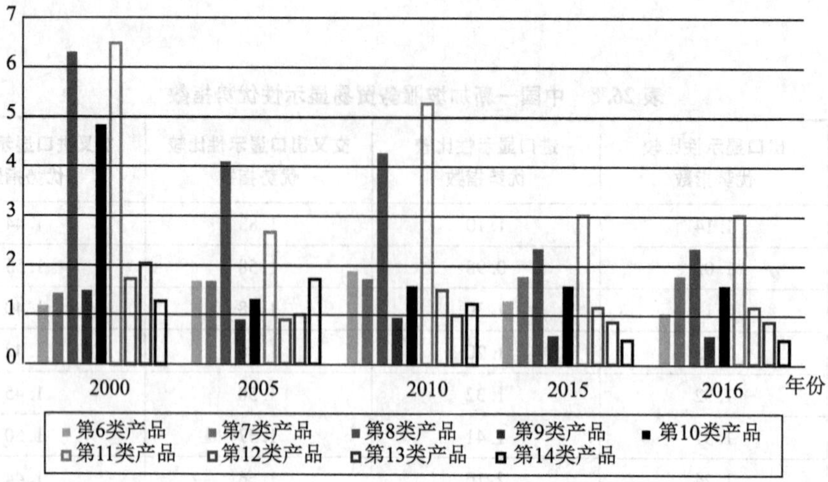

图 26.6　中国—新加坡服务贸易显示性优势指数

出（进）口结构比较相似，具有中等程度的显示性比较优势与相似度，发展前景比较乐观。

期望随着《中华人民共和国政府与东南亚国家联盟成员国政府全面经济合作框架协议服务贸易协议》的逐步落实，双方服务贸易合作领域也将逐渐扩大，进而全面提升中国—东盟服务贸易的竞争力。

参考文献

［1］杨丹萍，江奕. 中国—东盟农产品产业内贸易研究［J］. 农村经济，2014（5）.

［2］阚学佳，杨春梅. 中国与东盟服务贸易发展现状及竞争力分析［J］. 经济研究导刊，2014（5）.

［3］褚雪瓶. 中国与东盟五国贸易结构变化研究——基于2001—2012年数据的实证检验［J］. 广西财经学院学报，2014（12）.

［4］郭柳，张应武. 中国—东盟自由贸易区背景下中国与东盟货物贸易竞争力的研究［J］. 东南亚纵横，2015（1）.

［5］叶刘刚. 中国东盟的贸易关系研究［J］. 经济论坛，2016（5）.

［6］宣善文. 基于RCA和TC指数分析的中国—东盟农产品贸易研究［J］. 商业经济研究，2015（12）.

［7］郑晶，潘苏，张智彪，张金华. 中国—东盟自由贸易区农产品贸易格局分析［J］. 华南农业大学学报：社会科学版，2015（7）.

［8］余淼杰，崔晓敏. 中国和东盟贸易及产业比较优势研究［J］. 国际商务研究，2015（7）.

［9］杨宏恩，孙汶. 中国与东盟贸易的依存、竞争、互补与因果关系研究［J］. 管理学刊，2016（10）.

［10］项义军，汤保君. 中国—东盟自由贸易区贸易结合度指数分析［J］. 经济研究导刊，2016（12）.

［11］滕洁妮. 中国与RCEP成员国机电产品贸易研究［J］. 北方经贸，2016（10）.

［12］郭楠. 中国—东盟自由贸易区贸易效应对中国农产品贸易的影响分析［J］. 世界农业，2016（8）.

［13］李星，王金波，佟继英. 中国—东盟贸易结构的测度与分析［J］. 技术经济与管理研究，2018（9）.

［14］刘永辉，周平，张建新. 中国—中东欧进口贸易指数研究报告［J］. 文汇

报，2018（10）.

［15］刘永辉，周昀．“金砖国家”进口贸易指数研究报告［J］．文汇报，2018（10）.

［16］刘永辉，周平，刘冬平，等．中国—中东欧贸易指数系列研究报告［J］．文汇报，2018（3）.